Die Umsetzung der Verbrauchsgüterkaufrichtlinie im englischen Recht durch die Sale and Supply of Goods to Consumers Regulations 2002

Studien zum vergleichenden und internationalen Recht -
Comparative and International Law Studies

Herausgeber: Bernd von Hoffmann, Erik Jayme
und Heinz-Peter Mansel

Band 132

PETER LANG
Frankfurt am Main · Berlin · Bern · Bruxelles · New York · Oxford · Wien

Jan Streer

Die Umsetzung der Verbrauchsgüterkaufrichtlinie im englischen Recht durch die Sale and Supply of Goods to Consumers Regulations 2002

PETER LANG
Europäischer Verlag der Wissenschaften

Bibliografische Information der Deutschen Nationalbibliothek
Die Deutsche Nationalbibliothek verzeichnet diese Publikation in der Deutschen Nationalbibliografie; detaillierte bibliografische Daten sind im Internet über <http://www.d-nb.de> abrufbar.

Zugl.: Köln, Univ., Diss., 2006

D 38
ISSN 0930-4746
ISBN-10: 3-631-55775-2
ISBN-13: 978-3-631-55775-4

www.peterlang.de

MEINEN ELTERN

VORWORT

Die vorliegende Arbeit wurde im Sommersemester 2006 von der Juristischen Fakultät der Universität zu Köln als Dissertation angenommen.

Mein besonderer Dank gilt meinem Doktorvater, Herrn Prof. Dr. Heinz-Peter Mansel, der optimale Voraussetzungen für die Entstehung dieser Arbeit geschaffen hat. Er war als Ansprechpartner stets erreichbar und hat die Entwicklung der Arbeit ständig verfolgt und mit wichtigen Anregungen begleitet. Nicht zuletzt durch seine motivierende Art hat er eine zügige Bearbeitung ermöglicht.

Bedanken möchte ich mich zudem bei Herrn Prof. Dr. Christian Katzenmeier für die zügige Erstellung des Zweitgutachtens.

Schließlich gebührt auch meinen Eltern ein ganz besonderer Dank. Sie haben mich während meiner gesamten bisherigen Ausbildung sowie insbesondere bei der Erstellung dieser Arbeit ständig und rückhaltlos unterstützt. Auch bei meinen Großeltern möchte ich mich herzlich für ihre Unterstützung bei der Erstellung dieser Arbeit bedanken.

Köln, im September 2006

Jan Streer

INHALTSVERZEICHNIS

LITERATURVERZEICHNIS

Anders, Holm	Zur Reform des Kaufrechts, in: Zeitschrift für Rechtspolitik (ZRP) 2000, S. 293-295
Arnold, Stefan / Unberath, Hannes	Umsetzung der Richtlinie 99/44 in England, in: Zeitschrift für Europäisches Privatrecht (ZEuP) 2004, S. 366-385
Atiyah, Patrick Selim / Adams, John M. / MacQueen, Hector L.	The Sale of Goods, 10. Auflage, Harlow 2001 zitiert: Aityah, Sale of Goods
Bailey, Stephen	Smith, Bailey and Gunn on the modern English legal system, 4. Auflage, London 2002 zitiert: Smith,Bailey and Gunn
Barzier, Margaret / Murphy, John	Street on Torts, 10. Auflage, London 1999 zitiert: Street on Torts
Benjamin, Judah Philipp	Benjamin's Sale of Goods, A. G. Guest (Hrsg.), 6. Auflage, London 2002 zitiert: Benjamin/Bearbeiter
ders.	Benjamin's special Supplement to the 6th edition of the Sale of Goods, C.J. Miller (Hrsg.), bearbeitet von A.G. Guest, D.R. Harris, G.G.J. Morse und F.M.B. Reynolds, London 2003 zitiert: Benjamin, Supplement
Bleckmann, Albert	Probleme der Auslegung von EWG-Richtlinien, in: Recht der Internationalen Wirtschaft (RIW) 1987, S. 929-935
Bradgate, Robert	Consumer Guarantees: the EC's draft Directive, in: Web Journal of Current Legal Issues (WJCLI) 1997, http: //webjcli.ncl.ac.uk/1997/issue1/bradgate1.html

Bradgate, Robert / Twigg-Flesner, Christian Consumers Sales and Associated Guarantees, Oxford 2003
zitiert: Bradgate/Twigg-Flesner, Consumer Guarantees

Bridge, Michael Kommentierung zu Artikel 4 RL, in: Stefan Grundmann/Cesare Bianca (Hrsg.): EU-Kaufrechts-Richtlinie, Köln 2002
zitiert: Bridge, EU-Kaufrechts-Richtlinie

ders. What is to be done about the Sale of Goods?, in: Law Quarterly Review (L.Q.R.) 2003, S. 173-177

ders. The Sale of Goods, Oxford 1997
zitiert: Bridge, Sale of Goods

Brors, Christiane Die Falschlieferung in der Schuldrechtsreform, in: Juristische Rundschau (JR) 2002, S. 133-136

Brown, Ian Sales of Goods in the Course of a Business, in: Law Quarterly Review 1999, S. 384-389

ders. The Swing of the Pendulum from Caveat Venditor to Caveat Emptor, in: Law Quarterly Review 2000, S. 537-542

Brüggemeier, Gert Zur Reform des deutschen Kaufrechts – Herausforderung durch die EG-Verbrauchsgüterkaufrichtlinie, in: Juristenzeitung (JZ) 2000, S. 529-538

Brüggemeier, Gert / Reich, Norbert Europäisierung des BGB durch große Schuldrechtsreform, in: Betriebs-Berater (BB) 2001, S. 213-222

Chitty, Joseph The Law of Contracts, Vol. 1: General Principles, Hrsg. H.G. Beale, 29 Auflage, London 2004
zitiert: Chitty (Vol. 1)/Bearbeiter

ders. The Law of Contracts, Vol. 2: Specific Contracts, Hrsg. H.G. Beale, 29. Auflage, London 2004
zitiert: Chitty (Vol. 2)/Bearbeiter

Christoffel, Roman Die Garantie im Rahmen kaufrechtlicher Sachmängelgewährleistung, Frankfurt/Main 1984
zitiert: Christoffel, Garantie

Clark, Alistair Product Liability and Pure Economic Loss: a radical Proposal, in: Journal of Business Law 1993, S. 383-391

Collins, Hugh The Law of Contract, 4. Auflage, London 2003
zitiert: Collins, Law of Contract

Conrads, Markus Verjährung im englischen Recht, Münster 1996
zitiert: Conrads, Verjährung

de Lacy, John Selling in the Course of a Business under the SGA, in: Modern Law Review (M.L.R.) 1999, S. 776-791

Deards, Elspeth The proposed Guarantees Directive: Is it fit for Purpose?, in: Journal of Consumer Policy (JCP) 1998, S. 99-119

Dickie, John A Step closer to European Sale of Goods Law? – Commission Draft Directive on the Sale of Consumer Goods, in: Journal of Business Law (J.B.L.) 1997, S. 167-172

Ehmann, Horst / Rust, Ulrich Die Verbrauchsgüterkaufrichtlinie, in: Juristenzeitung 1999, S. 853-864

Ernst, Wolfgang / Gsell, Beate Kaufrechtsrichtlinie und BGB, in: Zeitschrift für Wirtschaftsrecht (ZIP) 2000, S. 1410-1427

dies. Nochmals für die „kleine Lösung“, in: Zeitschrift für Wirtschaftsrecht 2000, S. 1812-1816

Ervine, W.C.H. Satisfactory Quality: What does it mean?, in: Journal of Business Law. 2004, S. 684-703

Faber, Wolfgang Elemente verschiedener Verbraucherbegriffe in EG-Richtlinien, zwischenstaatlichen Übereinkommen und nationalem Zivil- und Kollisionsrecht, in: Zeitschrift für Europäisches Privatrecht 1998, S. 854-892.

Flessner, Axel Richtlinie und Reform - Die Einpassung der Kaufgewährleistungs-Richtlinie ins deutsche Recht, in: Grundmann/Medicus/Rolland (Hrsg.): Europäisches Kaufgewährleistungsrecht. Reform und Internationalisierung des deutschen Schuldrechts, S. 236-249
zitiert: Flessner, in: Europäisches Kaufgewährleistungsrecht

Geiger, Rudolf EUV/EGV, 3. Auflage, München 2003
zitiert: Geiger, EGV

Giesen, Dieter Zur Konstruktion englischer Vertragsvereinbarungen, in: Juristenzeitung 1993, S. 16-24

Goessler, Donna Kaufrecht – Gewährleistung, Köln 1994
zitiert: Goessler, Kaufrecht

Goode, Roy Commercial Law, Harmondsworth 1982
zitiert: Goode, Commercial Law

Gower, L.C.B. Sale of Goods - Right of Rejection, in: Modern Law Review 1949, S. 368-371

Grabitz, Eberhard/Hilf, Meinhard Das Recht der Europäischen Union, Bd. 2, München, Loseblattsammlung, Stand: März 2004
zitiert: Grabitz/Hilf, Recht der EU

Graf von Bernstorff, Christoph Einführung in das englische Recht, 2. Auflage, München 2000
zitiert: von Bernstorff, Einführung

Graue, Eugen Dietrich	Die mangelfreie Leistung beim Kauf beweglicher Sachen, Heidelberg 1964 zitiert: Graue, Mangelfreie Leistung
Grundmann, Stefan	Generalreferat Internationalisierung und Reform des deutschen Kaufrechts, in: Grundmann/Medicus/Rolland (Hrsg.): Europäisches Kaufgewährleistungsrecht. Reform und Internationalisierung des deutschen Schuldrechts, S. 281-321, Köln 2000 zitiert: Grundmann, in Europäisches Kaufgewährleistungsrecht
ders.	Kommentierung zu Artikel 2 RL, in: Stefan Grundmann/Cesare Bianca (Hrsg.): EU-Kaufrechts-Richtlinie, Köln 2002 zitiert: Grundmann, in: EU-Kaufrechts-Richtlinie
ders.	EG-Richtlinie und nationales Privatrecht, in: Juristenzeitung 1996, S. 274-287
ders.	European Sales Law – reform and adoption of international models in German sales law, in: European Review of Private Law (ERPL) 2001, S. 239-258
Gsell, Beate	Die zeitlichen Grenzen der Gewährleistungsrechte des Verbrauchers nach der EU-Richtlinie zum Verbrauchsgüterkauf, in: European Review of Private Law 1999, S. 151-171
dies.	Kaufrechtsrichtlinie und Schuldrechtsmodernisierung, in: Juristenzeitung 2001, S. 65-75
Halsbury's Laws of England	Sale of Goods and Supply of Services Abschnitt:1. (2) 5.
Hänlein, Andreas	Die Richtlinie zu bestimmten Aspekten des Verbrauchsgüterkaufs und der Garantien für Verbrauchsgüter, in: Der Betrieb (DB)1999, S. 1641-1647

Harris, Donald Remedies in Contract and Tort, London 1988
zitiert: Harris, Remedies

ders. Specific Performance - a regular remedy for consumers?, in: Law Quarterly Review 2003, S. 541-544

Harvey, Brian/Parry, Deborah The Law of Consumer Protection and Fair Trading, 6. Auflage, London 2000
zitiert: Harvey/Parry, Consumer Protection

Hedly, Steve How quickly is the right to reject lost?", in: Cambridge Law Journal (C.L.J.) 2001, S. 37-40

Henrich, Dieter / Huber, Peter Einführung in das englische Privatrecht, 3. Auflage, Heidelberg 2003
zitiert: Henrich/Huber, Einführung

Höffe, Sibylle Die Verbrauchsgüterkaufrichtlinie 1999/44/EG und ihre Auswirkungen auf den Schadensersatz beim Kauf, Frankfurt/Main 2002
zitiert: Höffe, Verbrauchsgüterkaufrichtlinie

Holmes, Oliver Wendel The Common Law, 1881
zitiert: Holmes, Common Law

Hondius, Ewoud Kommentierung zu Artikel 5 RL, in: Stefan Grundmann/Cesare Bianca (Hrsg.): EU-Kaufrechts-Richtlinie, Köln 2002
zitiert: Hondius, in: EU-Kaufrechts-Richtlinie

Hondius, Ewoud / Jeloschek, Christoph Towards a European Sales Law – Legal Challenges posed by the Directive on the Sale of Consumer Goods and Associated Guarantees, in: European Review of Private Law 2001, S. 157-161

Howells, Geraint Implementation of EC Consumer Sales Directive in the United Kingdom, in: Grundmann/Medicus/Rolland (Hrsg.) Europäisches Kaufgewährleistungsrecht. Reform und Internationalisierung des deutschen Schuldrechts, S. 161-179, Köln 2000
zitiert: Howells, in: Europäisches Kaufgewährleistungsrecht

Howells, Geraint / Twigg-Flesner, Christian Much ado about nothing? The Implementation of Directive 99/44/EC into English Law, in: Schermaier (Hrsg.), Verbraucherkauf in Europa, S. 303-323, München 2003
zitiert: Howells/Twigg-Flesner, in: Verbraucherkauf in Europa

Huber, Peter Der Nacherfüllungsanspruch im neuen Kaufrecht, in: Neue Juristische Wochenschrift (NJW) 2002, S. 1004-1008

Hübner, Ulrich Der Verbrauchsgüterkauf, in: Europäische Zeitschrift für Wirtschaftsrecht (EuZW), 1999, S. 481

James, Michael Implied Terms in Contracts for the Sale of Goods - Recent Developments, in: New Law Journal 1987, S. 144 ff.

Jordan, Simone Verbrauchergarantien, München 2000
zitiert: Jorden, Verbrauchergarantien

Jorden, Simone / Lehmann, Michael Verbrauchsgüterkauf und Schuldrechtsmodernisierung, in: Juristenzeitung 2001, S. 952-965

Kern, Betina Anna „Rescission" nach Vertragsverletzung im englischen Recht, Marburg 1983
zitiert: Kern, Rescission

Kirchner, Christian Der punktuelle Ansatz als Leitprinzip gemeinschaftsrechtlicher Privatrechtsharmonisierung, in: Grundmann/Medicus/Rolland (Hrsg.): Europäisches Kaufgewährleistungsrecht. Reform und Internationalisierung des deutschen Schuldrechts, S. 95-111, Köln 2000
zitiert: Kirchner, in: Europäisches Kaufgewährleistungsrecht

Krummel, Thomas / D'Sa, Rose Sale of Consumer Goods and Associated Guarantees: a Minimum approach to harmonised European Union Consumer Protection, in: European Law Review (E.L.Rev.) 2001, S. 312-322

Lawson, Richard On the receiving end -- how buyers and sellers of goods will be affected by changes introduced by the Sale and Supply of Goods of Act 1994, in: Law Society's Guardian Gazette 1995 S. 20 ff.

Lehmann, Michael Informationsverantwortung und Gewährleistung für Werbeangaben beim Verbrauchsgüterkauf, in: Juristenzeitung 2000, S. 280-293

Lorenz, Werner Reform des englischen Vertragsrechts: Verträge zugunsten Dritter und schadensrechtliche Drittbeziehungen, in: Juristenzeitung 1997, S. 105-111

Lowe, Robert / Woodroffe, Geoffrey Consumer Law and Practice, 5. Auflage, London 1999
zitiert: Lowe/Woodroffe, Consumer Law

Macdonald, Elisabeth In the course of a business - a fresh examination, in: Web Journal of Current Legal Issues, 3. Ausgabe 1999; http://webjcli.ncl.ac.uk/1999/issue3/macdonald3.html

Mansel, Heinz-Peter Kaufrechtsreform in Europa, in: Archiv für die civilistische Praxis (AcP) 2004, S. 396-456

Mäsch,Gerald Die Time-Sharing-Richtlinie, in: Europäische Zeitschrift für Wirtschaftsrecht 1995, S. 8-14

McKendrick, Ewan Sale of Goods, London 2000
zitiert: McKendrick, Sale of Goods

Medicus, Dieter Ein neues Kaufrecht für Verbraucher, in: Zeitschrift für Wirtschaftsrecht 1996, S. 1925-1930

Micklitz, Hans-W. Die Verbrauchsgüterkauf-Richtlinie, in: Europäische Zeitschrift für Wirtschaftsrecht 1999, S. 485-493.

Milne, Patrick Goodbye to merchantable quality, in: New Law Journal 1995, S. 683 ff.

Morton, Jeremy When the Software hits the fan, in: Computer and Telecommunications Law Review (C.T.L.R.) 1996, S. 242 ff.

Murdoch, J. R. Sale by Sample – A Distinction without a Difference?, in: Modern Law Review 1981, S. 388-399

Nachtigäller, Susanne Erfüllungszwang im englischen Vertragsrecht, Münster 2000
zitiert: Nachtigäller, Erfüllungszwang

Oppermann, Thomas Europarecht, 2. Auflage, München 1999
zitiert: Oppermann, Europarecht

Pfeiffer, Thomas Kommentierung zur Kaufrechts-Richtlinie, in: Dauner-Lieb/Heidel/Ring/Lepa (Hrsg.) AnwaltKommentar Das neue Schuldrecht: Erläuterungen der Neuregelungen zum Verjährungsrecht, Schuldrecht, Schadensersatzrecht und Mietrecht, Bonn 2002
zitiert: AnwKommentar/Pfeiffer

Prieß, Monika, Der Begriff des Sachmangels im deutschen und im englischen Kaufrecht: Reformbedarf aufgrund der Verbrauchsgüterkaufrichtlinie 1999/44/EG, Frankfurt/Main, 2001
zitiert: Prieß, Sachmangel

Rabel, Ernst Das Recht des Warenkaufs. Bd. 1, Berlin 1957
zitiert: Rabel, Warenkauf

Münchener Kommentar zum Bürgerlichen Gesetzbuch Münchener Kommentar zum Bürgerlichen Gesetzbuch, Rebmann, Kurt (Hrsg.), Band 3: Schuldrecht, Besonderer Teil I (§§ 433-606), München 1995
zitiert: MüKo/Bearbeiter

Reich, Norbert Die Umsetzung der Richtlinie 1999/44/EG in das deutsche Recht, in: Neue Juristische Wochenschrift 1999, S. 2397-2404

Reynolds, Francis M.B. Loss of the Right to Reject, in: Law Quarterly Review 2003, S. 544-545

ders. Warranty, Condition and Fundamental Term, in: Law Quarterly Review 1963, S. 534-555

Rheinstein, Max Die Struktur des vertraglichen Schuldverhältnisses im anglo-amerikanischen Recht, Berlin 1932
zitiert: Rheinstein, Anglo-Amerikanisches Recht

Rieger, Gregor Die Richtlinie zu bestimmten Aspekten des Verbrauchsgüterkaufs und den Garantien für Verbrauchsgüter vor dem Hintergrund des geltenden Rechts, in: Verbraucher und Recht (VuR) 1999, S. 287 ff.

Riley, C. A. Designing Default Rules in Contract Law: Consent, Conventionalism, and Efficiency, in: Oxford Journal of Legal Studies 2000, S. 367-390

Roth, Wulf-Henning Die Schuldrechtsmodernisierung im Kontext des Europarechts, in: Ernst/Zimmermann, Zivilrechtswissenschaft und Schuldrechtsreform, S. 225-255, Tübingen 2001
zitiert: Roth, in Zivilrechtswissenschaft und Schuldrechtsreform

ders. Der nationale Transformationsakt: Vom Punktuellen zum Systematischen, in: Grundmann/Medicus/Rolland (Hrsg.): Europäisches Kaufgewährleistungsrecht. Reform und Internationalisierung des deutschen Schuldrechts, S. 113-142, Köln 2000
zitiert: Roth, in Europäisches Kaufgewährleistungsrecht

Sandrock, Andrea Vertragswidrigkeit der Sachleistung: eine Untersuchung zum europäischen Privatrecht, Tübingen 2003
zitiert: Sandrock, Vertragswidrigkeit

Schermaier, Martin Josef Rechtsangleichung und Rechtswissenschaft im kaufrechtlichen Sachmängelrecht, in: Schermaier (Hrsg.), Verbraucherkauf in Europa, München 2003, S. 3-25
zitiert: Schermaier, in: Verbraucherkauf in Europa

Schlechtriem, Peter / Schwenzer, Ingeborg Kommentar zum Einheitlichen UN-Kaufrecht - CISG-, 4. Auflage, München 2004
zitiert: Schlechtriem/Schwenzer/Bearbeiter

Schlechtriem, Peter Kommentar zum Einheitlichen UN-Kaufrecht - CISG-,
3. Auflage, München 2000
zitiert: Schlechtriem/Bearbeiter

Schmidt, Karsten Der gesetzliche Händlerregress bei Käuferketten, in: Dauner-Lieb/Konzen/Karsten Schmidt (Hrsg.): Das neue Schuldrecht in der Praxis, S. 427-455, Köln 2003
zitiert: Schmidt, in: Das neue Schuldrecht in der Praxis

Schmidt-Räntsch, Jürgen Gedanken zur Umsetzung der kommenden Kaufrechtsrichtlinie, in: Zeitschrift für Europäisches Privatrecht 1999, S. 294-302

ders. Der Entwurf eines Schuldrechtsmodernisierungsgesetzes, in: Zeitschrift für Wirtschaftrecht 2000, S. 1639-1645

Schwartze, Andreas Die zukünftige Sachmängelgewährleistung in Europa – die Verbrauchsgüterkauf-Richtlinie vor ihrer Umsetzung, in: Zeitschrift für Europäisches Privatrecht 2000, S. 545-574

ders. Sachprobleme für die Umsetzung aus Genese, Inhalt und Dogmatik der Richtlinie über Verbraucherkäufe, in: Schermaier (Hrsg.), Verbrauchsgüterkauf in Europa, S. 127-145, München 2003
zitiert: Schwartze, in: Verbraucherkauf in Europa

Shears, Peter „It will be the biggest Change to Consumer Rights for 20 years“, in: Journal of Business Law 2000, S. 262-277

Sobich, Philipp Neues Kaufrecht im Vereinigten Königreich, in: Recht der Internationalen Wirtschaft 2003, S. 740-745

ders. AGB-Kontrolle in Großbritannien - The Unfair Terms in Consumer Contracts Regulations 1999, in: Recht der internationalen Wirtschaft 2000, S. 675-681

Staudenmayer, Dirk Die EG-Richtlinie über den Verbrauchsgüterkauf, in: Neue Juristische Wochenschrift 1999, S. 2393-2397

ders. The Directive on the Sale of Consumer Goods and Associated Guarantees – a Milestone in the European Consumer and Private Law, in: European Review of Private Law 2000, 547-564

ders. EG-Richtlinie 1999/44/EG zur Vereinheitlichung des Kaufgewährleistungsrechts, in: Grundmann/Medicus/Rolland (Hrsg.): Europäisches Kaufgewährleistungsrecht. Reform und Internationalisierung des deutschen Schuldrechts, S. 27-47, Köln 2000
zitiert: Staudenmayer, in Europäisches Kaufgewährleistungsrecht

Stijns, Sophie Kommentierung zu Artikel 7 RL, in: Stefan Grundmann/Cesare Bianca (Hrsg.): EU-Kaufrechts-Richtlinie, Köln 2002
zitiert: Stijns, in: EU-Kaufrechts-Richtlinie

Taylor, Martin Morgan/Naidoo, Andre The Draft Regulations to Adopt the Directive on Certain Aspects of the Sale of Consumer Goods and Associated Guarantees- Problems of the Time of Conformity for the Quality Obligation, WJCLI 2002, http://webjcli.ncl.ac.uk/2002/issue3/taylor3.html

Tilmann, Irene Die Klauselrichtlinie 93/13/EWG auf der Schnittstelle zwischen Privatrecht und öffentlichem Recht - Eine rechtsvergleichende Untersuchung zum Europarecht, München 2003
zitiert: Tilmann, Klauselrichtlinie

Tonner, Klaus Die EG-Richtlinie über Pauschalreisen, in: Europäische Zeitschrift für Wirtschaftsrecht 1990, 409-413

ders. Verbrauchsgüterkauf-Richtlinie und Europäisierung des Zivilrechts, in: Betriebs-Berater 1999, S. 1769-1774

Treitel, Guenter The Law of Contract, 11. Auflage, London 2003
zitiert: Treitel, Law of Contract

ders. Specific Performance in the Sale of Goods, in: Journal of Business Law 1966, S. 211-231

Triebel, Volker Englisches Handels- und Wirtschaftsrecht, 2. Auflage, Heidelberg 1995
zitiert: Triebel, Wirtschaftsrecht

Twigg-Flesner, Christian New Rules for guarantees: for better or worse?, in: Consumer Policy Review 2000, S. 100-106

ders. New Strings on the bow: consumer guarantees, in: Consumer Policy Review 2002, S. 88-93

ders. English Sales Law After the Implementation of Directive 99/44 /EC on Consumer Sales – Back to the Drawing Board?, in: Gemeinschaftsprivatrecht (GPR) 2003, S. 12-21

ders. The Relationship between Satisfactory Quality and Fitness for Purpose, in: Cambridge Law Journal 2004, S. 22-24

Twigg-Flesner, Christian/Bradgate, Robert The E.C. Directive On Certain Aspects of the Sale of Consumer Goods and Associated Guarantees - All Talk and No Do?, in: Web Journal of Current Legal Issues 2000, http//webjcli.ncl.ac.uk/2000/issue2/flesner2.htm

Von Sachsen Gessaphe, Karl-August Der Rückgriff des Letztverkäufers – neues europäisches und deutsches Kaufrecht, in: Recht der Internationalen Wirtschaft 2001, S. 721-735

Vorsmann, Mart Gesetzliche Mängelhaftung gemäß der Europäischen Richtlinie über den Verbrauchsgüterkauf und Bürgerliches Gewährleistungsrecht, Bonn 2001
zitiert: Vorsmann, Mängelhaftung

Watterson, Stephen Consumer Sales Directive 1999/44/EC – The impact on English law, in: European Review of Private Law 2001, 197-221

Weisner, Arnd Die EG-Kaufrechtsgewährleistungsrichtlinie, in: Juristische Schulung (JuS) 2001, S. 759-764

Westphalen, Friedrich Graf von Handbuch des Kaufvertragsrechts in den EG-Staaten, Köln 1992
zitiert: Westphalen, Handbuch

Willett, Chris/ Morgan-Taylor, Martin/Naidoo Andre The Sale and Supply of Goods to Consumers Regulations, in: Journal of Business Law 2004, S. 94-120

Williams, Jane/Hamilton, Jenny The impact in the U.K. of the E.U. Directive on the Sale of Consumer Goods and Associated Guarantees, in: International Company and Commercial Law Review 2000, S. 318-326 (Part 1) und 2001, S. 32-37 (Part 2)

Zerres, Thomas Recht auf Nacherfüllung im deutschen und englischem Kaufrecht, in: Recht der Internationalen Wirtschaft 2004, S. 746-757

Zollers, Frances/Hurd, Sandra und Shears, Peter Consumer Protection in the European Union: An analysis of the Directive on the Sale of Consumer Goods and Associated Guarantees, in: University of Pennsylvania Journal of International Economic Law 1999, S. 98 - 103

Zweigert, Konrad/Kötz, Hein, Einführung in die Rechtsvergleichung auf dem Gebiete des Privatrechts, 3. Auflage, Tübingen 1996
zitiert: Zweigert/Kötz, Rechtsvergleichung

Für Abkürzungen vergleiche, soweit notwendig, Hildebert Kirchner, Abkürzungsverzeichnis der Rechtssprache, 5. Auflage, 2003, bzw. für das englische Recht Donald Raistrick, Index to legal citations and abbreviations, 2. Auflage, London 1993 oder den „Cardiff Index to Legal Abbreviations", unter: http://www.legalabbrevs.cardiff.ac.uk.

RECHTSPRECHUNG

Aldridge v Johnson (1857) 7 E. & B. 885

Alderslade v Hendon Laundry Ltd [1945] K.B. 189; [1945] 1 All E.R. 244

Anns v Merton London Borough Council [1978] A.C. 728

Arcos Ltd v E A Ronaasen & Son [1933] A.C. 470

Armstrong v Jackson [1917] 2 K.B. 822

Attorney General v Prince Ernest Augustus of Hanover, [1957] A.C. 436

Beale v Taylor [1967] 1 WLR 1193

Behnke v Bede Shipping Company Ltd [1927] 1 K.B. 649

Behrend & Co. Ltd v Produce Brokers Ltd [1920] 3 K.B. 530

Bentley Bros. v Metcalfe & Co. [1906] 2 K.B. 548

Bentsen v Taylor, Sons & Co. (No. 2) [1893] 2 Q.B. 274

Bernard v Kellogg (1871) 10 Wall. 383

Bernstein v Pamson Motors (Golders Green) Ltd. [1978] 2 All E.R. 220

Beswick v Beswick [1968] A.C. 58

Biggerstaff v Rowatt's Wharf Ltd [1896] 2 Ch. 93

Blaholm v Ahays (1841) 2 M.&G 257

Bristol Tramways Carriage Co. Ltd v Fiat Motors Ltd. [1910] 2 K.B. 831

Britain Steamship Co. Ltd. v Lithgows Ltd. 1975, S.L.T. (Notes) 20

British Electric Traction Co. v I.R.C. [1902] 1 K.B. 441

Britvic Soft Drinks v Messer U.K. Ltd [2002] 1 Lloyd`s Rep. 20

Cammell Laird & Co Ltd v Manganese Bronze & Brass Co Ltd [1934] A.C. 402

Carlill v Carbolic Smoke Ball Co. [1893] 1 Q.B. 256

Cehave NV v Bremer Handelsgesellschaft mbH (The Hansa Nord) [1976] QB 44

Central Regional Council v Uponor Ltd 1966 S.L.T. 645

Chandelor v Lopus (1603) Cro. Jac. 4, 79 E.R. 3

Chappel & Co. Ltd. v Nestlé Co. Ltd. [1960] A.C. 87

Clay v Yates, (1856) 1 H. & N. 73; 156 E.R. 1123

Cochrane v Moore (1890) 25 Q.B.D. 57

Couchman v Hill [1947] K.B. 554

Curwen v Milburn (1889) 42 Ch.D. 424

D. & F. Estates Ltd v Church Commissioners of England [1989] A.C. 177

Davey v Paine Bros. (Motors) Ltd. [1954] N.Z.L.R. 1122

Davies v Sumner, [1984] 3 All E.R. 831

Dixon v London Small Arms Co. (1876) 1 App. Cas. 632

Dodds & Dodds v Wilson & McWilliams [1946] 2 All E.R. 691

Donoghue v Stevenson [1932] A.C. 562

Dunlop v Selfridge & Co. Ltd [1915] A.C. 847

E. and S. Ruben Ltd v Faire Bros. & Co. Ltd [1949] 1 K.B. 254, S. 260

Esso Petroleum Co. Ltd v Customs & Excise Commissioners [1976] 1 W.L.R.1

Farnworth Finance Facilities Ltd v Attryde [1970] 2 All E.R. 774

Fibrosa Spolka Akcyjna v Fairburn Lawsom Combe Barbour Ltd [1943] A.C. 32

Fleming v Bank of New Zealand [1900] A.C. 577

Fortsysth v Jervis (1816) 1 Starke 437

G.H. Myers and Company v Brent Cross Service Company, [1934] 1 K.B. 46

G.J. Dawson (Clapham) Ltd. v H. & G. Dutfield [1936] 2 All E.R. 232

Gardiner v Gray (1815) 4 Camp. 144; 171 E.R. 46

Gibbs v Guild (1882) 9 QBD 59

Gill & Duffus S.A. v Berger & Co. Inc. (No. 2) [1984] A.C. 382

Grant v Australian Knitting Mills Ltd [1936] A.C. 85

Grey v Pearson, (1857) H.L. Cas. 61, 106

Griffiths v Peter Conway Ltd. [1939] 1 All E.R. 685

H Beecham & Co Pty Ltd v Francis Howard & Co Pty Ltd. [1921] VLR 428;

Hamilton v Papakura District Council [2000] 1 N.Z.L.R. 265

Hardwick Game Farm v Suffolk Agricultural Poultry Producers Association Ltd [1969] 2 A.C. 31

Harling v Eddy [1951] 2 K.B. 739

Harlingdon & Leinster Entreprises Ltd v Christopher Hull Fine Art [1990] 1 All E.R. 737

Healy v Howlett & Sons [1917] 1 K.B. 337

Heilbut, Symons & Co. v Buckleton [1913] A.C. 30

Henderson v Merrett Syndicates [1995] 2 A.C. 145

Henry Kendall & Sons v William Lillico & Sons Ltd. [1969] 2 A.C. 31

Hookway & Co. Ltd v Isaacs & Sons [1954] 1 Lloyd's Rep 491

Hopkins v Tanqueray, (1854) 15 CB 130

Hunt v Stilk (1804) 5 East 449

Joe Lowe Food Produtcts Co. Ltd. v J. Al and P. Holland Ltd. [1954] 2 Lloyd's Rep. 70

Jones v Robinson (1847) 1 Ex. 454,

Junior Books Ltd v Veitchi Co. Ltd [1990] 2 All E.R. 201

Kammins Ballrooms Co. v Zenith Investments (Torquay) Ltd [1971] A.C. 850

Keys v Harwood (1846) 2 C.B. 905

Koppel v Koppel [1966] 2 All E.R. 187

Kwei Tek Chao v British Traders and Shippers Ltd. [1954] 2 Q.B. 459

L'Estrange v F. Graucob Ltd. [1934] 2 K.B. 394

Leeds v Amherst (1846) 2 Ph 117, 41 ER 886

Lindsay Petroleum Company v Hurd (1874) LR 5 PC 221

Luxor (Eastbourne) Ltd (in liquidation) and Others v Cooper [1941] 1 All ER 33

Luxor (Eastbourne) Ltd. v Cooper [1941] A.C. 108

Lynn v Bamber [1930] 2 K.B. 72

Maple Flock Co. Ltd v Universal Furniture Products (Wembley) Ltd. [1934] 1 K.B. 148

Marleau v People's Gas Supply Co. [1940] 4 D.L.R. 433

Milward v Earl Thanet (1801) 5 Ves 720 n1, 31 ER 824

Minnevitch v Café de Paris [1936] 1 All E.R. 884

Murphy v Brentwood District Council [1990] 2 All E.R. 908; [1991] 1 A.C. 398

Nettleship v Weston [1971] 2 Q.B. 691

Oscar Chess Ltd v Williams [1957] 1 W.L.R. 370

Oxendale v Wetherell 109 E.R. 143

Paradine v Jane (1647) Aleyn 26, 82 Eng. Rep. 897

Peninsular & Orient SN Co v Youell [1997] 2 Lloyd's Rep. 136

Peyman v Lanjani [1984] 3 All E.R. 703

Photo Production Ltd Respondents v Securicor Transport Ltd. [1980] A.C. 827

Priest v Last [1903] 2 K.B. 148

R. & B. Customs Brokers Co Ltd v United Dominions Trust Ltd, [1988] 1 All E.R. 847

Re Pauling's Settlement 1 [1962] 1 WLR 86

Re Wait [1927] 1 Ch. S. 630

Reigate v Union Manufacturing Co (Ramsbottom) Ltd. [1918] 1 K.B. 592

River Wear Commissioners v Adamson, (1877) 2 App. Cas. 743

Robinson v Graves [1935] 1 K.B. 579

Robinson v Harman (1848) 1 Exch. 850

Rogers v. Parish (Scarborough) Ltd. [1987] Q.B. 933

Roscorla v Thomas (1842) 3 Q.B. 234

Royal Norwegian Government v Constant & Constant and Calcutta Marine Engineering Co Ltd [1960] 2 Lloyd's Rep 431

Ruxley Electronics and Contruction Ltd v Forsyth [1996] 1 A.C. 344

Samuels v Davis [1943] K.B. 526

Shipton, Anderson & Co. Ltd v Weil Bros & Co Ltd [1912] 1 K.B. 574

Shirlaw v Southern Foundries (1926) Ltd. [1939] 2 K.B. 206

Slade v Morley (1602) 76 E.R. 1072

Storer v Manchester CC [1974] 1 WLR 1403

Sumner Permain & Co. v Webb & Co. [1922] 1 K.B. 55

Sussex Peerage Case", (1844) 11 Cl. & Fin. 85

T&J Harrison v Knowles and Foster [1918] 1 K.B. 608

Teheran-Europe Co. Ltd. v S. T. Belton (Tractors) Ltd. [1968] 2 Q.B. 545

The Star Texas [1993] 2 Lloyd`s Rep. 445

Thornton v Shoe Lane Parking Ltd. [1971] 2 Q.B. 163

Tito v Waddell (No. 2) [1977] 3 All E.R. 129

Trollope & Colls Ltd v N.W. Metropolitan Regional Hospital Board (1973) 1 W.L.R. 601

Truk (UK) Ltd. v Tokmakidis GmbH [2000] 2 All E.R. (Comm) 594

Tweddle v Atkison [1861-1873] All E.R. Rep 369

Varley v Whipp [1900] 1 Q.B. 513

Viscount Haldane L.C in British Westinghouse Electric and Manufacturing Co. Ltd v Underground Electric Railways Co. of London Ltd. [1912] A.C. 673

Wallis v Russell [1902] 2 I.R. 585

Warmings Used Cars Ltd v Tucker [1956] SAS.R. 249

Webster v Crammond Iron Co. (1875) 2 R. 752

Wilson v Rickett, Cockerell & Co. Ltd [1954] 1 All E.R. 868

Wormell v R.H.M. Agricultural (East) Ltd. [1986] 1 All E.R. 769

RECHTSGRUNDLAGEN

1. Auf europäischer Ebene

Hinsichtlich der Verbrauchsgüterkaufrichtlinie:

Grünbuch über Verbrauchsgütergarantien und Kundendienst: KOM (93) 509 endg.

Vorschlag der Kommission für eine Richtlinie des Europäischen Parlaments und des Rates über den Verbrauchsgüterkauf und -garantien: KOM (95) 520

Stellungnahme des Wirtschafts- und Sozialausschusses bezüglich des Vorschlags der Kommission: ABL C/1997/66

Stellungnahme des Europäischen Parlaments in erster Lesung: ABL C/1998/104

Geänderter Vorschlag der Kommission: ABL C/1998/148

Politische Einigung im Rat im Hinblick auf die Festlegung eines gemeinsamen Standpunkts: PRES/1998/106

Gemeinsamer Standpunkt des Rates: ABL C/1998/333

Änderungsanträge des Europäischen Parlaments in zweiter Lesung: ABL C/1999/98

Geänderter Vorschlag der Kommission: KOM/1999/16/FINAL

Gemeinsamer Entwurf des Vermittlungsausschusses: PRES/1999/77

Annahme des Entwurfs des Vermittlungsausschusses durch das Europäische Parlament: ABL C/1999/279

Annahme des Entwurfes des Vermittlungsausschusses durch den Rat: PRES/1999/149

Richtlinie 1999/44/EG des Europäischen Parlaments und des Rates vom 25. Mai 1999 zu bestimmten Aspekten des Verbrauchsgüterkaufs und der Garantien für Verbrauchsgüter: ABL L/1999/171

Hinsichtlich sonstiger Richtlinien:

Produkthaftungsrichtlinie 85/374/EWG vom 25.07.1985, ABL L/1985/175

Haustürwiderrufsrichtlinie 85/577/EWG vom 20.12.1985, ABL L/1985/372

Pauschalreise-Richtlinie 90/314/EWG vom 13.06.1990, ABL L/1990/158

Time-Sharing-Richtlinie 94/47/EG vom 26.10.1994, ABL L/1994/280

Richtlinie über Unterlassungsklagen zum Schutz von Verbraucherinteressen 98/27/EG vom 19.05.1998, ABL L/1998/166

2. Auf britischer Ebene

Consumer Credit Act 1974; 1974 Chapter c.39

Consumer Transactions (Restrictions on Statements) Order 1976

Criminal Law Act 1967; 1967 Chapter c.58

Housing Act 1961

Insolvency Act 1985

Law Reform (Enforcement of Contracts) Act 1954

Limitation Act 1980; 1980 Chapter c.58

Misrepresentation Act 1967; 1967 Chapter c. 7

Railway and Canal Traffic Act 1854

Sale and Supply of Goods Act 1994; 1994 Chapter c. 35,

Sale and Supply of Goods to Consumers Regulations 2002, Statutory Instrument 2002 No. 3045

Sale of Goods (Amendment) Act 1994; 1994 Chapter c. 32

Sale of Goods (Amendment) Act 1995 - 1995, c28;

Sale of Goods Act 1979; 1979 Chapter c. 54

Supply of Goods (Implied Terms) Act 1973; 1973 Chapter c. 13

Supply of Goods and Services Act 1982; 1982 Chapter c. 29

The European Communities (Designation) (No. 3) Order 1993; Statutory Instrument 1993 No. 2661

Theft Act 1968

Unfair Contract Terms Act 1977; 1977 Chapter c. 50

Unfair Terms in Consumer Contracts Regulations 1999; Statutory Instrument 1999, No. 2083

SONSTIGE DOKUMENTE

Untersuchung des House of Lords Select Committee on the European Communities, Session 1996-97, 10. Bericht.
Zu finden unter: http://www.publications.parliament.uk/pa/ld199697/ldselect/ldeucom/057x/ec1002.htm

EC Directive 1999/44/EC on certain aspects of the Sale of Consumer Goods and associated guarantees. First Consultation 2001.
Zu finden unter: http://www.dti.gov.uk/ccp/consultpdf/1stsalescon.pdf

Wilhelm Report on the Impact of the Costumer Guarantees Directive, Anlage zur 1. Konsultation, Annex B.
Zu finden unter: http://www.dti.gov.uk/ccp/consultpdf/1stsalescon.pdf

Second consultation on EC Directive 1999/44/EC on certain aspects of the Sale of Consumer Goods and associated guarantees.
Zu finden unter: http://www.dti.gov.uk/ccp/consultpdf/2ndsale.pdf

A Traders Guide – The Law Relating to the Supply of Goods including the Sale and Supply of Goods to Consumers Regulations 2002.
Zu finden unter: http://www.dti.gov.uk/ccp/topics1/guide/sogtraderguide.pdf

Transposition Note zur Umsetzung der Supply of Goods and Services to Consumers Regulations 2002
Zu finden unter: http://www.cst.gov.uk/ccp/topics1/pdf1/2ndtransnote.pdf

Law Commission No. 151 „Limitation of Actions - Making the law on civil limitation periods simpler and fairer".
Zu finden unter: http://www.lawcom.gov.uk/455.htm

Law Commission Consultation Paper No 166: „Unfair Terms in Contracts - A Joint Consultation Paper", August 2002.
Zu finden unter: http://www.lawcom.gov.uk/files/cp166.pdf

A. Einführung und Gedankengang

Am 31. März 2003 traten in England die „Sale and Supply of Goods to Consumers Regulations 2002"[1] in Kraft. Damit wurde auch dort – mehr als ein Jahr nach Ablauf der Umsetzungsfrist[2] - die Richtlinie 1999/44 des Europäischen Parlaments und des Rates vom 25. Mai 1999 zu bestimmten Aspekten des Verbrauchsgüterkaufs und der Garantien für Verbrauchsgüter[3] in nationales Recht umgesetzt.[4] Die Richtlinie wurde mit der Zielsetzung erlassen, beim Verbrauchsgüterkauf die mitgliedsstaatlichen Regelungen zur Mängelhaftung des Verkäufers zu harmonisieren und dadurch ein einheitliches Verbraucherschutz-Mindestniveau im Rahmen des Binnenmarkts sicherzustellen.[5] Sie kann damit als wesentlicher Schritt sowohl für die weitere Entwicklung des europäischen Verbraucherrechts als auch für die Europäisierung des Zivilrechts der Mitgliedstaaten im Allgemeinen gesehen werden.[6] Sie macht zugleich den Einfluss der Europäischen Union auf die nationale Gesetzgebung deutlich. Die Richtlinie ist die erste ihrer Art, die in einem solchen Maße in einen Kernbereich des nationalen Privatrechts eindringt.[7] Unabhängig von der Art und Weise der Vorgehensweise bringt ihre Umsetzung weitreichende Konsequenzen für die

---

[1] Statutory Instrument 2002 No. 3045.

[2] Art. 11 (1) der Richtlinie 1999/44/EG forderte eine Umsetzung bis zum 1. Januar 2002. England steht mit der verspäteten Transformation jedoch nicht alleine da. Viele Mitgliedsstaaten nahmen für das Umsetzungsverfahren mehr als die von der Richtlinie vorgesehene Zeit in Anspruch, obwohl letztlich im Ergebnis die erlassenen Umsetzungsvorschriften weniger weitreichend als die der fristgerechten Umsetzung in Deutschland sind. Die Europäische Kommission forderte wegen der Verspätung am 06.01.2003 eine Stellungnahme von Großbritannien zur Richtlinienumsetzung an (siehe Pressemitteilung IP/03/3). Einen Überblick über den Stand der Umsetzung in den einzelnen Mitgliedsstaaten zur Jahresmitte 2004 findet sich bei Mansel, AcP 2004, S. 402 ff.. Für England ist noch zu bemerken, dass die Sale and Supply of Goods to Consumers Regulations 2002 zwar bereits am 11. Dezember 2002 dem Parlament vorgelegt wurden, ihr Inkrafttreten jedoch auf den 31. März 2003 terminiert wurde, um so die Unternehmer nicht in der geschäftsintensiven Weihnachtszeit mit zusätzlichen juristischen Erneuerungen zu belasten, so Howells/Twigg-Flesner, in: Verbraucherkauf in Europa, S. 303.

[3] ABl Nr. L 171 v. 7. 7. 1999, S. 12, im Folgenden „RL".

[4] So ausdrücklich die „Explanatory Note" im Anhang an die Sale and Supply of Goods to Consumers Regulations 2002, die jedoch keinen Teil der Verordnungen darstellt.

[5] Art. 1 Abs. 1 der RL. Die Richtlinie umfasst insbesondere auch die Haftung des Verkäufers und des Herstellers der Ware für unentgeltlich gewährte, sog. „kommerzielle" Garantien, wie sie in Art. 1 Abs. 2 lit. e RL legaldefiniert ist.

[6] Tonner, BB 1999, S. 1769; Staudenmayer, NJW 1999, S. 2393; Reich, NJW 1999, S. 2398.

[7] Einzig die Richtlinie des Rates vom 5. April 1993 über missbräuchliche Klauseln in Verbraucherverträgen hat vergleichbare, wenn auch nicht so weitgehende Folgen auf historisch geprägte Bereiche des mitgliedsstaatlichen Rechts gehabt. Alle weiteren Verbraucherschutzrichtlinien beschränken sich auf die Regelung einzelner „Facetten" von Verbrauchergeschäften oder bestimmter neuartiger Vertragstypen, vgl. dazu Schwartze, ZEuP 2000, S. 545. Im Übrigen: Schermaier, in: Verbraucherkauf in Europa, S. 3.

einzelstaatliche Rechtslage mit sich. In Deutschland wurde die Richtlinienumsetzung zum Anlass genommen, weite Teile des Schuld- und Verjährungsrechts im Rahmen einer „Schuldrechtsmodernisierung“ zu überarbeiten und bisher isolierte Verbraucherschutzgesetze in das Bürgerliche Gesetzbuch zu integrieren.[8] Dies führte zu einem weitgehenden, über den sachlichen und persönlichen Anwendungsbereich der Richtlinie hinausgehenden Einfluss der ihr zugrunde liegenden Konzeptionen auf die Systematik des Bürgerlichen Gesetzbuchs. Entsprechend fanden auch die Vorschriften der Verbrauchsgüterkaufrichtlinie - vor allem im Vergleich zu den bisherigen Verbraucherschutzrichtlinien - besondere Aufmerksamkeit.[9]

Die weitreichenden Konsequenzen der Richtlinienumsetzung für das deutsche Recht ebenso wie die wissenschaftliche Auseinandersetzung im Hinblick auf die Entwicklung eines zukünftigen gesamteuropäischen Vertragsrechts gebieten es, der Umsetzung der Verbrauchsgüterkaufrichtlinie auch in anderen Mitgliedsstaaten besondere Aufmerksamkeit zu widmen. Insbesondere stellt sich die Frage, inwieweit die innerstaatlichen Umsetzungsvorschriften durch ihre systematische Integration in das nationale Recht über den unmittelbaren Anwendungsbereich der Richtlinie hinaus zu einer weitergehenden Harmonisierung des mitgliedsstaatlichen Privatrechts führen. Dies ist gerade im Hinblick auf die englische Rechtsordnung von Interesse, da diese wie keine zweite durch ihre historische Entwicklung geprägt ist[10] und damit exemplarisch für die besonderen Probleme der Harmonisierung bzw. Vereinheitlichung des Privatrechts innerhalb der Europäischen Union ist. Zugleich erfolgte die Umsetzung im Vergleich zu Deutschland auf der Grundlage eines grundlegend anderen Ansatzes.

Im Gegensatz zu den kontinentaleuropäischen Rechtssystemen, die gerade zur Zeit der Aufklärung unter dem Einfluss des Rezeptionsgedanken standen, entwickelte sich das englische Privatrecht weitgehend unabhängig von den Ansätzen des römischen Rechts, die noch heute das Gewährleistungsrecht in den anderen Mitgliedsstaaten weitgehend prägen.[11] Auch unterblieb die für andere Rechtskreise typische und teilweise mit der Rezeption einhergehende Kodifikationsbewegung weitgehend. Es entwickelten sich autarke Rechtstraditionen, die sich stark von denen der kontinentaleuropäischen Rechtssysteme unterscheiden. Die-

---

[8] Zu berücksichtigen ist insoweit, dass in Deutschland bereits lange vor Inkrafttreten der Richtlinien durch die Schuldrechtskommission 1992 an einer Reform des allgemeinen Leistungsstörungsrechts, des Kauf-, Werkvertrags- und Verjährungsrechts gearbeitet wurde. Vgl. Abschlussbericht der Kommission zur Überarbeitung des Schuldrechts, hrsgg. vom Bundesminister der Justiz, Köln, 1992.

[9] Vgl. nur Mansel, AcP 2004, S. 405, der die Diskussion im Umfeld der Richtlinienumsetzung als „dogmatische Schlachten“ bezeichnet.

[10] Graf von Bernstorff, Einführung, S. 11 f.

[11] Graf von Bernstorff, Einführung, S. 11: Zwar finden sich auch in England Anhaltspunkte für den Einfluss römisch-rechtlichen Gedankenguts, doch kam es nie zu einer Rezeption des römischen Rechts als geschlossenes System.

se rechtshistorische Entwicklung hat auch Auswirkungen auf die von der Richtlinie betroffenen Regelungsbereiche, deren unmittelbares Pendant sich in den Vorschriften des Sale of Goods Act 1979[12], des englischen Gesetzes zum Warenkauf, findet. Trotz des relativ jungen Alters des Warenkaufgesetzes spiegeln dessen Regeln und Systematik die eigenen Rechtstraditionen des englischen Rechts wider, da es letztlich, unter Berücksichtigung der durch den Gesetzgeber kontinuierlich vorgenommenen Änderungen, eine Kodifikation des Common Law des 19. Jahrhunderts darstellt, das seinerseits in seinen Wurzeln bis in das Mittelalter zurückreicht. Damit unterscheidet es sich weitgehend von der Systematik der Richtlinie, die eine Kombination der unterschiedlichen mitgliedsstaatlichen Ansätze sowie der Systematik des Übereinkommens der Vereinten Nationen über Verträge über den internationalen Warenkauf[13] darstellt. Aufgrund ihrer detaillierten Vorgaben lässt die Richtlinie dem nationalen Gesetzgeber dabei gerade in systematischer Hinsicht wenig Umsetzungsspielraum. Das Umsetzungsverfahren in England wurde von der Zielsetzung dominiert, einerseits die bestehende Systematik weitgehend beizubehalten, andererseits aber der Umsetzungsverpflichtung durch die Integration der Umsetzungsvorschriften in bestehende Gesetze nachzukommen. Zugleich sollte eine Reduzierung des bestehenden Verbraucherschutzstandards in jedem Fall verhindert werden.[14] Die jüngere Vergangenheit in England hat jedoch gezeigt, dass ein solches Vorgehen im Hinblick auf die Integration der Richtlinienbestimmungen in das nationale Recht häufig nicht ohne systematische Brüche und Unstimmigkeiten zu erreichen ist.[15] Die am 31. März 2003 in Kraft getretenen Sale and Supply of Goods to Consumers Regulations 2002 müssen sich daher sowohl an der Verwirklichung der durch den englischen Gesetzgeber selbst vorgegebenen Zielsetzungen messen lassen als auch einer Überprüfung auf richtlinien- und systemkonforme Umsetzung standhalten können. Die entsprechenden Untersuchungen bilden den Gegenstand dieser Arbeit.[16]

---

[12] Im Folgenden SGA.

[13] Im Folgenden CISG.

[14] So die ausdrückliche Vorgabe des für die Ausarbeitung der Umsetzungsvorschriften zuständigen Department of Trade and Industry in der 2. Konsultation 2001, S. 7. Siehe dazu ausführlich Teil A, II., 2., b) dieser Arbeit.

[15] Insoweit wurde insbesondere auch die Umsetzung zur Richtlinie zu den missbräuchlichen Klauseln in Verbraucherverträgen kritisiert, vgl. Deards, S. 109.

[16] Die vorliegende Arbeit umfasst nur die Auswirkungen der Richtlinienumsetzung auf das englische Recht. Darunter fallen die in England und Wales geltenden Vorschriften. Nicht umfasst ist das schottische und nordirische Recht. Zwar handelt es sich bei diesen Regionen ebenfalls um Gebiete des Vereinigten Königsreichs, doch bestehen im Hinblick auf die Rechtslage auch heute noch historisch bedingte Unterschiede. Das schottische Recht kann nicht mehr als Bestandteil des Common Law angesehen werden, sondern stellt eine Mischrechtsordnung von Common Law und Civil Law dar, vgl. Zweigert/Kötz, Rechtsvergleichung, S. 198-201.

I. Hintergrund der Sale and Supply of Goods to Consumers Regulations 2002: Die Richtlinie 1999/44/EG sowie das frühere englische Recht im Anwendungsbereich der Richtlinie

1. Entstehungsgeschichte der Verbrauchsgüterkaufrichtlinie

Das mit Inkrafttreten der Sale and Supply of Goods to Consumers Regulations 2002 in England abgeschlossene Umsetzungsverfahren ist das Ergebnis eines langjährigen Rechtssetzungsprozesses auf europäischer und nationaler Ebene. Die Intention der Europäischen Gemeinschaft, den Verbraucherschutz beim Warenkauf im Hinblick auf Mängelhaftung und Garantievereinbarungen zu verbessern, reicht bis in das Jahr 1975 zurück.[17] Erst im vorläufigen Entwurf der Richtlinie über missbräuchliche Vertragsklauseln unternahm jedoch die Europäische Kommission - indem sie beabsichtigte, einen gemeinsamen Gewährleistungsstandard in diese Richtlinie zu integrieren - einen Versuch, Vorschriften über das kaufrechtliche Gewährleistungsrecht in die europäische Richtlinienpolitik einzubeziehen und das Recht der Mitgliedsstaaten in diesem Bereich zu harmonisieren.[18] Der Rat lehnte eine entsprechende Vorgehensweise jedoch ab[19], da er es aufgrund der zentralen Bedeutung des Gewährleistungsrechts und der damit von der Richtlinie ausgehenden weitreichenden Implikationen für das nationale Recht als notwendig erachtete, entsprechende Regelungen eigenständig zu regeln. Ein Jahr später legte die Kommission das Grünbuch über Verbrauchsgütergarantien und Kundendienst vor[20], dessen Gegenstand neben den auch von der Verbrauchsgüterkaufrichtlinie umfassten „gesetzlichen" und „kommerziellen" Garantien[21] bestimmte Aspekte des Kundendienstes, d.h. diejenigen Leistungen, die nicht im Zusammenhang mit einer Garantie stehen und folglich gegen ein Entgeld erbracht werden, bildeten. Untersucht wurden die diesbezüglich

---

[17] Siehe zu der Entwicklung der europäischen Verbraucherschutzpolitik: Zollers/Hurd/Shears, S. 98 - 103.

[18] Geänderter Vorschlag, ABl. Nr. C 73/2 v. 24.03.1992. Die Notwendigkeit wurde daraus gefolgert, dass jedem gesetzlichen Verbot in Bezug auf individualvertragliche Abmachung auch ein Gebot entsprechen muss, das an die Stelle der missbräuchlichen Klausel tritt, siehe dazu das Grünbuch S. 16. Nach dem Vorschlag der Kommission sollten aber nicht die nationalen Regelungen, sondern standardisierte, vereinheitlichte Gewährleistungsvorschriften an die Stelle der missbräuchlichen Klauseln treten.

[19] Siehe Grünbuch, S. 16: Erklärung des Rates gem. Protokoll über die Verabschiedung der Richtlinie über missbräuchliche Klauseln in Verbraucherverträgen am 5. April 1992.

[20] KOM 1993, 507 endg.

[21] Unter kommerziellen Garantien wurden Garantien im Sinn des deutschen Sprachgebrauchs verstanden, während der Gegenbegriff "gesetzliche Garantie" die Gewährleistung meint. Die Begrifflichkeit der gesetzlichen Garantien (und entsprechend daher auch der kommerziellen Garantien) wurde später aufgegeben, da der Begriff der Garantie im Rahmen der Gewährleistung in einigen Mitgliedsstaaten terminologische Schwierigkeiten bereitete.

bereits bestehenden nationalen und gemeinschaftsrechtlichen Regelungen[22] sowie die sich für den Verbraucher beim grenzüberschreitenden Handel aus der bestehenden Rechtslage ergebenden Probleme[23]. Letztere wurden primär in den Unsicherheiten bezüglich des anzuwendenden Rechts sowie in der Vielfalt der Rechtsvorschriften gesehen.[24] Als mögliche Lösungsansätze wurden entweder Änderungen der Regeln des internationalen Privatrechts oder eine Harmonisierung der mitgliedsstaatlichen Rechte erwogen. Obwohl das Grünbuch nur eine erste Diskussionsgrundlage darstellte, geht aus der Darstellung der Lösungsansätze bereits die Überzeugung der Kommission hervor, dass sich eine hinreichende Lösung der Problematik nur aus der Harmonisierung der nationalen Bestimmungen ergeben könne.[25]
Nach weiteren umfangreichen Untersuchungen legte die Kommission am 16. Oktober 1996 einen Vorschlag für eine Richtlinie des Europäischen Parlaments und des Rates über Verbrauchsgüterkauf und –garantien vor.[26] Aus ihm geht gegenüber dem Grünbuch eine deutliche Reduzierung der Regelungsreichweite der Richtlinie hervor, die auch den weiteren, durch Kompromisse geprägten, Entstehungsprozess kennzeichnete und auf die begrenze Zuständigkeit der Europäischen Gemeinschaft sowie die unterschiedlichen Interessen der einzelnen Mitgliedsstaaten zurückzuführen ist.[27] So wurden die Vorschriften zum Kundendienst gänzlich ausgeklammert und die Regelungen zu den kommerziellen Garantien weitgehend eingeschränkt. Darüber hinaus hielten sowohl der Wirtschafts- und Sozialausschuss[28] als auch das Europäische Parlament[29] zahlreiche weitere Änderungen des Richtlinienvorschlags für erforderlich.[30] Dies mündete

[22] Grünbuch, S. 21: so insbesondere der Erwerb von Ersatzteilen; zu den Begrifflichkeiten siehe Tonner, BB 1999, S. 1770.
[23] Vgl. Teil V des Grünbuchs: „Beurteilung der gegenwärtigen Lage im Rahmen des gemeinsamen Marktes“, S. 88 ff.
[24] Grünbuch, S. 89 ff, 93 ff.
[25] Grünbuch, S. 106 oben.
[26] KOM/95/0520 endg. Amtsblatt Nr. C 307. Dem waren Arbeiten in Arbeitsgruppen vorausgegangen.
[27] Siehe dazu auch Staudenmayer, NJW 1999, 2393 ff, der an vielen Stellen solche Kompromisslösungen aufzeigt.
[28] Stellungsnahme des Wirtschafts- und Sozialausschusses zu dem „Vorschlag für eine Richtlinie des Europäischen Parlaments und des Rates über den Verbrauchsgüterkauf und –garantien“, Abl. C 66 vom 3. März 1997.
[29] Legislative Entschließung mit der Stellungnahme des Europäischen Parlaments, Abl. C 104 v. 6. April 1998.
[30] Insgesamt 43 Änderungen wurden durch das Europäische Parlament beschlossen, siehe C 104/98, S. 19 f. sowie Abl. C 104 vom 6. April 1998; insbesondere Deutschland versuchte, auf den Richtlinienvorschlag Einfluss zu nehmen: siehe Hondius, Saggi, S.3.

in einen weiteren, geänderten Vorschlag[31], der erst nach zusätzlichen Auseinandersetzungen zwischen dem Europäischen Parlament und dem Rat unter Beteiligung des Vermittlungsausschusses im Mitentscheidungsverfahren gem. Art. 95 Abs. 1, 251 des Vertrages zur Gründung der Europäischen Gemeinschaft (EGV) Zustimmung fand.[32] Schließlich konnte er als „Richtlinie zu bestimmten Aspekten des Verbrauchsgüterkaufs und der Garantien für Verbrauchsgüter" am 25. Mai 1999 unterzeichnet werden.

Zweck der Richtlinie ist es nunmehr ausweislich ihres Wortlauts, durch die Angleichung der Rechts- und Verwaltungsvorschriften ein einheitliches, hohes Verbraucherschutz-Mindestniveau im Rahmen des Binnenmarkts zu gewährleisten[33]. Die Richtlinie folgt damit einem doppelten Begründungsstrang.[34] Zum einen erfolgen die Harmonisierungsmaßnahmen gem. Art. 95 I EGV zum Zweck des Funktionierens des Binnenmarktes, der gem. Art. 14 EGV insbesondere auch die Gewährleistung des freien Warenverkehrs umfasst. Nach Auffassung der Kommission kommt den Verbrauchern bei dessen Verwirklichung eine fundamentale Rolle zu.[35] Es sei zu verhindern, dass diese aufgrund uneinheitlicher Rechtsvorschriften und der damit verbundenen Rechtsunsicherheit von einer aktiven Teilnahme am Binnenmarkt abgehalten werden[36]. Zum anderen soll die Richtlinie einen grundsätzlichen Beitrag zur Förderung der Interessen der Verbraucher und zur Gewährleistung eines hohen Verbraucherschutzniveaus im Allgemeinen leisten.[37]

---

[31] Kom 1998, 217 endg.: dieser blieb jedoch hinter den Änderungen des Europäischen Parlaments zurück, welches insbesondere die unmittelbare Haftung des Herstellers im Rahmen der gesetzlichen Garantien festschreiben wollte.

[32] Zu den einzelnen wichtigen Stationen des Verfahrens: Gemeinsamer Standpunkt (EG) Nr. 51/98, C 333/44 vom 30.10.1998; Billigung mit Änderungen durch das Europäische Parlament, Abl. C 98/1999 S. 226; Billigung eines gemeinsamen Entwurfs im Vermittlungsausschuss am 18. März 1999 Pres/99/77; Annahme des Entwurfes des Vermittlungsausschusses durch das Europäische Parlament Abl. C/1999/279 S. 195; Annahme des Entwurfes des Vermittlungsausschusses durch den Rat Pres/1999/149 S. 8.

[33] So ausdrücklich Art. 1 Abs. 1 der RL, siehe aber auch Erwägungsgründe 1 – 5 der RL.

[34] So Staudenmeyer, NJW 1999, S. 2393; Neben den primären Zwecksetzungen der Richtlinie ergeben sich aus den Erwägungsgründen und der Entstehungsgeschichte weitere Gründe für ein Handeln der Europäischen Gemeinschaft: die Stärkung des Wettbewerbs durch die Verkäufer (Erwägungsgründe 3 und 21), die Förderung der Weiterentwicklung des Warenkaufs mit Hilfe neuer Kommunikationstechniken (Erwägungsgrund 4), eine Angleichung der einzelstaatlichen Regelungen an die Vorschriften des Übereinkommens der Vereinten Nationen über Verträge über den Internationalen Warenkauf vom 11. April 1989 sowie eine fortschreitende Harmonisierung der Rechte der Mitgliedsstaaten im Allgemeinen (Erwägungsgrund 23, siehe Micklitz, EuZW 1999, S. 493; Reich, NJW 1999, S. 2398).

[35] Vgl. Erwägungsgrund 4 der RL.

[36] Grünbuch, S. 93.

[37] So Art. 153 (1) EGV aus dem Verweis aus Erwägungsgrund 1 der RL.

2. Überblick über den Regelungsgegenstand der Richtlinie

a) Anwendungs- und Regelungsbereich

Die Bezeichnung der Richtlinie als „Richtlinie zu bestimmten Aspekten des Verbrauchsgüterkaufs und der Garantien für Verbrauchsgüter" lässt nur einen partiellen Rückschluss auf den konkreten Regelungsinhalt zu. Zugleich verdeutlich sie jedoch bereits deren beschränkten Anwendungsbereich. Dieser wird vor allem in persönlicher Hinsicht beschränkt.[38] Er ist durch die Begrenzung auf Verbraucher auf Käuferseite und gewerblich tätige Personen auf Verkäuferseite gekennzeichnet. Damit sind sowohl Verträge zwischen Verbrauchern als auch zwischen Gewerbetreibenden, aber auch Verträge mit einem Verbraucher auf Verkäuferseite nicht von der Richtlinie umfasst. Lediglich die Regressregelung des Art. 4 RL betrifft die Rechtsbeziehung zwischen gewerblichen Verkäufern. Was unter den Begriffen des Verbrauchers und des Verkäufers zu verstehen ist, ergibt sich aus den Legaldefinitionen des Art. 1 Abs. 2 RL, die weitgehend mit denen der vorangegangenen Verbraucherschutzrichtlinien übereinstimmen.[39] Angeknüpft wird stets - beim Verbraucher in negativer, beim Verkäufer in positiver Hinsicht - an einen Zusammenhang mit der beruflichen oder gewerblichen Tätigkeit.

In sachlicher Hinsicht wird neben den Garantien ausschließlich die Haftung des Verkäufers für die Vertragswidrigkeit der Kaufsache sowie damit in Zusammenhang stehende Regelungsbereiche geregelt.[40] Im Gegensatz zu den Begriffen des Verbrauchers und des Verkäufers wird der des Verbrauchsgüterkaufs jedoch nicht umfassend legaldefiniert. Es finden sich lediglich in Art. 1 Abs. 4 RL und Art. 2 Abs. 5 RL Regelungen, die das der Richtlinie zugrunde liegende Kaufvertragsverständnis konkretisieren. Umfasst sind danach zum einen auch solche Verträge, die die Lieferung herzustellender oder zu erzeugender Verbrauchsgüter zum Gegenstand haben[41], zum anderen aber auch Vereinbarungen, durch die sich der Verkäufer zusätzlich zur Montage der Kaufsache verpflichtet und bei denen die Vertragswidrigkeit erst aus der Montage folgt. Keine besonderen Auswirkungen hat die Beschränkung hinsichtlich des Vertragsgegenstands auf Verbrauchsgüter. Gemäß der Legaldefinition des Art. 1 Abs. 2 lit. b RL umfasst dieser alle beweglichen körperlichen Sachen, soweit nicht einer der für die ganz überwiegende Zahl der Kaufgeschäfte eines Verbrauchers unbedeutenden Aus-

[38] Daneben stellt das Grünbuch klar, dass eine „allgemeine Harmonisierung" des gesamten Kaufrechts eine „übertriebene und wenig flexible Lösung" darstelle, Grünbuch, S. 106.

[39] Es ist allerdings zu beachten, dass sich die einzelnen Sprachfassungen der Richtlinie insoweit unterscheiden. Mehr dazu in Teil B dieser Arbeit.

[40] Geregelt werden insbesondere Fragen der Verjährung, Art. 5 Abs. 1 RL, der Haftungsbegrenzung, Art. 7 RL, der Beweislast, Art. 5 Abs. 3 RL, und des Verkäuferregresses, Art. 4 RL.

[41] Diese stellen zumindest aus deutscher Perspektive regelmäßig keine Kaufverträge dar.

nahmetatbestände des Art. 1 Abs. 2 lit. b Spiegelstrich 1-4 RL einschlägig ist.[42] Der europäische Gesetzgeber hat sich somit nicht dazu entschieden, nur dem Endverbrauch dienende Güter in den Anwendungsbereich einzubeziehen.
Sonstige Fragestellungen des Vertragsrechts werden durch die Richtlinie nicht tangiert. Außen vor blieb insbesondere die Regelung von aufgrund der Vertragswidrigkeit entstehender Schadensersatzansprüche. Gerade im Vergleich zum Grünbuch ist zudem festzustellen, dass der Regelungsumfang der Richtlinie im Entstehungsprozess deutlich reduziert wurde.[43] Neben den Regelungen zum Kundendienst fand auch die Anordnung einer parallelen, wenn auch abgestuften, Haftung des Herstellers neben dem Verkäufer bei der Haftung für die Vertragswidrigkeit der Ware keine Berücksichtigung.[44] Dem Aspekt, dass die Vertragwidrigkeit häufig auf ein Fehlverhalten des Herstellers, eines früheren Verkäufers innerhalb derselben Vertragskette oder einer anderen Zwischenperson zurückzuführen ist, wird lediglich durch die in Art. 4 RL geregelte Regressmöglichkeit des Letztverkäufers Rechnung getragen. Weiter wurde auch eine Bindung der gesetzlichen Garantie an das Produkt, und nicht an den Käufer, abgelehnt. Schließlich unterblieb auch eine Umsetzung des Konzepts der „europäischen Garantie“.[45] Dennoch ist festzustellen, dass die vorliegende Richtlinie den bisher größten und umfangreichsten Eingriff in die nationalen Privatrechtssysteme darstellt und sie zu Recht als die wichtigste Verbraucherrechtsrichtlinie bezeichnet wird, die bisher erlassen wurde.[46]

---

[42] Ausgenommen sind danach insbesondere Güter, die aufgrund einer Zwangsvollstreckung verkauft werden, Wasser und Gas, wenn sie nicht in einer bestimmten Menge abgefüllt sind sowie Strom, vgl. Art. 1 Abs. 2 lit. b RL.

[43] Dies ist nicht zuletzt wiederum Konsequenz des Subsidiaritätsprinzips, siehe die Erklärung des Richtlinienvorschlags.

[44] Dickie sieht in der Haftung des Verkäufers für Werbeaussagen des Herstellers eine „verdünnte“ Version der gemeinsamen Haftung, S. 168; dagegen: Zollers/Hurd/Shears, S. 104.

[45] Grünbuch, S. 110 ff. Die im Grünbuch erörterten Probleme im Hinblick auf kommerzielle Garantien, d.h. den Garantien im Sinn des deutschen Sprachgebrauchs, bezogen sich primär auf formelle Fragen der vertraglichen Verbindlichkeit und des Inhalts sowie auf die Konzeption der „europäischen Garantie“, bei der sich der Käufer unabhängig vom Ort des Vertragsschlusses innerhalb der EU in ganz Europa auf diese berufen kann; zu weiteren Auslassungen im Vergleich zum Grünbuch Micklitz, EuZW 1999: die Regelungsmöglichkeit von After-Sales-Service, vor allem die Ersatzteilhaftung; Errichtung einer Netzwerkhaftung dort, wo selektive Vertriebsbindungen oder Ausschließlichkeitsbindungen bestehen; die gemeinsame Haftung von Verkäufer und Herstellung für die fehlende Vertragsmäßigkeit; die Bindung des Gewährleistungsanspruchs an das Produkt; schließlich die gesamte Problematik der (grenzüberschreitenden) Rechtsdurchsetzung einschließlich der Errichtung von geeigneten Streitbeilegungsmechanismen; Zollers/Hurd/Shears bezeichnen auf S. 105 das Grünbuch als „Wunschliste“ des Verbrauchers im Hinblick auf Garantien.

[46] Staudenmayer, NJW 1999, S. 2393.

b) Die zur Bestimmung der Vertragsmäßigkeit relevanten Kriterien

Ihrer Zwecksetzung entsprechend, gleichzeitig aber durch das Subsidiaritätsprinzip bedingt, ist die Richtlinie auf diejenigen Bereiche beschränkt, die nach der Auffassung der Gemeinschaftsorgane im Hinblick auf die Verwirklichung des Binnenmarktes und der Schaffung eines hohen Verbraucherschutzstandards notwendig waren.[47] Nach Ansicht der Kommission entstehen Konflikte beim Verbrauchsgüterkauf vor allem unter dem Gesichtspunkt der Vertragswidrigkeit der Ware.[48] Zwar stelle es einen gemeinsamen Grundsatz der verschiedenen einzelstaatlichen Rechtsordnungen dar, dass Waren vertragsgemäß sein müssen[49], doch weichen die innerstaatlichen Regelungen, was die für die Bestimmung der Vertragsmäßigkeit maßgeblichen Kriterien und die Rechtsfolgen der Vertragswidrigkeit angeht, erheblich voneinander ab. Die Richtlinie versucht diesen Missstand dadurch zu beheben, dass sie in enger Anlehnung an Art. 35 CISG die für die Beurteilung der Vertragsmäßigkeit entscheidenden Kriterien konkretisiert. Sie geht dabei von dem Grundsatz aus, dass der Verkäufer verpflichtet ist, dem Verbraucher vertragsgemäße Güter zu verschaffen.[50] Diese Primärleistungspflicht besteht unabhängig davon, ob der Verkäufer die Vertragswidrigkeit verschuldet hat oder erkennen konnte.[51] Der Begriff der Vertragsmäßigkeit stellt den zentralen Begriff der Richtlinie dar und wird nach der Auffassung des europäischen Gesetzgebers als gemeinsames Element der verschiedenen einzelstaatlichen Rechtstraditionen erkannt.[52] Er wird durch die in Art. 2 Abs. 2 lit. a-d RL genannten und in enger Anlehnung an Art. 35 Abs. 2 CISG formulierten Vermutungstatbestände konkretisiert. Diese gelten kumulativ, soweit ihre Anwendung möglich ist und sie sich nicht gegenseitig widersprechen. Dabei sind die ersten beiden der in der Richtlinie aufgeführten Kriterien zur Bestimmung der Vertragswidrigkeit „subjektiver Natur“ und orientieren sich an den Umständen des

---

[47] Strittig ist die Vorschrift des Art. 4 der Richtlinie, die sich mit dem Regress des Verkäufers beschäftigt. Es handelt sich dabei nicht um eine dem Verbraucherschutz dienende Vorschrift, sodass die Legitimation der Europäischen Gemeinschaft zu ihrem Erlass bezweifelt wird. Siehe diesbezüglich: Brüggemeier/Reich, BB 2001, S. 221.

[48] Erwägungsgrund 6 der Richtlinie.

[49] Erwägungsgrund 7 der Richtlinie.

[50] Nicht eindeutig bestimmt ist der Zeitpunkt, zu dem das Vorliegen der Vertragsmäßigkeit beurteilt wird. Die Richtlinie spricht insoweit nur davon, dass der Verkäufer verpflichtet ist, dem Verbraucher dem Kaufvertrag gemäße Güter zu liefern. Wann jedoch eine Lieferung vorliegt und ob damit die tatsächliche Übergabe an den Verbraucher gemeint ist, ist nicht geregelt. Erwägungsgrund 14 stellt lediglich klar, dass durch den Bezug auf die Lieferung die Mitgliedsstaaten nicht gezwungen sind, die nationalen Regelungen über den Gefahrübergang zu ändern. Folglich sind die Mitgliedsstaaten nicht verpflichtet, ihre Gefahrtragungsregelungen insbesondere zum Annahmeverzug oder Versendungskauf zu ändern, vgl. dazu Teil C, II., 1., a) (5) dieser Arbeit. Staudenmayer, NJW 1999, S. 2395.

[51] Grundmann, in: EU-Kaufrechts-Richtlinie, Art. 2 Rn. 2.

[52] Erwägungsgrund 9 der RL.

Einzelfalls. Das gelieferte Verbrauchsgut muss danach zum einen mit der vom Verkäufer gegebenen Beschreibung der Ware übereinstimmen und die Eigenschaften des vorgelegten Musters oder der Probe besitzen, zum anderen aber sich auch für einen vom Verbraucher dem Verkäufer mitgeteilten Zweck eignen, soweit der Verkäufer der Eignung zugestimmt hat. Auf einer objektiven Ebene wird die Vertragsmäßigkeit der Leistung gem. Art. 2 Abs. 2 lit. c und d RL davon abhängig gemacht, dass sich die Kaufsache einerseits für die Zwecke eignet, für die Güter gleicher Art gewöhnlich gebraucht werden, andererseits aber auch Qualitäten und Leistungen aufweist, die bei Gütern gleicher Art üblich sind und vernünftigerweise erwartet werden können. Die berechtigten Erwartungen des Verbrauchers können sich insbesondere auch aus der Etikettierung oder Werbung Dritter, also des Herstellers oder dessen Vertreters, ergeben. Diese den Verkäufer stark belastende Vorschrift wird durch die in Art. 2 Abs. 4 RL enthaltenen Ausnahmeregelungen entschärft. Dieser hat dann nicht für öffentliche Äußerungen einzustehen, wenn er sie nicht kannte oder vernünftigerweise nicht davon Kenntnis haben konnte, die Äußerung berichtigt war oder sie die Kaufentscheidung des Käufers nicht beeinflusst hat. Zudem ist eine Vertragswidrigkeit des Verbrauchsguts nach den Regelungen des Art. 2 Abs. 2 a)-d) RL dann ausgeschlossen, wenn der Verbraucher diese entweder zum Zeitpunkt des Vertragsschlusses kannte oder er vernünftigerweise nicht darüber in Unkenntnis sein konnte.[53]

c) Die Rechtsfolgen der Vertragswidrigkeit

Nach Art. 3 Abs. 1 RL haftet der Verkäufer für jede Vertragswidrigkeit, die zum Zeitpunkt der Lieferung der Sache besteht.[54] Gem. Art. 5 Abs. 3 RL wird bei Auftreten eines Mangels innerhalb der ersten sechs Monate nach Lieferung der Sache eine entsprechende Vertragswidrigkeit zu Gunsten des Verbrauchers in Form einer Beweislastumkehr vermutet.

Für den Fall einer vertragswidrigen Lieferung sieht die Richtlinie vier verschiedene, hierarchisch angeordnete, Rechte des Verbrauchers vor.[55] Auf der ersten Stufe kann der Verbraucher die unentgeltliche Herstellung des vertragsgemäßen Zustands verlangen und zwischen der Nachbesserung und der Ersatzlieferung wählen. Erst auf einer zweiten Stufe hat er die Möglichkeit, entweder eine angemessene Kaufpreisminderung oder Vertragsauflösung zu verlangen. Die

[53] Daneben liegt auch keine Vertragswidrigkeit vor, wenn diese auf den vom Verbraucher gelieferten Stoff zurückzuführen ist. Auf der anderen Seite werden der Vertragswidrigkeit solche Mängel gleichgestellt, die sich aus einer unsachgemäßen, jedoch aufgrund des Vertrages vorgenommenen Montage des Verbrauchsguts im Zurechnungsbereich des Verkäufers ergeben.

[54] Die für die Haftung ausschlaggebenden Fristen bestimmen sich nach Art. 5 RL, die Möglichkeit eines Haftungsausschluss bzw. einer Haftungsbegrenzung nach Art. 7 RL.

[55] Art. 3 Abs. 2-6 RL.

Rechte des Verbrauchers sind somit zunächst auf die Ersatzlieferung oder Nachbesserung beschränkt. Zwischen diesen kann er grundsätzlich frei wählen, doch ist sein Wahlrecht dadurch beschränkt, dass die gewählte Art der Nacherfüllung möglich und verhältnismäßig sein muss. Die Bestimmung der Unverhältnismäßigkeit erfolgt anhand objektiver Kriterien[56] und wird primär von der Höhe der durch die Abhilfe enstehenden Kosten dominiert. Erst wenn sich diese als im Vergleich zum alternativen Abhilfemittel als unzumutbar darstellen, kann der Verkäufer die gewählte Art der Nacherfüllung verweigern. Die Unzumutbarkeit ist nicht bereits dann zwingend gegeben, wenn die Kosten der einen die der anderen Abhilfemöglichkeit übersteigen. Vielmehr erforderte eine entsprechende Beurteilung die Berücksichtigung des Werts der Sache im vertragsmäßigen Zustand und die Bedeutung der Vertragswidrigkeit[57]. In der Praxis wird bei den Produkten des Massenverkehrs daher regelmäßig nur ein Anspruch des Verbrauchers auf Ersatzlieferung bestehen, während der Verkäufer bei teureren Produkten häufig nur zur Nachbesserung verpflichtet sein wird.
Kann der Verbraucher weder Nachbesserung noch Ersatzlieferung verlangen, hat der Verkäufer nicht innerhalb einer angemessenen Zeit Abhilfe geschaffen oder war die Abhilfe mit erheblichen Unannehmlichkeiten verbunden, kann der Käufer auf die Rechte der zweiten Stufe zurückgreifen. Auch hier steht dem Käufer ein Wahlrecht zu, wobei eine Vertragsauflösung jedoch nur verlangt werden kann, wenn es sich nicht um eine geringfügige Vertragswidrigkeit handelt.[58] Die Modalitäten der Vertragsauflösung und der Minderung obliegen der Ausgestaltung der Mitgliedsstaaten.

d) Die Regelungen zur Garantie

Neben der Haftung des Verkäufers für die Vertragsmäßigkeit der Kaufsache liegt der zweite Regelungsschwerpunkt der Richtlinie im Bereich der („kommerziellen“[59]) Garantien. Nach der Legaldefinition handelt es sich dabei um „jede von einem Verkäufer oder Hersteller gegenüber dem Verbraucher ohne Aufpreis eingegangene Verpflichtung, den Kaufpreis zu erstatten, das Verbrauchsgut zu ersetzen oder nachzubessern oder in sonstiger Weise Abhilfe zu schaffen, wenn das Verbrauchsgut nicht den in der Garantieerklärung oder in der einschlägigen Werbung genannten Eigenschaften entspricht“.[60] Im Grünbuch hatte die Kommission festgestellt, dass sich grundlegende Verbraucherprobleme aus dem allgemein verbreiteten Fehlen eines auf die kommerziellen Garantien an-

---

[56] So ausdrücklich Erwägungsgrund 11 der Richtlinie.
[57] Art 3 Abs. 2, 2 Unterabs. RL.
[58] Art. 3 Abs. 6 RL. Es steht den Mitgliedsstaaten aufgrund der Mindestschutzklausel des Art. 8 Abs. 2 RL jedoch frei, von dieser Beschränkung abzusehen und die Vertragsbeendigung in jedem Fall zuzulassen.
[59] So zuletzt noch die Formulierung im geänderten Vorschlag von 1998.
[60] siehe Legaldefinition in Art. 1 (2) e) der Richtlinie.

wendbaren juristischen Rahmens ergeben.[61] Nicht abschließend geklärt ist jedoch, inwieweit die Verbrauchsgüterkaufrichtlinie die Verbindlichkeit der kommerziellen Garantien im Sinne des Art. 6 RL vorschreibt.[62] Unmittelbar adressiert werden durch die Richtlinie in jedem Fall formale Gesichtspunkte, die der Information des Verbrauchers und der Vermeidung der Irreführung, insbesondere im Hinblick auf das Verhältnis der Rechte aus der Garantie zu den gesetzlichen Rechten, dienen sollen.[63] Nicht festgelegt wird durch die Richtlinie hingegen der Umfang der Garantieverpflichtungen. Der Garantiegeber wird nur zu den in der Erklärung abgegebenen Bedingungen gebunden. Dadurch soll die Eigenschaft der Garantie als Marketinginstrument und Mittel der Wettbewerbsförderung erhalten bleiben.[64] Nicht formuliert werden zudem Sanktionen bei Zuwiderhandlungen gegen die Formerfordernisse.[65]

3. Überblick über die Systematik des englischen Rechts im Anwendungsbereich der Richtlinie vor dem Inkrafttreten der Sale and Supply of Goods to Consumers Regulations 2002

a) Die Mängelhaftung des Verkäufers im System der allgemeinen Privatrechtssystematik

(1) Rechtliche Grundlagen

Die Regelungen des englischen Rechts zur Mängelhaftung beim Verbrauchsgüterkauf finden sich überwiegend im SGA[66], dessen historische Wurzeln in den Regelungen des Common Law einschließlich des Handelsrechts („law merchant") liegen.[67] Die für den Warenkauf relevanten Regelungen des Common Law wurden durch den Sale of Goods Act 1893 erstmals kodifiziert und spiegeln sich auch heute noch weitgehend im SGA wider, da es sich bei diesem lediglich um eine Konsolidierung des 1893 erlassenen Warenkaufgesetzes und der zwischen 1954 und 1977 verabschiedeten Änderungen handelt.[68] In inhaltlicher Hinsicht erfolgten durch die Verabschiedung des SGA keine Modifikationen.[69]

---

[61] Grünbuch, S. 102 f.

[62] Siehe dazu Teil F, I. dieser Arbeit.

[63] Vgl. insbesondere Art. 6 Abs. 2-4 RL.

[64] So ausdrücklich Erwägungsgrund 21.

[65] Weisner, JuS 2001, S. 763; gem. Art. 6 (5) stellt die Richtlinie lediglich fest, dass die Nichterfüllung der Anforderungen der Art. 6 Abs. 2-4 nicht die Gültigkeit der Garantie berührt.

[66] Zu berücksichtigten ist, dass der SGA seit 1979 durch den Insolvency Act 1985, den Sale of Goods (Amendment) Act 1994, den Sale and Supply of Goods Act 1994 und den Sale of Goods (Amendment) Act 1995 modifiziert worden ist.

[67] Halsbury's Laws of England: Sale of Goods and Supply of Services -1. (2) 5.

[68] Durch die Konsolidierung wurden sowohl Gesetze in den Sale of Goods Act integriert als auch aufgehoben: siehe den Law Reform (Enforcement of Contracts) Act 1954 s 2 (aufgehoben); den Misrepresentation Act 1967 s4 (aufgehoben); den Criminal Law Act 1967 s10

Grundlegend für das Verständnis des heutigen englischen Rechts sind damit primär die Regelungen des Common Law. Aufgrund des mannigfaltigen Bedeutungsgehalts dieses Begriffes bedarf es dessen Konkretisierung. In einem weiten Sinn kennzeichnet er zunächst den gesamten anglo-amerikanischen Rechtskreis und steht damit im Gegensatz zu den kontinentalen Rechtsordnungen, dem sog. Civil Law, die durch römisch-rechtliche Quellen stark beeinflusst wurden und vorwiegend durch Gesetzesrecht geprägt sind. Des Weiteren wird der Begriff „Common Law“ auch als Abgrenzung des Richterrechts zu dem vom Gesetzgeber geschaffenen Gesetzesrecht, dem Statute Law, genutzt. Dies ist auch die Bedeutung, die ihm im Zusammenhang mit der Kodifzierung durch den Sale of Goods Act 1893 zukommt. Schließlich hat er aber noch eine weitere wesentliche Bedeutung innerhalb des englischen Rechts. Im engeren Sinne meint das Common Law das von den königlichen Gerichten geschaffene Recht und ist somit von der Equity, der Billigkeitsrechtsprechung, zu unterscheiden.[70] Unter Equity ist dabei nicht ein Komplex allgemeiner Billigkeitsgrundsätze, sondern ein Teil des materiellen Rechts zu verstehen, das sich vom sonstigen materiellen Recht dadurch unterscheidet, dass es in der Rechtsprechung eines besonderen Gerichts, des Court of Chancery, entwickelt worden ist.[71] Es griff lediglich in den Fällen ein, in denen die Anwendung des Common Law aufgrund seines erstarrten und formalistischen Systems zu Härten und Ungerechtigkeiten führte und in denen das Common Law keinen angemessenen Rechtsbehelf bereithielt.[72] Durch die Judicature Acts von 1873-1875 wurden die königlichen Gerichte mit den Courts of Chancery in einer einheitlichen Gerichtsstruktur zusammengeführt. Die Grundsätze der Equity können seitdem von allen Gerichten angewandt werden, sodass die Unterscheidung in der heutigen Zeit vor allem historische Gründe hat. Sie bleibt dennoch für das Verständnis systematischer Fragen unerlässlich und ist gerade im Rahmen der Rechtsbehelfe des Käufers beim Verbrauchsgüterkauf von Bedeutung.

Es bleibt zu beachten, dass der SGA, was den Verbrauchsgüterkauf nach dem Verständnis der RL angeht, kein abschließendes Regelungsgebilde darstellt. Wichtige Einzelfragen bleiben entweder nicht-kodifizierten Rechtsprechungs-

---

(2), Sch 3 Pt III; den Theft Act 1968 s33 (3), Sch 3 Pt III; den Supply of Goods (Implied Terms) Act 1973 ss1–7 (aufgehoben); den Consumer Credit Act 1974 s192 (3) (a), Sch 4 paras 3, 4 und den UCTA s31 (3), (4), Sch 3 (aufgehoben in Teilen), Sch 4.

[69] Folglich bleibt auch die zu diesem Gesetz ergangene Rechtsprechung anwendbar, siehe Atiyah, Sale of Goods, S. 3; Benjamin/Sealy, Rn. 1-004; in Bezug auf die Anwendbarkeit des Fallrechts des vor 1893 geltenden Rechts siehe: Benjamin/Sealy, Rn. 1-002.

[70] Siehe zu der Entwicklung weiter unten: Teil A, I., 3., a), (2), (a) sowie Teil C, III., 2., b) dieser Arbeit.

[71] Zweigert/Kötz, Rechtsvergleichung, § 16 III.

[72] Rheinstein, Anglo-Amerikanisches Recht, S. 140.

grundsätzen[73] oder aber Sondergesetzen vorbehalten. Letzteres gilt zum einen insbesondere für Fragen der Verjährung, deren gesetzliche Regelung im Limitation Act 1980 erfolgte, und zum anderen für die Kontrolle von Haftungsbeschränkungen, die durch die Vorschriften des Unfair Contract Terms Acts 1977 und die Unfair Terms in Consumer Contracts Regulations 1994 geregelt wird.[74] Zudem sei darauf hingewiesen, dass sich bei sonstigen Lieferungsverträgen dem SGA entsprechende Vorschriften in Bezug auf die vertragsmäßige Beschaffenheit der Ware aus dem Supply of Goods and Services Act 1982 ergeben.[75] Dieser enthält im Vergleich zum SGA ausschließlich eine Kodifizierung derjenigen Kriterien, die von Gesetzes wegen für die Bestimmung der Vertragsmäßigkeit des Vertragsgegenstands heranzuziehen sind. Alle sonstigen Regelungen, insbesondere die der Rechtsfolgen, sind bei Lieferungsverträgen den allgemeinen, nicht kodifizierten Vertragsrechtsgrundsätzen zu entnehmen.

(2) Die Systematik des allgemeinen Vertragsrechts als Ausgangspunkt für die Konzeption des Sale of Goods Act 1979

Die Konsequenzen der Richtlinienumsetzung für das englische Recht lassen sich gerade im Bereich der Mängelhaftung des Verkäufers nur verstehen, wenn man sich den dogmatischen Hintergrund des allgemeinen Vertragsrechts vor Augen führt. Dies gilt sowohl für das Warenkaufgesetz als auch für den sonstige Lieferungsverträge betreffenden Supply of Goods and Services Act 1982.

(a) Vertragsverständnis und historischer Hintergrund

Kennzeichnend für das englische Vertragsrecht und von besonderer Bedeutung für die Vertragsmäßigkeitshaftung des Verkäufers ist das Verständnis des Vertrages als Garantievertrag. Basierend auf dem Vertragsverständnis des Common Law im engeren Sinne, welches gegenüber der Equity vorrangig und damit für das heutige Recht prägend war, verpflichten sich die Vertragsparteien durch die vertragliche Vereinbarung ausschließlich zur Zahlung von Schadensersatz, soweit der vereinbarte Erfolg nicht eintritt. Das englische Vertragsrecht geht ebenso wie das Warenkaufrecht von einem einheitlichen Tatbestand des „Breach of Contract“, d.h. des Vertragsbruchs, aus, der immer erfüllt ist, wenn eine Partei,

---

[73] Vgl. nur s62 (2) SGA, der sämtliche Regelungen des Common Law, soweit sie nicht den Vorschriften des SGA widersprechen, für anwendbar erklärt. Ausdrücklich gilt dies für das Vertretungsrecht, die Haftung für vorvertragliche Tatsachenäußerungen, Arglistige Täuschung und andere Unwirksamkeitsgründe.

[74] Zwar stellt s 55 (1) SGA klar, dass ein Haftungsausschluss bzw. eine Haftungsbeschränkung grundsätzlich möglich ist, er verweist jedoch für die inhaltliche Ausgestaltung auf die Vorschriften des Unfair Contract Terms Acts 1977.

[75] Zu bemerken ist daher auch schon hier, dass dessen Regelungsumfang weit hinter dem des SGA zurückbleibt. Die Regelungen zur Vertragsmäßigkeit der Ware unter Auslassung der Rechtsfolgen bilden den einzigen Regelungsinhalt. Vgl. dazu Teil E dieser Arbeit.

ohne dafür rechtlich entschuldigt zu sein, die vertragliche Verpflichtung entweder nicht erfüllt, schlecht erfüllt, die Erfüllung verweigert oder durch das eigene Verhalten eine Erfüllung unmöglich macht.[76] Entgegen anderen Rechtssystemen ist das englische Recht damit nicht auf ein vom allgemeinen Leistungsstörungsrecht losgelöstes System der Mängelhaftung angewiesen. Stattdessen können die Gewährleistungsansprüche geradezu als der Mustertyp der Vertragshaftung im Common Law angesehen werden.[77] Dies gilt insbesondere auch für den SGA, der keine besonderen Vorschriften für die rechtliche Behandlung von Vertragswidrigkeiten hinsichtlich der Beschaffenheit der Ware vorsieht.
Zurückzuführen ist diese Systematik auf die historische Entwicklung des englischen Rechts.[78] Das frühe Verfahren an den königlichen Gerichten war stark von einer aktionenrechtlichen Denkweise geprägt. Eine Klage konnte nur erhoben werden, wenn eine spezielle Klageart für den Streitgegenstand existierte. Da sich die bestehenden Klagearten aufgrund ihrer restriktiven Voraussetzungen und den Schwächen in ihrer praktischen Anwendung häufig als für die Praxis unbrauchbar erwiesen[79], wurde, gestützt auf die Formel „in consimili casu", die deliktsrechtliche Klage der Action of Trespass zunehmend auf vertragliche Fallgestaltungen ausgedehnt. Es entwickelte sich aus ihr die Action of Assumpsit, die in ihrem Ursprung auf die Übernahme („assumpsit") eines Risikos durch den Beklagen abstellte. Kennzeichnend für diese Klageart war, dass der Schuldner nicht auf Erfüllung der vertraglichen Leistungspflicht in Anspruch genommen werden konnte. Durch ihre Verwurzelung in der deliktischen Klage des Trespass stand ihm lediglich ein Anspruch auf Zahlung von Schadensersatz zu. Der Schuldner versprach zwar eine Leistung, diese war jedoch nicht Hauptaugenmerk des Common Law in den Assumpsit-Fällen. Gegenstand der Klage und damit einer Rechtspflicht war nur das weitere Versprechen einer Garantie, eines Schadensersatzes, für den Fall, dass die in Aussicht gestellte Leistung nicht erbracht wurde.[80] Damit war nicht der Vertrag, sondern der Vertragsbruch Grundlage des Anspruchs.[81]
Auch wenn die Unterscheidung zwischen den einzelnen Klagearten durch die Common Law Procedure Acts von 1852, 1854 und 1860 und die Judicature Acts von 1873 und 1875 aufgehoben wurde, bleibt ihre Entwicklung prägend für das

[76] Treitel, Law of Contract, S. 832; Mansel, AcP 2004, S. 442.
[77] Rheinstein, Anglo-Amerikanisches Recht, S. 155.
[78] Siehe dazu ausführlich: Teil C, III, 2, b) dieser Arbeit.
[79] Die Action of Debt war nur auf Geld und insoweit auch nur auf eine genau festgesetzte Summe anwendbar. Nicht anwendbar war sie insbesondere auf Schadensersatzansprüche. Daneben bürgte der „wager of law", d.h. die Beteiligung von Eideshelfern im Prozess Gefahren. Dagegen bestanden die Nachteile der Action of Covenant in der erforderlichen Einhaltung wesentlicher Formvorschriften. Siehe dazu Rheinstein, Anglo-Amerikanisches Recht.
[80] Rheinstein, Anglo-Amerikanisches Recht, S. 128.
[81] Rheinstein, Anglo-Amerikanisches Recht, S. 36.

Common Law und das geltende Warenkaufrecht. Das englische Recht fasst auch heute noch einen Vertrag und somit auch den Kaufvertrag als ein Garantieversprechen auf, durch das sich eine Partei verpflichtet, für jegliche Verletzung eines im Vertrag enthaltenen Versprechens verschuldensunabhängig Schadensersatz zu leisten. Was den Gegenstand des Versprechens bildet, richtet sich nach dem Inhalt des Vertrages. Primär ergibt er sich aus den ausdrücklichen Vertragsvereinbarungen der Parteien, den sog. express terms. Diese sind von solchen Zusicherungen, Behauptungen oder Angaben zu unterscheiden, die nicht Vertragsbestandteil werden (sog. „representations“) und deren Verletzung folglich keinen Vertragsbruch darstellt.[82] Neben den ausdrücklichen Vertragsvereinbarungen, an denen es gerade im Rahmen von Verbrauchsgüterkaufverträgen in Bezug auf die Qualität der Kaufsache häufig mangeln wird, sind für den Vertragsinhalt die stillschweigenden Vertragsvereinbarungen (sog. „implied terms“) und damit solche Vertragsbestandteile von großer Bedeutung, die aufgrund von Verkehrssitte und Handelsbrauch, aber insbesondere auch durch Gesetz in den Vertrag „hineingelesen“ werden.[83]

(b) Rechtsfolgen

Das dargestellte Vertragsverständnis hat weitreichende Auswirkungen auf die von einer Vertragsverletzung ausgehenden Rechtsfolgen. Stellt sich heraus, dass die erbrachte vertragliche Leistung nicht den Vertragsvereinbarungen entspricht, ergeben sich die Rechtsfolgen im Common Law zwangsläufig aus dem Verständnis des Vertrages als Garantieversprechen. Der Abschluss eines rechtlichen Vertrages hat zur Folge, dass jeglicher Bruch eines in dem Vertrag enthaltenen Versprechens einen Schadensersatzanspruch des Versprechensempfängers entstehen lässt.[84] Schadensersatz stellt damit den primären und unter Umständen einzigen Rechtsbehelf des Gläubigers dar. Er ist nicht auf Naturalrestitution, sondern auf Kompensation, d.h. Entschädigung in Geld gerichtet.[85] Von Bedeutung ist, dass die Vertragspartner weitgehend verschuldensunabhängig haften.[86] Der Grundsatz, dass der Schuldner grundsätzlich unabhängig von einem Verschulden für eine Vertragsverletzung einstehen muss, ergibt sich aus der Möglichkeit des Schuldners, sich im Vertrag von der Garantie freizuzeichnen. Das

---

[82] Benjamin/Reynolds, Rn. 10-008; Treitel, Law of Contract, S. 162 f.; Giesen, JZ 1996, S. 16 f.

[83] Treitel, Law of Contract, S. 201 ff.; Giesen, JZ 1996, S. 19.

[84] Rheinstein, Anglo-Amerikanisches Recht, S. 149.

[85] Treitel, Law of Contract, S. 927 f.; Howells/Twigg-Flesner, in: Verbraucherkauf in Europa, S. 315.

[86] Dies ist auf die Leitentscheidung in Paradine v Jane (1647) Aleyn 26, 82 Eng. Rep. 897 zurückzuführen: „When the party by his own conduct creates a duty or charge upon himself, he is bound to make it good, notwithstanding any accident by inevitable necessity, because he might provided against it by his contract.”

Prinzip der absoluten Bindung an den Vertrag gilt im Rahmen des einheitlichen Konzepts des Vertragsbruchs nicht nur für die Fälle der Mängelhaftung, sondern für alle Arten der Leistungsstörung, in denen der Schuldner im Rahmen seines Garantieversprechens eintreten muss.[87] Eine Ausnahme gilt nur insoweit, als der Schuldner nach englischem Recht dann von seiner Leistungspflicht befreit wird, wenn der Fall einer „frustration“ vorliegt, einer Konstellation, die weitgehende Parallelen zu der anfänglichen zufälligen Unmöglichkeit und dem Wegfall der Geschäftsgrundlage nach deutschem Recht aufweist.[88]

Neben der Möglichkeit, Schadensersatz geltend zu machen, kann sich die vertragstreue Partei unter Umständen vom Vertrag lösen und diesen als beendet betrachten.[89] Die Möglichkeit der Vertragsbeendigung besteht primär bei der Verletzung wesentlicher Vertragsvereinbarungen (sog. „conditions“[90]). Daneben kann auch die Verletzung sog. unbenannter Vertragsvereinbarungen („innominate terms“), d.h. solchen Vertragsbedingungen, deren Verletzung im Gegensatz zu „warranties“ nicht von vornherein auf das Entstehenlassen von Schadensersatzansprüchen beschränkt ist, die Vertragsbeendigung gestatten, wenn sich die von der Vertragsverletzung ausgehenden Folgen als wesentlich darstellen.[91] Liegen diese Voraussetzungen vor, ist die Partei von allen zukünftigen, d.h. noch

---

[87] Nicht einzustehen hat der Käufer für Fälle der „Mistakes“ und der „Frustration“. Diese müssen so interpretiert werden, dass sie nicht von der Garantie umfasst sein sollen. Eine Ausnahme wird lediglich in ausgesuchten Situationen gemacht, die das deutsche Recht früher als anfängliche und nachträgliche Unmöglichkeit und als Wegfall der Geschäftsgrundlage kennzeichnete. Diese waren jedoch nicht von der Umsetzung der Richtlinie betroffen.

[88] Graf v. Westphalen, Handbuch, Rn. 84. Der SGA hält in ss 6 und 7 entsprechende Regelungen bereit, bei denen der Vertrag unwirksam wird („avoided“) bzw. von Anfang an ist („void“).

[89] Im Hinblick auf diesen Rechtsbehelf besteht keine einheitliche Terminologie. So wird dieses Recht u.a. als „right to terminate the contract“, „right to treat the contract as repudiated“ oder „right to rescind the contract“ bezeichnet. Durch die Vertragsbeendigung wird der Vertrag nicht unwirksam. Vielmehr wandeln sich die Primäransprüche des Gläubigers in Sekundäransprüche um. Im englischen Recht wird der Vertrag in irritierender Weise als durch den Vertragsbruch „erloschen“ (discharged) bezeichnet, gleichzeitig aber die Entstehung der Sekundärpflicht bejaht.

[90] Die Begrifflichkeit der "condition" hat aufgrund ihres unterschiedlichen Verständnisses viel Kritik erfahren. In dem oben beschriebenen Sinne meint sie nicht ein Ereignis oder eine Bedingung, sondern ein Vertragsversprechen (promise), dessen Verletzung das Recht zur Vertragsbeendigung gibt. Daneben wird der Begriff aber auch als Bedingung im Sinne eines Ereignisses (event) verstanden, von dem die Leistungspflicht der Vertragspartei(en) abhängen soll (so Treitel, Law of Contract, S. 62-64, 761-764, 788 f.). Zu den verschiedenen Auslegungsmöglichkeiten siehe insbesondere: Reynolds, L.Q.R. 1963, S. 534 ff.

[91] Hong Kong Fir Shipping Co. Ltd. v Kawasaki Kisen Kaisha Ltd. [1962] 2 Q.B. 26. Die Existenz solcher „innominate bzw. intermediate terms“ wurde in weiteren Entscheidungen bestätigt, vgl. insbesondere das Urteil in Cehave NV v Bremer Handelsgesellschaft mbH (The Hansa Nord) [1976] Q.B. 44, S. 83.

nicht entstandenen Leistungspflichten befreit und muss keine weiteren Erfüllungsversuche des Schuldners hinnehmen. Z4343u diesem Zeitpunkt bereits fällige Leistungen sind weiterhin zu erbringen. Daneben kann sie Ersatz des ihr entstandenen Schadens verlangen. Ausgeschlossen wird das Recht auf Vertragsbeendigung im englischen Vertragsrecht allgemein durch die Bestätigung des Vertrages in Kenntnis der Vertragsverletzung[92].

Die aufgrund des Aktionensystems fehlende Möglichkeit, vom Vertragspartner die Vornahme der versprochenen Leistung zu verlangen, wurde jedoch bereits in einem frühen Entwicklungsstadium des Common Law als unbillig empfunden. Von Bedeutung waren dabei insbesondere die Fälle, in denen der Gläubiger entweder ein besonderes (Affektions-) Interesse an der Leistungserbringung hatte, welches durch die Zahlung von Schadensersatz nicht hinreichend kompensiert werden konnte, oder aber Fälle, in denen die Schadensberechnung Schwierigkeiten bereitete. In der Billigkeitsrechtsprechung entwickelte sich daher die Rechtsfigur der „specific performance", die es bei Vorliegen restriktiver Voraussetzungen ermöglichte, den Schuldner auf Erfüllung der versprochenen Leistung in Anspruch zu nehmen. Kennzeichnend für diesen Anspruch war, dass seine Gewährung weitgehend im freien Ermessen des Kanzlers stand. Im Laufe der Zeit fühlte sich der Court of Chancery jedoch zunehmend an seine Entscheidungspraxis gebunden. Damit bestand zwar weiterhin ein grundsätzliches Ermessen, es entwickelten sich jedoch feste Regelungen für die Spruchpraxis. Ein Anspruch auf Verurteilung zur Naturalerfüllung kam nur in Betracht, wenn sich die Zahlung von Schadensersatz als nicht angemessen („not adequate") darstellte. Auch im Hinblick auf die Ermessensausübung bildeten sich feste Regeln und Prinzipien heraus, die die Abwägung kennzeichneten und ihren Anwendungsbereich einschränkten.[93] Nicht gewährt wurden Ansprüche aus Equity, wenn die durch das Gericht ausgesprochene Verpflichtung nicht kontrolliert oder erzwungen werden konnte. Die Bedeutung dieser Spruchpraxis wurde auch nicht durch die Zusammenlegung der königlichen Gerichte und der Courts of Chancery durch die Judicature Acts von 1873 und 1875 geschmälert. Ihre Unterteilung setzt sich bis heute in den zu gewährenden Rechtsbehelfen fort.

b) Überblick über die Systematik des SGA

(1) Der Anwendungsbereich des SGA

Der SGA regelt diejenigen Verträge, durch die der Verkäufer das Eigentum an einer Sache unmittelbar überträgt bzw. durch die er sich zur Eigentumsübertra-

[92] Die Besonderheiten des Warenkaufs sind zu beachten, vgl. ausführlich Teil C, III., 2., d)., (2), (b) dieser Arbeit.

[93] Treitel, Law of Contract, S. 1019 ff.; von Bernstorff, Einführung, § 2 II: Die Maximen der Equity, S. 36 ff.

gung verpflichtet und bei denen er im Gegenzug Geld als Gegenleistung erhält.[94] Gegenstand eines Kaufvertrags können gem. s5 (1) SGA insbesondere auch solche Güter sein, die noch der Herstellung durch den Verkäufer bedürfen. Die Abgrenzung von sonstigen Lieferungsverträgen, die nicht dem SGA, sondern dem Supply of Goods and Services Act 1982 unterfallen, kann diesbezüglich im Einzelfall Schwierigkeiten bereiten.[95] Hinsichtlich des persönlichen Anwendungsbereichs ist festzustellen, dass der SGA unabhängig vom Status der Parteien Anwendung findet. Das englische Recht kennt weder ein selbstständiges Handelsgesetzbuch für Verträge zwischen Gewerbetreibenden noch ein eigenständiges Gesetz zu Verbraucherverträgen bzw. zum Verbrauchsgüterkauf. Allerdings kommt auch der SGA nicht ohne Differenzierung im Hinblick auf den Status der Parteien aus. Auf Verkäuferseite wird teilweise danach differenziert, ob der Verkäufer im Rahmen eines Geschäftsbetriebes („selling in the course of a business") verkauft. Nur in diesem Fall ist es beispielsweise erforderlich, dass die Ware eine zufriedenstellende Qualität aufweist. Auf Käuferseite kommt es unter Umständen darauf an, ob der Käufer als Verbraucher handelt. Dies gilt unter anderem für s15A SGA, der den Rücktritt des Käufers dann ausschließt, wenn sich die Vertragsverletzung als unbedeutend darstellt und der Käufer kein Verbraucher ist. Auch s35 (3) SGA differenziert entsprechend. Insgesamt stellt jedoch die Differenzierung auf Käufer- und Verkäuferseite die Ausnahme dar.

(2) Die Vertragsmäßigkeitshaftung des Verkäufers

(a) Hintergrund

Aus dem Vertragsbruchskonzept folgt, dass der Verkäufer immer dann gegenüber dem Käufer einzustehen hat, wenn er gegen eine vertragliche Pflicht verstößt.[96] Die ihm obliegenden Pflichten ergeben sich sowohl aus den ausdrücklichen Vertragsvereinbarungen („express terms") als auch insbesondere aus den in den ss13 – 15 SGA enthaltenen stillschweigenden Vertragsbedingungen.[97] Durch die umfangreiche gesetzliche Implizierung von Vertragsvereinbarungen unterscheidet sich das heutige englische Recht weitgehend von der Rechtslage vor Inkrafttreten des Sale of Goods Act 1893. Das damalige Recht war seit dem 16. Jahrhundert vom Grundsatz des „caveat emptor" geprägt. Dieser Doktrin zufolge konnte der Käufer Ansprüche wegen eines Mangels der Kaufsache nur geltend machen, wenn der Verkäufer eine ausdrückliche Zusicherung für deren

[94] Section 2 (1) SGA (Section im Folgenden „s").
[95] Siehe zu dieser Unterscheidung ausführlich Teil B, III dieser Arbeit.
[96] Die Haftung aus vorvertraglichen Tatsachenbehauptungen soll hier nicht behandelt werden, vgl. dazu Treitel, Law of Contract S. 343 ff.
[97] Diese schließen gem. s55 (2) SGA, solange sie diesen nicht widersprechen, ausdrückliche Vereinbarungen grundsätzlich nicht aus.

Beschaffenheit abgegeben hatte.[98] Selbst die bewusste unrichtige Darstellung von Sacheigenschaften, ohne dass diese ausdrücklich im Vertrag zugesichert wurden, führte nicht zu einer Haftung des Verkäufers.[99] Grund für diese Einschränkung des Käuferschutzes war das Handelswachstum und die damalige Grundeinstellung des Liberalismus. Es sollte ausschließlich den Parteien überlassen bleiben, den Inhalt der von ihnen geschlossenen Verträge zu bestimmen und sich durch Aufnahme entsprechender Vereinbarungen zu schützen. Im Laufe der Zeit wurde dieser Zustand zunehmend als unbillig empfunden. Bereits vor dem Inkrafttreten des Sale of Goods Act 1893 wurde in Jones v. Just[100] entschieden, dass der Verkäufer unter gewissen Umständen auch ohne ausdrückliche Zusicherung für die Mangelhaftigkeit einzustehen habe. Im konkreten Fall hatte für den Käufer vor Vertragsschluss keine Möglichkeit bestanden, die Ware zu untersuchen. Er hatte sich daher auf die Beschreibung des Verkäufers verlassen müssen. Der wenig später erlassene Sale of Goods Act 1893 ging noch über das Recht seiner Entstehungszeit hinaus.[101] Dennoch fand die „caveat emptor"-Doktrin eine ausdrückliche Regelung in s14 (1) SGA, durch die ausdrücklich klargestellt wurde, dass keine weiteren als die gesetzlich normierten stillschweigenden Vertragsbedingungen bezüglich der Qualität und der Eignung der Sache für einen bestimmten Zweck existieren. Dies wird auch heute noch als letzte Bastion der „caveat emptor"-Doktrin beschrieben.[102] Die Doktrin wurde jedoch durch verschiedene gesetzgeberische Maßnahmen zwischenzeitlich zurückgedrängt. Von besonderer Bedeutung war der Sale and Supply of Goods Act 1994, der weitgehende, dem Verbraucherschutz dienende Änderungen im Rahmen der s14 SGA bewirkte.[103] Insgesamt ist der Verbraucher-/Käuferschutz zwischen-

[98] Chandelor v Lopus (1603) Cro. Jac. 4, 79 E.R. 3; die ausdrückliche Zusicherung wurde als „warranty" bezeichnet.

[99] Chandelor v Lopus (1603) Cro. Jac. 4, 79 E.R. 3: „And all the justices and Barons (except Anderson) held, that for this cause it was error: for the bare affirmation that it was a bezar-stone, without warranting it to be so, is no cause of action: and although he knew it to be no bezar-stone, it is not material"; aA: Goessler, Kaufrecht, S. 38, die das Urteil dahingehend auslegt, dass der Verkäufer immer haftet, wenn er eine ausdrückliche oder bewusst falsche Zusicherung gemacht hatte (ebenso Bradgate/Twigg-Flesner, S. 45); weitere Ansicht: Graue, Mangelfreie Leistung, S. 153, 155, der das Urteil so interpretiert, dass der Verkäufer nur haftet, „wenn die Erklärung des Verkäufers als ausdrückliche Zusicherung aufzufassen ist, mit der er sich offensichtlich in rechtserheblicher Weise binden will und wenn sie nachweislich in betrügerischer Absicht abgegeben wird" (erst ab dem 18. Jahrhundert war nach seiner Ansicht die Täuschungsabsicht nicht mehr nachzuweisen).

[100] (1867-68) LR 3 Q.B. 197.

[101] So Atiyah, Sale of Goods, S. 137.

[102] Howells, in: Europäisches Kaufgewährleistungsrecht, S. 163. Es werden dadurch solche Vertragsbedingungen ausgegrenzt, die sich als „implied terms of fact" oder „trade usage" hätten entwickeln können.

[103] Siehe zu den vorgenommen Änderungen: Lawson, Law Society's Guardian Gazette, S. 20 ff.; Milne, NLW 1995, S. 683 ff. Die Änderungen betrafen den Bereich der Implied Terms,

zeitlich soweit fortgeschritten, dass es angebrachter scheint, vom Prinzip des „caveat venditor“ und nicht dem des „caveat emptor“ zu sprechen.[104]

(b) Die stillschweigenden Vertragsbedingungen der ss13 – 15 SGA

Neben den ausdrücklichen Vereinbarungen der Parteien richten sich die Anforderungen an die Vertragsmäßigkeit der Ware primär nach den gesetzlichen Vertragsvereinbarungen der ss12 – 15 SGA, wobei im eigentlichen Anwendungsbereich der Richtlinie nur die Vorschriften der ss13, 14 (2), 14 (3) und 15 SGA liegen.[105] Zentrale Vorschrift ist s14 (2) SGA, durch die der Verkäufer die vertragliche Verpflichtung übernimmt, dass die gelieferte Ware von zufriedenstellender Qualität („satisfactory quality“) ist. Die für eine entsprechende Beurteilung notwendigen Kriterien werden in ss14 (2A) und (2B) SGA aufgeführt. Für die Bestimmung des Begriffs der Qualität kommt es neben dem Zustand der Ware vor allem auf deren Eignung für gewöhnliche Zwecke, das äußere Erscheinungsbild, die Abwesenheit auch kleinerer Mängel, die Sicherheit sowie die Haltbarkeit an. Der Maßstab der Zufriedenheit ist objektiver Natur[106] und richtet sich nach dem Standard, den eine vernünftige Person unter Berücksichtigung der Beschreibung der Ware, des Preises und sonstiger Umstände erwarten würde. Ausgeschlossen ist die Haftung des Verkäufers gem. s14 (2C) SGA für solche Mängel, auf die der Käufer entweder vor Vertragsschluss ausdrücklich hingewiesen worden ist, die der Käufer bei einer von ihm tatsächlich vorgenommenen Untersuchung hätte entdecken können oder die sich, im Falle des Kaufs nach Muster, bei einer angemessenen Untersuchung des Musters gezeigt hätten. Eine weitere wesentliche Verpflichtung des Verkäufers findet sich in s14 (3) SGA. Danach muss sich die Ware für einen vom Käufer dem Verkäufer bekannt gemachten Verwendungszweck eignen, wenn ersterer auf die Sachkunde und das Urteilsvermögen des Verkäufers vertrauen durfte. Neben der Haftung für zufriedenstellende Qualität und die Eignung der Sache für die gewöhnlichen Zwecke setzt s13 SGA voraus, dass eine vom Verkäufer vorgenommene Beschreibung der Ware zutreffend ist. Schließlich besagt s15 SGA, dass bei einem „Kauf nach Muster/Probe“ die Ware mit dem Muster übereinzustimmen hat und dass die Ware von solchen Mängeln frei sein muss, die eine nicht zufriedenstel-

---

s14 SGA, und die Vorschriften bzgl. Ablehnung und Annahme der Ware, siehe dazu weiter in Teil C, II. und III. dieser Arbeit.

[104] Vgl. dazu Brown, L.Q.R. 2000, S. 537 ff.; der SGA als wichtiges Instrument des Verbraucherschutzes: Watterson, ERPL 2001, S. 198.

[105] Siehe dazu ausführlich Teil C, II. dieser Arbeit. Durch Gesetz werden weitere Vereinbarungen in den Vertrag impliziert. Vgl. s12 SGA, die eine stillschweigende Vertragsvereinbarung bewirkt, dass die Sache keine Rechtsmängel aufweist.

[106] Harvey/Parry, Consumer Protection, S. 99 f.

lende Qualität bewirken und die nicht im Rahmen einer vernünftigen Untersuchung offenkundig werden würden.[107]

(c) Die von der Vertragswidrigkeit ausgehenden Rechtsfolgen

Die von der Lieferung einer vertragswidrigen Sache ausgehenden Rechtsfolgen entsprechen weitgehend denen des allgemeinen Vertragsrechts. Dennoch sind einige warenkaufspezifische Besonderheiten zu beachten. Im Vordergrund der Rechtsbehelfe des Käufers steht auf der Grundlage der ss51, 53, 54 SGA der Anspruch auf Schadensersatz. Die einschlägige Anspruchsgrundlage hängt einerseits davon ab, ob der Käufer die Sache entweder aufgrund der Vertragswidrigkeit zurückgewiesen oder an ihr festgehalten hat, andererseits aber auch davon, ob er Ersatz der Mangel- oder der Begleit- und Folgeschäden verlangt.[108] Das englische Warenkaufrecht kennt kein Nachbesserungsrecht des Verkäufers.[109] Zudem haftet der Verkäufer entsprechend der Systematik des allgemeinen Vertragsrechts verschuldensunabhängig. Entscheidend ist ausschließlich, dass er eine vertragliche Vereinbarung verletzt. Letztlich ist der Käufer so zu stellen, als wenn der Verkäufer ordnungsgemäß erfüllt hätte.[110] Der Anspruch richtet sich somit bei beiden Varianten auf den Ersatz des Erfüllungsinteresses.[111]

Neben der Forderung von Schadensersatz besteht für den Verbraucher die Möglichkeit der Zurückweisung der Ware sowie der Vertragsbeendigung. Diesen Rechten kommt in der Praxis des Verbrauchsgüterkaufs mittelbar eine große

[107] Aufgrund des Wortlauts der s15 SGA, der von „bulk“ und damit dem Vorlegen eines Teils aus einer Gesamtmasse spricht, könnte darauf geschlossen werden, dass dieser nur den Kauf nach Probe umfasst. Die Rechtsprechung hat jedoch klargestellt, dass auch der Kauf nach Muster umfasst ist. Vgl. Teil C, II, 2., a) dieser Arbeit.

[108] Der SGA unterscheidet zwischen Schadensersatz wegen Nichtlieferung, ss51, 54 SGA, und Schadensersatz wegen Verletzung einer unwesentlichen Vertragsvereinbarung, ss53, 54 SGA. Schadensersatz wegen Nichterfüllung umfasst auch die Fälle, in denen der Verkäufer die Sache zwar zunächst geliefert hat, der Käufer jedoch den Vertrag aufgrund einer wesentlichen Vertragsverletzung beendet hat. Beiden Fällen liegt jedoch der gleiche Gedanke zugrunde: Der Verkäufer hat es nicht geschafft, Güter zu liefern, die er hätte liefern sollen, vgl. Atiyah, Sale of Goods, S. 533.

[109] Die einzige Ausnahme gilt für den Fall, dass der Verkäufer die vertragswidrige Ware vor Fälligkeit geliefert hat. Gerade im Hinblick auf Verbraucherverträge ist jedoch zu beachten, dass die Lieferung einer mangelhaften Sache das Vertrauen des Käufers zerstören kann und somit als „Erfüllungsverweigerung“ („repudiation“) des Vertrages gewertet werden kann, die ihn unmittelbar zur Vertragsbeendigung berechtigt (Benjamin/Reynolds, Rn. 12-031 in Anlehnung an: Maple Flock Co. Ltd. v Universal Furniture Products (Wembley) Ltd. [1934] 1 K.B. 148, S. 157). Da die Leistung beim Verbrauchsgüterkauf regelmäßig sofort fällig ist, entfaltet diese Möglichkeit hier regelmäßig keine Bedeutung.

[110] Howells, in Europäisches Kaufgewährleistungsrecht, S. 173.

[111] Goessler, Kaufrecht, S. 43.

Bedeutung zu, da sie dem Käufer ein starkes Verhandlungsinstrument an die Hand geben, den Verkäufer zur Nacherfüllung zu bewegen. Zwar ist dieser dazu rechtlich nicht verpflichtet, doch wird es regelmäßig seinen wirtschaftlichen Interessen entsprechen, die Vertragsbeendigung zu verhindern.[112] Das Recht auf Vertragsbeendigung ist entsprechend den allgemeinen Regelungen davon abhängig, dass der Verkäufer entweder eine wesentliche Vertragsvereinbarung verletzt hat oder dass die Verletzung einer als „innominate" bezeichneten Vertragsvereinbarung wesentliche Folgen hat.[113] Letztere Fallgruppe ist jedoch nur für die ausdrücklichen Parteivereinbarungen relevant, da der Gesetzgeber die „implied terms" der ss13 – 15 SGA als „condition" und damit stets als wesentliche Vertragsvereinbarungen ausgewiesen hat. Die von der Vertragsverletzung ausgehenden konkreten Folgen sind somit grundsätzlich nicht zu berücksichtigen.[114] Der Käufer ist auch nicht dazu verpflichtet, dem Verkäufer zunächst die Abhilfe der Vertragswidrigkeit zu gestatten.[115] Eingeschränkt wird die praktische Bedeutung des Vertragsbeendigungsrechts jedoch insbesondere durch die Regelung, dass die Annahme der Ware („acceptance") die Beendigung des Vertrages ausschließt. Wann eine Annahme in diesem Sinne vorliegt, richtet sich nach s35 SGA. Dies ist der Fall, wenn der Käufer dem Verkäufer entweder die Annahme bekannt gegeben hat, wenn er sich mit dieser in einer Weise verhält, die im Widerspruch zum Eigentum des Verkäufers steht[116] oder wenn er nach

[112] An dieser Stelle sei bereits angemerkt, dass der Vertragsbeendigung aufgrund der Annahmeregelung der s35 SGA enge zeitliche Grenzen gesetzt sind, die die praktische Bedeutung wieder reduzieren.

[113] Über die „The Hansa Nord"-Rechtsprechung im Urteil in Cehave NV v Bremer Handelsgesellschaft mbH (The Hansa Nord) [1976] QB 44 hat die Konzeption der „innominate terms" auch in den Anwendungsbereich des Sale of Goods Act Einzug gehalten, sodass auch hier eine Unterscheidung zwischen den verschiedenen Vertragsvereinbarungen einschließlich der unterschiedlichen Konsequenzen notwendig wird. Die Ausweitung der Konzeption von „Hong Kong Fir" auf den Sale of Goods Act war lange Zeit umstritten. Es wurde vertreten, dass s11 (3) zwingend eine Dichotomie von „warranties" und „conditions" vorsah und folglich für eine dritte Gruppe von Vertragsbedingungen kein Platz ist. Das Urteil in „The Hansa Nord" schafft insoweit Klarheit und erklärte die Dichotomie als nicht abschließend.

[114] Eine Ausnahme bildet s15A SGA für den Fall, dass es sich nur um eine geringfügige Abweichung von den Vertragsvereinbarungen handelt. Die Vorschrift ist jedoch nicht auf Kaufverträge anwendbar, in denen auf Käuferseite ein Verbraucher steht („deals as a consumer").

[115] Vgl. zu der einzigen Ausnahme, dass der Verkäufer eine vertragswidrige Sache vor Fälligkeit geliefert hat, umfassend Teil C, III., 2., c), (1) dieser Arbeit.

[116] Problematisch scheint hier, dass im englischen Recht das Eigentum beim Stückkauf häufig schon mit dem Kaufvertrag auf den Käufer übergeht, s18 Rule 1 SGA. Es stellt sich daher die Frage, ob die Regel der s35 (1)(b) SGA dann nicht anwendbar ist, weil der Käufer dann nicht mehr gegen die Eigentumsrechte des Verkäufers verstoßen kann. In Kwei Tek Chao v British Traders and Shippers Ltd. [1954] 2 Q.B. 457, S. 487 stellt Lord Devlin klar, dass die Eigentumsübertragung nur bedingt erfolgt ist und dass dadurch dem Verkäufer ein „reversionary interest" (Heimfallsanspruch) zusteht. S35 (1) (b) ist daher so auszulegen, dass der Käufer nur

Ablauf einer angemessenen Zeit die Sache, ohne dem Verkäufer die Zurückweisung bekannt zu geben, behält.[117] Im Hinblick auf die dritte Konstellation ist es nicht erforderlich, dass der Käufer von der Vertragswidrigkeit der Sache Kenntnis hatte. Damit unterscheidet sich die Rechtslage beim Warenkauf von der des allgemeinen Vertragsrechts, bei der das Wissen von der Vertragswidrigkeit notwendig ist. Verstärkt wird die negative Wirkung für den Käufer dadurch, dass der als angemessen zu beurteilende Zeitraum sehr eng ausgelegt wird. Unter Umständen steht dem Verbraucher das Vertragsbeendigungsrecht damit nur für eine sehr kurze Zeit zur Verfügung.
Keine praktische Bedeutung kommt bei Vertragswidrigkeit der Kaufsache der Möglichkeit des Käufers zu, vom Verkäufer (Nach-)Erfüllung zu verlangen[118], da die Zahlung von Schadensersatz aus der Perspektive der Gerichte eine angemessene Kompensation des Käufers darstellt. Der Verbraucher kann somit lediglich darauf vertrauen, durch die Androhung der Vertragsbeendigung den Verkäufer zur Nacherfüllung zu bewegen.

c) Die Systematik der unentgeltlichen Garantien

Im Gegensatz zu den Regelungen zur Vertragsmäßigkeitshaftung des Verkäufers ist die „kommerzielle“ Garantie nicht bereits Gegenstand einer weitreichenden Kodifikation.[119] Mangels grundlegender gesetzlicher Vorschriften muss daher bei ihrer Behandlung weitgehend auf die Grundsätze des allgemeinen Vertragsrechts zurückzugriffen werden. Die Hauptschwierigkeit bildet dabei im englischen Recht, eine rechtliche Bindungswirkung der Garantie zu konstruieren. Im Hinblick auf eine vertraglich bindende Vereinbarung erfordert das englische Recht grundsätzlich eine Gegenleistung des Versprechensempfängers, eine sog. „consideration“. Deren Konstruktion bereitet regelmäßig dann, wenn der Verkäufer bzw. der Hersteller die Garantie kostenlos anbietet, Schwierigkeiten. Zwar kann die Annahme der Garantieerklärung und zugleich auch die Gegenleistung entweder im Abschluss des Kaufvertrages oder aber in der Einsendung der Garantieerklärung gesehen werden[120], doch ist es möglich, dass der Käufer beim Kauf weder Kenntnis von der Garantie hatte noch, dass er etwas einge-

nicht im Widerspruch zu diesem Recht handeln darf. Ein weiteres Problem, das sich ursprünglich im Rahmen des Warenkaufs stellte, war, ob das Vertragsbeendigungsrecht dadurch verloren geht, dass der Käufer der Reparatur der Sache durch den Verkäufer zustimmt und damit einen „act inconsistent with the ownership of the seller“ vornimmt. Durch s35 (6)(a) SGA hat der Gesetzgeber sich jedoch ausdrücklich auf die Seite des Käufers gestellt.

[117] Alle Varianten setzten gem. s35 (2) (5) SGA voraus, dass der Käufer eine angemessene Zeit zur Untersuchung der Sachen hatte. Dieses Recht ist bei einem Verbrauchsgüterkauf auch nicht abdingbar, s35 (3) SGA.

[118] Vgl. dazu umfassend Teil C, III, 2, e) dieser Arbeit.

[119] Twigg-Flessner, CPR 2000, S. 100.

[120] Watterson, ERPL, 2/3, 2001, S. 218.

sandt hat. In diesem Fall entfaltet die Garantie keine rechtlich verbindliche Wirkung. Die praktische Relevanz ist allerdings gering, da sich der Verkäufer regelmäßig zu der von ihm abgegebenen Erklärung bekennen wird.[121]
Gesetzlich geregelt sind ausschließlich Teilaspekte, die sich vor allem auf Inhalt und Transparenz von Garantien beziehen. Von Bedeutung ist in diesem Zusammenhang insbesondere die Consumer Transactions (Restrictions on Statements) Order 1976, gemäß der es ein strafrechtlich sanktioniertes Verhalten darstellt, wenn die Garantie eine Bedingung enthält, durch die die gesetzlich vorgesehenen Rechte des Verbrauchers eingeschränkt werden. Zugleich ist erforderlich, dass die Garantie ausdrücklich auf die daneben bestehenden gesetzlichen Rechte des Käufers verweist. Eine weitere gesetzliche Regelung erfährt die sog. Verbrauchsgütergarantie durch s5 Unfair Contract Terms Act 1977 (UCTA). Gegenstand der Vorschrift bilden alle schriftlichen Vereinbarungen, durch die sich eine Partei zum Ausgleich eines Mangels an einer Sache verpflichtet, sei es insbesondere durch Ersatz, Nachbesserung oder Geldersatz.[122] Die Regelung schreibt vor, dass ein Haftungsausschluss in einer Garantie unwirksam ist, wenn der Schaden auf die Sache und zugleich auf Fahrlässigkeit bei deren Herstellung zurückzuführen ist. Eine weitgehende Einschränkung erfährt der Anwendungsbereich durch s5 (3) des UCTA. Nicht geregelt sind Garantien, die zwischen den Parteien eines Lieferungsvertrages geschlossen werden. Umfasst sind somit nur solche des vom Verkäufer zu unterscheidenden Herstellers, während die vom Verkäufer abgegebenen Einstandsverpflichtungen nur dann s5 UCTA unterfallen, wenn die Garantie nicht Teil des Kaufvertrages ist. Ob und wann dies der Fall ist, ist mangels gesetzlicher Regelungen nicht eindeutig geregelt. Es besteht jedoch die Vermutung, dass die durch den Verkäufer gewährte Garantie Bestandteil des Kaufvertrages wird.[123]

4. Überblick über den Umsetzungsbedarf

Bereits die nur überblicksmäßige Darstellung des englischen Rechts im Regelungsbereich der Richtlinie verdeutlicht die zwischen diesem und den Regelungen der Richtlinie bestehenden Unterschiede, ohne dass die sich aus den Regelungen im Detail ergebenden Probleme bereits berücksichtigt worden wären. Systematische Schwierigkeiten sind absehbar. Wesentliche Differenzen bestehen vor allem im Hinblick auf die von der Vertragswidrigkeit ausgehenden Rechtsfolgen. Grund dafür ist nicht zuletzt das besondere Vertragsverständnis im englischen Recht und die Zurückhaltung der englischen Gerichte, die Erfül-

[121] So Shears, J.B.L. 2000, S. 273. Entsprechend gering war auch die Aufmerksamkeit, die Art. 6 RL im Vorfeld der Umsetzung zukam.
[122] S5 (2) (b) UCTA: „Anything in writing ... if it contains or purports to contain some promise or assurance (however worded or presented) that defects will be made good by complete or partial replacement, or by repair, monetary compensation or otherwise."
[123] Twigg-Flesner, CPR 2000, S. 100.

lung der von einer Partei eingegangenen Verpflichtung anzuordnen. Da es die Zahlung von Schadensersatz dem Käufer regelmäßig ermöglichen wird, die Ware entweder vertragsgemäß von einem Dritten zu beziehen oder aber durch einen solchen nachbessern zu lassen, bestand für die englischen Gericht bisher kein Anlass, von ihrer restriktiven Haltung gegenüber der (Nach-) Erfüllungsanordnung abzuweichen. Folglich stellt die Gewährung eines generellen Anspruchs auf Nacherfüllung, unabhängig von der Frage der Angemessenheit von Schadensersatz, für das englische Recht einen bedeutenden Systemwechsel dar, der sich mit der historisch geprägten Rechtsprechung schwer in Einklang bringen lässt.

Ebenfalls grundsätzliche Unterschiede bestehen im Hinblick auf die Möglichkeit der Vertragsbeendigung. Diese betreffen zum einen die Entstehung des Rechts auf Vertragsbeendigung. Zwar hat der Gesetzgeber die stillschweigenden Vertragsbedingungen der ss13-15 SGA als wesentlich angeordnet, doch besteht zumindest im Hinblick auf ausdrückliche Parteivereinbarungen die Möglichkeit, dass dieser entweder als nur zum Schadensersatz berechtigende Klausel oder aber als eine unbenannte Klausel eingeordnet werden, die für die Entstehung des Rechts auf Vertragsbeendigung wesentliche Konsequenzen der Vertragsverletzung fordert. Zum anderen ist festzustellen, dass das englische Recht mangels Nacherfüllungsanspruchs nicht die hierarchische Struktur der Richtlinie kennt. Das Recht auf Vertragsbeendigung entsteht unmittelbar mit der Vertragsverletzung. Der Käufer muss dem Verkäufer nicht Gelegenheit zur Abhilfe der Vertragswidrigkeit einräumen. Zudem besteht die Möglichkeit für die Vertragsbeendigung nur, solange der Käufer die Ware nicht angenommen hat. Der Ausübung sind somit in zeitlicher Hinsicht enge Grenzen gesetzt, die die Richtlinie nicht kennt.

Weitere Unterschiede ergeben sich auch im Hinblick auf die „kommerziellen" Garantien. Es verbleibt festzustellen, dass die Konstruktion eines Garantievertrages bislang aufgrund der Notwendigkeit einer „consideration" mit rechtlichen Unsicherheiten belastet war. Die von der Richtlinie geforderte Verbindlichkeit für kommerzielle Garantien wird es daher erfordern, diese dem englischen Recht zugrunde liegenden Grundsätze unter Berücksichtigung der Vorgaben der Richtlinie auszulegen oder zu umgehen.

Lediglich im Hinblick auf die beim Warenkauf für die Beurteilung der Vertragsmäßigkeit heranzuziehenden Kriterien hat der Überblick weitgehend parallele Strukturen der Richtlinien und des bestehenden englischen Rechts ergeben. Schwierigkeiten bei der Umsetzung zeigen sich jedoch im Detail. Sie sind einerseits auf eine enge Auslegung durch die Rechtsprechung, andererseits aber auch auf abweichende Formulierungen und Voraussetzungen zurückzuführen.[124] Zudem geht die Richtlinie über das englische Recht hinaus, indem sie explizit auch

[124] Vgl. dazu ausführlich Teil C, II., 2. dieser Arbeit.

öffentliche Äußerungen des Herstellers oder dessen Vertreters zur Bestimmung der Vertragsmäßigkeit hinzuzieht.

II. Der methodische Ansatz der Richtlinienumsetzung

Die Wahl des methodischen Ansatzes betrifft die Frage nach der Art und Weise der Umsetzung von Richtlinienbestimmungen in nationales Recht. Sie stellt sich, da Richtlinien im Gegensatz zu Verordnungen keine unmittelbare horizontale Wirkung entfalten und für den Fall, dass die innerstaatlichen Regelungen den Richtlinienvorgaben nicht bereits hinreichend Rechnung tragen, eines Transformationsaktes auf nationaler Ebene bedürfen. Gem. Art. 249 Abs. 3 EGV sind Richtlinien ausschließlich im Hinblick auf das zu erreichende Ziel verbindlich, während Form und Mittel der Umsetzung weitgehend in das Ermessen der Mitgliedsstaaten gestellt werden. Durch diese Verknüpfung der europarechtlichen Zielsetzung und des den Mitgliedsstaaten eingeräumten Umsetzungsspielraums hängt die Wahl des methodischen Ansatzes primär von zwei Faktoren ab. Auf einer ersten Stufe hat die Umsetzung den gemeinschaftsrechtlichen Vorgaben Rechnung zu tragen. Zwar wird den Mitgliedsstaaten bei der Umsetzung gem. Art. 249 Abs. 3 EGV ein Entscheidungsspielraum eingeräumt, dennoch sind die sich aus den Regelungen der Richtlinie selbst als auch aus dem europäischen Primärrecht, insbesondere in seiner Ausgestaltung durch die Rechtsprechung des Europäischen Gerichtshofs, ergebenden Einschränkungen zu beachten. Erst auf einer zweiten Stufe ist es den Mitgliedsstaaten möglich, innerhalb des zulässigen Entscheidungs- und Umsetzungsspielraums eigene Interessen bei der Wahl der Form und des Mittels der Umsetzung der in der Richtlinie genannten Zielsetzungen zu berücksichtigen.

1. Die europarechtlichen Vorgaben

a) Richtlinien im Allgemeinen

(1) echtsnatur von Richtlinien

Bei einer Richtlinie handelt es sich gem. Art. 249 Abs. 3 EGV um eine hoheitliche Maßnahme, die für jeden adressierten Mitgliedsstaat hinsichtlich des zu erreichenden Ziels verbindlich ist, gleichzeitig jedoch den innerstaatlichen Stellen die Wahl der Form und der Mittel überlässt. Im Gegensatz zur Verordnung dient sie damit nicht der Rechtsvereinheitlichung, sondern der Rechtsangleichung. Während auf einer ersten Stufe das Harmonisierungsprogramm gemeinschaftsrechtlich bindend festgelegt wird, bedarf es auf einer zweiten, mitgliedsstaatlichen Stufe einer Umsetzung dieses Programms in nationales Recht. Durch diesen zweistufigen Rechtssetzungsprozess soll die Erreichung der durch die Europäische Gemeinschaft verfolgten Ziele und Aufgaben unter Schonung mitgliedsstaatlicher Entscheidungsspielräume und nationaler Regelungsstrukturen ermöglicht werden.[125]

Entscheidend für das Maß des Umsetzungsspielraums ist vor allem die inhaltliche Ausgestaltung der Richtlinie. Durch eine zunehmende Regelungsdichte bzw. „Perfektionierung" innerhalb der Verbraucherschutzrichtlinien gibt der Europäische Gesetzgeber häufig jedoch einen Rechtszustand vor, der von den Mitgliedsstaaten herzustellen bzw. beizubehalten ist. Dadurch nimmt er auch Einfluss auf die Mittel, die die Mitgliedsstaaten zur Erreichung der europäischen Zielsetzung zu ergreifen haben.[126] Die Richtlinie gerät damit zunehmend in die Nähe zur Verordnung.[127] Eine entsprechende Vorgehensweise ist jedoch zulässig, da derart detaillierte Vorgaben die grundsätzliche Einordnung als Richtlinie im Sinne des Art. 249 Abs. 3 EGV nicht in Frage stellen.[128] Die Formulierung des Art. 249 EGV ist mehr als „Ergebnis" und weniger als „Ziel" zu verstehen.[129]

(2) Die gemeinschaftsrechtlichen Vorgaben im Hinblick auf die Richtlinientransformation

Grundlegend im Hinblick auf die Anforderungen an eine europarechtskonforme Transformation ist das Gebot der vollständigen Umsetzung. Nach der Rechtsprechung des Europäischen Gerichtshofs ergibt sich dieses unmittelbar aus der Richtlinie selbst und entsteht mit dem Ablauf der Umsetzungsfrist.[130] Gleichzeitig folgt aus Art. 10 EGV, dass alle Träger der öffentlichen Gewalt in den Mitgliedsstaaten die Verpflichtung haben, alle zur Erfüllung der vertraglichen Pflichten geeigneten Maßnahmen allgemeiner oder besonderer Art zu treffen.[131] Was im Hinblick auf eine vollständige Umsetzung erforderlich ist, ergibt sich aus dem Inhalt der Richtlinienbestimmungen. Stimmt das nationale Recht bereits mit den Richtlinienvorgaben überein, sind die Folgen der Richtlinie regelmäßig auf eine „Sperrwirkung" begrenzt.[132] Die Verpflichtung des Mitglieds-

---

[125] Nettesheim; in: Grabitz/Hilf, Recht der EU, Art. 249, Rn. 124.

[126] Nettesheim; in: Grabitz/Hilf, Recht der EU, Art. 249 Rn. 133.

[127] So auch zur Verbrauchsgüterkaufrichtlinie Howells/Twigg-Flesner, in Verbraucherkauf in Europa, S. 306: „Once more it has to be asked whether directives have become like regulations, with the one remaining difference being the need to implement directives into domestic law."

[128] Geiger, EGV, Art. 249, Rn. 10; Bleckmann RIW 1987, S. 929 ff, 929.

[129] Oppermann, Europarecht, Rn. 551; Nettesheim; in: Grabitz/Hilf, Recht der EU, Art. 249, Rn. 133; Grundmann, in: JZ 1996, S. 274 unter Berufung auf die heute ganz hM (Fn. 4).

[130] Grabitz/Hilf, Recht der EU, Art. 249, Rn. 134,139; EuGHE 1991, I-791 ff. RS C-360/87; EuGH, Rs. C-268/97; EuGH C-16/95, Slg. 1995, I-04883: „ Die Mitgliedstaaten sind verpflichtet, die Bestimmungen von Richtlinien vollständig und genau einzuhalten."

[131] EuGH, Rs. 14-83.

[132] Eine entsprechende Sperrwirkung entsteht ebenfalls für die anderen Mitgliedsstaaten nach Umsetzung der Richtlinie in nationales Recht.

staats beschränkt sich in diesem Fall darauf, auch in der Zukunft keine der Richtlinie widersprechenden Rechtsänderungen vorzunehmen.[133] Selbst bei vollständiger materieller Kongruenz des nationalen Rechts mit den Vorschriften der Richtlinie besteht jedoch regelmäßig das Erfordernis, in geeigneter Form auf die parallelen Richtlinienbestimmungen hinzuweisen. Es findet sich in zahlreichen verbraucherschützenden Richtlinien und insbesondere auch in Art. 11 Abs. 1 Unterabs. 2 RL.[134]

Neben dem Gebot der vollständigen Transformation steht die Pflicht zu einer hinreichend bestimmten, klaren und transparenten Umsetzung.[135] Unter Berücksichtigung dieser Aspekte steht es dem Gesetzgeber jedoch frei, eigene, an die nationalen Traditionen und Begrifflichkeiten anknüpfende Wege zu gehen.[136] Er ist nicht an den Wortlaut und die Formulierungen der Richtlinie gebunden[137], hat jedoch dafür Sorge tragen, dass dem Einzelnen die für ihn durch die Richtlinie begründeten Rechte im vollen Umfang erkennbar sind.[138] Ein ähnliches Ziel verfolgt auch das vom Europäischen Gerichtshof statuierte Gebot der Rechtssicherheit.[139] Nach der Rechtsprechung des Europäischen Gerichtshofs entfaltet die Möglichkeit des Einzelnen zur Kenntniserlangung seiner Rechte insbesondere dann Bedeutung, wenn die Richtlinie darauf abzielt, den Angehörigen anderer

---

[133] Dies kann nur solange gelten, als auch die Richtlinie weiterhin für die Mitgliedsstaaten verbindlich ist.

[134] EuGH Rs. C-137/96: „Es kann nicht davon ausgegangen werden, dass eine bereits bestehende nationalrechtliche Regelung die Umsetzung einer Richtlinie in das nationale Recht gewährleistet, wenn die Richtlinie die Mitgliedstaaten ausdrücklich verpflichtet, Vorschriften zu erlassen, in denen auf sie Bezug genommen wird oder bei deren amtlicher Veröffentlichung ein Hinweis erfolgt, der auf sie Bezug nimmt“ bzw. EuGH Rs. C-360/95, Slg 1997, I-7337: „Wenn eine Richtlinie ausdrücklich die Verpflichtung der Mitgliedstaaten vorsieht, zu gewährleisten, dass in den Vorschriften zur Umsetzung dieser Richtlinie selbst oder durch einen Hinweis bei der amtlichen Veröffentlichung auf diese Richtlinie Bezug genommen wird, ist es erforderlich, eine eigene Umsetzungsmaßnahme zu erlassen.“ Ist ein Hinweis nach den Regelungen der Richtlinie nicht erforderlich, so bedarf es bei bereits bestehender Richtlinienkonformität keiner Änderung des nationalen Rechts.

[135] Ständige Rechtsprechung des EuGH; siehe: Rs. C-16/95, Rs. C-220/94.

[136] Grabitz/Hilf, Recht der EU, Art. 249, Rn. 140.

[137] EuGH,Rs. C-360/87, Slg. 1991, I-00791: „Die Umsetzung einer Richtlinie in innerstaatliches Recht erfordert nicht notwendig eine förmliche und wörtliche Übernahme ihres Inhalts in eine ausdrückliche, besondere Rechtsvorschrift; hierzu kann ein allgemeiner rechtlicher Kontext genügen, wenn dieser tatsächlich die vollständige Anwendung der Richtlinie mit hinreichender Klarheit und Genauigkeit gewährleistet.“

[138] Vgl. Urteil vom 13. März 1997 in der Rechtssache C-197/96, Kommission/Frankreich, Slg. 1997, I-1489, Rn. 14 und 15; Rechtssache C-354/98, Slg. 1999, I-4927.

[139] Zusammenfassend: Rs. C-207/96: „Eine Richtlinie muss mit unbestreitbarer Verbindlichkeit und mit der Konkretheit, Bestimmtheit und Klarheit umgesetzt werden, die notwendig sind, um dem Erfordernis der Rechtssicherheit zu genügen, das, soweit die Richtlinie Rechte für einzelne begründen soll, verlangt, dass die Begünstigten in die Lage versetzt werden, von allen ihren Rechten Kenntnis zu erlangen.“

Mitgliedsstaaten Ansprüche zu verleihen oder diese besonders zu schützen.[140] Das Urteil erging zwar zur Umsetzung der Richtlinie zu den missbräuchlichen Klauseln, kann jedoch auf die Verbrauchsgüterkaufrichtlinie übertragen werden.[141] Auch diese Richtlinie soll nach den Erwägungsgründen dazu dienen, den aktiven Verbraucher vor Nachteilen zu schützen, die sich aufgrund seiner Unkenntnis des ausländischen Rechts ergeben. Für den Erfolg der Richtlinie ist es von entscheidender Bedeutung, dass der Verbraucher nicht nur davon ausgehen darf, auf ein Minimum an Rechten zurückgreifen zu können, sondern dass er auch die Existenz dieser Rechte nachvollziehen kann. Der Europäische Gerichthof hat dies in einem weiteren Schritt im Urteil zur Richtlinie zu den missbräuchlichen Klauseln konkretisiert. Nach seiner Überzeugung setzt die Umsetzung einer Richtlinie zwar nicht zwingend ein Tätigwerden des Gesetzgebers voraus, doch muss die vollständige Anwendung der Richtlinie gewährleistet sein. Soweit bei der Umsetzung ausschließlich durch eine richtlinienentsprechende Auslegung der bestehenden nationalen Rechtsvorschriften zurückgegriffen wird, kann dies nicht den Kriterien der Klarheit und Bestimmtheit genügen, die notwendig sind, um dem Erfordernis der Rechtssicherheit Rechnung zu tragen.[142] Dies entfaltet insbesondere für das englische Recht Bedeutung: Charakteristisch für das englische Recht ist, dass - historisch gesehen - nicht das Parlament, sondern die Gerichte die rechtsbildende Kraft waren. Im Hinblick auf die Vertragsverpflichtung gem. Art. 249 Abs. 3 EGV kann es jedoch als nicht ausreichend angesehen werden, dass sich die Gerichte zur Auslegung des nationalen Rechts im Geiste der Richtlinie entscheiden. Auch dann bleiben die Kriterien der Bestimmtheit, Klarheit und Rechtssicherheit zwingende Voraussetzungen. Dies hat der englische Gesetzgeber bei der Umsetzung zu berücksichtigen.

b) Die Vorgaben der Verbrauchsgüterkaufrichtlinie im Besonderen

Neben den allgemeinen, durch das Gemeinschaftsrecht vorgegebenen Umsetzungsanforderungen enthält auch die Verbrauchsgüterkaufrichtlinie selbst Aspekte, die für den Umsetzungsansatz relevant sind. Dies gilt zum einen für die detaillierten Regelungen, die eine Integration der Richtlinienvorschriften in das nationale Recht erschweren und umfangreiche gesetzgeberische Tätigkeit voraussetzen, soll das bestehende Recht mit der Systematik der Richtlinie verschmolzen werden. Zum anderen stellt die Vorschrift des Art. 8 RL klar, dass die bestehenden Regelungen durch die Umsetzungsvorschriften nicht zwangsweise verdrängt werden. Es steht den Mitgliedsstaaten vielmehr frei, über die Richtlinien hinaus weitergehende bzw. zusätzliche verbraucherschützende Rege-

---

140 EuGH Rs. C-144/99, Slg. 2001 I-03541.

141 EuGH Rs. C-144/99, Slg. 2001 I-03541: in Absatz 21 spricht der Europäische Gerichtshof ausdrücklich auch vom Verbraucherschutz.

142 EuGH Rs. C-144/99, Slg. 2001 I-03541, Rn. 17-21.

lungen vorzusehen. Bei der Richtlinie handelt es sich somit um eine sog. Mindestharmonisierungsmaßnahme. Zugleich folgt aus der Regelung die Möglichkeit, bei der Richtlinienumsetzung über deren ursprünglichen Anwendungsbereich hinauszugehen.[143] Diese kann in sowohl sachlicher als auch persönlicher Hinsicht geschehen und ist auch nach allgemeinen Grundsätzen des Gemeinschaftsrechts zulässig. Der Mitgliedsstaat kann damit im Rahmen einer „überschießenden Richtlinienumsetzung" vorsehen, den durch die Richtlinie gebotenen Rechtszustand auf weitere, nicht von dieser umfasste Sachverhalte auszudehnen.[144] Für die Verbrauchsgüterkaufrichtlinie kommt insbesondere eine Ausdehnung der Umsetzungsvorschriften auf andere Vertragstypen und Vertragsparteien in Betracht.

2. Die Wahl des methodischen Ansatzes in England

a) Die Vorgehensweisen bei früheren Verbraucherschutzrichtlinien

Die Frage nach der Wahl des methodischen Ansatzes stellt sich zwingend immer dann, wenn das nationale Recht den Richtlinienvorgaben nicht, d.h. auch nicht im Rahmen einer richtlinienkonformen Auslegung, umfassend Rechnung trägt. Die Erfahrungen im Hinblick auf die Umsetzung früherer Verbraucherschutzrichtlinien haben gezeigt, dass die Mitgliedsstaaten zu einer lediglich „additiven" bzw. „isolierten" Umsetzung tendieren.[145] Gemeint ist damit das „Anhängen" der Richtlinie an das bestehende Recht, ohne dass es zu einer umfassenden systematischen Integration bzw. Anpassung kommt.[146] Die Ursache dafür ist vor allem in der ausschließlich punktuellen und problemorientierten Ausrichtung der bisherigen Verbraucherschutzrichtlinien zu sehen[147], ohne dass die verschiedenen Regelungen auf ein gemeinsames systematisches Fundament gestellt und dadurch den Mitgliedsstaaten eine vereinheitlichende, systematische Umsetzung ermöglich worden wären.[148] Gegenstand bisheriger Verbraucherschutzrichtlinien bildeten fast ausschließlich Regelungsbereiche, für die das innerstaatliche Recht entweder aufgrund der Neuartigkeit der geregelten Materie oder deren Randbe-

---

[143] Schmidt-Räntsch, ZEuP 1999, S. 297.

[144] Siehe dazu Grabitz/Hilf, Recht der EU, Art. 249 Rn. 151; umstritten ist hier insbesondere, inwieweit in den Bereichen der überschießenden Regelungswirkung eine richtlinienkonforme Auslegung zu erfolgen hat. Roth spricht dabei von „freiwilliger Rechtangleichung", S. 128; zur Frage der Beachtung gemeinschaftsrechtlicher Gesichtspunkte bei der Auslegung solcher Regelungen, siehe Fußnote im nächsten Abschnitt.

[145] Schmidt-Räntsch, ZEuP 1999, S. 297; Siehe einen Überblick bei Schwartze, ZEuP 2000, S. 546.

[146] Schwartze, ZEuP 2000, S. 546; Flesner, in Europäisches Kaufgewährleistungsrecht, S. 240.

[147] Roth, in: Europäisches Kaufgewährleistungsrecht, S. 113; dazu ebenfalls kritisch: Kirchner, in: Europäisches Kaufgewährleistungsrecht, S. 105 ff.

[148] Schwartze, ZEuP 2000, S. 545; Roth, in: Europäisches Kaufgewährleistungsrecht, S. 113.

deutung häufig keine Vorschriften enthielt. Es bestand damit keine bzw. nur eine geringe Gefahr mangelnder Abstimmung des bestehenden Rechts mit den Richtlinienvorgaben. Zudem waren die Richtlinien auch systematisch nicht von solcher Tragweite, dass sie eine systematische Neuausrichtung des nationalen Rechts geboten hätten. Weiter bot die Wahl des additiven Ansatzes für die Mitgliedsstaaten den Vorteil, das Risiko einer fehlerhaften Umsetzung zu minimieren, zugleich aber auch den gesetzgeberischen Aufwand auf ein Minimum zu reduzieren. Zudem wurde berechtigterweise die Gefahr gesehen, dass weitere europäische Maßnahmen im Bereich des Verbraucherschutzes folgen würden, so dass eine umfassende Konsolidierung der verbraucherschützenden Regelungen auf einen Zeitpunkt nach Abschluss dieser Entwicklung verschoben wurde.[149] Während die genannten Erwägungen eine additive Vorgehensweise im Hinblick auf die bisherigen Verbraucherschutzrichtlinien rechtfertigten bzw. geradezu herausforderten, stellt sich die Lage im Hinblick auf die Umsetzung der Verbrauchsgüterkaufrichtlinie komplexer dar. Deren Erlass markiert, wie bereits dargestellt, eine neue Stufe in der Richtlinientätigkeit des Europäischen Gesetzgebers. Im Gegensatz zu den bisherigen Verbraucherschutzrichtlinien geht die Verbrauchsgüterkaufrichtlinie über die Regelung von Randproblemen hinaus und betrifft in sowohl systematischer als auch praktischer Hinsicht Kernbereiche des nationalen Privatrechts.[150] Eine Umsetzung in Form der additiven Vorgehensweise würde daher, soweit das mitgliedsstaatliche Recht nicht bereits eine vergleichbare Systematik aufweist, die Schaffung einer parallelen, nicht mit herkömmlichen Grundsätzen übereinstimmenden Systematik in einem zentralen Bereich des innerstaatlichen Vertragsrechts bedeuten. Die Konsequenz wären weitreichende Abgrenzungsschwierigkeiten des bestehenden Rechts zu den Umsetzungsvorschriften der Richtlinie, verbunden mit zunehmender Systemverfremdung, Unübersichtlichkeit und möglichen Wertungswidersprüchen.[151] Daraus resultierende Schwierigkeiten bei der Rechtsanwendung, kombiniert mit hohen Informationskosten des Verbrauchers, wären unausweichlich, obwohl es gerade in einem so sensiblen Bereich wie dem des Verbraucherschutzes gelten muss, diese zu verhindern. Aus der Perspektive der Mitgliedsstaaten scheint es somit durchaus erwägenswert, die Richtlinie systematisch in das nationale Recht zu integrieren. Dabei ist allerdings zu beachten, dass aufgrund der genauen Regelungsvorgaben der Richtlinie weniger ein Anpassen der Richtlinie an die bestehende Systematik als vielmehr nur der bestehenden Systematik an die Richtlinie möglich ist. Damit wird die Umsetzung der Richtlinie zu einer Grundsatzentscheidung, die einen ausgeprägten Reformwillen des Gesetzgebers voraussetzt. Schwierigkeiten wird dabei vor allem der mit der nationalen Systematik häufig nicht kongruente Regelungsgehalt bereiten, der ein Abweichen von alt-

149 Roth, in Zivilrechtswissenschaft und Schuldrechtsreform, S. 229f.

150 Vgl. Mansel, AcP 2004, S. 399.

151 Schwartze, ZEuP 2000, S. 546; Roth. in: Europäisches Kaufgewährleistungsrecht, S. 113.

hergebrachten Rechtstraditionen erforderlich machen kann. Die Richtlinienvorschriften stellen lediglich einen Kompromiss eines langjährigen Verhandlungsmarathons dar, der unterschiedliche nationale Gesichtspunkte in einer einheitlichen Vorgehensweise zusammenführte und zugleich die internationale Entwicklung aufgriff. Verstärkt wird dieses Problem durch die gemeinschaftsrechtliche Zielsetzung der Richtlinie, die nicht notwendigerweise mit den primären Interessen der Mitgliedsstaaten kongruent ist. Dennoch stehen die von einer integrativen Lösung ausgehenden positiven Wirkungen - auch im Hinblick auf eine weitergehende Rechtsangleichung in den Mitgliedsstaaten - klar im Vordergrund. In der Konsequenz stellt sich dann auch die Frage nach einer Ausweitung des sachlichen oder persönlichen Anwendungsbereichs der Umsetzungsvorschriften. In persönlicher Hinsicht betrifft dies die Frage, inwieweit die Systematik der Richtlinie nur auf Verbrauchsgüterkäufe Anwendung finden soll oder aber allen Rechtsbeziehungen zugrunde gelegt werden soll. Zwar umfasst grundsätzlich der Anwendungsbereich der Verbrauchsgüterkaufrichtlinie lediglich solche Geschäfte, in denen auf Käuferseite ein Verbraucher und auf Verkäuferseite eine gewerbliche handelnde Person tätig wird, doch entspringen ihre Regelungen in weiten Teilen den Ansätzen des CISG und sind somit unproblematisch, wenn auch mit Anpassungen auch auf andere Konstellationen übertragbar. Auch in sachlicher Hinsicht stellt sich die Frage, ob die Umsetzung auf die den Verbrauchsgüterkauf regelnden Vorschriften begrenzt sein soll oder aber auf andere Vertragstypen, die eine Lieferungsverpflichtung zum Gegenstand haben, ebenfalls Anwendung finden soll.

b) Die für das englische Recht ausschlaggebenden Faktoren

Die Frage nach der methodischen Vorgehensweise fand im Vorfeld der Umsetzung auch in England naturgemäß viel Aufmerksamkeit.[152] Während allerdings von wissenschaftlicher Seite her vereinzelt die Möglichkeit einer Systemanpassung und der Annäherung an die Vorschriften des CISG positiv beurteilt wurden, knüpften sowohl der englische Gesetzgeber als auch die ganz überwiegende Auffassung in der Literatur die Erwartung an die Umsetzungsvorschriften, dass weder das bestehende Verbraucherschutzniveau verringert noch die zugrunde liegende Systematik durch die Umsetzung grundlegend geändert werden würde.[153] Nach allgemeiner Überzeugung ging das bestehende Recht in verschiede-

---

[152] Fast alle zur Richtlinie in England erschienen Aufsätze haben sich mit dieser Frage auseinandergesetzt, siehe nur exemplarisch: Twigg-Flesner/Bradgate, Web JCLI 2000, Introduction; Bradgate, Web JCLI 1997, Conclusion; Deards, JCP 1998, S. 109 f.; Watterson, ERPL 2001, S. 220 f.

[153] Kennzeichnend für die Umsetzung in England war im Vorfeld, dass die Möglichkeit eines Systemwechsels im Bereich der allgemeinen Privatrechtssystematik nie ernsthaft diskutiert wurde, angesprochen lediglich von Howells, in: Europäisches Kaufgewährleistungsrecht, S. 177. Diese sähe eine Verallgemeinerung der Regeln zum Verbrauchsgüterkauf als "ironic

ner Hinsicht über die Richtlinienerfordernisse hinaus, sodass eine systematische Verschmelzung, durch die die bestehenden nationalen Regelungen im Anwendungsbereich der Richtlinie durch deren Vorschriften ersetzt würden, das Verbraucherschutzniveau zum Nachteil der Verbraucher gesenkt hätte. Im Mittelpunkt standen dabei die in der Richtlinie enthaltenen Fristenregelungen, die das englische Recht teilweise nicht kannte bzw. für den Verbraucher bedeutend großzügiger ausgestaltet hatte. Das gleiche galt aber auch für das Rechtsfolgenregime. Zumindest in seinen praktischen Auswirkungen wurde die bestehende Systematik als der Richtlinie gleichwertig, wenn nicht sogar überlegen, angesehen. Wollte der englische Gesetzgeber damit an den bestehenden verbraucherschützenden Vorschriften festhalten, war die Umsetzung von Beginn an auf eine bloße Ergänzung des bestehenden Rechts um die Richtlinienvorschriften beschränkt.[154] Diese Überzeugung spiegelt sich auch in den Stellungsnahmen des für die Umsetzungsausarbeitung zuständigen Department of Trade and Industry wider. Als für die Umsetzung grundlegende Prinzipien wurde angesehen, dass das bestehende Verbraucherschutzniveau im Anwendungsbereich der Richtlinie nicht durch die Umsetzung vermindert, die Transformation möglichst durch eine Einarbeitung in das bestehende Recht und nicht als Sondergesetz erreicht[155] und bereits bestehende Übereinstimmungen mit nicht in den Anwendungsbereich der Richtlinie fallenden Gesetzen beibehalten werden sollten.[156] Damit war die Entscheidung für eine modifizierte additive Umsetzung gefallen. Dort, wo das nati-

result" an, da „commercial law would have consumer sale principle imposed on it, whereas the history of the twentieth century has been the attempt of consumer law to release sales law from the shackles of the commercial world which gave birth to it". Ansonsten siehe DTI, 2. Konsultation 2001, Part 2, Absatz 1.

154 Nicht abschließend geklärt war zunächst die Frage, ob das Anhängen der Richtlinie in Form eines Sondergesetzes, wie es bei den früheren Verbraucherschutzrichtlinien der Fall war, oder durch Einfügung der Vorgaben in bestehende Gesetze erfolgen sollte. Gegen ein Sondergesetz sprachen insbesondere die schlechten Erfahrungen im Zusammenhang mit der Umsetzung der Richtlinie über missbräuchliche Vertragsklauseln, deren Anwendung auch heute noch Probleme bereitet. Nicht zuletzt auch aus Gründen der Übersichtlichkeit wurde daher überwiegend für die Integration in die bestehenden Vorschriften argumentiert. Vgl. Watterson, ERPL 2001, S. 221.

155 Die Umsetzung in einem Sondergesetz wurde auch in der Literatur weitgehend abgelehnt, jedoch teilweise aufgrund der kurzen Umsetzungsfrist als unabwendbar angesehen, vgl. Watterson, ERPL 2001, S. 199, 220 f.. Für eine Umsetzung in Form eines Sondergesetzes auch im Vorfeld: Twigg-Flesner/Bradgate, Web JCLI 2000, 7. Conclusion unter dem Gesichtspunkt der „least bad option". Daneben wurde als Alternative die Schaffung eines eigenen Verbrauchergesetzes gesehen, das sowohl die bisher erlassenen Richtlinien als auch ein eigenständiges Verbrauchsgüterkaufrecht beinhalten könnte. Dafür hätte insbesondere gesprochen, dass nicht die Konzepte der Richtlinie, die gerade dem Verbraucherschutz dienen, zur Grundlage allgemeiner Regeln gemacht werden würden. Ein entsprechendes Verfahren würde jedoch eine eingehende Auseinandersetzung durch Gesetzgeber und Wissenschaft voraussetzen.

156 DTI, 2. Konsultation 2001, Part 2, Absatz 1.

onale Recht den Erfordernissen der Richtlinie hinreichend Rechnung trug, sollte sich die Umsetzung auf dessen richtlinienkonforme Auslegung beschränken.[157] In anderen Bereichen sollte das bestehende Recht um die Richtlinienvorschriften ergänzt, nicht jedoch von diesen systematisch überlagert werden. Zugleich wurde durch die Grundsätze auch festgelegt, dass zumindest in sachlicher Hinsicht die Richtlinienregelungen über den eigentlichen Anwendungsbereich hinaus Anwendung finden sollten. Das bestehende Recht sah weitgehend parallele Vorschriften in Bezug auf die stillschweigenden Vertragsbedingungen vor, wenn ein Vertrag die Überlassung einer Sache zum Gegenstand hatte. Eben diese Parallelen, so das Department of Trade and Industry, sollten auch nach der Umsetzung bestehen bleiben, was wiederum die teilweise Erweiterung der Umsetzungsvorschriften auf nicht unmittelbar in den Anwendungsbereich der Richtlinie fallende Vertragstypen erforderte. Im Gegensatz dazu stand eine Ausdehnung auf andere als Verbrauchergeschäfte nie ernsthaft zur Diskussion, obwohl das englische Warenkaufrecht bisher nur in Ausnahmefällen zwischen Verbraucher- und sonstigen Geschäften differenzierte und eine durch die Richtlinie verursachte Unterscheidung einen Fremdkörper in der Systematik darstellt. Eine Integration der Richtlinie in die bestehenden Vorschriften bedeutet zwangsläufig eine Unterscheidung anhand des Vertragsstatus auf breiterer Ebene. Gerade aus diesem Grunde wurde wiederholt die Notwendigkeit eines eigenständigen Verbraucherkaufgesetzes gefordert.[158]

Insgesamt sind damit die der Richtlinienumsetzung dienenden Sale and Supply of Goods to Consumers Regulations 2002 durch eine restriktive Ergänzung des bestehenden Rechts gekennzeichnet. Änderungen wurden nur in den Bereichen vorgenommen, in denen diese aufgrund europarechtlicher Vorgaben zwingend erforderlich waren. Alle Umsetzungen bleiben auf Verbrauchergeschäfte beschränkt und haben im Grundsatz keine Auswirkungen auf die allgemeine systematische Ausrichtung des englischen Rechts, stellen dafür aber teilweise Fremdkörper dar. Die erforderlichen Ergänzungen treten insbesondere im Bereich der Rechte des Käufers neben die bestehenden Vorschriften. Das Problem auftretender Abgrenzungsschwierigkeiten wurde im Vorfeld der Umsetzung nicht erörtert. Auch die aus der additiven Umsetzung resultierenden rechtssystematischen Schwierigkeiten fanden wenig Beachtung. Sie werden in den weiteren Untersuchungen zu zeigen sein. In sachlicher Hinsicht wurden nicht nur die Vorschriften der Regelungen zum Kauf und zur Übertragung („transfer") von Waren geändert, sondern in Teilbereichen auch die Regelungen zur Miete und des Mietkaufs. Lediglich die Vorschriften zu den Garantien stellen mangels bisheriger Gesetzgebung eine erstmalige, losgelöste Regelung dar.[159] Schließlich

[157] Dies gilt insbesondere für die Vertragsmäßigkeitskriterien des Art. 2 Abs. 2 RL.

[158] Bridge, L.Q.R. 2003, S. 174 ff.; Ervine, J.B.L. 2004, S. 703; erst langfristig: Watterson, ERPL 2001, S. 221.

[159] Zur genaueren Untersuchung siehe Teil C dieser Arbeit.

lässt sich aus der besonderen Betonung des bestehenden Verbraucherschutzes auch erkennen, dass die dispositiven Richtlinienregelungen nur insoweit transformiert werden sollten, soweit diese nicht zu einer Schlechterstellung des Verbrauchers führten.

III. Das Umsetzungsverfahren

Den Anfang des Umsetzungsverfahrens bildete eine Untersuchung des Richtlinienvorschlags durch das „House of Lords Select Committee on the European Communities“[160], das sich insbesondere mit den möglichen Auswirkungen der Richtlinienvorschriften auf das englische Privatrecht und den Verbraucherschutz auseinandersetzte.[161] Obwohl den Gegenstand der Untersuchung der sich von der endgültigen Fassung in einigen Punkten unterscheidende Richtlinienentwurf bildete, gewährt die Untersuchung einen Einblick in die generelle Ein- bzw. Wertschätzung der Richtlinie durch das Komitee. Kennzeichnend für diese ist zunächst, dass für den Fall einer Umsetzung nur marginale Vorteile für den englischen Verbraucher gesehen wurden, die die verursachten Nachteile in der Praxis nicht aufwiegen könnten.[162] Auch bei den konkreten Vorschriften des Richtlinienvorschlags sah das Komitee weiteren, auf den Erfahrungen des englischen

---

[160] Funktion des Komitees ist es, europäische Gesetzgebungsvorhaben umfassend zu untersuchen und das Parlament auf sich aus dem Vorhaben ergebende mögliche Schwierigkeiten hinzuweisen, genauer: „To consider Community proposals whether in draft or otherwise, to obtain all necessary information about them, and to make reports on those which, in the opinion of the Committee, raise important questions to which the Committee considers that the special attention of the House should be drawn", zitiert nach: United Kingdom Parliament, „Satzungsmäßiger Aufgabenbereich“, zu finden unter: http://www.publications.parliament.uk/pa/ld199697/ldinfo/ld04eu/ecfact.htm.

[161] Untersuchung des House of Lords Select Committee on the European Communities, Session 1996-97, 10. Bericht. Daneben: Konsultationsverfahren des Department of Trade and Industry von September 1996 und Juli 1997; Wilhelm Report on the Impact of the Costumer Guarantees Directive die wirtschaftlichen Auswirkungen der Richtlinie; European Communities Committee (Sub-Committee E) über die möglichen Auswirkungen der Richtlinie auf den Arbeitsmarkt und die Umwelt, 29. Januar 1997 betreffend, siehe Teil 1, Absatz 1 der Untersuchung des House of Lords Select Committee on the European Communities, Session 1996-97, 10. Bericht.

[162] Siehe Teil 5, Absatz 179 der Untersuchung. Es ist zu beachten, dass sich diese Äußerung nur auf die Situation bezieht, dass die Vorschriften der Richtlinie an die Stelle der bestehenden Regelungen treten würden und somit im Rahmen der Mindestharmonisierung durchgeführt werden. Zu der Frage der Subsidiarität: Das Komitee sah zu diesem Zeitpunkt einerseits kein nennenswertes praktisches Bedürfnis der Verbraucher zur Nutzung des Binnenmarktes und führte andererseits die Zurückhaltung der Verbraucher nicht auf die mangelnde Übereinstimmung ihrer Rechte, sondern auf Faktoren wie Distanz, Sprache, kulturelle Unterschiede und die Frage der praktischen Durchsetzung von Ansprüchen zurück. Eine Ermächtigung der Europäischen Gemeinschaft sei somit nicht gegeben gewesen.

Rechts basierenden, Handlungs- und Änderungsbedarf.[163] Hervorzuheben ist dabei unter anderem die Empfehlung, bei der Bestimmung der Vertragsmäßigkeit nicht die öffentlichen Äußerungen des Herstellers oder seines Vertreters zu berücksichtigen.[164] Richtungsweisend war zudem die Position zu den bei der Vertragswidrigkeit ausgelösten Rechtsfolgen. Das Komitee sah in Bezug auf das englische Recht zutreffenderweise systematische Schwierigkeiten, dem Verbraucher einen gerichtlich durchsetzbaren Anspruch auf Ersatzlieferung und Reparatur einzuräumen[165], und legte nach einer nicht näher konkretisierten Rückfrage bei der Kommission den Richtlinienvorschlag dahingehend aus, dass dieser nicht in das nationale Prozessrecht eingreifen solle und folglich, in Übereinstimmung mit der bestehenden Systematik, die Beschränkung der Rechtsfolgen auf eine Verurteilung zum Schadensersatz anstelle der Nacherfüllungsansprüche durch die nationalen Gerichte möglich sei.[166] Schließlich stellen auch die Ausführungen zu der Art und Weise einer möglichen Integration der Richtlinie in das englische Recht einen für das spätere Umsetzungsverfahren bedeutsamen Teil dar.[167] Das Komitee unterschied zwischen den inhaltlichen und formellen Aspekten der Umsetzung. Die inhaltliche Seite betraf die Frage, inwieweit die Umsetzung auch zu einer Verringerung des bestehenden Verbraucherschutzstandards führen dürfe, die formelle, ob die Umsetzung im Rahmen eines eigenständigen Verbrauchergesetzes, durch Anhängen an bestehende Gesetze oder durch Integration in bestehende Vorschriften erfolgen solle. In Bezug auf die materiellen Regelungen der Richtlinie unterstützte das Komitee den Ansatz, das existierende „ausgereifte und hinreichende" System des Verbraucherschutzes nicht zum Nachteil der Verbraucher zu verändern.[168] Im Hinblick auf die Form der Umsetzung, der somit besondere Bedeutung zukam, sprach es sich, ohne sich ansonsten festlegen zu wollen, gegen eine bloße Duplizierung der

---

[163] Für eine detaillierte Analyse des Richtlinienvorschlags durch das Komitee siehe Part 5, Abs. 180 ff. der Untersuchung des House of Lords Select Committee on the European Communities, Session 1996-97, 10. Bericht.

[164] Siehe Teil 4, Absätze 146 – 150 der Untersuchung des House of Lords Select Committee on the European Communities, Session 1996-97, 10. Bericht: das Komitee lehnt eine grundsätzliche Haftung des Verkäufers für öffentliche Äußerungen des Herstellers oder seines Vertreters ab. Eine Ausnahme sei lediglich dort vertretbar, wo ein besonderes vertragliches Verhältnis zwischen Verkäufer und Herstellers besteht, z.B. beim Franchising. Im Hinblick auf die Regelungen der Richtlinie sollte jedoch von einer entsprechenden Vorschrift ganz abgesehen werden.

[165] Zur Erklärung siehe B., I., 1., b).

[166] Teil 3, Rn. 96 f. der Untersuchung des House of Lords Select Committee on the European Communities, Session 1996-97, 10. Bericht.

[167] Vgl. Teil 3, Rn. 114 f. der Untersuchung des House of Lords Select Committee on the European Communities, Session 1996-97, 10. Bericht.

[168] Teil 3, Rn. 114 der Untersuchung des House of Lords Select Committee on the European Communities, Session 1996-97, 10. Bericht.

Vorschriften der Richtlinie in Form eines alleinstehenden Sondergesetzes zu den in der Richtlinie geregelten Aspekten aus.[169] Zu der Frage, ob bei der Umsetzung über den unmittelbaren Anwendungsbereich der Richtlinie hinausgegangen werden sollte, wurde nicht Stellung genommen.

Auf der Basis dieser Vorarbeiten konzentrierte sich das Verfahren nach Inkrafttreten der Richtlinie auf zwei öffentliche Konsultationen, wie sie beim Erlass von Rechtsverordnungen („statutory instruments") regelmäßig durchgeführt werden.[170] Die erste Konsultation vom Januar 2001 enthielt neben einem Überblick über die Richtlinienvorgaben konkrete Fragen zur Umsetzung der einzelnen Regelungen.[171] Im Mittelpunkt der Konsultation stand der Konflikt zwischen der Umsetzungsverpflichtung und der gleichzeitigen Intention, sowohl das bestehende Verbraucherschutzniveau nicht zu verringern als auch in dogmatischer Hinsicht keine tief greifenden Änderungen vornehmen zu wollen. Insbesondere im Hinblick auf die dispositiven Vorschriften der Richtlinie trat ein restriktiver Ansatz zutage. Dadurch sollte das bestehende Recht möglichst wenig beeinflusst werden, aber auch in den Bereichen des Verjährungsrechts, in denen die Richtlinie aus der Perspektive des Verbraucherschutzes hinter den Vorschriften des englischen Rechts zurückblieb, stand die Absicht im Vordergrund, die für den Verbraucher günstigeren Vorschriften beizubehalten. Die zweite Konsultation vom Februar 2002 - und damit bereits nach Ablauf der offiziellen Umsetzungsfrist - beinhaltete wiederum einen umfangreichen Fragenkatalog, der sich dieses Mal jedoch auf den der zweiten Konsultation angefügten Vorschlag für eine Umsetzungsverordnung bezog.[172] Die Schwierigkeiten bestanden darin, die Wechselwirkungen zwischen bestehendem Recht und den Vorschriften der Richtlinie in Einklang zu bringen und den jeweiligen Anwendungsbereich der Normen zu klären. Insbesondere im Hinblick auf die Umsetzung von Art. 5 Abs. 1 und 3 RL war umstritten, ob sich deren Wirkungen lediglich auf die in ihr vorgesehene Rechte erstrecken oder aber auch auf die bisher geltenden Regelungen Anwendung finden sollten.

---

[169] Teil 3, Rn. 115 der Untersuchung des House of Lords Select Committee on the European Communities, Session 1996-97, 10. Bericht.

[170] Bereits zum Richtlinienvorschlag waren zwei öffentliche Konsultationen durchgeführt worden, deren Ergebnis bei Erarbeitung der weiteren Konsultationen berücksichtigt wurden. Vgl. den Hinweis darauf auf Seite 24 der 1. Konsultation nach Erlass der Richtlinie. Zudem wurden 1998 dem Parlament ein Regulatory Impact Assessment vorgelegt, dass die sich aus der Richtlinie ergebenden Vorteile, aber auch die Kosten darstellte. Dieses findet sich in der Anlage zur 1. Konsultation, S. 24 ff.

[171] Zu finden im Internet unter: http://www.dti.gov.uk/ccp/consultpdf/1stsalescon.pdf.

[172] Siehe 2. Konsultation, Part 2, S. 7-19.

IV. Darstellung des Gedankengangs

Im folgenden Abschnitt erfolgt zunächst eine Analyse der Systematik und des Anwendungsbereichs der Sale and Supply of Goods to Consumers Regulations 2002. In den weiteren Kapiteln wird der Status Quo des englischen Rechts nach der Umsetzung unter besonderer Berücksichtigung der Richtlinienvorgaben und der Rechtslage vor Umsetzung dargestellt und untersucht. Dabei steht die Analyse der Änderungen des Warenkaufgesetzes im Vordergrund, es werden aber auch die des Supply of Goods and Services Act 1982, des Sale of Goods (Implied Terms) Act 1973 sowie die rechtliche Ausgestaltung des Verkäuferregresses und der kommerziellen Garantien umfassend untersucht. Hauptaugenmerk liegt auf der Frage, inwieweit eine system- und richtlinienkonforme Umsetzung der Richtlinie in das englische Recht vollzogen wurde. Aufgrund des gewählten Umsetzungsansatzes, die bestehende Systematik so weit wie möglich beizubehalten und die notwendigen Änderungen in das bestehende Recht zu integrieren, ergeben sich unterschiedliche Untersuchungsansätze. In den Bereichen, in denen zur Umsetzung der Richtlinie keine Rechtsänderungen vorgenommen worden sind, steht die Frage im Vordergrund, inwieweit das bestehende Recht im Hinblick auf Tranparenz und Auslegung durch die Rechtsprechung den Vorgaben der Richtlinie hinreichend Rechnung trägt. In den Regelungsbereichen, in denen Änderungen bzw. Ergänzungen des bestehenden Rechts vorgenommen worden sind, soll durch einen Vergleich der Sale and Supply of Goods to Consumers Regulations 2002 sowohl mit den Vorgaben der Richtlinie als auch mit der Rechtslage vor deren Inkrafttreten zum einen analysiert werden, wie sich die gesetzgeberischen Maßnahmen in die bestehende Systematik integrieren, zum anderen aber auch, ob die vorgenommenen Umsetzungsmaßnahmen im Einklang mit den Vorgaben der Richtlinie stehen. Aufgrund der Tatsache, dass die Richtlinie in den von ihr geregelten Bereichen keine abschließenden Regelungen vorgibt, bleibt zu untersuchen, durch welche Vorschriften diese Umsetzungsvorschriften ausgefüllt werden.

Im letzten Teil dieser Arbeit erfolgt eine Wertung der Umsetzung im Hinblick auf die Frage, ob eine praktikable, in sich stimmige und systematisch sinnvolle Transformation gelungen ist. Die Untersuchung der Richtlinienumsetzung in England ermöglicht zudem eine Rückschluss bezüglich der Frage, inwieweit die Richtlinie – wie von der Europäischen Gemeinschaft intendiert – tatsächlich zu einer Harmonisierung der nationalen Verbrauchsgüterkaufrechte geführt hat und es dem Verbraucher nunmehr möglich ist, tatsächlich die durch die „Schaffung des Binnenmarktes geschaffenen Vorteile besser zu nutzen“[173]. Daneben ist auch die Frage zu erörtern, inwieweit die Richtlinienumsetzung zu einer Verbesserung des Verbraucherschutzes in England beigetragen hat.

---

173 RL, Recital (5).

B. Die Systematik und der Regelungsbereich der Sale and Supply of Goods to Consumers Regulations 2002

Die bisherige Darstellung hat, insbesondere im Hinblick auf die systematischen Unterschiede zwischen dem englischen Recht und den Vorgaben der Richtlinie, bereits die Schwierigkeiten aufgezeigt, die sich der englischen Regierung im Hinblick auf die Umsetzung gestellt haben. Es obliegt somit den Umsetzungsmaßnahmen, den genannten systematischen, gemeinschaftsrechtlichen und verbraucherschutzpolitischen Gesichtspunkten Rechnung zu tragen. Bevor die einzelnen durch die Sale and Supply of Goods to Consumers Regulations 2002 herbeigeführten Rechtsänderungen untersucht werden, sollen deren Struktur und Regelungsbereich erörtert werden.

I. Rechtsgrundlage

Die Sale and Supply of Goods to Consumers Regulations 2002 wurden auf der Grundlage der s2 (2) European Communities Act 1972 erlassen, der die Umsetzung gemeinschaftsrechtlicher Vorgaben im Wege einer vom zuständigen Minister oder der zuständigen Regierungsabteilung erlassenen Rechtsverordnung („statutory instrument") gestattet. Die Zuständigkeit lag im vorliegenden Fall bei der Ministerin für Wettbewerb, Verbraucher und Märkte, die dem Ministerium für Handel und Industrie zugeordnet ist.[174] Von Bedeutung ist die gewählte Rechtsgrundlage, weil der bei Rechtsverordnungen bestehende Umsetzungsspielraum hinter dem bei formellen Gesetzen, den sog. „Acts of Parliament", zurückbleibt. Der Erlass von Rechtsverordnungen ist nur innerhalb der vom parlamentarischen Gesetzgeber im Ermächtigungsgesetz genannten Grenzen möglich. Es stellt sich daher insbesondere die Frage, inwieweit durch Rechtsverordnungen selbst formelle Gesetze, im Fall der Richtlinienumsetzung insbesondere des Warenkaufgesetzes, aufgehoben bzw. geändert werden können. S2 (4) European Communities Act 1972 stellt diesbezüglich klar, dass in der Rechtsverordnung die gleichen Regelungen getroffen werden können, die auch Gegenstand eines „Act of Parliament" hätten sein können. Folglich beschränken sich die Umsetzungsmöglichkeiten nach dem European Communities Act 1972 nicht auf den Erlass einer isolierten, neben das bestehende Recht tretenden, Rechtsverordnung, sondern ermöglichen auch die Änderung und Ergänzung bereits bestehender parlamentarischer Gesetze. Die Ermächtigung des European Communities Act 1972 stellt daher in dieser Hinsicht ein äußerst flexibles Instrument

---

[174] Die Ermächtigung eines Ministers folgt aus der The European Communities (Designation) (No. 3) Order 1993 (Statutory Instrument 1993 No. 2661). Bei der zuständigen Ministerin handelt es sich um eine sog. Parliamentary Under-Secretary of State, die zwar nicht Teil des Kabinetts, jedoch Teil der Regierung ist. Sie kann daher zuständig im Sinne der s2 (2) European Communities Act 1972 sein. Die damalige Ministerin wurde im Sommer 2003 abgelöst.

für die Umsetzung gemeinschaftsrechtlicher Verpflichtungen dar.[175] Zum anderen ist im Hinblick auf den Umfang der Ermächtigung von Bedeutung, inwieweit diese auf die ausschließliche Umsetzung zwingender Richtlinienvorgaben begrenzt ist oder aber auch solche Rechtsänderung legitimiert werden, die über den eigentlichen Regelungsbereich der Richtlinie hinausgehen und folglich eine „überschießende“ Richtlinienumsetzung darstellen. Dies gilt besonders für die Bereiche, in denen die für die Richtlinientransformation notwendigen Änderungen eine Rechtsangleichung in parallelen Gesetzen zwar aus gemeinschaftsrechtlicher Sicht nicht erforderlich, jedoch aus systematischer Sicht wünschenswert machen. Daneben stellt sich die Frage auch in den Bereichen, in denen die Umsetzung über den persönlichen Anwendungsbereich der Richtlinie hinausgeht, oder aber, wenn strengere, über die Richtlinie hinausgehende, Maßnahmen gewünscht werden und diese im Rahmen einer Mindestschutzklausel zulässig sind. S2 (2) European Communities Act 1972 regelt diesbezüglich, dass solche Verordnungen erlassen werden können, die zum Zwecke der Erfüllung gemeinschaftsrechtlicher Verpflichtungen erfolgen. Daraus wird einerseits geschlossen, dass nur solche Umsetzungen im Rahmen dieser Ermächtigungsgrundlage gestattet sind, die zur Erfüllung der Umsetzungsverpflichtung erforderlich sind[176]. Andererseits wird teilweise als ausreichend erachtet, dass die Rechtsänderungen unmittelbar im Zusammenhang mit der Richtlinienumsetzung stehen, nicht jedoch durch diese erzwungen werden müssen[177]. Im Hinblick auf die Verbrauchsgüterkaufrichtlinie bestehen Bedenken sowohl in Bezug auf die Anpassung der Gefahrtragungsregeln als auch wegen der Ausweitung der geänderten implizierten Vertragsbedingungen auf die Miete und den Mietkauf. Die Rechtmäßigkeit der Verordnungen hängt hierbei nach den oben genannten Ansichten davon ab, dass auch ein hinreichender Zusammenhang mit den Richtlinienvorgaben als ausreichend angesehen wird. Während davon auszugehen ist, dass ein solcher im Hinblick auf die Gefahrtragungsregeln gegeben ist, bestehen weitgehende Bedenken gegenüber der Anpassung der Regeln der nicht von der Richtlinie betroffenen Vertragstypen, auch wenn diese aus rechtssystematischer Sicht als wünschenswert erscheinen.

II. Die Struktur der Sale and Supply of Goods to Consumers Regulations 2002

Durch die Umsetzung der Verbrauchsgüterkaufrichtlinie wird primär eine punktuelle Ergänzung bestehender Vorschriften vorgenommen. Im Gegensatz zur

[175] Wie bereits angesprochen gestattet s2 (4) European Communities Act 1972 gerade auch solche Maßnahmen, die auch durch einen „Act of Parliament“ hätten vorgenommen werden können.

[176] Bradgate/Twigg-Flesner, Consumer Guarantees, S. 10; Twigg-Flesner, GPR 2003, S. 12.

[177] Benjamin, Supplement, Rn. 1-077.

Umsetzung früherer Verbraucherschutzrichtlinien nahm der englische Gesetzgeber davon Abstand, die europarechtlichen Vorgaben nahezu wortgetreu an das bestehende Gesetz in Form eines Sondergesetzes anzuhängen. Die weitgehende Beschränkung der Sale and Supply of Goods to Consumers Regulations 2002 auf die Ergänzungen bestehender Rechtsvorschriften bewirkt, dass die unmittelbar wirkenden Vorschriften der Verordnung nur von untergeordneter Bedeutung sind. Sie betreffen ausschließlich den Bereich „kommerzieller" Garantien.[178] Entsprechend gilt auch nur für diese Vorschrift die Definitionsregelung der Regulation 2. Auf alle sonstigen Verordnungen finden ausschließlich die Definitionen derjenigen Gesetze Anwendung, deren Vorschriften durch die Regulations geändert werden.

Der ganz überwiegende Teil der Vorschriften der Sale and Supply of Goods to Consumers Regulations 2002 betrifft die Ergänzung bestehender Gesetze. Dabei ist zunächst zu beachten, dass ein nicht unerheblicher Teil der Verordnung ausschließlich die Richtlinienumsetzung im Hinblick auf das schottische Recht betrifft.[179] Zwar finden die Regelungen des SGA im gesamten Vereinigten Königreich Anwendung, doch differenzierte das Gesetz auch bereits bisher in Teilbereichen zwischen den beiden Rechtsordnungen. Zusätzlich ist zu beachten, dass sich die Ergänzungen, was die geregelten Vertragstypen betrifft, nicht auf das Warenkaufgesetz beschränken, sondern neben dem SGA auch der Supply of Goods and Services Act 1982 und der Sale of Goods (Implied Terms) Act 1973 von den Umsetzungsmaßnahmen betroffen sind. Weitere Ergänzungen betreffen den UCTA. Die letztlich vorgenommen Änderungen basieren auf zwei Überlegungen. Im Vordergrund steht die Erfüllung der Umsetzungsverpflichtung. Daneben dienen die Ergänzungen teilweise ausschließlich der Anpassung regelungsähnlicher Parallelgesetze, was insbesondere für die Änderungen des Sale of Goods (Implied Terms) Act 1973 und die Vorschriften des Supply of Goods and Services Act 1982 zur Miete gilt.[180] Aufgrund des nur eingeschränkten Regelungsgehalts dieser Gesetze, sie umfassen weitgehend nur eine Kodifikation der gesetzlichen stillschweigenden Vertragsbedingungen, beschränken sich die Harmonisierungsmaßnahmen auf eben diesen Bereich und bleiben damit inhaltlich hinter den sonstigen Anpassungen des Supply of Goods and Services Act 1982 und des SGA zurück. Die von einer Verletzung der „implied terms" ausgehenden Rechtsfolgen bleiben unberührt. Dies gilt nicht für denjenigen Teil des Supply of Goods and Services Act 1982, der Verträge, die die Übertragung von Eigentum beinhalten, in den für die Richtlinie relevanten Bereichen regelt.[181]

---

[178] Regulation 15.

[179] Regulations 8 und 11.

[180] So ausdrücklich die Explanatory Note am Ende der Sale and Supply of Goods to Consumers Regulations 2002.

[181] S1–5A des Supply of Goods and Services Act 1982.

Der gewählte Umsetzungsansatz ist restriktiver Natur. Alle Änderungen bleiben auf die auch von der Richtlinie umfassten Parteikonstellationen beschränkt. Eine Ausweitung der der Richtlinie zugrunde liegenden Systematik über deren persönlichen Anwendungsbereich hinaus wird durch die Umsetzungsvorschriften nicht vorgenommen. Daneben zeichnet sich die Umsetzung der Richtlinie dadurch aus, dass keine bestehenden Vorschriften aufgehoben, sondern ausschließlich bestehende Regelungen ergänzt worden sind, sei es durch die erstmalige Normierung bestimmter Sachverhalte, so z.B. hinsichtlich der Einbeziehung öffentlicher Äußerungen des Verkäufers, Herstellers oder dessen Vertreters in die stillschweigenden Vertragsvereinbarungen, oder durch die Schaffung paralleler Vorschriften zum bestehenden Recht, wie sie im Bereich der dem Käufer zustehenden Rechtsbehelfe ergangen sind. Der restriktive Umsetzungsansatz tritt insbesondere im Bereich der Vertragsmäßigkeit zutage. Bis auf die Einbeziehung öffentlicher Äußerungen wurden diesbezüglich keine weiteren Änderungen vorgenommen und die Berücksichtigung gemeinschaftsrechtlicher Vorgaben trotz terminologischer Unterschiede den bestehenden Normen überlassen.
Neben den Ergänzungen bereits bestehender Gesetze beinhalten die Regulations auch einen eigenständigen operativen Teil. Dieser beschränkt sich jedoch auf die Umsetzung der Vorgaben von Art. 6 RL zu den „kommerziellen“ Garantien.[182] Eine Integration in das bestehende Recht war mangels bisheriger gesetzlicher Regelungen nicht möglich. Folglich bilden die Sale and Supply of Goods to Consumers Regulations 2002 für kommerzielle Garantien die rechtliche Grundlage, es ist kein Rekurs auf andere Vorschriften notwendig. Es ist zu beachten, dass sich die in Regulation 2 enthaltenen Definitionen entgegen ihrer Stellung nur auf eben diese operative Vorschrift zu den Garantien erstrecken. Es wird durch sie keine Änderung an den bereits im SGA, dem Supply of Goods and Services Act 1982 und dem Sale of Goods (Implied Terms) Act 1973 vorhandenen Definitionen vorgenommen.[183]

III. Der sachliche Regelungsbereich der Sale and Supply of Goods to Consumers Regulations 2002

Im Mittelpunkt der Richtlinie steht der Verbrauchsgüterkauf, der deren sachlichen Anwendungsbereich zum einen durch das Anknüpfen an den Begriff des Kaufs, zum anderen aber auch durch die Beschränkung des Vertragsgegenstandes auf Verbrauchsgüter konkretisiert.[184]

---

[182] Siehe Regulation 15 der Sale and Supply of Goods to Consumers Regulations 2002.
[183] Die in diesen Gesetzen notwendigen Definitionsergänzungen werden durch die Regulations 6, 12 und 13 vorgenommen.
[184] Dies gilt auch mittelbar für den die Garantien betreffenden Art. 6 RL.

1. Die von Umsetzungsmaßnahmen betroffenen Vertragstypen

Die von der Umsetzung betroffenen Vertragstypen ergeben sich unmittelbar aus den einzelnen Regelungen der Sale and Supply of Goods to Consumers Regulations 2002. Neben den speziellen Vertragstypen des Kaufs, der Miete und des Mietkaufs fallen auch solche Verträge in deren Regelungsbereich, die der allgemeinen Definition für Lieferungsverträge gemäß s1 (1) Supply of Goods and Services Act 1982 oder aber der für Serviceverträge gem. s12 (1) Supply of Goods and Services Act 1982 unterfallen. Generell ist zwischen solchen Vertragstypen zu unterscheiden, bei denen der englische Gesetzgeber die Einhaltung der Richtlinienvorgaben für zwingend erforderlich hielt, und solchen, bei denen die Änderungen lediglich der Harmonisierung der bestehenden Vorschriften dienten. Zur erstgenannten Fallgruppe zählen die Vorschriften des SGA und der ss1-5A, 12-16 Supply of Goods and Services Act 1982[185], zur zweiten die der Miete und des Mietkaufs. Doch nicht nur aus diesem Grund ist eine Differenzierung zwischen den einzelnen Vertragstypen von elementarer Bedeutung. Obwohl die Vorschriften des SGA und des Supply of Goods and Services Act 1982 weitgehend parallele Strukturen aufweisen, bestehen in ihren Regelungen teilweise wesentliche Unterschiede.[186] Zweifel an einer hinreichenden Umsetzung bestehen zudem gerade im Hinblick auf einige vom Supply of Goods and Services Act 1982 umfasste Vertragstypen[187]. Inwieweit die Richtlinie daher umfassend umgesetzt worden ist, hängt damit nicht zuletzt von deren Kaufvertragsverständnis und der Klassifizierung der verschiedenen Vertragsvereinbarungen im englischen Recht ab.

a) Die Richtlinienvorgaben

Der sachliche Regelungsbereich der Richtlinie, gleichzeitig aber auch die Grenze der Umsetzungsverpflichtung, wird vom Begriff des Kaufs dominiert. Seine partielle Harmonisierung steht im Mittelpunkt der Richtlinie[188], wobei er zugleich den Anknüpfungspunkt der einzelnen Regelungen bildet. Dies gilt auch für die Vorschrift zu den kommerziellen Garantien, die zwar eine eigenständige vertragliche Verpflichtung darstellen, gleichzeitig aber auch an das Vorliegen eines Kaufvertrages anknüpfen. Trotz der elementaren Bedeutung für den Anwendungsbereich der Richtlinie enthält diese, ebenso wie das CISG, keine aus-

---

[185] Regulatory Impact Assessment, S. 3, Teil der 2. Konsultation 2002.

[186] Dies gilt zum Beispiel für die beim Supply of Goods and Services Act 1982 nicht bestehende Gefahr, das Recht auf Vertragsbeendigung durch Annahme der Sache trotz Unkenntnis von der Vertragswidrigkeit zu verlieren.

[187] Vgl. dazu Teil E, I. dieser Arbeit.

[188] Siehe Art. 1 Abs. 1 RL. Daneben spricht z.B. Art. 2 Abs. 1 RL von Kaufvertrag und Art. 3 Abs.1 RL von Verkäufer. Die Angleichung der Garantievorschriften soll an dieser Stelle nicht erörtert werden.

drückliche, umfassende Definition des Begriffs des Kaufvertrages.[189] Aus den einzelnen Richtlinienbestimmungen lässt sich jedoch folgern, dass im Grundsatz ein Kaufvertrag in diesem Sinne immer dann vorliegt, wenn ein unter die Richtlinie fallender Gegenstand gegen Entgelt veräußert wird.[190] Dies entspricht auch der gemeinsamen Grundposition in den Mitgliedsstaaten. Kennzeichnend ist die Verpflichtung des Verkäufers, dem Käufer gegen Zahlung einer bestimmten Geldsumme eine Sache endgültig zu überlassen.[191] Daneben stellt die Richtlinie in Art. 1 Abs. 4 RL jedoch ausdrücklich klar, dass auch solche vertraglichen Vereinbarungen als Kauf im Sinne der Richtlinie anzusehen sind, die auf die Lieferung noch herzustellender oder zu erzeugender Verbrauchsgüter gerichtet sind. Dies hat in Deutschland dazu geführt, dass nicht nur Kauf-, sondern auch Werk- und Werklieferungsverträge dem Anwendungsbereich der Richtlinie unterfielen, soweit diese einen der Richtlinie entsprechenden Werkerfolg zum Gegenstand hatten. Aus der Entstehungsgeschichte der Richtlinie folgt, dass es im Gegensatz zu Art. 3 Abs. 1 CISG nicht deren Anwendbarkeit widerspricht, wenn der Käufer einen wesentlichen Teil der für die Herstellung oder Erzeugung not-

---

[189] Vgl. zum CISG: Schlechtriem/Schwenzer/Ferrari, Art. 1 Rn. 12.

[190] AnwKommentar/Pfeiffer, Art. 1 Rn. 4. Zum parallelen Vorgehen im Rahmen des CISG vgl. Schlechtriem/Schwenzer/Ferrari, Art. 1 Rn. 13. Die Auslegung des Kaufvertragsbegriffs der RL ist jedoch nicht unumstritten. Zur Bestimmung der Bedeutung könnte es zum einen notwendig sein, dem Kaufvertragsbegriff der Richtlinie ein gemeinschaftsrechtsautonomes Verständnis zugrunde zu legen, welches letztlich durch die Rechtsprechung des Europäischen Gerichtshofs konkretisiert wird (Für letzte Ansicht ohne Begründung Höffe, Verbrauchsgüterkaufrichtlinie, Verbrauchsgüterkaufrichtlinie, S. 14; auch Serrano, S. 110; AnwKommentar/Pfeiffer, Art. 1, Rn. 5). Dafür spräche, dass Art. 1 Abs. 4 RL von „Kaufverträgen im Sinne dieser Richtlinie" spricht. Daneben würde durch ein entsprechendes Vorgehen dem Zweck der Richtlinie zur Rechtsharmonisierung am weitesten entsprochen. Konsequenz wäre dann jedoch, dass die Mitgliedsstaaten zur Vermeidung einer fehlerhaften Umsetzung den Begriff des Kaufvertrages in der weitmöglichsten Weise auszulegen und umzusetzen hätten und somit das Umsetzungsverfahren insgesamt mit einer erhöhten Unsicherheit belastet wäre. Ein alternativer Ansatz sieht daher eine individuelle Anknüpfung an die Vertragstypendogmatik der einzelnen Mitgliedsstaaten vor (Vorsmann, Mängelhaftung, S. 17) Für ein solches Vorgehen kann ebenfalls Art. 1 Abs. 4 RL herangezogen werden, nach dem auch solche Verträge unter den Begriff des Kaufvertrages im Sinne der Richtlinie fallen, die die Lieferung herzustellender oder zu erzeugender Verbrauchsgüter zum Gegenstand haben. Zweck dieser Vorschrift ist es, auch solche Vertragstypen in den Anwendungsbereich der Richtlinie zu ziehen, die nach nationalem Recht keine Kaufverträge darstellen würden. Daraus kann gefolgert werden, dass primärer Anknüpfungspunkt für das Kaufvertragsverständnis die innerstaatliche Vertragstypensystematik sein muss. Daraus ergibt sich aber auch, dass das nationale Recht für die Bestimmung des Kaufvertrags zunächst ausschlaggebend ist. Dieses Ergebnis entspricht zudem der notwendigen Beachtung des Subsidiaritätsprinzips.

[191] AnwKommentar/Pfeiffer, Art. 1, Rn. 4; Nachweise siehe Sandrock, Vertragswidrigkeit, S. 15 Fn. 51. In den Mitgliedsstaaten, in denen aufgrund des Trennungsprinzips das Eigentum nicht bereits durch den Kaufvertrag übergeht, tritt neben die Pflicht zur endgültigen Überlassung auch die Pflicht zur Eigentumsübertragung.

wendigen Stoffe selbst zur Verfügung stellt.[192] Eingeschränkt, ohne jedoch den Charakter als Kaufvertrag in Frage zu stellen, wird dieser weite Anwendungsbereich dadurch, dass der Verkäufer nicht für solche Mängel einzustehen hat, die auf den vom Käufer gelieferten Stoff zurückzuführen sind, Art. 2 Abs. 3 RL. Daneben wird der Begriff des Kaufs auch durch Art. 2 Abs. 5 S. 1 RL konkretisiert. Der Einordnung als Kaufvertrag im Sinne der Richtlinie schadet es nicht, dass sich der Verkäufer neben der Überlassung der Ware auch zu deren Montage verpflichtet hat. Voraussetzung dafür, dass die aus einer unsachgemäßen Montage resultierenden Mängel der Vertragswidrigkeit der Kaufsache gleichgestellt werden, ist lediglich, dass die Montage „Bestandteil des Kaufvertrags" bildet. Fraglich ist, welches Gewicht dem Dienstleistungsanteil zukommen darf, um den Charakter der Vereinbarung als Kaufvertrag nicht in Frage zu stellen. Im Gegensatz zu Art. 3 Abs. 2 CISG enthält die Richtlinie allerdings keine Bestimmung, dass das Dienstleistungselement nicht den überwiegenden Teil der Pflichten der Partei darstellen darf. Lediglich aus Art. 1 Abs. 4 RL, der ausdrücklich die Lieferung eines Verbrauchsguts voraussetzt, kann geschlossen werden, dass zumindest Reparaturverträge, bei denen die Übereignung nur eine stark untergeordnete Rolle spielt, nicht in den Anwendungsbereich fallen.[193]

b) Die Vertragstypen des englischen Rechts im Anwendungsbereich der Richtlinie und ihr Verhältnis zu deren Vorgaben

(1) Allgemeines

Die Untersuchung der von der Richtlinie im englischen Recht betroffenen Vertragstypen bereitet Schwierigkeiten, da eine systematische Einteilung besonderer Vertragsverhältnisse, wie sie sich im deutschen Recht findet, aufgrund der historischen Entwicklung des englischen Rechts nur in begrenztem Umfang stattgefunden hat. Kennzeichnend für das englische Recht ist neben der Entwicklung allgemeiner Rechtgrundsätze - dies spiegelt sich auch heute noch in der besonderen Bedeutung des „general law of contract" wider - die Schaffung spezieller Einzelfallregelungen, ohne dass diese umfassend nach Fallgruppen systematisiert und gesetzlich normiert worden sind. Im Vordergrund der Einzelfallregelungen stand die Entwicklung unterschiedlicher „implied terms". Erst im Laufe der Zeit wurde verstärkt zwischen unterschiedlichen Vertragstypen differenziert. Von großer Bedeutung dafür war die Schaffung des Sale of Goods Acts 1893.

[192] AnwKommentar/Pfeiffer, Art. 1, Rn. 12; Jorden, Verbrauchergarantien, S. 31.

[193] Vorsmann, Mängelhaftung, S. 20; AnwKommentar/Pfeiffer, Art. 1 Rn. 16; Anders, ZRP 2000, S. 294; zur Möglichkeit, Art. 2 Abs. 5 RL nur auf solche Verträge anzuwenden, in denen der Montage eine untergeordnete Rolle zukommt, siehe Bradgate/Twigg-Flesner, Consumer Guarantees, S. 25 (im Ergebnis dies aber ablehnend). Andererseits ist danach zu fragen, welche Bedeutung die Montage erlangen darf, um nicht den Charakter als Kaufvertrag wieder aufzuheben.

Der durch diesen begonnene Prozess setzte sich in der gesetzlichen Regelung des Mietkaufs[194] und der Warenmiete[195] fort.[196] Daneben sieht der Supply of Goods and Services Act 1982 Regelungen vor, die zwar nicht für einen bestimmten Vertragstyp gelten, sondern alle Verträge betreffen, die ein Service- und/oder Lieferungselement beinhalten.[197] Grund für die Kodifikation war nicht zuletzt die zunehmende Übertragung der „implied terms" des Sale of Goods Act 1893 auf andere Vertragsverhältnisse.[198] Merkmal des Supply of Goods and Services Act 1982 ist, dass sich dessen Regelung in der gesetzlichen Normierung der stillschweigenden Vertragsbedingungen erschöpft. Für alle sonstigen Rechtsfragen, insbesondere auch für die Rechtsfolgen, gelten die allgemeinen Grundsätze des Common Law.

Durch den gemeinsamen Ursprung in den Regelungen des Common Law, aber auch durch die fortgesetzte Harmonisierung der stillschweigenden Vertragsbedingungen durch Judikative und Legislative ist das englische Recht insgesamt durch ein hohes Maß an Homogenität geprägt. Dennoch bleibt die Klassifizierung eines Vertrages von großer Bedeutung. Grund dafür ist zum einen, dass die Regelungsdichte des Supply of Goods and Services Act 1982 weit hinter der des SGA zurückbleibt und somit im gesteigerten Maße auf die allgemeinen Konzeptionen des Common Law zurückgegriffen werden muss, was zu teilweise abweichenden Regelungen führt.[199] Zum anderen bestehen beim Supply of Goods and Services Act 1982 in Bezug auf einige der Generalklausel unterfallenden Verträge Bedenken, ob deren Regelung den Richtlinienvorgaben hinreichend Rechnung trägt. Es bedarf somit der Klärung, ob diese Vertragstypen überhaupt der Richtlinie unterfallen.

---

194 Ss8 – 15 Supply of Goods (Implied Terms) Act 1973.

195 Ss6-10A Supply of Goods and Services Act 1982.

196 Zu den einzelnen Vertragstypen, siehe Chitty (Vol. 1). Eine Zusammenfassung dessen bietet auch: von Bernstorff, Einführung, § 3 X., S. 72.

197 Zu berücksichtigen sind allerdings die gesetzlich geregelten Ausnahmen, siehe dazu: s 1 (2) and s 12 (2) des Aktes. Part 1 dieses Gesetzes unterscheidet zwischen solchen Lieferungsverträgen, die eine Eigentumsübertragung, und solchen, die lediglich eine zeitlich begrenzte Besitzüberlassung in Form der Miete zum Gegenstand haben.

198 Siehe die Zusammenfassung der Rechtsprechung zu diesem Thema in G.H. Myers and Company v Brent Cross Service Company, [1934] 1 K.B. 46, Urteil durch Du Parcq J, S. 51 ff.

199 Bester Beispiel dafür ist die dem Supply of Goods and Services Act 1982 unbekannte Annahmeregelung entsprechend s35 SGA. Die Unterscheidung der Vertragsarten hat jedoch im Laufe des letzten Jahrhunderts an Bedeutung verloren. Zu der früheren Notwendigkeit: Benjamin/Sealy, Rn. 1-041: „in modern law the distinction *(zwischen Warenkauf- und Werkvertrag)* is much less important".

(2) Der Kaufvertrag nach englischem Verständnis und seine Abgrenzung von anderen Vertragstypen

Nach dem Wortlaut der Richtlinie findet diese ausschließlich auf Kaufverträge Anwendung. Umfasst vom Kaufvertragsverständnis der Richtlinie sind daher in jedem Fall die Vorschriften des SGA, dessen Gegenstand alle Verträge bilden, durch die der Verkäufer entweder das Eigentum an einer Sache endgültig auf den Käufer überträgt oder sich verpflichtet, dieses zukünftig zu übertragen, und der Käufer dafür eine Gegenleistung erbringt, die in Geld besteht.[200] Entsprechend der Rechtslage in den anderen Mitgliedsstaaten kennt aber auch das englische Recht noch weitere Vertragstypen, die zwar anderen gesetzlichen Regelungen unterworfen sind, die jedoch dem Kaufvertrag aufgrund ihres Charakters als Sachlieferungsverträge nahe stehen und damit möglicherweise in das Kaufvertragsverständnis der Richtlinie fallen. Die systematische Einordnung dieser Vertragstypen in das englische Recht sowie ihre Behandlung im Hinblick auf die Richtlinienumsetzung soll im Folgenden erörtert werden.

(a) Abgrenzung des Kaufvertrags unter Berücksichtigung der Gegenleistung

Vom Kaufvertrag im Sinne des englischen Rechtssystems sind zunächst solche Verträge abzugrenzen, bei denen die Gegenleistung nicht bzw. nicht ausschließlich in Geld besteht.[201] Dies gilt vor allem für den Tausch („exchange" bzw. „barter"), der einen Vertrag über den Austausch zweier Sachwerte darstellt und auf den nicht die Regelungen des Warenkaufgesetzes, sondern die des Supply of Goods and Services Act 1982 Anwendung finden. Die Abgrenzung zwischen Tausch- und Kaufvertrag kann im Einzelfall Schwierigkeiten bereiten. Dies gilt zum einen dann, wenn die Parteien zwar ausschließlich Sachleistungen austauschen und somit einerseits das Vorliegen eines Tauschvertrages nahe liegt, andererseits jedoch die Möglichkeit besteht, den Vertrag als Doppelkauf einzuordnen, bei dem die gleichwertigen Geldforderungen lediglich miteinander verrechnet werden. Nach der englischen Rechtsprechung kommt die letztgenannte Auslegung nur in Betracht, wenn der Preis der auszutauschenden Güter erkenn-

---

[200] S 2 (1) SGA. Zur Beschränkung des Anwendungsbereichs auf Waren, siehe den nächsten Abschnitt.

[201] Keine Abgrenzungsschwierigkeiten bereiten grundsätzlich die nicht von der Richtlinie umfassten Schenkungsverträge, auch wenn deren rechtliche Behandlung in England problematisch ist. Probleme können hier lediglich die Fälle der gemischten Schenkung bereiten, bei denen bei Abschluss eines Kaufvertrages eine Zugabe im Rahmen eines „free offers under a promotional scheme" erfolgt. In Esso Petroleum Co. Ltd. V Customs and Excise Commissioners, [1976] 1 W.L.R.1, kam die Mehrheit des House of Lords zu dem Ergebnis, dass es sich nicht um einen Kaufvertrag handele. Begründet wurde diese unter anderem damit, dass die Gegenleistung nicht in Geld, sondern im Eingehen eines Vertrages bestand. Eine andere Position lehnte das Vorliegen eines Vertrages generell ab, weil es sich um kein verbindliches Versprechen handele.

bar und bestimmt ist.[202] Weitere Abgrenzungsschwierigkeiten bereiten Verträge, in denen eine Partei eine aus Geld und Sachleistung zusammengesetzte Gegenleistung verspricht. Zu einer solchen Typenmischung von Kauf und Tausch kommt es bei Verbraucherverträgen insbesondere dann, wenn eine Inzahlunggabe von Gütern bei einer Neuanschaffung vereinbart ist. Die englische Rechtsprechung geht allerdings im Regelfall vom Vorliegen eines Kaufvertrages aus. Zu diesem Ergebnis gelangt sie, indem sie die Vereinbarung rechtlich entweder als zwei gegenseitige, über eine Verrechnungsabrede verbundene, Kaufverträge einordnet[203] oder aber die Inzahlunggabe als Teil einer dem Käufer eingeräumten Ersetzungsbefugnis ansieht[204].
Aus der unterschiedlichen Einordnung der Vertragsvereinbarungen ergeben sich jedoch keine Besonderheiten im Hinblick auf die Richtlinienumsetzung. Im Gegensatz zu anderen, dem Supply of Goods and Services Act 1982 unterfallenden Vertragstypen ist durch die Umsetzungsvorschriften beim Tauschvertrag die Einhaltung der Richtlinienvorgaben hinreichend gewährleistet.[205] Die Unterscheidung zwischen Kauf- und Tauschvertrag ist damit vor allem im Hinblick auf die erweiterte Anwendung des Common Law bedeutend.[206] Zudem bleibt festzustellen, dass die Anwendbarkeit der Richtlinie auf Tauschverträge ohnehin umstritten und im Ergebnis abzulehnen ist.[207] Aus der Entstehungsgeschichte

---

[202] Aldridge v Johnson (1857) 7 E. & B. 885: Notwendige Voraussetzung ist, dass den gegenseitig zu übergebenden Produkten ein unmittelbarer Preis zugemessen wird. Der rechtliche Hintergrund dieser Voraussetzung ist in der „action for an agreed sum" zu sehen. Der Vertragspartner kann dann, anstatt Schadensersatz zu verlangen, direkt auf die Zahlung der vertraglich bestimmten Summe geltend machen. Das Problem des angewandten Kriteriums ist jedoch, dass regelmäßig bei jedem Tausch vorab die Geldwerte der auszutauschenden Sachen verglichen und zueinander in Beziehung gesetzt werden, vgl. MüKo/Westermann, Vor § 433, Rn. 20. Daneben stellt sich die Frage, zu welchem Zeitpunkt der Eigentumsübergang stattfindet. Beim Kaufvertrag wird dieser regelmäßig durch Abschluss des Vertrages vorgenommen, s18 (1) SGA. Ob diese Vorschrift auch analoge Anwendung auf den Tausch findet, ist umstritten, es gibt jedoch keine Obergerichtliche Entscheidung. In Aldrige v Lincoln, aber auch in Koppel v Koppel, [1966] 1 W.L.R. 802 wird dies befürwortet.

[203] Davey v Paine Bros. (Motors) Ltd. [1954] N.Z.L.R. 1122. Siehe Vorsmann, Mängelhaftung, S. 19, der auf die Probleme einer solchen Auslegung hinweist, wenn an die Rolle der beteiligten Personen angeknüpft wird.

[204] Fortsysth v Jervis (1816) 1 Starke 437; Keys v Harwood (1846) 2 C.B. 905; G.J. Dawson (Clapham) Ltd. v H. & G. Dutfield [1936] 2 All E.R. 232; Warmings Used Cars Ltd. v Tucker [1956] S.A.S.R. 249.

[205] Vgl. Teil E, I. dieser Arbeit.

[206] Allerdings ist zu beachten, dass, soweit der Tauschvertrag unter die Richtlinie fallen sollte (vgl. die nächste Fußnote), die Vorschriften des UCTA 1977 keine dem Warenkaufgesetz adäquate Sicherung der Verbraucheransprüche begründen.

[207] Bejahend Serrano, der eine gemeineuropäisch feststellbare communis opinio für die Anwendung auf Tausch und Inzahlunggabe sieht, Art. 1 Rn. 14. Dagegen: Bradgate/Twigg-Flesner, Consumer Guarantees, S. 30; AnwKommentar/Pfeiffer, Art. 1 Rn. 4. Für eine Einbe-

der Richtlinie muss gefolgert werden, dass der Tausch nicht von ihr umfasst sein soll. Ein Änderungsvorschlag des Europäischen Parlaments, der die Einbeziehung von Verträgen vorsah, bei denen die Ware gegen einen anderen Vermögenswert als den Kaufpreis erfolgen sollte, fand im weiteren Verfahren keine Berücksichtigung.[208] Zudem stellt der Tausch in der Praxis des durch einen gewerblichen und einen privaten Vertragspartner gekennzeichneten Verbrauchergeschäfts die Ausnahme dar, sodass die Erforderlichkeit einer Harmonisierung für die Verwirklichung des Binnenmarkts nicht gegeben ist. Entsprechend der Auffassung zum CISG gilt daher im Hinblick auf die Richtlinie, dass der Tausch nicht in den Anwendungsbereich der Richtlinie fällt.[209]

(b) Abgrenzung des Kaufvertrags von Verträgen, die nur auf eine zeitlich begrenzte Sachüberlassung gerichtet sind

Ausgeschlossen vom Anwendungsbereich des SGA ist zunächst der in ss6-10A Supply of Goods and Services Act 1982 partiell geregelte Mietvertrag („hire"). Dies stimmt mit dem Kaufvertragsverständnis der Richtlinie überein, deren Regelungsbereich die entsprechende Konstellation ebenfalls nicht umfasst. Dennoch ist festzustellen, dass der englische Gesetzgeber die Umsetzungsmaßnahmen teilweise auch auf die entsprechenden Vorschriften erstreckt hat. Dies gilt allerdings nur für die stillschweigenden Vertragsvereinbarungen beim Mietvertrag, die entsprechend den Änderungen des SGA angepasst wurden. Nicht betroffen von der Rechtsänderung sind hingegen die beim Mietvertrag von der Vertragswidrigkeit ausgehenden Rechtsfolgen. Der in den ss11M ff. Supply of Goods and Services Act 1982 neu eingefügte Abschnitt zu den Verbraucherrechten ist auf Verträge beschränkt, die neben der Lieferung der Sache eine Eigentumsübertragung zum Gegenstand haben. Dies ergibt sich aus der Begrenzung der Inanspruchnahme auf den „transferee", bei dem es sich gemäß der Legaldefinition der s18 Supply of Goods and Services Act 1982 um diejenige Person handelt, der aufgrund eines Lieferungsvertrages das Eigentum an einer Sache übertragen wird.
Größere Abgrenzungsschwierigkeiten zum Kaufvertrag bereiten hingegen diejenigen Vertragstypen, bei denen eine Partei einen Gegenstand nur mietet, allerdings von Beginn an die Vereinbarung besteht, dass mit dem Eintritt eines be-

ziehung von Tauschverträgen, insbesondere bei Inzahlungnahme spräche, dass es sich beim Tausch wie beim Kauf um ein Umsatzgeschäft handelt (so für das deutsche Recht MüKo/Westermann, § 515 Rn. 1).

208 Änderung 2 der Stellungnahme des Europäischen Parlaments zu dem Vorschlag für eine Richtlinie des Europäischen Parlaments und des Rates über den Verbrauchgüterkauf und –garantien (KOM 95, 520) in C 104 vom 6. April 1998, S. 30.

209 Zum CISG siehe Schlechtriem/Schwenzer/Ferrari, Art. 1 Rn. 30; im Ergebnis für die Richtlinie so auch: Vorsmann, Mängelhaftung, S. 19, Bradgate/Twigg-Flesner, Consumer Guarantees, S. 22.

stimmten Ereignisses, beispielsweise der Zahlung einer bestimmten Summe, die Sache unter Berücksichtigung der geleisteten Zahlungen gekauft werden kann. Die rechtliche Behandlung dieser als Mietkauf („hire-purchase“) bezeichneten Fälle ist auch im englischen Recht nicht abschließend geklärt. Abgrenzungsprobleme bestehen insbesondere im Hinblick auf Ratenzahlungskäufe, bei denen sich der Verkäufer das Eigentum zunächst vorbehält, es sich rechtlich jedoch um einen Kaufvertrag handelt. Der Mietkauf stellt nach englischem Recht einen eigenen Vertragstypus dar, bei dem zunächst das Mietelement dominiert, während der Empfänger später durch das Ausüben der ihm eingeräumten Kaufoption das Kaufelement in den Vordergrund rückt. Die Übergabe der Sache ist somit zunächst nur auf die Dauer des Mietverhältnisses gerichtet, und erst mit dem Ausüben der Option mit Ende der Mietzahlung wird der Vertragspartner Käufer.[210] Eine Verpflichtung zur Ausübung der Option besteht gerade nicht.[211] Damit unterscheidet sich der Ansatz des englischen Rechts teilweise von dem anderer Mitgliedsstaaten, bei denen der Mietkauf von Beginn an als Kaufvertrag eingeordnet wird. Während somit die Fälle des Ratenzahlungskaufs unter Eigentumsvorbehalt in den Anwendungsbereich des SGA fallen, finden auf den Mietkauf nach englischem Recht andere Vorschriften Anwendung. Liegen die oben genannten und mit der Legaldefinition der s15 Supply of Goods (Implied Terms) Act 1973 übereinstimmenden Voraussetzungen vor, kommen neben den verbraucherschützenden Vorschriften des Consumer Credit Acts 1974 insbesondere die ss8-11A Supply of Goods (Implied Terms) Act 1973 zur Anwendung, die den sonstigen Sachlieferungsverträgen entsprechende stillschweigende Vertragsbedingungen vorsehen. Der englische Gesetzgeber war im Rahmen der Umsetzung der Überzeugung, dass eine Anpassung der bestehenden Vorschriften aus europarechtlicher Sicht nicht erforderlich war. Entsprechend hat er parallel zu den Mietvorschriften die Rechtsänderung auf die Harmonisierung der „implied terms“ der ss8 ff. Sale of Goods (Implied Terms) Act 1973 beschränkt und die Rechtsbehelfe des Verbrauchers nicht um die des Art. 3 RL ergänzt. Inwieweit ein entsprechendes Vorgehen zulässig war, hängt vom Kaufvertragsverständnis der Richtlinie ab. Letztlich wird diese Entscheidung dem Europäischen Gerichtshof obliegen.[212]

---

[210] Benjamin/Sealy, Rn. 1-053.

[211] Helby v Matthews [1895] A.C. 471; andernfalls könnte es ja auch nicht als „Option” eingeordnet werden.

[212] Für eine Berücksichtigung spräche der dadurch bewirkte gesteigerte Schutz des Verbrauchers, dem es regelmäßig an Erfahrung und Einfluss bzgl. der Vertragsgestaltung fehlen wird und dem folglich die Vorteile der Richtlinie vorenthalten würden. Zudem dient der Rückgriff auf die Konzeption des Mietkaufs vor allem den Interessen des Verkäufers, der dadurch zusätzlich Sicherheit erlangt. Allerdings ist zu beachten, dass die Richtlinie den Subsidiaritätsgrundsatz zu beachten hat. Ob eine Ausdehnung auf die Fälle des Mietkaufs unter diesem Gesichtspunkt erforderlich ist, scheint fraglich. Sie stellen nur einen Ausnahmefall im Hin-

(c) Abgrenzung im Hinblick auf Vereinbarungen, die neben der endgültigen Sachüberlassung noch eine weitere Leistung des Unternehmers zum Gegenstand haben

(aa) Das Hinzutreten einer Servicekomponente

Zunächst stellt sich die Frage nach der Behandlung derjenigen Vereinbarungen, in denen der Vertragspartner neben der Übereignung und Besitzverschaffung auch die Vornahme einer nicht auf die Herstellung der Sache selbst, sondern einer losgelösten Dienstleistung verspricht, wie es insbesondere bei einer Montage- bzw. Installationsverpflichtung der Fall ist.[213] In der Richtlinie ist die Konstellation durch Art. 2 Abs. 5 S. 1 RL geregelt worden. Die Vorschrift legt fest, dass eine Vertragswidrigkeit auch dann vorliegen kann, wenn die zum Mangel führende Montage durch den Verkäufer oder unter dessen Verantwortung vorgenommen und Bestandteil des Kaufvertrages geworden ist. Eine Haftung des Verkäufers kommt somit zunächst nur in Betracht, wenn die Montage Bestandteil des Kaufvertrages war. Insofern ist eine großzügige Auslegung notwendig. Eine rein formale Betrachtungsweise könnte zu einer unzulässigen Benachteiligung des Verbrauchers führen, da es dem Verkäufer ansonsten möglich wäre, durch die bloße formale Trennung beider Vertragsbestandteile die von der Richtlinie aufgestellten Rechtsfolgen zu umgehen.[214] Die Montage als Bestandteil des Kaufvertrages ist somit dahingehend zu verstehen, dass ein innerer Zusammenhang zwischen den beiden Verpflichtungen des Verkäufers vorliegen muss. Ein Indiz dafür wird regelmäßig sein, dass der Verbraucher den Kauf von der Montage durch den Verkäufer abhängig macht. Vereinbart der Verkäufer

blick auf grenzüberschreitende Verbrauchsgüterkäufe dar. Zudem kann der Mietkauf auch nicht als Umgehungstatbestand für reguläre Fälle des Verbrauchsgüterkaufes genutzt werden.

[213] Abzugrenzen sind solche Verträge, durch die der Unternehmer primär zu einer Dienstleistung verpflichtet ist und beiläufig zu dieser Eigentum an bestimmten Sachen überträgt, z.B. ein Tierarzt, der Medikamente verabreicht. In diesem Fall kommt kein Kaufvertrag in Betracht, vgl. Benjamin/Sealy, Rn. 1-046.

[214] Nach Schwartze, ZEuP 2000, S. 558, Fn. 84 ist eine Umgehung durch Trennung des Kauf- vom Montagevertrag deswegen nicht möglich, da die Richtlinie auch Werkverträge umfasst und folglich auch für diese die Rechte der Richtlinie zur Anwendung kommen müssen. Die Aussage lässt sich jedoch nur für das deutsche Recht verallgemeinern. Die Erweiterung auf Werkverträge wird aus Art. 1 Abs. 4 RL gefolgert. Diese Vorschrift besagt, dass die Richtlinie auch solche Verträge umfasst, bei denen der Verkäufer die Sache aus Materialien des Verbrauchers herstellt oder erzeugt. Kennzeichnend für die Ausdehnung auf Werkverträge bleibt somit, dass eine Sache hergestellt oder erzeugt wird. Davon kann jedoch bei einer Montage nicht die Rede sein, die Verkaufssache existiert bereits. Möglicherweise ließe sich die Herstellung für die Fälle bejahen, dass der Verkäufer die Sache zusammensetzt und damit herstellt. Platziert er das Verbrauchsgut lediglich beim Verbraucher und schließt er es an, so gilt dies jedoch nicht. In anderen Rechtsordnungen ist es daher durchaus möglich, dass reine Montageverträge nicht unter das Rechtsfolgenregime der Richtlinie fallen, da ein anderes Werkvertragsverständnis zugrunde liegt.

mit dem Verbraucher auch die Montage der Sache, so muss im Zweifel von einem solchen einheitlichen Vertrag ausgegangen werden.
Die Behandlung solcher gemischten Verträge bereitet bei der Abgrenzung gegenüber dem Kaufvertrag im englischen Recht Schwierigkeiten. Möglich ist insbesondere eine Einordnung als nicht den Vorschriften des Warenkaufs, sondern des Supply of Goods and Services Act 1982 unterfallendem „contract for work and materials".[215] Bei der Abgrenzung beider Vertragstypen stellt die englische Rechtsprechung, soweit sich die Parteien nicht bereits selbst auf die Zuordnung zu einem bestimmten Vertragstyp geeinigt haben[216], auf den wesentlichen Inhalt des Vertrages („substance of the contract") ab.[217] Damit stimmt sie mit dem Ansatz des Art. 3 Abs. 2 CISG überein, der die Regelungen des CISG ebenfalls dann für nicht anwendbar erklärt, wenn der überwiegende Teil der Verpflichtungen der Partei, die die Ware liefert, in der Ausführung von Dienstleistungen oder anderen Arbeiten besteht. Nicht abschließend geklärt ist im englischen Recht, anhand welcher Kriterien die Bestimmung der Wesentlichkeit zu erfolgen hat.[218] Im Hinblick auf die von der Richtlinie umfassten Fälle wird jedoch regelmäßig das Warenkaufelement überwiegen.[219] Sollte ein entsprechender Vertrag im englischen Recht dennoch als „contract for work and materials" eingeordnet werden, gelangen die ebenfalls von der Umsetzung umfassten Regelungen des Supply of Goods and Services Act 1982 zur Anwendung.[220]

[215] Benjamin, Supplement, Rn. 1-013. Das dadurch notwendige Zurückgreifen auf die Grundsätze des Common Law im Hinblick auf die Rechte des Verbrauchers bewirkt regelmäßig dessen Besserstellung, da diesem mangels „Acceptance"-Regelung die Geltendmachung seiner Rechte bis zur Kenntnisnahme der Vertragswidrigkeit möglich ist. Weitere Unterschiede liegen in der Behandlung des Gefahrübergangs, des Eigentumsübergangs und der Konsequenzen der Unmöglichkeit, siehe Benjamin/Sealy, Rn. 1-042. Die Einordnung eines Vertrages ist somit für den Verbraucher von großem Interesse, auch wenn sie im Vergleich zum früheren Recht an Bedeutung abgenommen hat. Nach s4 Sale of Goods Act 1893 erforderte die gerichtliche Durchsetzung eines Kaufvertrages über mehr als zehn Pfund noch einen schriftlichen Beweis. Dieses Erfordernis wurde jedoch 1954 abgeschafft.
[216] Benjamin/Sealy, Rn. 1-042.
[217] Robinson v Graves [1935] 1 K.B. 579.
[218] Im Rahmen des CISG wird dabei nicht nur auf die Relation des Wertes der beiden Leistungsteile, sondern auch auf den Parteiwillen und die Parteiinteressen zurückgegriffen, Schlechtriem/Schwenzer/Ferrari, Art. 3 Rn. 13ff.
[219] Vgl. Love v Norman Wright (Builders) Ltd. [1944] K.B. 484. Gegenstand des Vertrages bildet die Lieferung von Vorhängen sowie deren Befestigung. Das Gericht ordnete den Vertrag als Kaufvertrag ein.
[220] Allerdings sei bereits an dieser Stelle angemerkt, dass den Umsetzungsvorgaben im Hinblick auf den genannten Vertragstyp nicht umfassend Rechnung getragen wurde, vgl. dazu ausführlich Teil E dieser Arbeit.

(bb) Die Herstellung der Ware aus den Materialien des Verbrauchers

Abzugrenzen vom Kaufvertrag sind auch solche Verträge, durch die sich der Unternehmer ausschließlich zur Herstellung einer bestimmten Sache aus dem Verbraucher gehörenden Stoffen verpflichtet. Der Anwendbarkeit des Warenkaufgesetzes steht in diesem Fall entgegen, dass der Vertrag keine Eigentumsübertragung zum Gegenstand hat.[221] Zwar ist grundsätzlich ausreichend, dass der Vertrag auch auf die Übereignung einer erst noch herzustellenden Sache gerichtet sein kann, allerdings bleibt zu berücksichtigen, dass der Unternehmer ausschließlich Stoffe des Verbrauchers verarbeitet. Eine Eigentumsübertragung könnte nur dann angenommen werden, wenn entweder die zu verarbeitenden Materialien vor der Verarbeitung zumindest konkludent an den Hersteller übereignet worden wären[222] oder aber aufgrund der Verarbeitung ein gesetzlicher Eigentumserwerb stattgefunden hätte. Beides ist jedoch im englischen Recht nicht der Fall.[223] Eine der ersten Möglichkeit entsprechende Willensauslegung bei Abwesenheit besonderer Anhaltspunkte ist unzulässig, da sich der „Käufer" lediglich mit dem Insolvenzrisiko des Herstellers belasten würde. Zudem hat sich die Rechtsprechung gegen einen gesetzlichen Eigentumsübergang aufgrund der Verarbeitung der Sachen ausgesprochen.[224] Mangels Eigentumsübertragung erfolgt die Einordnung im englischen Recht damit unter der Bezeichnung der „contracts for work and labour", auf die die gesetzlichen Regelungen des Supply of Goods and Services Act 1982 Anwendung finden.[225] Nach dessen Vorschriften haftet der Hersteller nicht für das hergestellte Produkt als solches[226], sondern lediglich dafür, dass er bei der Herstellung „reasonable care and skill" ausgeübt hat. Damit bleibt der Verbraucherschutz hinter den Regelungen des SGA zurück, da es sich gerade nicht um eine verschuldensunabhängige Haftung für das

---

221 So auch Benjamin/Sealy, Rn. 1-044.

222 So die Rechtsprechung in Dixon v London Small Arms Co. (1876) 1 App Cas 632. Gegenstand war die Herstellung von Waffen, für deren Produktion der Auftraggeber einen speziellen Bestandteil selbst zur Verfügung stellte. Es ging dabei um eine Massenproduktion und nicht nur um ein dem Verbraucherkauf typisches Einzelstück. Entsprechend lag eine „Lieferantenstellung" einschließlich Eigentumsübertragung nahe, sodass die Rechtsprechung die Kaufrechtsvorschriften anwandte.

223 Bradgate/Twigg-Flesner, Consumer Guarantees, S. 32.

224 So die Rechtsprechung in Accurate Bailiffs & Collection Agency Ltd. v I.T.M. Industries Ltd. (1993) 78 B.C.L.R., einem Fall, in dem der Unternehmer auf Kosten des Bestellers Bootbaumaterialien kaufte und diese verarbeitete.

225 Teil II des Supply of Goods and Services Act 1982: Supply of Services, ss12 - 16.

226 Die Vorschriften zu den stillschweigenden Vertragsbedingungen des Supply of Goods and Services Act 1982, Teil 1 greifen nur in den Fällen, in denen das Eigentum an Sachen übertragen wird, und kommen somit bei den vorliegenden Konstellationen nicht zur Anwendung.

Endprodukt handelt.[227] Auch kommen keine den ss13-15 SGA entsprechenden stillschweigenden Vertragsbedingungen zur Anwendung.[228]
Inwieweit dadurch ein Verstoß gegen die Richtlinienvorgaben vorliegt, hängt davon ab, ob die Richtlinie überhaupt auf den genannten Vertragstyp Anwendung findet. Anknüpfungspunkt für entsprechende Überlegungen ist Art. 1 Abs. 4 RL, gemäß dem auch solche Vereinbarungen Kaufverträge im Sinne der Richtlinie darstellen, die die Lieferung herzustellender oder zu erzeugender Verbrauchsgüter zum Gegenstand haben. Inwieweit dabei eine Eigentumsübertragung vorausgesetzt wird, hängt nicht zuletzt von der Auslegung des Lieferungsbegriffs ab. Für die Notwendigkeit einer Eigentumsübertragung spricht, dass im Mittelpunkt der Richtlinie der Warenumsatz steht. Daneben wird behauptet, dass selbst Fälle, in denen Eigentum an nur untergeordneten Materialien übertragen wird, nicht in den Regelungsbereich der Richtlinie fallen.[229] Dagegen lässt sich jedoch anführen, dass die Richtlinie an mehreren Stellen an die Lieferung der Sache anknüpft, ohne diese von einer Eigentumsübertragung abhängig zu machen.[230] Zum gleichen Ergebnis führt auch ein Blick auf die Entstehungsgeschichte des Art. 1 Abs. 4 RL, da die Kommission parallel zu Art. 3 Abs. 1 CISG vorgeschlagen hatte, solche Verträge vom Anwendungsbereich der Richtlinie auszuschließen, bei denen die Herstellung oder Erzeugung aus Stoffen des Verbrauchers erfolgte.[231] Da eine entsprechende Regelung nicht in die endgültige Richtlinienfassung aufgenommen wurde, muss davon ausgegangen werden, dass die genannten Fälle von der Richtlinie umfasst sind. Zu beachten ist, dass auch in diesem Fall eine ausreichende Interessenverteilung durch die Vorschrift des Art. 2 Abs. 3 RL gewährleistet ist. Die Richtlinie ist somit auch auf die oben genannten Fälle und folglich auch auf die Fallgruppe der „contracts for work and labour" anzuwenden.[232]

(cc) Die Herstellung der Ware (auch) aus den Materialien des Unternehmers

Die größten Abgrenzungsschwierigkeiten bereiten diejenigen Vertragsgestaltungen, in denen sich der Unternehmer zur Herstellung der Sache zumindest auch

---

[227] Siehe dazu ausführlich Teil E, I., 3. dieser Arbeit.
[228] Watterson, ERPL 2001, S. 201.
[229] Vgl. Art. 3 Abs. 1 CISG; zur Richtlinie Vorsmann, Mängelhaftung, S. 20 f.
[230] So insbesondere der für die Haftung des Verkäufers für die Vertragswidrigkeit entscheidende Zeitpunkt.
[231] Höffe, Verbrauchsgüterkaufrichtlinie, S. 16 ff. Die Einschränkung wurde stattdessen in Art. 2 Abs. 3 RL übernommen und schließt somit nicht das Vorliegen eines Kaufvertrages, sondern lediglich eines Mangels aus.
[232] Vgl. Schwartze, ZEuP 2000, S. 552; Ehmann/Rust, JZ 1999, S. 856; AnwKommentar/Pfeiffer, Art. 1 Rn. 12; nur Erweitung auf Werklieferungsverträge nach früherem deutschem Recht: Staudenmayer, NJW 1999, S. 2394.

aus eigenen Materialien verpflichtet.[233] Aus gemeinschaftsrechtlicher Sicht besteht hinsichtlich deren Einbeziehung weitgehend Klarheit, da aufgrund von Art. 1 Abs. 4 RL solche Verträge ausdrücklich vom Anwendungsbereich der Richtlinie erfasst sind.[234]
Problematischer scheint hingegen die rechtliche Einordnung der genannten Vereinbarungen im englischen Recht. Ein Kauf kommt nach diesem nicht in Betracht, wenn der Unternehmer zur Herstellung sowohl eigene als auch Materialien des Verbrauchers verarbeitet, der Hauptteil der Materialien („principal part") aber vom Verbraucher stammt. In diesem Fall geht das Eigentum bereits durch die Verbindung mit der Hauptsache auf den Verbraucher als deren Eigentümer über, sodass lediglich ein „contract for work and materials" vorliegt.[235] Nicht abschließend geklärt ist die Rechtslage in den Fällen, in denen die verarbeiteten Stoffe entweder ganz oder zum wesentlichen Teil durch den Unternehmer gestellt werden. Dass der Unternehmer durch die Verbindung mit seinen Materialien als Hauptsache Eigentümer auch der Sachen des Verbrauchers wird, führt als solches nicht unmittelbar zum Vorliegen eines Kaufvertrages.[236] Für die Einordnung als Kaufvertrag im Sinne des SGA spräche jedoch, dass im Gegensatz zu den zuvor erörterten Fällen die Möglichkeit einer Eigentumsübertragung in dieser Konstellation nicht ausgeschlossen ist, da der Verkäufer zumindest teilweise eigene Materialien zur Herstellung der Sache verwendet. Daneben regelt s 5 (1) SGA, dass sich ein Kaufvertrag auch auf zukünftige Sachen richten kann.[237] Gemeint sind damit gem. der Legaldefinition der s61 (1) SGA explizit nicht nur Gegenstände, die vom Verkäufer zunächst noch beschafft werden müssen, sondern auch solche, die dieser nach Vertragsschluss erst noch herstellen muss.[238] Probleme bereitet die Abgrenzung von Verträgen dieses Inhalts zur Konstellation der „contracts for work and materials". Dabei handelt es sich um Verträge, die sich aus einer Arbeitskomponente („work done") und der Liefe-

---

[233] Es ist von den Fällen abzugrenzen, in denen die Werkleistung des Verbrauchers gerade nicht auf die Herstellung einer Sache, sondern zum Beispiel auf die Reparatur gerichtet ist.
[234] Dies ergibt sich auch aus einem Umkehrschluss aus Art. 2 Abs. 3, 3. Alt. RL, gemäß der der Verkäufer nicht für Vertragswidrigkeiten haftet, die auf den vom Verbraucher gelieferten Stoff zurückzuführen ist.
[235] Dixon v London Small Arms Co. (1876) 1 App. Cas. 632; Benjamin/Sealy, Rn. 1-044 f.
[236] Benjamin/Sealy, Rn. 1-045.
[237] Aufgrund der Parallele der Wortlaute von Art. 1 Abs. 4 RL und s 5 (1) SGA könnte geschlossen werden, dass auch die Richtlinie nach einem engen Verständnis nur klarstellen möchte, dass auch zukünftige Güter (ohne die Frage einer Werkleistung zu betreffen) regeln möchte. Diese enge Auslegung ist aufgrund der Entstehungsgeschichte und dem Bezug zum CISG jedoch abzulehnen. So auch Bradgate/Twigg-Flesner, Consumer Guarantees, S. 23.
[238] S5 (1) SGA.

rung von Material („materials supplied“) zusammensetzen[239] und die den Vorschriften des Supply of Goods and Services Act 1982 unterfallen. Anhand welcher Kriterien die Abgrenzung erfolgen sollte, war lange Zeit nicht abschließend geklärt. Zunächst wurde davon ausgegangen, dass dasjenige Moment für die Bestimmung des Vertragstyps ausschlaggebend ist, das den Kern des Vertrages bildet. Entscheidend war damit, ob entweder das übereignete Material oder die Werkleistung von größerer Bedeutung war.[240] Diese Vorgehensweise wurde jedoch zu Gunsten des Kaufvertrags durch Lee v. Griffin[241] revidiert. Danach sollte ein solcher immer dann vorliegen, wenn die Arbeitsleistung in ein Ergebnis mündete, das Gegenstand eines Kaufvertrages sein konnte.[242] Damit kam in den ganz überwiegenden Fällen das Warenkaufrecht zur Awendung. Diese Ansicht wurde jedoch später - wenn auch nicht explizit, so doch wenigstens in der Rechtspraxis - außer Kraft gesetzt. In Robinson v. Graves[243] wurde, in enger Anlehnung an die ursprüngliche Rechtsprechung in Clay v. Yates, darauf abgestellt, welcher Teil der Vereinbarung den wesentlichen Teil des Vertrages („substance of the contract“) darstellt. Dieser kann entweder in der Erbringung einer Arbeitsleistung, bei der die Leistung einer Sache lediglich nebensächlich ist, oder in einer Sachüberlassung mit daneben tretendem Serviceanteil liegen. Ein Kaufvertrag soll entsprechend dann vorliegen, wenn die Erbringung der Arbeitsleistung lediglich nachrangig ist, während die Vorschriften des SGA nicht zur Anwendung kommen, wenn die Erbringung der Leistung im Vordergrund steht.[244] Das genannte Abgrenzungskriterium erlaubt allerdings lediglich dann

239 In der Rechtsprechung wird der Unterschied zwischen einem „contract for work and materials“ und einem „contract for work and labour“ nicht immer ganz deutlich. Siehe Samuels v Davis, [1943] K.B. 526, S. 528 f. (Du Parcq, L.J.).

240 Clay v Yates, (1856) 1 H. & N. 73: Nicht entscheidend sollte der Wert, sondern die Bedeutung sein.

241 (1861) 30 L. J. (Q.B.) 254.

242 „If the contract be such that it will result in the sale of a chattel, the proper form of action, if the employer refuses to accept the article when made, would be for not accepting. But if the work and labour be bestowed in such a manner as that the result would not be anything which could properly be said to be the subject of sale, then an action for the work and labour is the proper remedy“. Danach fügt er in Hinblick auf Clay v Yates, (1856) 1 H. & N. 73 an: „I do not think that the relative value of the labour and of the materials supplied on which it is bestowed can in any case bet he test of what ist he cause of action“.

243 [1935] 1 K.B. 579.

244 [1935] 1 K.B. 579, 587: „If you find ... that the substance of the contract was the production of something to be sold ... (Referenz zu Lee v Griffin) ... then that it is a sale of goods. But if the substance of the contract on the other hand is that skill and labour have to be exercised for the production of the article and that it is only ancillary to that that there will pass from the artist to the client or customer some materials in addition to the skill involved in the production of the portrait, that does not make any difference to the result, because the substance of the contract is the skill and experience of the artist in producing the picture.” Bradgate/Twigg-Flesner, Consumer Guarantees, S. 32 f., sieht in der modernen Rechtsprechung

hinreichende Sicherheit bei der Einordnung von Vertragsvereinbarungen, wenn beide Komponenten weitgehend unabhängig voneinander sind und damit eine entsprechende Gewichtung möglich ist.[245] Schwierigkeiten bereitet sie jedoch dann, wenn die zu erbringende Arbeitsleistung ausschließlich der Herstellung der Sache dient, da dann sowohl die Arbeits- als auch die Sachleistung zur Herbeiführung des vertraglich garantierten Erfolges unmittelbar in bedeutendem Maße notwendig sind. Im Hinblick auf die Vermeidung von Umsetzungsdefiziten ist zu erwägen, auf den in Lee v. Griffin entwickelten Ansatz zurückzugreifen, der in den von der Richtlinie umfassten Fällen regelmäßig die Kaufvertragsregelungen zur Anwendung kommen lassen würde.[246]
Die Richtlinie kennt, wie einleitend bereits dargestellt, keine entsprechenden Differenzierungen. Sie zieht Verträge gem. Art. 1 Abs. 4 RL unabhängig vom Schwerpunkt des Vertrages in den Anwendungsbereich, solange der Verkäufer dem Käufer ein hergestelltes Verbrauchsgut liefert. Es ist damit nicht auszuschließen, dass auch „contracts for work and materials" in den Anwendungsbereich der Richtlinie fallen. Im Hinblick auf eine hinreichende Umsetzung bestehen diesbezüglich aber weitgehende Bedenken.[247]

c) Zusammenfassung

Aufgrund der vom Kaufvertragsverständnis der Richtlinie abweichenden Systematik des englischen Rechts war es nicht möglich, die durch die Sale and Supply of Goods to Consumers Regulations 2002 bewirkten Gesetzesänderungen auf den SGA zu beschränken. Um dem erweiterten Kaufvertragsverständnis der Richtlinie Rechnung zu tragen, wurden parallele Änderungen in dem Teil des Supply of Goods and Services Act 1982 vorgenommen, der die „contracts for work and materials" betrifft. Vor einem anderen Hintergrund sind hingegen die weiteren durch die Sale and Supply of Goods to Consumers Regulations 2002 bewirkten Veränderungen des Supply of Goods (Implied Terms) Act 1973 und der Vorschriften des Supply of Goods and Services Act 1982 zum Mietvertrag zu sehen. Diesen liegt ausschließlich das Bestreben nach der Beibehaltung bestehender Parallelitäten zugrunde. Sie beschränken sich auf Ergänzung der stillschweigenden Vertragsbedingungen, während eine Umsetzung der Rechtsbehelfe des Verbrauchers unterblieb.

---

einen Trend, bei Lieferung eines hergestellten Produktes einen Kaufvertrag anzunehmen, ohne dass dies jedoch zwingend wäre. Die entwickelten Grundsätze der Rechtsprechung finden auch weiterhin Anwendung.

245 Siehe z.B. Dodds & Dodds v Wilson & McWilliams [1946] 2 All ER 691.

246 Bradgate/Twigg-Flesner, Consumer Guarantees, S. 77.

247 Vgl. die Ausführungen in Teil E, I., 3. dieser Arbeit.

2. Die Richtlinienumsetzung in Bezug auf den Vertragsgegenstand

a) Der Ansatz der Richtlinie

Der von der Richtlinie gewählte zentrale Begriff des Verbrauchsgüterkaufs macht deutlich, dass der Regelungsbereich nicht nur im Hinblick auf den Vertragstyp, sondern auch in Bezug auf den Vertragsgegenstand beschränkt ist. Die Berücksichtigung der Richtlinienvorgaben ist nur dann erforderlich, wenn es sich bei dem Vertragsgegenstand um ein Verbrauchsgut im Sinne der Legaldefinition des Art. 1 Abs. 2 lit. b RL handelt. Entgegen der Begriffsbezeichnung enthält diese keine verbraucherspezifische Einschränkung im Hinblick auf die Nutzung des möglichen Vertragsobjekts.[248] Stattdessen umfasst sie alle beweglichen körperlichen Gegenstände, soweit sie nicht unter die in Art. 1 Abs. 2 lit. b RL aufgeführten Ausnahmen fallen.[249] Damit geht die Richtlinie wesentlich weiter als noch der ursprüngliche Entwurf, der den Begriff des Verbrauchsguts dahingehend einschränkte, dass nur „jedes in der Regel für den Letztverbrauch oder zur Letztverwendung bestimmte Erzeugnis" umfasst sein sollte.[250] Zudem ist auch die Beschränkung auf neue und haltbare Sachen, wie sie im Grünbuch vorgenommen wurde, entfallen.[251] Eingeschränkt wird der Anwendungsbereich hingegen durch die in die Definition aufgenommenen Ausnahmetatbestände, deren Übernahme in das nationale Recht aufgrund der Mindestschutzklausel des Art. 8 Abs. 2 RL für die Mitgliedsstaaten allerdings nicht bindend ist. Gegenstand der Ausnahmeregelung sind zunächst solche Güter, die aufgrund von Zwangsvollstreckungen oder anderen gerichtlichen Maßnahmen verkauft worden sind. Anknüpfungspunkt ist daher nicht die Art des Verbrauchsguts, sondern die Art und Weise des Verkaufs. Anderes gilt für die unter Spiegelstrich 2 und 3 des Art. 1 Abs. 2 lit. b RL aufgeführten Sachen: Sowohl Wasser und Gas, soweit es nicht in einem begrenzten Volumen oder in einer bestimmten Menge abge-

---

[248] Entgegen Krummel/D'Sa, E.L.Rev. 2001, S. 315, die auf einen Willen zum privaten Verbrauch abstellen, soweit die Sache nicht typischerweise ein „Verbraucherprodukt" darstellt.

[249] Die Einschränkung des Anwendungsbereichs der Richtlinie wird somit nicht über den Begriff des Verbrauchsguts, sondern über den persönlichen Anwendungsbereich mittels des „Verbrauchers" herbeigeführt. Siehe dazu weiter unten.

[250] Abl. C 307 vom 16.10.1996 KOM 95, 529 endg.. Zu dieser Einschränkung siehe Vorsmann, Mängelhaftung, S. 25, der die Effektivität einer entsprechenden Einschränkung bezweifelt, da auch eine für die Produktion bestimmte Maschine in der entsprechenden Verwendung ihre Letztverwendung findet.

[251] Siehe Grünbuch, S. 109. Die Kommission hat diesen Ansatz nicht in den Richtlinienvorschlag übernommen, da das Kriterium der Haltbarkeit zu unbestimmt und die Beschränkung auf neue Güter in den meisten Mitgliedsstaaten nicht vorgenommen wird, siehe Explanatory Memorandum, Abschnitt III. Zudem bemängelte das Europäische Parlament, dass die von der Richtlinie adressierten Probleme des Verbrauchsgüterkaufs auch beim Erwerb gebrauchter oder nur kurzlebiger Waren auftreten, siehe Entschließung des Europäischen Parlaments zum Grünbuch, Erwägung J, ABl. C 205/563 vom 25.7. 1994.

füllt ist, als auch Strom werden vom Anwendungsbereich der Richtlinie ausgenommen. Der Bezug zu Wasser und Gas ist dahingehend auszulegen, dass alle flüssigen und gasförmigen Stoffe, die nicht zum Verkauf eine räumliche Abgrenzung erfahren haben, von der Wirkung der Richtlinie ausgeschlossen sein sollen.[252] Neben den genannten Ausnahmen enthält Art. 1 Abs. 3 RL zudem die Möglichkeit, gebrauchte Güter von den Umsetzungsvorschriften auszunehmen, wenn sie in einer öffentlichen Versteigerung verkauft werden, bei der die Verbraucher die Möglichkeit haben, dem Verkauf persönlich beizuwohnen.[253] Damit soll den besonderen Bedürfnissen des Kunsthandels Rechnung getragen werden.[254]
Insgesamt ist festzuhalten, dass die vorgenommenen Einschränkungen den Regelungsbereich der Richtlinie nur wenig eingrenzen und in der Praxis des Verbrauchergeschäfts nur eine untergeordnete Rolle spielen. Die Regelungen der Verbrauchsgüterkaufrichtlinie haben somit einen weiten sachlichen Anwendungsbereich. Damit verbleibt als bedeutendstes Kriterium, dass es sich bei der Sache um einen beweglichen körperlichen Gegenstand handeln muss. Zur Bestimmung dieses Terminus ist eine vom nationalen Recht gelöste Auslegung in seinem gemeinschaftsrechtlichen Kontext notwendig.[255] Aufgrund der gewählten Terminologie ist davon auszugehen, dass durch die Bezugnahme auf einen Gegenstand der Kauf von Grundstücken als unbeweglicher Sache sowie von Forderungen und Immaterialgütern ausgeschlossen sein soll.[256] Die Weite der gewählten Definition lässt daneben den Schluss zu, dass die Einordnung eines Gegenstandes unabhängig davon erfolgen soll, ob er lang- oder kurzlebig oder vertretbar ist.[257]

b) Das „Verbrauchsgut“-Verständnis im englischen Recht und die Berücksichtigung von Spezialfällen

Der sachliche Anwendungsbereich der von der Umsetzung in England betroffenen Gesetze wurde hinsichtlich des Vertragsobjekts nicht durch die Sale and

---

[252] Lehmann, JZ 2000, S. 282.

[253] Zu beachten ist, dass der Wortlaut der englischen Richtlinienfassung lediglich von „second-hand“-Gütern spricht. Dieser Begriff darf nicht so ausgelegt werden, dass er nicht nur gebrauchte, sondern auch neue Waren umfasst, die lediglich nicht vom ursprünglichen Hersteller oder Erstverkäufer stammen.

[254] Höffe, Verbrauchsgüterkaufrichtlinie, S. 13.

[255] Jorden, Verbrauchergarantien, S. 27f.: „Rechtsprechung des EuGH bleibt abzuwarten“; Serrano, Art. 1 Rn. 28 (Fn. 1); aA Höffe, Verbrauchsgüterkaufrichtlinie, S. 11, die die Ausfüllung der Begrifflichkeit dem nationalen Recht vorbehalten möchte.

[256] Vorsmann, Mängelhaftung, S. 27; Serrano, Art. 1, Rn. 30; Hänlein, DB 1999, 1641, S. 1642.

[257] Serrano, Art. 1. Rn. 28 f.; Staudenmayer, in: Europäisches Kaufgewährleistungsrecht, S. 32.

Supply of Goods to Consumers Regulations 2002 geändert. Ausschlaggebend bleibt somit weiterhin das bereits vor der Umsetzung zugrunde gelegte Verständnis, wie es sich aus der Legaldefinition der s61 (1) SGA und seiner korrespondierenden Vorschrift in s 18 (1) Supply of Goods and Services Act 1982 ergibt. In Übereinstimmung mit der Richtlinie kennt das englische Recht keine Einschränkung im Hinblick auf einen privaten Verwendungszweck des Vertragsgegenstands. Lediglich im Rahmen der Bestimmung des Verbraucherbegriffs nach s12 UCTA war es früher erforderlich, dass die überlassene Ware gewöhnlicherweise zum privaten Ge- bzw. Verbrauch bestimmt war. Diese Einschränkung wurde durch die Umsetzungsvorschriften im Hinblick auf natürliche Personen als Käufer aufgehoben und entfaltet somit im unmittelbaren Anwendungsbereich der Richtlinie keine weitere Relevanz. Nach der gesetzlichen Regelung umfasst der Begriff der Ware „insbesondere" alle beweglichen und körperlichen Sachen („personal chattel")[258] mit Ausnahme der „choses in action", d.h. Forderungen und Immaterialgüter.[259] Nicht in den Anwendungsbereich fallen auch Grundstücke und Immobilien, wobei hingegen bewegliche Sachen umfasst sind, die fest mit einem Gebäude oder Grundstück verbunden sind, von diesem aber bei oder nach Vertragsschluss getrennt werden können.[260] Zwar hat der Gesetzgeber mit den genannten Vorschriften den Begriff der Ware konkretisiert, doch legen diese nur fest, was dieser „insbesondere" umfasst, ohne eine abschließende Regelung zu treffen. Aus der Perspektive der Richtlinie hat dies jedoch keine großen Auswirkungen, da in jedem Fall alle beweglichen und körperlichen Gegenstände umfasst sind.

Die von der Richtlinie genannten Ausnahmetatbestände finden sich hingegen nicht umfassend im englischen Recht wieder. Im Hinblick auf Strom ist die Anwendbarkeit der Vorschriften des SGA bisher nicht richterlich entschieden wor-

---

[258] Gemäß den Definitionen der s61 (1) SGA und der s18 (1) Supply of Goods and Services Act 1982 umfasst der Begriff der Ware alle „personal chattels other than things in action and money, ...; and in particular "goods" includes emblements, industrial growing crops and things attached to or forming part of the land which are agreed to be severed before sale or under a contract of sale, and includes an undivided share in goods". Abzugrenzen ist insbesonderer von „real chattels", die Herrschaftsrechte an Grundstücken von bestimmter Dauer darstellen (insb. leasehold), siehe Benjamin/Sealy, 1-079.

[259] Ein ausdrücklicher Ausschluss der "things in action" war erforderlich, da diese eine Untergruppe der „personal chattels" darstellen. Umfasst von der Vorschrift sind somit nur „things in possession". Dazu Halsbury, Laws of England, Vol. 35, § 1205: „Choses or things in possession include all things which are at once tangible, movable and visible, and of which possession can be taken, for example animals, money, ... and everything else that can be properly put in motion and transferred from place to place." Daraus geht insbesonderer hervor, dass der SGA auch auf Tiere Anwendung findet, zumindest solange es sich nicht um wilde Tiere handelt.

[260] Es handelt sich dabei um sog. „fixtures", siehe Benjamin/Sealy, Rn.1-095; dies geht auch aus der ausdrücklichen Erwähnung in s 61 SGA hervor.

den. Aufgrund der Einordnung als Sache im Rahmen anderer Gesetze scheint eine Anwendung jedoch zumindest möglich.[261] Das Gleiche gilt auch für die Regelung von, allerdings nicht fließendem, Wasser und Gas.[262] Nicht geregelt ist schließlich auch die Anwendbarkeit der Vorschriften des SGA auf die Veräußerung von Verbrauchsgütern im Wege der Zwangsvollstreckung. Die Anwendbarkeit wird mit Blick auf eine fehlende, jedoch für die Anwendbarkeit des Warenkaufgesetzes notwendige, „consensual transaction" verneint.[263] Schließlich ist es auch ohne Bedeutung, ob es sich bei dem Kaufgegenstand um eine neue oder gebrauchte Sache handelt.[264] Die durch Art. 1 Abs. 3 RL ermöglichte Beschränkung des Sachbegriffs im Hinblick auf die öffentliche Versteigerung von Gütern wurde nicht in den SGA bzw. den Supply of Goods and Services Act 1982 aufgenommen. Stattdessen erfolgte die Berücksichtigung dieser auf ausdrücklichen Wunsch Großbritanniens erfolgten Einschränkung im Rahmen des Verbraucherbegriffs der s12 (2) UCTA.[265]

Aus den gemachten Ausführungen ergibt sich, dass die der Umsetzung der Richtlinie dienenden Vorschriften des englischen Rechts im Hinblick auf den Kaufgegenstand selbst bei einer extensiven Auslegung den Richtlinienerfordernissen Rechnung tragen werden. Problematisch sowohl aus Perspektive der Richtlinie als auch aus dem Blickwinkel des englischen Rechts scheint lediglich die Einordnung von Computerprogrammen. Die Schwierigkeiten ergeben sich aus der Natur der Software, aber auch aus den vielfältigen vertraglichen Gestaltungsmöglichkeiten. Anknüpfungspunkt sowohl nach der Richtlinie als auch nach englischem Recht bildet die Körperlichkeit. Die Software an sich stellt jedoch keinen körperlichen Gegenstand, sondern vielmehr eine Reihe von Befehlen dar, die ohne Existenz eines physisches Mediums selbst nicht existieren könnte.[266] Erst in Verbindung mit einem Speichermedium ist es möglich, von einem körperlichen Gegenstand zu sprechen. Entsprechend wurde auch in St Albans City and District Council v. International Computers Ltd[267] geregelt, dass ein Computerprogramm dann eine Sache im Sinne des SGA bzw. des Supply of Goods and Services Act 1982 darstellt, wenn eine entsprechende „Verkörperung" dadurch stattgefunden hat, dass mit dem Programm eine Diskette, eine Festplatte oder ein anderes Medium verkauft bzw. vermietet worden

---

[261] Bentley Bros. v Metcalfe & Co. [1906] 2 K.B. 548, S. 552 f.; British Electric Traction Co. v I.R.C. [1902] 1 K.B. 441. Für weitere Nachweise siehe Benjamin/Sealy, Rn. 1-085 Fn. 39.

[262] Zu Wasser siehe: Hamilton v Papakura District Council [2000] 1 N.Z.L.R. 265; zu Gas: Marleau v People's Gas Supply Co. [1940] 4 D.L.R. 433.

[263] Watterson, ERPL 2001, 197 ff, S. 201 mit Verweis auf Benjamin/Sealy, Rn. 1-067 ff.

[264] S 57 SGA hat den Auktionsverkauf zum Gegenstand.

[265] Siehe dazu den nächsten Abschnitt zum persönlichen Regelungsbereich der Regulations 2002.

[266] [1997] F.S.R. 251, S. 264: "The program itself is an algorithm or formula. It is of necessity contained in a physical medium".

[267] [1997] F.S.R. 251.

ist.[268] In allen anderen Fällen, also insbesondere, wenn der Erwerb der Software über das Internet erfolgt oder die Installation durch den Händler vorgenommen wird, ist eine Anwendung nicht möglich.[269] Um dennoch eine Haftung des Vertragspartners für die Qualität der Software zu erreichen, wird auf die allgemeinen Regeln des Common Law zurückgegriffen, die ebenfalls eine Haftung aufgrund von „implied terms" ermöglichen.[270] Der gerade im Hinblick auf die Umsetzungspflicht wesentliche Unterschied besteht darin, dass diese stillschweigenden Vertragsbedingungen nicht aufgrund gesetzlicher Regelungen erfolgen und folglich nicht die gemeinschaftsrechtlichen Anforderungen an Klarheit und Transparenz erfüllen. Aus den Formulierungen der Richtlinie geht nicht eindeutig hervor, ob bzw. in welcher Form Software von den Regelungen umfasst ist. Auch hier muss jedoch aus der Bezugnahme auf eine körperliche Sache gefolgert werden, dass der Bezug eines Computerprogramms ohne entsprechende Verkörperung in einem Speichermedium nicht von der Richtlinie geregelt ist.[271] Der in der Praxis an Bedeutung gewinnende Bezug von Standardsoftware über

---

[268] [1997] F.S.R. 251, S. 266: "If the disc is sold or hired by the computer manufacturer, but the program is defective, in my opinion there would prima facie be a breach of the terms as to quality and fitness for purpose implied by the Sale of Goods Act or the Act of 1982." Durch die gewählte Formulierung werden wiederum auch die Abgrenzungsschwierigkeiten zwischen den Vorschriften des Sale of Goods Acts 1979 und dem Supply of Goods and Services Act 1982 deutlich: Insbesondere bei für einer speziell für den Abnehmer entwickelten Software stellt sich die Frage, ob das Geschäft einen Kauf oder einen sonstigen "transfer of property"-Vertrag darstellt. Die entsprechenden Konsequenzen wurden bereits deutlich gemacht.

[269] Dieses Vorgehen wird im Schrifttum kritisiert, weil die Charakterisierung des Vertrages nicht von der Art und Weise der Übermittlung, sondern vom eigentlichen Vertragsgegenstand abhängen soll. Siehe "Sale of software as a sale of goods", ohne Verfasser, in: The Buyer, Sept. 2001 (zu finden im Internet bei LexisNexis).

[270] [1997] F.S.R. 251, S. 266: „As I have already said, the program itself is not "goods" within the statutory definition. ... It follows that in such circumstances there is no statutory implication of terms as to quality or fitness for purpose. Would the contract then contain no such implied term? The answer must be sought in the Common Law.... In my judgment a contract for the transfer into a computer of a program intended by both parties to instruct or enable the computer to achieve specified functions is one to which Lord Pearson's words apply. In the absence of any express term as to quality or fitness for purpose, or of any term to the contrary, such a contract is subject to an implied term that the program will be reasonably fit for, *i.e.* reasonably capable of achieving the intended purpose." Die mit diesem Ansatz verbundenen Unsicherheiten für den elektronischen Handel werden bedauert, siehe Morton, C.T.L.R. 1996, S. 244. Der gerade im Hinblick auf die Umsetzungspflicht wesentliche Unterschied besteht darin, dass diese stillschweigenden Vertragsbedingungen nicht von Gesetzes wegen, sondern aufgrund einer Vertragsauslegung erfolgen und folglich nicht die von der Europäischen Gemeinschaft gestellten Anforderungen an Klarheit und Transparenz erfüllen würden.

[271] Vorsmann, Mängelhaftung, S. 28, greift auf Art. 1 Abs. 2 lit. b Spiegelstrich 2, um auf Datenträgern verkörperte und daher „in bestimmter Menge abgefüllte" Softwaredaten zu umfassen. Ansonsten will er die Einordnung der nationalen Rechtspraxis vorbehalten. Eindeutig auch Serrano, Art. 1, Rn. 33.

das Internet wird somit, anders als die Besorgung in einem Ladengeschäft, nicht von den Umsetzungsvorschriften umfasst. Sollte dieses Verständnis mit der Auslegung durch den Europäischen Gerichtshofs übereinstimmen, wird der Umsetzungsverpflichtung im Hinblick auf den Vertragsgegenstand durch die Vorschriften des SGA und des Supply of Goods and Services Act 1982 Rechnung getragen.

IV. Der persönliche Regelungsbereich der Sale and Supply of Goods to Consumers Regulations 2002

Die Erörterung des sachlichen Anwendungsbereichs hat gezeigt, dass die Beschränkung auf Verbrauchsgüter entgegen ihrem Wortlaut keine verbraucherspezifischen Restriktionen bewirkt und folglich aufgrund der Weite der Definition keine, insbesondere für das englische Recht nennenswerte Restriktion des Anwendungsbereichs der Richtlinie erfolgt ist. Die zur Einhaltung des Subsidiaritätsprinzips notwendige Begrenzung muss somit im Rahmen des persönlichen Anwendungsbereichs erfolgen. Die Richtlinie nimmt dabei eine doppelte Beschränkung vor. Im Vordergrund steht die Einschränkung, dass es sich bei dem Käufer um einen Verbraucher handeln muss. Sowohl die Erwägungsgründe der Richtlinie als auch die einzelnen Vorschriften machen eine entsprechende Einschränkung deutlich.[272] Die Vertragsgegenseite wird hingegen durch den allgemeinen Begriff des Verkäufers beschrieben. Erst aus der Legaldefinition des Art. 1 Abs. 2 lit. c RL folgen diesbezüglich Einschränkungen. Insgesamt ergibt sich aus den Richtlinienvorschriften, dass nur solche Kaufverträge von der Richtlinie geregelt sind, die zwischen einem Verbraucher als Käufer und einem Unternehmer als Verkäufer geschlossen werden. Nicht umfasst ist hingegen die umgekehrte Konstellation, in der der Verbraucher als Verkäufer auftritt. Zudem sind sowohl reine Privatgeschäfte[273] als auch Kaufverträge zwischen Gewerbetreibenden, mit der Einschränkung der Regressregelung des Art. 4 RL, von den Regelungen der Richtlinie ausgenommen. Im Hinblick auf die „kommerziellen" Garantien sieht Art. 6 RL keine ausdrückliche Beschränkung im Hinblick auf die Person des Garantiegebers vor. Diese folgt erst aus der Definition der Garantie selbst, die im Sinne der Richtlinie nur vorliegt, wenn sie von einem Verkäufer (wiederum im Sinne des Art. 1 Abs. 2 lit. c RL) oder von einem Hersteller abgegeben wird. Unter Hersteller fällt dabei nicht nur derjenige, der das Verbrauchsgut oder ein Teilprodukt hergestellt hat, sondern auch der Importeur

[272] Vgl. insbesondere Art. 2 und 3 RL sowie Erwägungsgrund 4.

[273] Diese Einschränkung wurde teilweise kritisiert, da auch in einer solchen Situation der Verbraucher durch Unerfahrenheit gekennzeichnet ist. Da es sich jedoch dabei nicht um ein Massengeschäft der Richtlinie handelt, ist eine Regelung diesbezüglich zu Recht unterschieden.

oder jede andere Person, die sich durch Anbringen von Namen, Marke oder Kennzeichen als Hersteller bezeichnet.

1. Der Verkäuferbegriff der Richtlinie und sein Äquivalent im englischen Recht

Der persönliche Anwendungsbereich der Richtlinie wird insbesondere durch den Begriff des Verbrauchers bestimmt. Dessen Bestimmung erfolgt im englischen Recht in Abhängigkeit von dem Begriff des Verkäufers. Aus diesem Grunde soll letzterer Begriff zunächst dargestellt werden. In der Richtlinie ist er durch die Legaldefinition des Art. 1 Abs. 2 lit. c RL geregelt. Umfasst sind demnach natürliche oder juristische Personen, die auf Grund eines Vertrages Waren im Rahmen ihres Gewerbes bzw. Berufes verkaufen. Die englische Fassung der Richtlinie entspricht in ihrer Übersetzung dem deutschen Wortlaut[274], unterscheidet sich jedoch im Gegensatz zur deutschen Definition von den englischen Fassungen früherer Verbraucherschutzrichtlinien.[275] Nach der Formulierung der Richtlinie zu den missbräuchlichen Klauseln in Verbraucherverträgen war nicht darauf abzustellen, dass die Tätigkeit des Gewerbetreibenden „im Rahmen der beruflichen oder gewerblichen Tätigkeit“ erfolgte, sondern dass der Verkäufer „zu Zwecken handelte, die in Verbindung zu seinem Gewerbe stehen“.[276] Nach der Fernabsatzrichtlinie kam es darauf an, dass er „in seiner gewerblichen oder beruflichen Eigenschaft tätig geworden ist“.[277] Unklar ist, ob der europäische Richtliniengeber mit der Formulierungsänderung vom früheren Verkäuferbegriff abweichen wollte. Dagegen spricht jedoch, dass ein entsprechendes Begehren weder im Gesetzgebungsprozess thematisiert wurde, noch dass, wie erwähnt, sich eine Definitionsänderung in der deutschen Fassung wiederfindet.
Auch das Warenkaufgesetz knüpft an den Begriff des Verkäufers („seller“) an, ohne ihn gesetzlich zu definieren.[278] Folglich ist Verkäufer jeder, der sich gem.

---

[274] Vgl. Art 1 Abs. 2 lit. c RL: ... “seller: shall mean any natural or legal person who, under a contract, sells consumer goods in the course of his trade, business or profession.”

[275] Zwar weisen auch die deutschen Fassungen leichte Wortlautvarianzen auf, allerdings blieb das entscheidende Kriterium, nämlich das Handeln im Rahmen der beruflichen oder gewerblichen Tätigkeit, stets unangetastet.

[276] Vgl. Art. 2 der genannten Richtlinie: “For the purposes of this Directive: ... (c) 'seller or supplier' means any natural or legal person who, in contracts covered by this Directive, is acting for purposes relating to his trade, business or profession, whether publicly owned or privately owned.”

[277] Vgl. Art. 2 Nr. 3 der genannten Richtlinie: “For the purposes of this Directive: ... (3) “supplier” means any natural or legal person who, in contracts covered by this Directive, is acting in his commercial or professional capacity”.

[278] Anders als der SGA enthält der Supply of Goods and Services Act 1982 in s18 (1) SGA eine Legaldefinition für den das Eigentum Abgebenden („transferor“), wobei sich allerdings auch aus dieser keine über das normale Verständnis hinausgehende Einschränkung ergibt. Im Übrigen gilt das zum Warenkaufgesetz Gesagte. Der Lieferant haftet nur für die zufrieden

s2 (1) SGA vertraglich verpflichtet, einen Gegenstand gegen ein Entgelt zu übereignen. Eine sonstige Einschränkung des Anwendungsbereichs findet auf allgemeiner Ebene nicht statt. Dies entspricht dem weiten Anwendungsbereich des Warenkaufgesetzes, das in seiner Regelungswirkung grundsätzlich nicht danach differenziert, ob es sich um einen gewerblichen oder privaten Verkäufer handelt. Allerdings bestehen sowohl hinsichtlich der stillschweigenden Vertragsbedingungen als auch in Bezug auf vertragliche Haftungsbeschränkungen bzw. -ausschlüsse zwei bedeutsame Ausnahmen. Die diesbezüglichen Vorschriften gelangen jeweils nur dann zur Anwendung, wenn der Verkäufer - entsprechend der Formulierung der Richtlinie - im Rahmen eines Geschäftsbetriebes („selling in the course of a business") handelt.
Hinsichtlich der stillschweigenden Vertragsbedingungen der ss13-15 SGA erfolgt eine entsprechende Beschränkung bei s14 (2) und (3) SGA. Eine gesetzliche Haftung des Verkäufers für die zufriedenstellende Qualität sowie die Eignung der Ware für einen vom Käufer mitgeteilten Zweck kommt nur in Betracht, soweit er im Rahmen eines Geschäftsbetriebes verkauft. Die Haftung dafür, dass die Ware mit ihrer Beschreibung und/oder mit einem Muster bzw. einer Probe übereinstimmt, trifft hingegen jeden Verkäufer unabhängig von einer gewerblichen Tätigkeit. Das englische Recht geht diesbezüglich somit in jedem Fall über die Vorgaben der Richtlinie hinaus. Da jedoch insbesondere s14 SGA eine entscheidende Rolle bei der Erfüllung der Umsetzungsverpflichtung spielt, ist die Frage, wann konkret der Verkäufer nach den in der Rechtsprechung festgelegten Kriterien im Rahmen eines Geschäftsbetriebes handelt, von entscheidender Bedeutung. Das Gesetz selbst gibt diesbezüglich keine abschließende Erklärung. Die Legaldefinition der s61 (1) SGA legt lediglich fest, dass der Begriff des Geschäftsbetriebes („business") auch die berufliche Tätigkeit („profession") umfasst. Die weitere Konkretisierung erfolgte ausschließlich durch die Rechtsprechung. Der Court of Appeal hat in Stevenson v. Rogers[279] entschieden, dass die Formulierung im Rahmen der s14 SGA käuferschützend weit auszulegen ist.[280] Jegliches Handeln, das im Zusammenhang mit der gewerblichen Tätigkeit einer Person steht, soll ein Handeln im Rahmen des Geschäftsbetriebes darstellen. Diese Rechtsprechung wich damit von anders lautenden Entscheidungen ab, die zu gleichlautenden Formulierungen in anderen Gesetzen ergangen waren. Nach diesen liegt ein Handeln im Rahmen eines Geschäftsbetriebes nur dann vor, wenn der Kauf entweder einen wesentlichen Teil des Gewerbes darstellt oder aber, wenn er im Hinblick auf das Gewerbe nur nebensächlich sein

---

stellende Qualität und die Eignung für einen mitgeteilten Zweck, wenn er im Rahmen eines Gewerbes handelt. Dabei ist das gleiche Verständnis wie bei s14 SGA zugrunde zu legen.

[279] [1999] 1 All ER 613.

[280] Bradgate/Twigg-Flesner, Consumer Guarantees, S. 28; Ervine, J.B.L. 2004, S. 685.

sollte, ein hinreichender Grad an Regelmäßigkeit festzustellen ist.[281] Aus der Perspektive der Richtlinie ist die großzügige Auslegung bei s14 (2) SGA positiv zu bewerten, da sie in jedem Fall der Umsetzungsverpflichtung Rechnung trägt. Zugleich stellt sie einen weiteren Schritt auf dem Weg vom „Caveat Emptor"-zum „Caveat Venditur"-Prinzip dar.[282]
Relevanz entfaltet der Verkäuferbegriff ebenfalls im Zusammenhang mit der Möglichkeit des Verkäufers, die Haftung für die Vertragswidrigkeit zu beschränken oder gar auszuschließen. Dies ist neben anderen Voraussetzungen dann nicht zulässig, wenn auf Käuferseite ein Verbraucher tätig wird. Einer der für die Bestimmung der Verbrauchereigenschaft heranzuziehenden Faktoren ist dabei, dass der Verkäufer im Rahmen eines Geschäftsbetriebes gehandelt hat. Aufgrund der engen Verbindung zum Verbraucherbegriff soll diese Problematik im Folgenden erörtert werden.

2. Der Verbraucherbegriff der Richtlinie und sein Äquivalent im englischen Recht

a) Der Verbraucherbegriff nach Art. 1 Abs. 2 lit. a RL

Der Begriff des Verbrauchers wird in Art. 1 Abs. 2 lit. a RL als „jede natürliche Person" legaldefiniert, „die im Rahmen der unter diese Richtlinie fallenden Verträge zu einem Zweck handelt, der nicht ihrer beruflichen oder gewerblichen Tätigkeit zugerechnet werden kann".[283] Damit stimmt die Definition mit denen der bisherigen Verbraucherschutzrichtlinien überein.[284] Noch im Richtlinienvor-

---

[281] Siehe Davies v Sumner, [1984] 3 All ER 831, S. in bezug auf s 1(1) des Trade Descriptions Act 1968. Auf dieses Urteil Bezug nehmend, jedoch selbst zu s12 UCTA: R & B Customs Brokers Co Ltd v United Dominions Trust Ltd, [1988] 1 All ER 847 "there are some transactions which are clearly integral parts of the businesses concerned, and these should be held to have been carried out in the course of those businesses; this would cover, apart from much else, the instance of a one-off adventure in the nature of trade where the transaction itself would constitute a trade or business. There are other transactions, however, such as the purchase of the car in the present case, which are at the highest only incidental to the carrying on of the relevant business; here a degree of regularity is required before it can be said that they are an integral part of the business carried on and so entered into in the course of that business".

[282] De Lacy, M.L.R. 1999, S. 776 ff.

[283] Kritisch zu Beschränkung auf natürliche Personen: AnwKommentar/Pfeiffer, Art. 1 Rn. 20, der diese als verfehlt betrachtet. So aber in einem Urteil des Europäischen Gerichtshofs zur Richtlinie zu den missbräuchlichen Klauseln: Urteil des Gerichtshofes (Dritte Kammer) vom 22. November 2001: Cape Snc gegen Idealservice Srl (C-541/99) und Idealservice MN RE Sas gegen OMAI Srl (C-542/99).

[284] Siehe Fernabsatzrichtlinie Amtsblatt Nr. L 144 vom 04/06/1997 S. 0019 - 0027 ; Haustürwiderrufsrichtlinie Amtsblatt Nr. L 372 vom 31/12/1985 S. 0031 – 0033; Klauselrichtlinie Amtsblatt Nr. L 095 vom 21/04/1993 S. 0029 – 0034. Die terminlogischen Änderungen tragen lediglich dem Regelungsgehalt der Richtlinien Rechnung, ohne den homogenen Begriffs-

schlag fand sich hingegen eine abweichende Formulierung. Der Verbraucherbegriff sollte alle Personen umfassen, deren Geschäfte „nicht unmittelbar ihrer beruflichen Tätigkeit zugerechnet werden können".[285] Der Anwendungsbereich der Richtlinie wäre dadurch in erheblicher Weise erweitert worden. Gleichzeitig jedoch wäre den Mitgliedsstaaten aufgrund der unterschiedlichen Definitionen innerhalb der verschiedenen Verbraucherschutzrichtlinien eine Integration in die bestehende Verbraucherschutzsystematik erschwert worden, da mit neuen Abgrenzungsschwierigkeiten hätte gerechnet werden müssen.[286] Für den Anwendungsbereich der endgültigen Richtlinienfassung bedeutet dies, dass ein Käufer nur dann als Verbraucher eingeordnet werden kann, wenn er grundsätzlich weder direkt noch indirekt für Zwecke handelt, die mit seiner kommerziellen oder beruflichen Tätigkeit zu tun haben.[287] Dies soll nach der Rechtsprechung des Europäischen Gerichtshofs zu anderen Verbraucherschutzrichtlinien dann der Fall sein, wenn eine Einzelperson einen Vertrag zur Deckung ihres Eigenbedarfs beim privaten Verbrauch schließt.[288] Gegen eine Übertragung der Auslegung anderer Verbraucherschutzrichtlinien könnte allerdings sprechen, dass die englische Fassung der Richtlinie zwar eine dem deutschen Wortlaut parallele Definition des Verbrauchers („any natural person ... acting for purposes which are not related to his trade, business or profession") enthält, sich jedoch in der englischen Fassung die gewählte Terminologie - wie beim Verkäuferbegriff - von dem bisher in Verbraucherschutzrichtlinien verwendetem Wortlaut unterscheidet.[289] Dieser stellte nicht auf das Kriterium der Zurechenbarkeit ab, sondern fragte, ob die Person zu Zwecken handelt, die außerhalb ihres Berufs oder Gewerbes liegen. Aus der vorgenommenen Änderung wurde teilweise die Schlussfolgerung gezogen, dass der Definition der Verbrauchsgüterkaufrichtlinie ein engeres Verbraucherverständnis zugrunde gelegt werden soll.[290] Eine solche Ar-

kern in Frage zu stellen. Serrano, Art. 1, Rn. 55 folgert aus der parallelen Formulierung, dass auch bei der Auslegung der Terminologie und bei Abgrenzungsschwierigkeiten auf die Erfahrungen mit den vergleichbaren Richtlinien zurückgegriffen werden kann. Die richtlinienspezifischen Besonderheiten sind allerdings zu berücksichtigen.

285 Art. 1 Abs. 2 lit. a des geänderten Vorschlags, KOM(1998) 217 endg.

286 Staudenmayer, NJW 1999, S. 2393. Vgl. dazu aber die oben dargestellten Abweichungen im Hinblick auf die Legaldefinition des Verkäufers in den englischen Fassungen der Verbraucherschutzrichtlinien.

287 Serrano, Art. 1, Rn. 55. Zu den Fällen einer gemischt privaten/gewerblichen Nutzung siehe sogleich.

288 Zur Haustürwiderrufsrichtlinie siehe: EuGH, Rs. C-361/89, Di Pinto, Slg. 1991, I-1189, Rn. 16.

289 Vgl. Art. 2 lit. b der Klauselrichtlinie: „'consumer' means any natural person who, in contracts covered by this Directive, is acting for purposes which are outside his trade, business or profession." Der gleiche Wortlaut findet sich in Art. 2 (2) der Fernabsatzrichtlinie.

290 Position des DTI, 1. Konsultation 2001, Part 4, zu Artikel 1; 2. Konsultation, Part 2 Rn. 2; siehe auch Bradgate/Twigg-Flesner, Consumer Guarantees, S. 20.

gumentation mag darauf basieren, dass bei einer deckungsgleichen Bedeutung keine Änderung des Wortlauts notwendig gewesen wäre und der europäische Gesetzgeber an der bereits bewährten englischen Definition, die zudem wortgetreu aufgrund von Umsetzungsmaßnahmen in verschiedene englische Gesetze übernommen wurde, hätte festhalten können. Die Wahl einer geänderten Terminologie spricht daher dafür, dass der europäische Gesetzgeber auch eine inhaltliche Änderung zum Ausdruck bringen wollte. Der Wortlaut selbst ist allerdings nicht eindeutig. Der Bezug zu einem Zweck, der außerhalb der gewerblichen Tätigkeit liegt, lässt offen, ob damit eine außerhalb des „Kerngeschäfts" oder außerhalb jeglicher mit dem Gewerbe in Zusammenhang stehende Tätigkeit ausgeschlossen sein soll. Eine entsprechende Unsicherheit wurde bereits im Hinblick auf das Zurechenbarkeitskriterium ausgemacht. Auch hier stellt sich die Frage, ob der Zweck lediglich nicht dem charakteristischen Gewerbetreiben des Käufers zugerechnet werden darf. Insoweit sind beide Ausdrucksweisen gleich zu verstehen. Gegen die Änderung des Regelungsgehalts spricht auch, dass in anderen Mitgliedsstaaten die Terminologie identisch geblieben ist und folglich bereits ergangene Rechtsprechung zur Konkretisierung des Verbraucherbegriffs erhalten bleibt. Es muss daher davon ausgegangen werden, dass durch die terminologische Änderung keine inhaltliche Abweichung von den bisherigen Definitionen erfolgt.[291] Ausschlaggebend ist somit, ob der Vertrag eine private Zwecksetzung hat. Entscheidendes Kriterium für die Beurteilung der Verbrauchereigenschaft ist die objektive Zwecksetzung des Vertrages zum Zeitpunkt des Vertragsschlusses.[292] Es handelt sich somit zwar um eine subjektive Begrenzung des Anwendungsbereichs der Richtlinie, die anzuwendenden Kriterien sind jedoch objektiver Natur. Die Vorstellung der Parteien von ihrem Status bzw. der privaten Zwecksetzung des Vertrags sind nicht von Bedeutung.

Nicht umfasst sind insbesondere branchenfremde Nebengeschäfte des Käufers ebenso wie Existenzgründungen. Dies kann aus der unterlassenen Übernahme des ausgeweiteten Verbraucherbegriffs geschlossen werden, wie sie noch im geänderten Richtlinienvorschlag vorgesehen war. Probleme bereiten die Fälle, in denen der Kaufgegenstand sowohl zu privaten als auch gewerblichen Zwecken verwendet werden soll („dual use"). Die Rechtslage ist diesbezüglich nicht abschließend geklärt. Der Wortlaut der Richtlinie spricht dafür, dass die Anwendbarkeit der Richtlinie in diesen Fällen nicht zwingend von den Mitgliedsstaaten vorgesehen werden muss.[293] Gegen eine Anwendung bei nur partieller privater Zwecksetzung spricht auch die Tendenz der Gemeinschaftsorgane, den

[291] Auch aus der Entstehungsgeschichte der Richtlinie folgt kein Bestreben nach einem abweichenden Verständnis des Verbraucherbegriffes.

[292] AnwKommentar/Pfeiffer, Art. 1 Rn. 19.

[293] So auch Faber, ZEuP 1998, S. 887. Schwartze, ZEuP 2000, S. 551 sieht es zumindest als erforderlich an, dass der „Schwerpunkt" auf der privaten Nutzung liegen muss. Ebenso AnwKommentar/Pfeiffer, Art. 1 Rn. 26.

Verbraucherbegriff eng auszulegen[294], sowie wiederum die unterlassene Ausweitung der Verbraucherdefinition.

b) Der Verbraucherbegriff im englischen Recht

(1) Überblick

Das englische Recht kam im Regelungsbereich der Richtlinie bis zur Umsetzung weitgehend ohne eine Differenzierung im Hinblick auf den Status des Käufers aus. Die Vorschriften des SGA knüpften fast ausschließlich an den allgemeinen Begriff des Käufers an.[295] Dieser wurde dahingehend definiert, dass jede Person umfasst sein soll, die Ware kauft oder sich einverstanden erklärt, diese zu kaufen.[296] Nur in wenigen Fällen wurde der Begriff des Käufers durch verbraucherbezogene Sondervorschriften eingeengt. Ob er in den Genuss der speziellen Verbraucherschutzregeln kam, hing davon ab, ob er als Verbraucher handelte („dealt as a consumer"). Betroffen davon waren insbesondere die Vorschriften zum Recht auf Vertragsbeendigung. So wurde die Einschränkung, dass dem Käufer das Recht auf Vertragsbeendigung bei einem unerheblichen Vertragsbruch nicht zusteht, nicht auf Verbraucher ausgedehnt.[297] Durch die Differenzierung sollte den unterschiedlichen Interessen des Verbrauchers und des geschäftlichen Verkehrs Rechnung getragen werden. Ebenso wurde die Möglichkeit einer „verfrühten" Annahme der Ware durch den Verbraucher im Sinne der s35 SGA, die den Verlust des Vertragsbeendigungsrechts bewirkt, eingeschränkt, indem dieser das genannte Recht vor Ablauf einer angemessenen Zeit nicht durch Vereinbarung, Aufgabe oder sonstige Wege verlieren kann.[298]
Der SGA verfügte hinsichtlich des Verbraucherbegriffes über keine eigene Legaldefnition, sondern verwies auf die des UCTA.[299] Dieser zufolge erfolgte die Definition der Person des Verbrauchers in Abhängigkeit von der des Verkäu-

[294] Urteil des Gerichtshofes (Sechste Kammer) vom 3. Juli 1997, Francesco Benincasa gegen Dentalkit Srl. Rechtssache C-269/95, Absatz 16.
[295] Das gleiche gilt für den Supply of Goods and Services Act 1982 nach der Legaldefinition für den Belieferten („transferee") in s18 (1).
[296] S61 (1) SGA.
[297] S15A SGA.
[298] S35 (3) SGA.
[299] S61 (5A) SGA in Verbindung mit s12 (1) UCTA; das Gleiche gilt für den Supply of Goods and Services Act 1982, s18 (4), und den Supply of Goods (Implied Terms) Act 1973, s 11 (4). Nicht einschlägig ist insoweit die Legaldefinition der s25 (1)(b) UCTA, der sich ausweislich des Wortlauts nur auf den 2. Teil dieser Gesetzes („Interpretation of Part II") bezieht, der ausschließlich schottisches Recht zum Gegenstand hat (vgl. s15 UCTA). Dies verkennend: Arnold/Unberath, ZEuP 2004, S. 376. Der von diesen als s25 (1A) UCTA bezeichneten Vorschrift entspricht s12 (1) UCTA und s12 (1B) (a) SGA der s12 (2) (a) UCTA.

fers.[300] Als Verbraucher sollte nur derjenige handeln, der zum einen den Vertrag nicht im Rahmen eines Geschäftsbetriebes machte („does not make the contract in the course of a business"), zum anderen aber die Sache von einem Verkäufer bezog, für den gerade dies der Fall war. Gleichzeitig musste es sich um eine Sache handeln, die üblicherweise zum privaten Ge- oder Verbrauch überlassen wird. Obwohl die Sale and Supply of Goods to Consumers Regulations 2002 in Regulation 2 eine spezielle Verbraucherdefinition beinhalten, findet die Begriffsbestimmung des UCTA auch nach Umsetzung der Richtlinie sowohl beim Warenkauf als auch bei sonstigen Lieferungsverträgen nach dem Supply of Goods and Services Act 1982 weiterhin Anwendung, da sich Regulation 2 lediglich auf die einzige operative Vorschrift der Sale and Supply of Goods to Consumers Regulations 2002 und damit die „kommerziellen" Garantien bezieht.[301] Für den Verbraucherbegriff des SGA, aber auch der sonstigen betroffenen Gesetze, gilt somit insbesondere auch in den von der Richtlinienumsetzung betroffenen Bereichen weiterhin die, wenn auch modifizierte, Definition des UCTA. Dies ergibt sich ausdrücklich aus s61 (5A) SGA, der bezüglich des Handelns als Verbraucher auf die Vorschriften des UCTA verweist.[302] Eine Ausnahme für die durch die Umsetzung neu geschaffenen Regelungen enthält diese Vorschrift nicht. Zu beachten bleibt, dass s61 (5A) SGA eine Beweislastumkehr dahingehend vorsieht, dass es dem Verkäufer obliegt, die fehlende Verbrauchereigenschaft des Käufers nachzuweisen.

---

300 Der Wortlaut der s12 UCTA lautete vor Umsetzung: (1) A party to a contract "deals as consumer" in relation to another party if-(a) he neither makes the contract in the course of a business nor holds himself out as doing so; and (b) the other party does make the contract in the course of a business; and (c) in the case of a contract governed by the law of sale of goods or hire-purchase, or by section 7 of this Act, the goods passing under or in pursuance of the contract are of a type ordinarily supplied for private use or consumption.
(2) But on a sale by auction or by competitive tender the buyer is not in any circumstances to be regarded as dealing as consumer.
(3) Subject to this, it is for those claiming that a party does not deal as consumer to show that he does not.'

301 So ausdrücklich die Umsetzungsanmerkung (Transposition Note) des DTI; Bradgate/Twigg-Flesner, Consumers Guarantees, S. 34. Anders Sobich, RIW 2004, S. 742, siehe nächste Fußnote.

302 Dies verkennend: Sobich, RIW 2004, S. 742, der zum einen allgemein feststellt, Regulation 2 der Sale and Supply of Goods to Consumers Regulation 2002 enthalte Definitionen, die bei der Interpretation der Regulations behilflich sein sollen (unter II.), sowie zum anderen ausdrücklich behauptet, Regulation 2 würde auch im Hinblick auf die Vorschriften der ss48A ff. SGA Anwendung finden (III. 2. a)). Die Definition der s12 UCTA kommt ebenfalls für den Supply of Goods and Services Act 1982 zur Anwendung, wie dessen s18 (4) ausdrücklich klarstellt.

(2) Der Verbraucherbegriff auf der Grundlage des UCTA vor Umsetzung der Richtlinie

S12 UCTA fand einheitlich sowohl auf natürliche als auch juristische Personen Anwendung. Auch im Übrigen fällt jedoch die fehlende Parallelität zwischen s12 UCTA und den gemeinschaftsrechtlichen Verbraucherdefinitionen früherer Verbraucherschutzrichtlinien auf. Dies war nicht zuletzt darauf zurückzuführen, dass der UCTA vor Beginn der verbraucherschutzpolitischen Richtlinientätigkeit der Gemeinschaft in Kraft getreten ist. Spätere Anpassungen waren nicht erforderlich, da die Umsetzung dieser Richtlinien, insbesondere der Richtlinie zu missbräuchlichen Klauseln in Verbraucherverträgen, in Sondergesetzen erfolgte und nicht die Regelungen des UCTA tangierte.[303]
Zentraler Anknüpfungspunkt der s12 UCTA war und ist, ob die Parteien den Vertrag im Rahmen ihres Geschäftsbetriebes schließen. Zu beachten ist jedoch, dass es zum Ausschluss der Verbraucherstellung gem. s12 (1) (a) UCTA bereits ausreicht, dass der Käufer so tut, als ob er im Rahmen seines Geschäfts handeln würde („holding himself out as doing so"). Das Gesetz enthält keine Anhaltspunkte, anhand welcher Kriterien die Bestimmung des entscheidenden Kriteriums zu erfolgen hat. Nach der grundlegenden Entscheidung des Court of Appeals in R & B Customs Brokers Co Ltd v United Dominions Trust Ltd[304] handelt ein Käufer dann im Rahmen seines Geschäftsbetriebes, wenn der Kauf entweder einen wesentlichen Teil des Geschäfts darstellt oder aber, wenn er im Hinblick auf das Geschäft nur nebensächlich sein sollte, ein hinreichender Grad an Regelmäßigkeit festzustellen ist.[305] Die Entscheidung ist geltendes Recht. Ihr lag die Zielsetzung zugrunde, möglichst viele Käufer in den Anwendungsbereich der s12 (1)(a) UCTA einzubeziehen.[306] Problematisch ist jedoch, dass spiegelbildlich die Stellung als Verbraucher auch davon abhängig gemacht wird, dass der Verkäufer im Rahmen seines Geschäftsbetriebes gehandelt hat. Aufgrund der identischen Formulierung muss davon ausgegangen werden, dass bei

---

[303] Siehe dazu die Unfair Terms in Consumer Contracts Regulations 1999.
[304][1988] 1 All ER 847.
[305] Siehe Davies v Sumner, [1984] 3 All ER 831, S. in bezug auf s 1(1) des Trade Descriptions Act 1968. Auf dieses Urteil Bezug nehmend, jedoch selbst zu s12 UCTA: R & B Customs Brokers Co Ltd v United Dominions Trust Ltd, [1988] 1 All ER 847 "there are some transactions which are clearly integral parts of the businesses concerned, and these should be held to have been carried out in the course of those businesses; this would cover, apart from much else, the instance of a one-off adventure in the nature of trade where the transaction itself would constitute a trade or business. There are other transactions, however, such as the purchase of the car in the present case, which are at the highest only incidental to the carrying on of the relevant business; here a degree of regularity is required before it can be said that they are an integral part of the business carried on and so entered into in the course of that business".
[306] Auch dies stellt einen weiteren Schritt weg vom Prinzip des „Caveat Emptor" dar, siehe dazu mehr sogleich.

s12 (1)(b) UCTA die gleiche restriktive Auslegung zur Anwendung gelangt. Dies wirkt sich gerade für den Privatkäufer, der in keinerlei Verbindung zu einem Geschäftsbetrieb steht, negativ aus: Soweit er Sachen von einem Verkäufer bezieht, der nur unregelmäßig entsprechende Ware verkauft bzw. für den der Verkauf der Ware nicht zu seinem Kerngeschäft gehört und damit nicht unter die Begriffsbestimmung des Court of Appeals fällt, jedoch grundsätzlich gewerblich tätig ist, kann er sich nicht auf die verbraucherschützenden Vorschriften des UCTA berufen, obwohl beispielsweise die stillschweigende Vertragsvereinbarung der s14 SGA zur Anwendung käme. Zugleich ist es dem weniger schützenswerten „Unternehmer", soweit dieser selbst als Käufer auftritt, möglich, sich auf die Vorschriften gegenüber einem gewerblichen Verkäufer zu berufen. Im Ergebnis dient die restriktive Auslegung des „selling in the course of a business" damit nicht dem Schutz des Privatverbrauchers, sondern solcher Unternehmen, die nicht in den Anwendungsbereich der Richtlinie fallen. Aufgrund der damit einhergehenden Beschränkung des Verkäuferbegriffes ist die Regelung für den Verbraucher nachteilig.[307]
Das Vorliegen des Status als Verbraucher wurde neben der Tätigkeit beider Vertragsparteien auch vom Vertragsgegenstand abhängig gemacht. Für die Einstufung des Käufers als Verbraucher musste es sich bei der Kaufsache um einen Gegenstand handeln, der üblicherweise zum privaten Ver- und Gebrauch überlassen wird.[308] Dadurch wurde eine weitreichende Einschränkung des Anwendungsbereichs des Gesetzes bewirkt. Sie wurde vor allem dadurch gerechtfertig, dass durch die Einbeziehung auch juristischer Personen der Anwendungsbereich ansonsten zu weit wäre.[309]

(3) Der Verbraucherbegriff des UCTA nach Inkrafttreten der Sale and Supply of Goods to Consumers Regulations 2002

Auch nach Inkrafttreten der Sale and Supply of Goods to Consumers Regulations 2002 ist die Verbraucherdefinition der s12 UCTA aufgrund der Verweisung durch das Warenkaufgesetz, aber auch der anderen betroffenen Gesetze anwendbar. Noch im Verordnungsentwurf hatte das Department of Trade and Industry eine ausschließlich für die Fälle der Verletzung der ss13-15 SGA[310] anwendbare Verbraucherdefinition unmittelbar in den Vorschriften der ss6, 7 UC-

[307] Vgl. dazu: Macdonald, WJCLI 1999.

[308] Es wurde bereits erwähnt, dass sich eine ähnliche, wenn auch konzeptionell unterschiedliche Beschränkung im Hinblick auf das Kaufobjekt auch im Richtlinienvorschlag der Kommission fand, nach dem ein Verbrauchsgut im Sinne der Richtlinie nur dann vorliegen sollte, wenn es in der Regel für den Letztverbrauch oder zur Letztverwendung bestimmt war. Siehe KOM 1995, 520 endg., Art. 1 Abs. 2 lit. a.

[309] 1. Konsultation, Part 4, zu Artikel 1.

[310] Bzw. den entsprechenden Vorschriften im Supply of Goods (Implied Terms) Act 1973 und dem Supply of Goods and Services Act 1982.

TA vorgesehen, die die Verbraucherstellung davon abhängig machte, dass der Verbraucher - als natürliche Person - nicht, der Verkäufer jedoch gerade im Rahmen eines Geschäfts handelt.[311] Von einer solchen speziellen Regelung ist allerdings später, vermutlich im Hinblick auf die Übersichtlichkeit und Einheitlichkeit des UCTA, zu Recht Abstand genommen worden. Die vor der Umsetzung bestehende Rechtslage bleibt somit auch weiterhin ausschlaggebend, wenn auch der Gesetzgeber eine Änderung vorgenommen hat.[312] Nach der Umsetzung der Supply of Goods to Consumers Regulations 2002 ist es nunmehr nicht mehr erforderlich, dass die Ware gewöhnlicherweise zum Endverbrauch geliefert wird. Diese Maßnahme war erforderlich, da das vorherige Recht nicht im Einklang mit der Richtlinie stand und eine Reduktion ihres Wirkungsgrads verursacht hätte. Allerdings bleibt die Aufhebung auf die Fälle beschränkt, bei denen es sich beim Käufer um ein Individuum („individual") handelt[313]. Für sonstige Käufer bleibt die Beschränkung bestehen. Dies führt zu einer zunehmenden Unübersichtlichkeit im Rahmen der Bestimmung der Verbrauchereigenschaft. Das Department of Trade and Industry sah die Beschränkung jedoch als notwendiges Korrelativ an, da ansonsten der Begriff des Verbrauchers unter Berücksichtigung der Einbeziehung juristischer Personen zu weit geworden wäre[314]. Auffallend ist zudem, dass das Gesetz nicht, wie z.B. in Regulation 2 der Sale and Supply of Goods to Consumers Regulations 2002, von natürlichen Personen („natural persons"), sondern von Individuen spricht. Eine sprachliche Differenzierung war aus systematischen Gründen nicht notwendig, da weder die Richtlinie noch die bestehenden Regelungen des UCTA den Begriff des Individuums verwenden.

Trotz der vorgenommenen Anpassung der s12 UCTA durch die Verordnung bleiben jedoch Bedenken an deren Richtlinienkonformität bestehen. Sie ergeben sich zunächst daraus, dass der Käufer auch dann nicht als Verbraucher eingeordnet werden kann, wenn er vorgibt, im Rahmen eines Gewerbes gehandelt zu haben, obwohl dies rein faktisch nicht der Fall ist. Er kommt damit nicht in den Genuss der neuen Vorschriften. Die Richtlinie kennt eine entsprechende Einschränkung nicht. Insbesondere sehen auch die Ausschlussfaktoren des Art. 2 Abs. 3 RL keine diesbezügliche Regelung vor. Folglich fehlt es an einer eindeutigen Rechtslage. Zumindest in den Fällen, in denen der Käufer den Verkäufer arglistig über seine Verbrauchereigenschaft getäuscht hat, was vor allem dann der Fall sein kann, wenn letzterer ansonsten gar nicht an den Kunden verkauft

---

[311] Regulation 6 (2), (3) des Richtlinienvorschlags.

[312] Eine weitere Änderung betrifft den Kauf von Waren auf Auktionen. Entsprechend den Gestaltungsbefugnissen durch die Richtlinie kommen die Verbraucherschutzvorschriften bei Individuen gemäß s12 (2)(a) UCTA dann nicht in Betracht, wenn der Käufer bei Versteigerungsverkäufen die Möglichkeit hatte, persönlich bei der Auktion anwesend zu sein.

[313] Vgl. s12 (1A) UCTA.

[314] 1. Konsultation, Part 4, zu Artikel 1.

hätte, muss jedoch der Schutz des Verkäufers überwiegen. In allen anderen Fällen bestehen hingegen Bedenken an einer hinreichenden Umsetzung.
Fraglich ist zudem, ob die oben dargestellte restriktive Auslegung des „Verkaufens im Rahmen eines Gewerbebetriebes", wie sie die Rechtsprechung bisher vorgenommen hat, im Einklang mit der Richtlinie steht. Gem. Art. 1 Abs. 2 lit. c RL ist Voraussetzung, dass der Verkäufer im Rahmen seiner beruflichen oder gewerblichen Tätigkeit Verbrauchsgüter verkauft. Eine Beschränkung auf eine regelmäßige oder zum Kerngeschäft gehörende Verkaufstätigkeit ist nicht ersichtlich. Verbraucherschutzpolitische Gründe sprechen eher für eine weite Auslegung. Es liegt daher nahe, dass die Richtlinie Käufer als Verbraucher einordnet, die dies im englischen Recht aufgrund der restriktiven Auslegung des „selling in the course of a business" bzgl. des Verkäufers nicht sind. Damit bedarf die Vorschrift, um eine gemeinschaftsrechtskonforme Rechtslage zu gewährleisten, der richtlinienkonformen Auslegung.

(4) Der Verbraucherbegriff der Regulation 2 der Sale and Supply of Goods to Consumers Regulations 2002

Die für die Vorschrift zu den Garantien geltende Definition des Verbrauchers unterscheidet sich von der Regelung der s12 UCTA und entspricht der Formulierung der bisherigen Verbraucherschutzrichtlinien. Anknüpfungspunkt ist daher jede natürliche Person, die zu einem Zweck handelt, der außerhalb ihres Gewerbes liegt. Die Vereinbarkeit der entsprechenden Terminologie mit den Vorgaben der Richtlinie wurde bereits oben gezeigt.[315] Soweit durch die geänderte Formulierung der Verbrauchsgüterkaufrichtlinie eine Einengung erfolgen sollte, ist das Beibehalten der weiteren, früheren Bestimmung aufgrund der Mindestharmonisierungsklausel des Art. 8 Abs. 2 RL zulässig. Allerdings ist zu beachten, dass aufgrund der Nähe zum Verbrauchsgüterkauf eine zum UCTA parallele Formulierung wünschenswert gewesen wäre. Dennoch ist auch der gewählte Ansatz, den Wortlaut parallel zu den Unfair Terms in Consumer Contracts Regulations 1999 zu formulieren, gerade unter dem Gesichtspunkt nachvollziehbar, da dessen Formulierung aufgrund des weiteren Verständnisses nicht an den der Verbrauchsgüterkaufrichtlinie angepasst werden kann.

[315] Vgl. auch die Stellungnahme des DTI in der 1. Konsultation, Part 4, zu Art. 1.

C. Die Untersuchung des englischen Warenkaufrechts im Regelungsbereich der Richtlinie nach Inkrafttreten der Sale and Supply of Goods to Consumers Regulations 2002

Die vorangegangenen Ausführungen haben gezeigt, dass im primären Anwendungsbereich der Richtlinie die Regelungen des SGA liegen. Dieser Bedeutung entsprechend stehen bei der Untersuchung der Umsetzungsmaßnahmen dessen Vorschriften im Vordergrund. Diese Vorgehensweise bietet daneben für den durch das Civil Law geprägten Juristen den Vorteil, dass eine Orientierung an der umfassenden Kodifikation des SGA möglich ist und folglich die Beurteilung der Auswirkung auf die bestehende Systematik vielfach bereits durch einen Blick in die gesetzlichen Vorschriften und nicht erst durch ein Studium der in der einschlägigen Rechtsprechung entwickelten Rechtsgrundsätze möglich ist. Gleichzeitig ist eine weitgehende Parallelität der vorgenommenen Änderungen zu verzeichnen, sodass die zum SGA gemachten Ausführungen die Grundlage für die Erörterung der weiteren vergleichbaren Rechtsänderung bilden.[316] Andererseits gehen die Änderungen des englischen Warenkaufrechts, obwohl eine weitgehend parallele Vorgehensweise intendiert war, in einigen Aspekten über die Modifikationen der anderen betroffenen Vertragstypen hinaus.[317] Die folgende Darstellung orientiert sich an den in der Richtlinie gesetzten Schwerpunkten. Im Vordergrund steht die Frage nach dem „wofür“ und dem „wie“ der Haftung des Verkäufers. Gem. Art. 3 Abs. 1 RL haftet der Verkäufer immer dann für die Beschaffenheit der Ware, wenn diese vertragswidrig ist. Die diesbezüglich relevanten Kriterien konkretisiert die Richtlinie in Art. 2 Abs. 2 RL. Ist danach von einer Vertragswidrigkeit auszugehen, bilden deren Rechtsfolgen den zweiten Schwerpunkt.

I. Einführung

Die bisherigen Ausführungen haben gezeigt, dass der persönliche und der sachliche Anwendungsbereich des SGA durch die Umsetzungsmaßnahmen weitgehend unverändert geblieben sind. Kennzeichnend für das englische Warenkaufrecht ist damit weiterhin der Grundsatz, dass es in persönlicher Hinsicht umfassend auf alle kaufvertraglichen Beziehungen ohne Berücksichtigung des Status der Vertragsparteien anzuwenden ist. Erhalten bleiben jedoch die diesbezüglich bereits bestehenden Beschränkungen innerhalb einzelner Vorschriften. Die Umsetzungsmaßnahmen führen diese Unterscheidung im Rahmen von Spezialregelungen weiter fort, indem die neu eingeführten Regelungen allesamt auf die Fäl-

---

[316] Soweit für den Regelungsbereich der Verbrauchsgüterkaufrichtlinie relevante Abweichung bestehen, werden diese im Teil E dieser Arbeit aufgezeigt.

[317] Dies gilt insbesondere für die Anpassung der Regeln zur Gefahrtragung. Der Supply of Goods and Services Act 1982 kannte ein entsprechende Regelung bisher nicht, so dass keine Änderung vorgenommen worden ist.

le beschränkt bleiben, in denen der Käufer gemäß der Legaldefinition in s12 UCTA als Verbraucher handelt.
Die in den Regulations 3 – 6 der Sale and Supply of Goods to Consumers Regulations 2002 enthaltenen Änderungen des SGA sind von unterschiedlicher Intensität und Natur. Auch ihre Notwendigkeit im Hinblick auf die Umsetzungsverpflichtung ist unterschiedlich zu beurteilen. Unmittelbar der Umsetzung der Richtlinienvorgaben dienen Regulations 3 und 5, die einerseits die Haftung des Verkäufers für öffentliche Äußerungen, anderseits die zusätzlichen, von der Richtlinie gewährten Rechte des Käufers betreffen. Über die notwendige Richtlinienumsetzung hinaus gehen die Änderungen der Regeln zur Gefahrtragung. Nur geringe Auswirkungen haben die in Regulation 6 enthaltenen Definitionsergänzungen.

II. Die Bestimmung der Vertragsmäßigkeit des Kaufguts

1. Der Vertragsmäßigkeitsbegriff im Allgemeinen

a) Die Vorgaben der Richtlinie

Den zentralen Anknüpfungspunkt für die durch die Richtlinie geregelten „gesetzlichen" Garantien bildet der Begriff der Vertragsmäßigkeit.[318] Nach Auffassung des europäischen Gesetzgebers handelt es sich bei dem Grundsatz der Vertragsmäßigkeit um ein gemeinsames Element der verschiedenen einzelstaatlichen Rechtstraditionen.[319] Daneben bildet er aber auch einen zentralen Begriff in den Vorschriften des CISG und der modernen mitgliedsstaatlichen Kaufrechtsordnungen.[320] Er kommt in den operativen Vorschriften der Richtlinie dadurch zum Ausdruck, dass Art. 2 Abs. 1 RL zunächst die Pflicht des Verkäufers festlegt, dem Verbraucher vertragsmäßige Ware zu liefern, während Art. 3 Abs. 1 RL für den Fall der Vertragswidrigkeit zum Zeitpunkt der Übergabe haften lässt.

(1) Ausgangspunkt: Subjektiver Vertragswidrigkeitsbegriff

Nach übereinstimmender Auffassung folgt die Konzeption der Richtlinie dem subjektiven Vertragswidrigkeitsbegriff.[321] Damit trägt sie dem inneren Grund

---

318 Siehe Erwägungsgründe 6 – 8 der RL; Art. 2 Abs.1 und Art. 3 Abs. 1 RL.

319 Erwägungsgrund 7 RL. Kritisch dazu: Schermaier, in: Verbraucherkauf in Europa, S. 13, der feststellt, dass diese Gemeinsamkeit bei Verabschiedung der Richtlinie nur in England, Irland und den skandinavischen Ländern bestand, während gerade in den „romanischen" als auch „germanischen" Rechtskreisen der Verkäufer auch mit einer mangelhaften Sache seine Leistungspflicht erfüllen konnte.

320 Siehe Art. 35 Abs. 1 CISG. Zugleich wurde durch die Kommission auch die Parallelität zu den modernen mitgliedsstaatlichen Kaufrechtskodifikationen betont, siehe KOM 1995, 520 endg. S. 13 ff.

321 AnwKommentar/Pfeiffer, Art. 2 Rn. 4; Jorden/Lehmann, JZ 2001, S. 953; Schwartze, ZEuP 2000, S. 556; Grundmann, in: Europäisches Kaufgewährleistungsrecht, S. 297.

der Mängelhaftung Rechnung, der in dem qualitativen Zurückbleiben der Kaufsache hinter der vertraglichen Vereinbarung und damit in der Störung des Äquivalenzverhältnisses besteht.[322] Noch in ihrem Entstehungsprozess knüpfte die Richtlinie hingegen an die legitimen Erwartungen des Verbrauchers an und stellte damit objektive Kriterien in den Vordergrund.[323] Entscheidend für die Vertragsmäßigkeit der Ware ist nunmehr das Übereinstimmen mit der - ausdrücklichen oder konkludenten - vertraglichen Vereinbarung der Parteien. Dies geht insbesondere aus der besonderen Bedeutung der Vertragsmäßigkeitskonzeption innerhalb der Richtlinie hervor. Auch die Erwägungsgründe bestätigen, dass die in Art. 2 Abs. 2 RL enthaltenen Kriterien keine Einschränkung des Grundsatzes der Vertragsfreiheit darstellen[324] und folglich das „Primat der subjektiven Standardbestimmung" gilt.[325] Erst soweit die Parteien keine anders lautende Vereinbarung getroffen haben, kommen auch objektive Kriterien zur Anwendung.[326]

(2) Konzeption der Vermutungsregelung

Konkretisiert wird der Grundsatz der Vertragsmäßigkeit durch die in Anlehnung an Art. 35 Abs. 2 CISG normierten Vertragsmäßigkeitskriterien des Art. 2 Abs. 2 lit. a – d RL, die sowohl subjektive als auch objektive Komponenten enthalten.[327] Ausweislich der Erwägungsgründe kommen die Kriterien kumulativ zur Anwendung, soweit nicht einzelne Elemente aufgrund der Besonderheiten des konkreten Falls offensichtlich auszuschließen sind.[328] Schwierigkeiten beim systematischen Verständnis der Kriterien ergeben sich aus deren Formulierung als Vermutungstatbestände („Es wird vermutet, ..."), da weder Bezugspunkt noch Zielsetzung der Vermutungswirkung abschließend geklärt sind.[329] Möglich scheint insbesondere eine Auslegung als Beweislastumkehr zugunsten des Verkäufers.[330] Dafür spricht der Wortlaut des Art. 2 Abs. 2 RL, nach dem nicht die

---

[322] Jorden/Lehmann, JZ 2001, S. 953.

[323] So das Grünbuch, S. 109 f., „Das Erfordernis der „Berechtigung" der Erwartungen wandelt das Kriterium, das man essentiell subjektiv bewerten könnte, in ein fundamental „objektives" Kriterium um." Zudem betont das Grünbuch auch die Nähe des Konzepts der berechtigten Erwartungen zum Begriff der zufrieden stellenden Qualität der s14 (2) SGA, das selbst ein objektives Kriterium darstellt.

[324] Erwägungsgrund 8 RL.

[325] Grundmann, in: Europäisches Kaufgewährleistungsrecht, S. 295; Flessner, in: Europäisches Kaufgewährleistungsrecht, S: 236; Schwartze, in: Verbraucherkauf in Europa, S. 136.

[326] Allerdings können diese insofern als subjektiv eingeordnet werden, indem ihre Vereinbarung trotz des objektiven Charakters vermutet wird. Siehe dazu sogleich.

[327] Zu den einzelnen Kriterien, siehe unter C., II., 2. Zu beachten ist insbesondere, dass Abweichungen zum CISG vorkommen.

[328] Erwägungsgrund 8 S. 5 und 6 RL.

[329] Vgl. Grundmann, in EU-Kaufrechts-Richtlinie, Art. 2, Rn. 17.

[330] „Es wird vermutet, dass Verbrauchsgüter vertrags*mäßig* sind, wenn sie ...". In diesem Sinne: Staudenmayer, NJW 1999, S. 2394; darauf bezugnehmend: Schwartze, ZEuP 2000, S.

regelmäßig vom Verbraucher zu beweisende Vertragswidrigkeit der Ware, sondern ausdrücklich deren Vertragsmäßigkeit vermutet wird. Daneben besagen auch die Erwägungsgründe ausdrücklich, dass es sich um eine „widerlegbare Vermutung der Vertragsmäßigkeit" handeln soll.[331]
Es fragt sich jedoch, inwieweit eine entsprechende Auslegung in Einklang mit der Grundkonzeption der Richtlinie und der in Erwägungsgrund 8 S. 1 RL angestrebten erleichterten Anwendung des Grundsatzes der Vertragsmäßigkeit steht. Zu bedenken ist, dass Art. 2 Abs. 2 RL aufgrund seiner Formulierung als Beweislastumkehr überhaupt nur dann in Betracht kommt, wenn sämtliche aufgeführten und anwendbaren Kriterien in Bezug auf die Sache erfüllt sind. Damit wären jedoch nur solche Fälle von der Regelung erfasst, in denen die Einhaltung zusätzlicher, zur Beurteilung der Vertragsmäßigkeit relevanter Kriterien streitig ist, für die dann der Verbraucher die Beweislast zu tragen hätte. Nicht geregelt wären hingegen die im eigentlichen Kernbereich der Richtlinie liegenden Fälle, in denen die gelieferte Ware nicht den in Art. 2 Abs. 2 lit. a-d RL genannten Standard erfüllt. Mangels Richtlinienregelung würde es in diesen Konstellationen nach mitgliedsstaatlichem Recht regelmäßig dem Käufer obliegen, die Vertragswidrigkeit nachzuweisen. Größer als das Problem der Beweisführung ist dabei aber regelmäßig, dass überhaupt keine ausdrückliche Parteivereinbarung im Hinblick auf die Beschaffenheit der Ware getroffen wurde, nach der Richtlinie jedoch ausschließlich das für die Haftung ausschlaggebend sein soll, was die Parteien vereinbart haben. Treffen die Parteien keine ausdrückliche Regelung, gelangen damit insbesondere die verobjektivierten Kriterien des Art. 2 Abs. 2 lit. c-d RL nicht zur Anwendung. Gerade in diesen Fällen will und muss aber die Richtlinie aus Verbraucherschutzerwägungen eine Haftung des Verkäufers sicherstellen. Da sie zugleich die Vereinbarung eines für den Käufer nachteiligen Standards zulässt, muss Art. 2 Abs. 2 RL dahingehend verstanden werden, dass er eine Vermutung des Vertragsinhalts zugunsten des Verbrauchers darstellt.[332]
Nur eine solche Auslegung ist auch systematisch sinnvoll. Zum einen trägt der Verbraucher nach innerstaatlichem Recht ohnehin regelmäßig die Beweislast für die Vertragswidrigkeit. Auch die Richtlinie ändert dies im Grundsatz nicht, wie sich aus ihrem Wortlaut und unter Berücksichtigung der ausdrücklichen Beweis-

---

554. Es geht jedoch nicht eindeutig hervor, ob die Vermutung nur zu Gunsten des Verkäufers oder auch für den Verbraucher wirken soll. Ebenso: Flessner, in: Europäisches Kaufgewährleistungsrecht, S. 237 ff., der die Bestimmung nicht als Auslegungsvermutung über die Sollbeschaffenheit, sondern dass die Leistung dem Vertragsinhalt entspricht. Unterstützend auch: Schermaier, in: Verbraucherkauf in Europa, S. 18 Fn. 81 ohne Begründung.

[331] Erwägungsgrund 8 S. 1 RL.

[332] Jorden/Lehmann, JZ 2001, S. 953; Höffe, Verbrauchsgüterkaufrichtlinie, S. 26; Vorsmann, Mängelhaftung, S. 42; Willett/Morgan-Taylor/Naidoo, J.B.L. 2004, S. 96.

lastumkehr des Art. 5 Abs. 3 RL ergibt.[333] Eine durch die Richtlinie zugunsten des Verkäufers angeordnete Umkehrung der Beweislast hätte folglich keine praktischen Konsequenzen und wäre damit überflüssig. Zugleich würde eine Beweislastumkehr zugunsten des Verkäufers der ansonsten verbraucherschützenden Zielsetzung der Richtlinie widersprechen. Es sind keine Gründe ersichtlich, die eine besondere Bevorzugung des Verkäufers erfordern. Auch aus der Entstehungsgeschichte ergibt sich nicht, dass die Beweislastumkehr unter Umständen als Ausgleich zugunsten des Verkäufers aufgrund einer besonderen Belastung an anderer Stelle vorgesehen war.[334]

Zum anderen ist zu beachten, dass nach den Erwägungsgründen selbst die Vermutungsregelung dazu dienen soll, die Anwendung des Vertragsmäßigkeitsgrundsatzes zu erleichtern.[335] Daran fehlt es bei der am Wortlaut orientierten Auslegung bereits deswegen, da die Vorschrift aufgrund der ohnehin fehlenden Beweislast des Verkäufers praktisch keine Auswirkungen hat. Aber auch ein anderer Gesichtspunkt spricht gegen eine entsprechende Auslegung: Bereits die Fälle einer ausdrücklichen Vereinbarung von Art. 2 Abs. 2 lit. a-d RL entsprechenden Vertragsmäßigkeitskriterien sind äußerst selten. Umso unwahrscheinlicher sind Situationen, in denen über diese hinausgehende Beschaffenheitsmerkmale vereinbart werden. Auf gerade diese stellt jedoch die wortlautorientierte Auslegung ab. Mangels praktischer Relevanz kann damit eine Auslegung als Beweislastumkehr zugunsten des Verkäufers keine nennenswerte Erleichterung der Anwendung des Vertragsmäßigkeitsgrundsatzes darstellen. In diesem Zusammenhang ist zu erwähnen, dass die Richtlinie durch die Vermutungsregelung gerade die Standardsituationen abdecken soll.[336] Darunter müssen die Situationen verstanden werden, die aus Verbraucherperspektive die größte praktische Relevanz haben. Dies sind die von Art. 2 Abs. 2 lit. a-d RL geregelten Fälle.

Insgesamt ist somit festzustellen, dass es sich bei der Vermutungsregelung des Art. 2 Abs. 2 RL um eine zugunsten des Verbrauchers und nicht des Verkäufers wirkende, widerlegbare Vermutung des Inhalts der vertraglichen Vereinbarung handelt.[337] Nur so wird die Konstruktion des Art. 2 Abs. 2 RL ihrer besonderen Zielsetzung gerecht, den aktiven Verbraucher zu schützen, indem sie mangels abweichender Vereinbarung unabhängig vom Mitgliedsstaat die gleichen Mindestvoraussetzungen an die Beschaffenheit der Ware knüpft. Bei der Umsetzung besteht für die Mitgliedsstaaten aufgrund der Mindestschutzklausel die Mög-

---

[333] Zwar betrifft die Beweislastregel des Art. 5 Abs. 3 RL nur die Frage, ob die Ware bereits bei Lieferung vertragswidrig war, doch zeigt sie, dass grundsätzlich der Käufer als Anspruchssteller die Beweislast trägt.

[334] Diesbezüglich ist zu beachten, dass aufgrund der Mindestschutzklausel die Mitgliedsstaaten ohnehin von einer Beweislastregelung zugunsten des Verkäufers absehen könnten.

[335] Erwägungsgrund 8 S. 1 RL.

[336] Erwägungsgrund 8 S. 1 RL.

[337] Erwägungsgrund 8 S. 1 RL.

lichkeit, die Kriterien entweder aufgrund einer gesetzlichen Regelung stets oder aber, wie die Richtlinie, als Vermutungsregelung Anwendung finden zu lassen.

(3) Zulässigkeit des Unterschreitens des Standards des Art. 2 Abs. 2 RL

Aus der durch die Richtlinie zum Ausdruck gebrachten Vorrangstellung der Parteivereinbarung folgt zwangsläufig die Frage, inwieweit eine solche Abrede auch zum Nachteil des Verbrauchers von den genannten Kriterien, insbesondere den objektivierten Bestimmungen der Art. 2 Abs. 2 lit. c und d RL, zulässig ist oder aber ein Mindestqualitätsstandard durch die Mitgliedsstaaten zu gewährleisten ist. Noch im ersten Richtlinienentwurf war, basierend auf dem Prinzip der berechtigten Erwartungen des Verbrauchers, vorgesehen, dass die Art. 2 Abs. 2 RL entsprechenden Kriterien auch dann zur Anwendung kommen sollten, wenn die ausdrückliche vertragliche Vereinbarung davon abwich.[338] Dadurch sollte dem Käufer ein gesetzlich garantiertes Qualitätsminimum gewährleistet werden. Im weiteren Entstehungsprozess wurde jedoch von diesem Ansatz Abstand genommen. In den Vordergrund rückte zunehmend der Grundsatz der Vertragsfreiheit, der gemäß Erwägungsgrund 8 RL nicht durch die Vermutungsregelungen des Art. 2 Abs. 2 RL eingeschränkt werden soll. Probleme ergeben sich jedoch aus der Vereinbarkeit des Primats der subjektiven Standardbestimmung mit der Unabdingbarkeitsklausel des Art. 7 Abs. 1 RL. Gegenstand dieser Vorschrift sind ausweislich des Wortlauts primär die in Art. 3 RL aufgeführten Rechte des Verbrauchers bei Vertragswidrigkeit der Sache. Zwar bezieht sich die vorliegende Konstellation nicht auf den unmittelbaren Ausschluss dieser Rechte, doch werden diese durch die Herabsetzung des vertraglich vereinbarten Beschaffenheitsstandards zumindest mittelbar beeinträchtigt, indem der Verbraucher mangels Vertragswidrigkeit überhaupt keine Rechte geltend machen kann. Auch eine solche Umgehung ist von Art. 7 Abs. 1 RL ausdrücklich umfasst. Damit sind auch die Kriterien des Art. 2 Abs. 2 RL grundsätzlich durch die Unabdingbarkeitsregelung geschützt. Fraglich ist allerdings, ob Art. 7 Abs. 1 RL tatsächlich jede Abweichung von den Kriterien des Art. 2 Abs. 2 RL verbietet oder nur auf bestimmte Vereinbarungen anwendbar ist. Zwar scheint der Wortlaut diesbezüglich klare Vorgaben insoweit zu machen, als dass jegliche Beschränkungen unzulässig sind, doch erfordert sowohl die Gesamtsystematik der Richtlinie als auch die Praxis des Verbrauchsgüterkaufs eine differenzierte Handhabung. Wie bereits dargestellt, knüpft die Richtlinie bei der Bestimmung der Vertragsmäßigkeit zunächst an die ausdrückliche oder konkludente Vereinbarung der Parteien an. Der europäische Gesetzgeber hat demgegenüber die Kriterien des Art. 2 Abs. 2 RL nicht als zwingend, sondern lediglich in Form der Vermutungstatbestände formuliert. Auch wenn die entsprechende Terminologie unglücklich gewählt ist, bringt sie doch zum Ausdruck, dass in diesem Bereich

[338] Art. 6 Abs. 1 KOM (95) 529.

eine gewisse Flexibilität angestrebt wurde, die den Umständen des Einzelfalls Rechnung tragen soll. Entsprechendes ergibt sich auch aus der sich unmittelbar anschließenden Regelung des Art. 2 Abs. 3 RL: Durch die Aufklärung eines Mangels bewirkt der Verkäufer, dass keine Vertragswidrigkeit vorliegt und der Verbraucher keine Rechte geltend machen kann. Folglich bringt die Richtlinie selbst zum Ausdruck, dass der Verkäufer einen niedrigeren Standard als den des Art. 2 Abs. 2 RL vereinbaren kann.[339] Schließlich spricht für dieses Ergebnis auch die Parallele zum CISG, bei dem unter derselben Begrifflichkeit ebenfalls eine für den Käufer nachteilige Vereinbarung möglich ist.[340] Nur dieses trägt zudem dem möglichen Interesse eines Käufers Rechnung, eine defekte Sache für einen günstigeren Preis kaufen zu wollen.[341]

Evident ist jedoch zugleich, dass im Interesse des Verbraucherschutzes die Möglichkeit des Verkäufers, auf die zur Bestimmung der Vertragsmäßigkeit relevanten Kriterien nach eigenem Ermessen, insbesondere in Form klauselartiger und allgemeiner Vertragsvereinbarungen, Einfluss zu nehmen, rechtlichen Grenzen unterworfen sein muss. Eben diese Funktion kommt Art. 7 Abs. 1 RL zu. Zulässig sind nur solche Vereinbarungen, durch die die Kriterien des Art. 2 Abs. 2 RL konkretisiert werden.[342] Bestimmungen, die insbesondere aufgrund ihrer Weite nicht dazu geeignet sind, den Käufer tatsächlich von möglichen Mängeln in Kenntnis zu setzen, und die somit einfach das Risiko eines Mangels auf den Verbraucher übertragen, sind unzulässig. Selbst soweit man die Unabdingbarkeitsklausel des Art. 7 Abs. 1 RL auf die genannten Fälle nicht für anwendbar erachtet, gelangt man bei allgemeinen Klauseln durch die Anforderungen des Transparenzgebots bei der Kontrolle allgemeiner Geschäftsbedingungen im Ergebnis regelmäßig zu gleichen Ergebnissen.[343]

(4) Sonstiger Anwendungsbereich des Vertragsmäßigkeitskriteriums

Die bisherigen Ausführungen haben sich insbesondere mit der für den Käufer nachteiligen qualitativen Abweichung der Ist- von der Sollbeschaffenheit der Sache beschäftigt. Dies stellt jedoch nicht die einzige Form dar, wie die Kaufsache von der vertraglich geschuldeten Leistung abweichen kann. In Betracht kommt dabei insbesondere die Lieferung einer anderen Sache, einer zu geringen Menge, einer mit einem Rechtsmangel behafteten Sache sowie Fälle der verspäteten Lieferung.

Die Position der Richtlinie in diesen Fragen ist nicht eindeutig geklärt. Für eine Ausweitung der von der Richtlinie vorgesehenen Rechtsfolgen auf die genann-

[339] Gsell, JZ 2001, S. 66.
[340] Vgl. Schlechtriem/Schwenzer/Schwenzer, Art. 35 Rn. 12.
[341] Vgl. diesbezüglich die illustrierenden Beispiele bei Grundmann, EU-Kaufrechts-Richtlinie, Art. 2 Rn. 9.
[342] So auch AnwKommentar/Pfeiffer, Art. 2 Rn. 10.
[343] Grundmann, in Europäisches Kaufgewährleistungsrecht, S. 298.

ten Aspekte könnte die Formulierung des Art. 3 Abs. 1 RL sprechen, nach der der Verkäufer allgemein für jede Vertragswidrigkeit haftet, die zum Zeitpunkt der Lieferung besteht. Möglich scheint damit vor allem, die Lieferung einer anderen als der vertraglich vereinbarten Sache darunter zu fassen, zumal das gelieferte „aliud" nicht der Beschreibung im Sinne des Art. 2 Abs. 2 lit. a RL entspricht.[344] Ein solches Vorgehen stimmt mit dem des CISG überein, dessen Vorbildcharakter im Hinblick auf die Richtlinie wiederholt betont worden ist. Größere Schwierigkeiten bereitet jedoch die Behandlung sonstiger Vertragswidrigkeiten. Bei quantitativen Abweichungen ist zu beachten, dass diese durch Art. 35 Abs. 1 CISG explizit geregelt worden sind, während eine solche Regelung für die Verbrauchsgüterkaufrichtlinie unterblieben ist. Im Umkehrschluss könnte daraus gefolgert werden, dass mangels ausdrücklicher Regelung die Richtlinie diesem Ansatz gerade nicht folgen wollte. Daneben ist zu berücksichtigen, dass aus dem Wortlaut der Richtlinie insbesondere in Art. 2 Abs. 1 RL gefolgert werden kann, dass die Vertragswidrigkeit in besonderem Zusammenhang mit der Sache als solcher stehen muss. Die Lieferung einer zu geringen Menge stellt eine Vertragsverletzung in Form der teilweisen Nichterfüllung, nicht jedoch die Lieferung einer vertragswidrigen Sache dar. Auch das Subsidiaritätsprinzip gebietet eine einschränkende Auslegung, da sich die Probleme der Verbraucher beim grenzüberschreitenden Handel nur selten aus der Lieferung einer abweichenden Menge ergeben. Entsprechend fand diese Problematik auch im Grünbuch keine Berücksichtigung.[345] Lediglich die Weite des Vertragsmäßigkeitsbegriffs, kombiniert mit der Zwecksetzung der Richtlinie, sprechen für die Berücksichtigung von Quantitätsmängeln. Es spricht damit mehr für eine einschränkende Auslegung, letztlich liegt die Entscheidung jedoch beim Europäischen Gerichtshof.[346] Das gleiche muss auch im Hinblick auf die Einbeziehung

---

[344] So Schwartze, in: Verbraucherkauf in Europa, S. 135, wegen Verweis auf CISG; AnwKommentar/Pfeiffer, Art. 2, Rn. 1 ebenfalls wegen Parallele zum CISG; Grundmann, in: Europäisches Kaufgewährleistungsrecht, S. 300 betont die Weite des Begriffs der Vertragsmäßigkeit; zudem stellt er auf Vergleich mit CISG ab, da der Vorbildcharakter des CISG durch den Richtliniengeber betont wurde. Zudem sprächen historische und rechtsvergleichende Auslegung dafür; Roth, in: Zivilrechtswissenschaft und Schuldrechtsreform, S. 240, zieht einen Vergleich zum CISG heran und stellt fest, dass: zwar Wortlaut anders ist, indem kein Bezug zu Art und Menge vorliegt, aber dies gerade gewollt sein könnte, da sich aus Art. 2 Abs. 1 RL ohnehin ergibt, dass jede Abweichung eine Vertragswidrigkeit darstellt. Zwar bezieht sich Art. 2 Abs. 2 RL nur auf Sachmängel, aber es fehlt hier an einer Vermutung. Zudem: Auch Zielsetzung der Richtlinie spricht dafür, einen einheitlichen Sockel zu schaffen; Gsell, JZ 2001, S. 67, Fn. 19; Jorden/Lehmann, JZ 2001, S. 952; Anders, ZRP 2000, S. 294. Dagegen: Brors, JR 2002, S. 133; Ehmann/Rust, JZ 1999, S. 856. Die gelieferte Sache ist rein faktisch nicht die vertraglich geschuldete.

[345] Vgl. S. 109f. Grünbuch, die diesen Aspekt völlig unberücksichtigt lassen.

[346] Schwartze, in: Verbraucherkauf in Europa, S. 135; AnwKommentar/Pfeiffer, Art. 2 Rn. 5; Grundmann, EU-Kaufrechts-Richtlinie, Art. 2 Rn 12; Grundmann, in: Europäisches Kaufge-

von Rechtsmängeln und der verspäteten Lieferung gelten. Auch diesbezüglich fehlt es an einer ausdrücklichen Richtlinienregelung. Ein Blick auf die Ausführungen des Grünbuchs macht deutlich, dass der Rechtsmangel bereits in der Entstehungsgeschichte der Richtlinie keine Rolle spielte. Im Gegensatz zum CISG - gem. Art. 41 CISG hat der Verkäufer Ware frei von Rechten und Ansprüchen Dritter zu liefern - enthält die Richtlinie auch keine ausdrückliche Regelung.[347] Gegen die Einbeziehung der zu späten Lieferung spricht, dass in diesem Fall nicht die Sache als solche, sondern nur die Lieferung nicht vertragsgemäß ist. Der Wortlaut des Art. 2 Abs. 1 RL bezieht sich jedoch gerade auf die Sache. Zudem spricht auch die Entstehungsgeschichte der Richtlinie gegen eine entsprechende Einbeziehung, da die verspätete Lieferung nicht Gegenstand der Erörterungen des Grünbuchs war.[348]
Insgesamt zeigt sich, dass das Verständnis des Anwendungsbereichs der Richtlinie noch nicht abschließend geklärt ist. Es obliegt somit dem Europäischen Gerichtshof, diesen abschließend zu bestimmen. Im Hinblick auf die Umsetzungsverpflichtung ist es für die Mitgliedsstaaten - soweit systematisch möglich - empfehlenswert, die Rechtsfolgen der Vertragswidrigkeit möglichst weitgehend zugänglich zu machen und somit die vollständige Umsetzung in jedem Fall zu gewährleisten.

(5) Der für die Bestimmung der Vertragsmäßigkeit relevante Zeitpunkt

Schließlich stellt sich die Frage, zu welchem Zeitpunkt die Vertragsmäßigkeit der Ware gegeben sein muss. Die Richtlinie trifft diesbezüglich keine eindeutige Regelung. Art. 3 Abs. 1 RL bestimmt lediglich, dass der Verkäufer für jede Vertragswidrigkeit haftet, die zum Zeitpunkt der Lieferung des Verbrauchsguts besteht. Aus dieser Vorschrift werden unterschiedliche Schlussfolgerungen gezo-

---

währleistungsrecht, S. 300; Roth, in: Zivilrechtswissenschaft und Schuldrechtsreform, S. 240 (jeweils mit den gleichen Argumenten wie in der vorangehenden Fußnote); dagegen: Bradgate/Twigg-Flesner, Consumer Guarantees, S. 43.

[347] Mit weiteren Begründungsansätzen: Vorsmann, Mängelhaftung, S. 157 wegen nicht möglicher Nachbesserung; AnwKommentar/Pfeiffer, Art. 2, Rn. 2, Ernst/Gsell, ZIP 99, 1410; auch: ZIP 2000, S. 1411: Vergleich zum CISG unter Hervorhebung, dass es deutlich zum Ausdruck hätte kommen müssen, dass auch Rechtsmängel umfasst sein sollen. Einzelne Vorschriften haben vielmehr nur den Sachmangel vor Augen; Roth, in: Zivilrechtswissenschaft und Schuldrechtsreform, S. 238, betont, dass Erwägungsgründe diesbezüglich keinen Bezug erkennen lassen, dass Regelung des Art. 2 Abs. 2 RL allesamt Sachmängel umfasst, dass die Entstehungsgeschichte dagegen spreche, dass das CISG zwischen Sach- und Rechtsmängeln in Terminologie und Ausgestaltung differenziere und das die Richtlinie ohnehin keinen abschließenden Charakter hat, sodass Lücken durchaus gewünscht sein können. Brüggemeier, JZ 2000, S. 530. beruft sich auf die Entstehungsgeschichte, den systematischen Kontext und dass sich Ausführungen auf Qualitätsmängel konzentrieren. Dafür: Schwartze, in Verbraucherkauf in Europa, S. 135; Rieger, VUR 1999, 287; Schmidt-Räntsch, ZEuP 1999, S. 301.

[348] Vgl. wiederum S. 109 f. des Grünbuchs.

gen.[349] Teilweise wird argumentiert, durch den Bezug zum Zeitpunkt der Lieferung knüpfe die Richtlinie an den Übergang der tatsächlichen Herrschaftsgewalt über die Sache an, wie es ohnehin in den meistens innerstaatlichen Rechten grundsätzlich der Regelfall sei.[350] Dafür spräche die Interessengerechtigkeit, da derjenige, in dessen unmittelbarem Besitz sich die Sache befindet, auch die mit der Sache verbundenen Risiken besser beherrschen kann. Zudem müsse bei der Auslegung auch die von Art. 36 CISG abweichende Formulierung berücksichtigt werden, die gerade auf den Zeitpunkt des Gefahrübergangs abstellt. In den Erwägungsgründen der Richtlinie wird zudem klargestellt, dass die nationalen Regelungen über den Gefahrübergang unberührt bleiben.[351] Dies müsse dahingehend verstanden werden, dass zwar die Vorschriften des Gefahrübergangs keiner Änderung bedürfen, aber dennoch die Mitgliedsstaaten dafür Sorge zu tragen haben, dass gerade beim Versendungskauf die Vertragswidrigkeit erst zum Zeitpunkt der tatsächlichen Übergabe an den Käufer, d.h. beim Versendungskauf der Aushändigung durch den Transporteur, bestimmt wird.
Nach der Gegenauffassung wird davon ausgegangen, dass die Richtlinie den entscheidenden Zeitpunkt nicht konkretisieren, sondern der Bestimmung durch die Mitgliedsstaaten überlassen wollte.[352] Eine Änderung der bestehenden Rechtsvorschriften in den Mitgliedsstaaten sei daher in keinem Fall erforderlich. Zur Begründung wird ebenfalls auf Erwägungsgrund 14 RL verwiesen und dieser dahingehend verstanden, dass er die Mitgliedsstaaten von der Anpassung ihrer Regelungen gerade freisprechen wolle. Dafür spräche auch die Entstehungsgeschichte der Richtlinie, die ursprünglich auf die tatsächliche Lieferung abstellte[353], von deren Formulierung jedoch im weiteren Verlauf Abstand genommen wurde. Auch die Verwendung des neutralen Begriffs der Lieferung in Art. 3 Abs. 1 RL spräche zudem für die genannte Auslegung.
Während in der überwiegenden Zahl der Verbrauchergeschäfte die Sache unmittelbar an den Verbraucher übergeben wird, und folglich der Zeitpunkt der unmittelbaren Übergabe regelmäßig mit dem des Gefahrübergangs zusammenfallen wird, bereitet die Einordnung solcher Geschäfte Schwierigkeiten, bei denen die Ware zur Lieferung an den Verbraucher zunächst einem Transportunternehmer übergeben wird. Soweit der Zeitpunkt des Gefahrübergangs für die Bestimmung der Vertragswidrigkeit ausschlaggebend sein soll, liegt dieser damit vor der tatsächlichen Übergabe an den Verbraucher. Aus dem Blickwinkel des Verbrau-

[349] Ohne Position einzunehmen: Benjamin, Supplement, Rn. 1-077; ansonsten siehe im Folgenden mit jeweils weiteren Nachweisen.
[350] Schwartze, ZEuP 2000, S. 559; Grundmann/Bianca, in EU-Kaufrechts-Richtlinie, Art. 3 Rn. 12; Taylor/Naidoo, WJCLI 2002, 4.
[351] Erwägungsgrund 14 RL.
[352] Staudenmayer, ERPL 2000, S. 553f.; AnwKommentar/Pfeiffer, Art. 3 Rn. 3.
[353] Art. 3 Abs. 1 des Richtlinienentwurfs sowie Art. 3 Abs. 1 des geänderten Richtlinienvorschlags stellen beide ausdrücklich auf die Übergabe an den Verbraucher ab.

cherschutzes scheint es erstrebenswert, erst den zweitgenannten Zeitpunkt als ausschlaggebend zu betrachten und dadurch das Risiko der zufälligen Verschlechterung der Ware beim Transport auf den Verkäufer zu übertragen.[354] Ein entsprechender Ansatz fand sich, wie soeben erwähnt, noch im ersten Richtlinienentwurf, nach dem es auf den Zeitpunkt der Übergabe an den Verbraucher ankommen sollte.[355] Die endgültige Fassung stellt jedoch nur noch auf den rechtlich neutralen Zeitpunkt der Lieferung ab. Zwar ist danach auch weiterhin eine Auslegung dahingehend möglich, dass der relevante Zeitpunkt in der unmittelbaren Übergabe der Sache an den Verbraucher liegt.[356] Neben der Wortlautänderung im Vergleich zum Richtlinienentwurf widerspricht dem jedoch insbesondere Erwägungsgrund 14. Dieser stellt klar, dass eine Änderung der Gefahrtragungsregeln im Hinblick auf die Bestimmung des Zeitpunkts der Lieferung zur Schonung der bestehenden nationalen Systematik nicht erforderlich sein soll.[357] Ein Auseinanderfallen des Zeitpunkts des Gefahrübergangs und des relevanten Moments zur Bestimmung der Vertragsmäßigkeit ist jedoch systematisch nicht sinnvoll. Die Richtlinie kann daher nur dahingehend verstanden werden, dass die Bestimmung des entscheidenden Zeitpunkts dem nationalen Recht obliegt. Folglich ist die Bestimmung der Vertragswidrigkeit auch bereits zum Zeitpunkt der Übergabe an den Transportunternehmer möglich, soweit dies das nationale Recht so vorsieht.[358]

Die praktischen Folgen der fehlenden Festlegung des relevanten Zeitpunkts zur Bestimmung der Vertragsmäßigkeit sind aufgrund der Beweislastregelung des Art. 5 Abs. 3 RL jedoch nur von untergeordneter Bedeutung. Nach dieser Vorschrift wird zugunsten des Verbrauchers bei Auftreten eines Mangels innerhalb der ersten sechs Monate vermutet, dass der Mangel bereits bei Lieferung der Sache bestand. Relevant ist der Zeitpunkt der Lieferung daher nur in den Fällen, in denen Art. 5 Abs. 3 RL aufgrund der beinhalteten Ausnahmeregelungen nicht anwendbar ist oder sich Schwierigkeiten bei der Berechnung des sechsmonatigen Zeitraums für die Beweislastumkehr ergeben.

---

[354] Dafür aus verbraucherschutzpolitischen Gründen Taylor/Naidoo, WebJCLI 2002, 3. unter 4., die jedoch auch erkennen müssen, dass die Richtlinie keine zwingenden Vorgaben diesbezüglich beinhaltet.

[355] Art. 3 Abs. 1 RL-Entwurf, weniger deutlich Art. 2 Abs. 2 RL-Entwurf, der lediglich von Übergabe spricht.

[356] Ehmann/Rust, JZ 1999, S. 857.

[357] Erwägungsgrund 14 RL; siehe auch Staudenmayer, NJW 1999, S. 2395; Grundmann, ERPL 2001, S. 252.

[358] So auch Schwartze, in: Verbraucherkauf in Europa, S. 137; einen Überblick über einige der mitgliedsstaatlichen Rechtssysteme enthält Taylor/Naidoo, WebJCLI 2002, 3, unter 4.

b) Die Systematik des englischen Rechts

(1) Die Kriterien der ss13-15 SGA

Bereits rein terminologisch betrachtet, stellt das Abstellen auf die Vertragsmäßigkeit der Ware, d.h. auf die „conformity with the contract", für das englische Recht kein Novum dar. Der SGA räumte bereits vor der Umsetzung dem Käufer in s34 SGA das Recht ein, die gelieferten Waren auf ihre Vertragsmäßigkeit hin zu untersuchen. Zudem findet die Untersuchungsmöglichkeit in Bezug auf die Vertragsmäßigkeit der Ware bei der Beurteilung des Vorliegens einer Annahme gem. s35 (2) a SGA Berücksichtigung. Nicht aus diesen Vorschriften hervor geht indes die Verpflichtung des Verkäufers, eine vertragsmäßige Sache zu liefern. Diese folgt im englischen Recht mittelbar aus der Konstruktion des „breach of contract". Verletzt der Verkäufer eine von ihm übernommene vertragliche Verpflichtung, kann der Käufer bestimmte Rechte geltend machen. Den Anknüpfungstatbestand der Haftung des Verkäufers bilden damit auch im englischen Recht die vertraglichen Vereinbarungen.[359] Damit entspricht der Ansatz dem des Vertragsmäßigkeitskriteriums der Richtlinie. Grundlage der Haftung des Verkäufers ist stets die im Vertrag getroffene Vereinbarung, wobei primär entscheidend das ist, was die Parteien ausdrücklich vereinbart haben, die sog. „express terms".

Gerade in Verbraucherverträgen wird es jedoch häufig an ausdrücklichen Vereinbarungen mangeln. Diese Lücke wird durch die vom Gesetzgeber normierten, auf der Rechtsprechung des Common Law basierenden, stillschweigenden Vertragsbedingungen gefüllt. Von besonderer Bedeutung für den Warenkauf sind dabei die „implied terms" der ss13 – 15 SGA. Diese gelangen immer zur Anwendung, soweit sie nicht von den Parteien – soweit überhaupt zulässig – ausgeschlossen worden sind.[360] Fraglich ist die systematische Einordnung dieser „implied terms by law". Möglich erscheint einerseits die Klassifizierung als gesetzliche und damit objektive Haftung, andererseits aber auch als vertragliche Haftung, wenn die stillschweigenden Vertragsvereinbarungen als Teil der Parteiabsprache gesehen werden. Eindeutig geklärt ist die Einordnung von stillschweigenden Vertragsvereinbarungen lediglich für die „implied terms in fact", die sich in ihrer Funktion jedoch klar von den durch Gesetz oder in der Rechtsprechung entwickelten stillschweigenden Vertragsbedingungen unterscheiden. Ziel der erstgenannten Gruppe ist es, solche Vertragsbedingungen in den Vertrag miteinzubeziehen, die zwar nicht ausdrücklich genannt wurden, deren Einbeziehung jedoch von den Parteien beabsichtigt gewesen sein muss.[361] Dies gilt zum einen für sich aufdrängende Regelungen, die auch ohne ausdrückliche

[359] Nicht Teil der vertraglichen Verabredung sind daher die „representations".
[360] Die Möglichkeit des Ausschlusses richtet sich nach den Vorschriften des UCTA und der Unfair Terms in Cosumer Contracts Regulations 1999.
[361] Treitel, Law of Contract, S. 201.

Nennung von beiden Seiten als vertraglich vereinbart angesehen wurden[362], aber auch für solche, die notwendig sind, um dem Geschäft „business efficacy", also angemessene Effektivität und Wirksamkeit zu verleihen.[363] Nicht ausreichend ist es, dass eine Implikation nur zweckmäßig („reasonable") wäre.[364] Grund der Implikation kann es somit nur sein, dem unmittelbar geltenden Willen der Parteien Rechnung zu tragen, folglich bietet die vertragliche Vereinbarung den alleinigen Anknüpfungspunkt für die systematische Einordnung.
Von dieser Fallgruppe sind die „implied terms in law" zu unterscheiden. Bei deren Implikation wird nicht unmittelbar auf den Willen der Parteien, sondern auf die für einzelne Vertragstypen von der Rechtsprechung entwickelten und teilweise in Gesetzen kodifizierten allgemeinen Grundsätze zurückgegriffen. Zurückzuführen sind die entsprechenden Implikationen auf Gerechtigkeits- und Grundsatzerwägungen („justice and policy"[365]). Die Einordnung dieser Vertragsbedingungen bereitet Schwierigkeiten, da sie auch gegen den Willen zumindest einer der Parteien zur Anwendung kommen, solange sie nicht wirksam ausgeschlossen wurden. Eine Einordnung als gesetzliche Verpflichtung liegt somit nahe.[366] Eine andere Position könnte sich jedoch aufgrund des Wortlauts der entsprechenden Vorschriften ergeben, der diese ausdrücklich als „implied terms" und damit als Teil der vertraglichen Vereinbarungen bezeichnet. Dies dient jedoch vor allem der systematischen Integration im Hinblick auf das Konzept des „breach of contract". Allerdings könnte argumentiert werden, dass die Parteien, aufgrund ihres Wissens um die von Gesetzes wegen implizierten Vertragsvereinbarungen, bei gleichzeitigem Unterlassen einer Ausschlussregelung diese zumindest stillschweigend in die vertragliche Regelung mit aufnehmen wollen.[367] Trotz dieser Argumente hat sich die Überzeugung durchgesetzt, dass die stillschweigenden Vertragsbedingungen nur konstruktiv als solche bezeich-

---

[362] Herangezogen wird dafür der „officious bystander" test, MacKinnon, L.J. in Shirlaw v Southern Foundries (1926) Ltd. [1939] 2 K.B. 206, S. 227: „Prima facie that which in any contract is left to be implied and need not be expressed is something so obvious that it goes without saying; so that, if while the parties were making their bargain an officious bystander were to suggest some express provision of it in the agreement, they would testily suppress him with a common "Oh, of course"."

[363] Luxor (Eastbourne) Ltd. v Cooper [1941] A.C. 108, S. 137.

[364] Reigate v Union Manufacturing Co (Ramsbottom) Ltd. [1918] 1 K.B. 592, S. 605.

[365] The Star Texas [1993] 2 Lloyd's Rep. 445, S. 491.

[366] Luxor (Eastbourne) Ltd (in liquidation) and Others v Cooper, [1941] 1 All ER 33: "The expression "implied term" is used in different senses. Sometimes it denotes some term which does not depend on the actual intention of the parties but on a rule of law, such as the terms, warranties or conditions which, if not expressly excluded, the law imports, as, for instance, under the Sale of Goods Act and the Marine Insurance Act." So daher auch: Treitel, Law of Contract, S. 208–210; Mansel, AcP 2004, S. 442; Collins, The Law of Contract, S. 246.

[367] Zu dieser Möglichkeit: Riley, Oxford Journal of Legal Studies, S. 367 ff, 1./2.

net werden, ohne dass damit die Anordnung qua Gesetz in Frage gestellt werden könnte.
Aufgrund der Konzeption der „implied terms in law“ kommt das englische Recht ohne Vermutungswirkung aus. Die Kriterien der ss13 – 15 SGA kommen grundsätzlich zur Anwendung, es sei denn, sie werden ausnahmsweise und in den Grenzen des UCTA ausgeschlossen. Das englische Recht stellt damit nicht vorrangig auf die vertragliche Vereinbarung ab, wie sie die Parteien ohne die gesetzlichen Regelungen getroffen haben. Vielmehr stehen die vertraglichen Vereinbarungen neben diesen. Die vorgesehenen Kriterien sind teilweise objektiver - wie s14 (2) SGA -, überwiegend jedoch subjektiver Natur.[368]

(2) Die Behandlung weiterer Vertragsabweichungen

Aus dem Wesen des englischen Rechts, als Haftungstatbestand allgemein an das Vorliegen eines Vertragsbruchs anzuknüpfen, ergibt sich auch die Vorgehensweise im Hinblick auf andere, nicht auf die Beschaffenheit der Sache bezogene Abweichungen. Grundsätzlich stellt jede Abweichung einen Vertragsbruch dar.[369] Es bleibt für das Vorliegen der Vertragsverletzung ohne Bedeutung, ob eine andere Sache, eine Sache mit Rechtsmängeln, eine zu geringe Menge oder aber verspätet geliefert wurde. Unterschiedlich sind lediglich die dadurch bewirkten Rechtsfolgen, die insbesondere davon abhängen, ob es sich bei der verletzten Vertragsbedingung um eine „condition“, eine „warranty“ oder einen „innominate term“ handelt. Zudem beinhaltet das englische Recht bei den Rechtsfolgen eine Differenzierung bei der quantitativen Abweichung.[370]

(a) Falschlieferung

Im englischen Recht macht es systematisch grundsätzlich keinen Unterschied, ob der Verkäufer eine andere als die geschuldete oder aber eine fehlerhafte Sache liefert. In beiden Fällen liegt ein Schadensersatzansprüche auslösender Vertragsbruch vor, der bei Vorliegen der weiteren Voraussetzungen auch zur Beendigung des Vertrages berechtigt, da die Lieferung eines „aliud“ regelmäßig eine Verletzung der s13 SGA, in jedem Fall aber einer wesentlichen Vertragsvereinbarung im Sinne einer „condition“ darstellt.[371] Teilweise wird jedoch vertreten, die Unterscheidung zwischen Falsch- und Schlechtlieferung habe unter Umstän-

---

[368] Harvey/Parry, Consumer Protection, S. 99.
[369] Zu beachten ist lediglich die Regel „de minimus non curat lex“, angewendet in Shipton Anderson & Co. Ltd v Weil Bros & Co Ltd [1912] 1 K.B. 574, in dem die Abweichung 55 lb bei einer Gesamtmenge von 4950 Tonnen betrug. Diese Regel ist durch die Änderungen des Sale of Goods (Amendments) Act 1994 zumindest bei unternehmerischen Geschäften in den Hintergrund getreten.
[370] Siehe dazu im nächsten Abschnitt.
[371] Vgl. dazu weiter unten.

den Konsequenzen für die Möglichkeit des Käufers, auch nach Ablauf einer angemessenen Zeit den Vertrag beendigen zu können.[372] Begründet wird dies damit, dass die Lieferung einer anderen als der konkreten bzw. zumindest gattungsmäßig bestimmten Sache eine Nichterfüllung darstelle und damit als Verletzung einer grundlegenden („fundamental“[373]) von der einer wesentlichen Vertragsvereinbarung zu unterscheiden sei.[374] Gem. s11 (4) SGA wirke sich die Annahmeregelung der s35 SGA jedoch nur auf letztere Gruppe der Vertragsvereinbarungen aus. Es ist jedoch nicht abschließend geklärt, inwieweit diese Ansicht zutreffend ist. Gegen sie sprach die Entscheidung in Charterhouse Credit Co Ltd v Tolley[375], die im konkreten Fall die Lieferung eines Fahrzeugs mit gebrochener Hinterachse betraf, aber zusätzlich klarstellte, dass selbst bei Lieferung einer anderen Sache, wenn z.B. „statt eines Traktors ein Pferd geliefert worden wäre“, die Regelung der s35 SGA Anwendung gefunden hätte.[376] Dieses Urteil wurde allerdings zwischenzeitlich aufgehoben. Ob die enthaltene Aussage weiterhin Geltung entfaltet, ist nicht abschließend geklärt.[377] Teilweise wird jedoch auch aus weiteren Entscheidungen geschlossen, dass die Lieferung einer anderen Sa-

---

372 Atiyah, Sale of Goods, S. 78; Gower, M.L.R. 1949, S. 370.

373 Das Abstellen auf den Begriff der „grundlegenden Vertragsvereinbarung“ verwunderte zunächst, da diese Bezeichnung im englischen Recht ausschließlich in Zusammenhang mit vertraglichen Haftungsausschlüssen gebraucht und als Abgrenzung zu „conditions“ und „warranties“ verwendet wurde. Eine Auslegung des Vertrages sollte ergeben, dass sich ein vereinbarter Haftungsausschluss nicht auf fundamentale Vertragsvereinbarungen erstrecken sollte. Mit der Klarstellung in Suisse Atlantique Societe d'Armement SA v NV Rotterdamsche Kolen Centrale [1967] 1 A.C. 361 wurde jedoch höchstrichterlich entschieden, dass es sich dabei nicht um eine „rule of law“, sondern nur um eine „rule of construction“ handelt. Sie konnte daher nur insoweit zur Anwendung kommen, als die Parteien keine ausdrückliche Vereinbarung bezüglich des Haftungsausschlusses getroffen hatten und somit eine Auslegung notwendig bzw. möglich war. Folge war, dass in der Praxis die Haftungsausschlüsse zunehmend intensiv geregelt worden sind und folglich für die Auslegungsregel nur noch ein geringer Anwendungsbereich verblieb. Entscheidend zum Rückzug der „fundamental terms“ trug zudem das Inkrafttreten des Unfair Contract Terms Act 19977 bei, durch den unverhältnismäßige Vertragsklauseln ohnehin unwirksam blieben. Siehe dazu. Atiyah, Sale of Goods, S. 75 ff. Die Überlegung, auch die Fälle der Falschlieferung unter dieser Begrifflichkeit zu erörtern, ist insbesondere auf die Entscheidung in George Mitchell (Chesterhall) Ltd. v Finney Lock Seeds Ltd [1983] 2 A.C. 803 zurückzuführen. Zwar wurde auch hier eine Haftungsausschlussklausel bereits aufgrund des UCTA für unwirksam erklärt, doch stellten die Richter fest, dass die Lieferung einer Sache von ganz anderer Art als der vertraglich geschuldeten, so z.B. bei Bohnen anstatt Erbsen, eine Verletzung eines „fundamental terms“ darstellt. Für den ihnen vorliegenden Fall, bei denen es sich lediglich um eine unterschiedliche Qualität von Saatgut handelte, wurde eine Anwendung der Auslegungsregel jedoch nicht für möglich erachtet.

374 Atiyah, Sale of Goods, S. 77.

375 [1963] 2 Q.B. 683.

376 Atiyah, Sale of Goods, S. 77.

377 Gegen eine Fortgeltung Atiyah, Sale of Goods, S. 78.

che wie die einer qualitativ minderwertigen Sache zu behandeln sei.[378] Allerdings ist selbst dann zu berücksichtigen, dass in der Entscheidung in Suisse Atlantique Societe d'Armement Maritime v NV Rotterdamsche Kolen Centrale[379] die Lieferung einer anderen Sache lediglich als Angebot zum Abschluss eines neuen Vertrages gewertet wurde. Dann kann sie nicht zur Erfüllung der Leistungspflicht erfolgt sein, sodass wiederum ein Umgehen der Annahmeregelungen der s35 SGA möglich ist.[380] Letztlich bleibt in diesem Bereich jedoch vieles ungeklärt, was insbesondere auch für die Abgrenzung der Falsch- von der Schlechtlieferung gilt.

(b) Sonstige Abweichungen von der vertraglichen Vereinbarung

Auch die Behandlung sonstiger Abweichungen der Lieferung von der vertraglichen Vereinbarung fügt sich in die Haftungssystematik des englischen Rechts ein und bereitet daher systematisch keine Schwierigkeiten. Allerdings enthält das Warenkaufgesetz sowohl im Hinblick auf Rechtsmängel als auch hinsichtlich quantitativer Abweichungen und verspäteter Lieferung Spezialregelungen. S12 SGA regelt die Haftung des Verkäufers für Rechtsmängel. Es stellt danach sowohl eine Vertragsverletzung dar, wenn der Verkäufer kein Recht zum Verkauf der Ware hat[381], als auch, wenn die Sache mit Rechten Dritter belastet ist[382]. Unterschiedlich sind jedoch je nach Situation die Rechtsfolgen: Während im ersten Fall die stillschweigende Vertragsvereinbarung gem. s12 (5) SGA als „condition" eingeordnet wird, löst die Verletzung der s12 (2) SGA ausschließlich Schadensersatzansprüche aus. Dies ist gerechtfertigt, da der Käufer das Eigentum an der Sache in jedem Fall erwirbt und zugleich die Belastungen durch den Schadensersatz aufheben kann.
Auch die Lieferung einer zu geringen Menge stellt einen Vertragsbruch dar. In s30 (1) SGA wird dies dahingehend konkretisiert, dass der Käufer die Ware entweder zurückweisen oder aber, wenn er sie annimmt, zum proportionalen Kaufpreis behalten kann. Daneben tritt die Möglichkeit des Käufers, Schadensersatz wegen Nichtlieferung zumindest eines Teils zu verlangen. Insgesamt stellen somit auch die Rechtsfolgen der Quantitätsabweichung keine Besonderheit gegenüber den Rechtsfolgen bei Schlechtleistung, d.h. bei Verstoß gegen ss13 – 15 SGA dar.[383]

---

[378] So Benjamin/Reynolds, Rn. 12-066 im Hinblick auf Wilson v Ricket, Cockerell & Co. Ltd. [1954] 1 Q.B. 598. Dieser Fall ist jedoch weniger eindeutig.
[379] [1967] 1 A.C. 361, S. 404.
[380] Atiyah, Sale of Goods, S. 78.
[381] S12 (1) SGA.
[382] S12 (2) SGA. Besonderheiten gelten nach den s12 (3)-(5) SGA, wenn der Verkäufer gem. dem Kaufvertrag ausschließlich die ihm zustehenden Rechte an der Sache übertragen soll.
[383] Zu den Parallelen Atiyah, Sale of Goods, S. 135 f.

Schließlich betrifft s10 SGA die Vereinbarung über den Zeitpunkt der Lieferung. Der Gesetzgeber hat klargestellt, dass zumindest, was den Zeitpunkt der Zahlung angeht, dies keine wesentliche Vertragsvereinbarung und damit nur eine Schadensersatz auslösende Vertragsverletzung darstellt.[384] Bei allen anderen Vereinbarungen, die einen Zeitpunkt zum Gegenstand haben, kommt es hingegen auf den Inhalt des Vertrages an, ob er neben der Forderung von Schadensersatz auch zur Vertragsbeendigung berechtigen soll. Dabei wird gerade bei Verträgen zwischen Gewerbetreibenden die Vereinbarung über den Zeitpunkt der Lieferung von den Gerichten in ständiger Rechtsprechung als wesentlich eingeordnet.[385] Für den Verbrauchsgüterkauf ist die Rechtslage hingegen nicht durch die Rechtsprechung konkretisiert worden.

(3) Zeitpunkt der Beurteilung der Vertragsmäßigkeit

Das englische Warenkaufrecht verfügte vor Umsetzung über keine ausdrückliche Regelung des für die Bestimmung der Vertragsmäßigkeit ausschlaggebenden Zeitpunkts. Überwiegend wurde auf den Zeitpunkt des Gefahrübergangs abgestellt[386], der sich mangels vertraglicher Vereinbarung nach dem Zeitpunkt des Eigentumsübergangs, s20 (1) SGA, richtete, für den wiederum der Wille der Parteien ausschlaggebend war, s17 SGA. Soweit die Parteien keine ausdrückliche Regelung getroffen hatten, bestimmte sich der Wille der Parteien nach s18 SGA. Danach war zwischen Stück- und Gattungskauf zu unterscheiden. Handelte es sich bei einen Stückkauf um einen unbedingten Vertrag, dessen Gegenstand sich im lieferbaren Zustand befand, ging das Eigentum und gemäß s20 (1) SGA auch die Gefahr bereits mit Vertragsschluss über, s18 Rule 1 Sale of Goods Act.[387] Es kam dabei nicht darauf an, ob auch der Besitz an der Sache an den Käufer übertragen wurde.[388] In den Fällen, in denen es sich hingegen um den Kauf einer unbestimmten Gattungsware („unascertained goods") handelte, kam eine Eigentumsübertragung erst dann in Betracht, wenn die Ware ausgesondert und dem Käufer unbedingt angeboten („appropriated") worden war.

---

[384] S10 (1) SGA.

[385] Hartley v Hymans [1920] 3 K.B. 475, S. 484 durch Mc Cardie J: "In ordinary commercial contracts for the sale of goods the rule clearly is that time is prima facie of the essence with respect to delivery."

[386] Benjamin/Reynolds, 11-062; Taylor/Naidoo, WJCLI 2002, 3., konkretisieren dies auf den Zeitpunkt der "constructive delivery" und meinen damit die Fälle, in denen der Verkäufer die Sache verschickt. Bereits mit der Übergabe der Ware an den Transporteur kommt es zur Eigentumsübertragung. Bei diesem Zeitpunkt handele es sich um eine „konstruierte" Lieferung.

[387] Entsprechend wurde auch bereits in der Rechtsprechung an den Vertragsschluss als ausschlaggebenden Zeitpunkt plädiert. Siehe R & B Custom Brokers Co Ltd v United Dominions Trust Ltd [1988] 1 All ER 847 zu s14 (2) SGA: "So far as sub-s (2) is concerned, the relevant date is the date when the contract was made."

[388] Dies ergibt sich auch ausdrücklich aus s20 (1) SGA.

Beim Versandkauf war dies dann der Fall, wenn die Sache dem Transportunternehmer übergeben wurde.[389] Der Käufer trug ab diesem Zeitpunkt die Gefahr des Untergangs oder der Verschlechterung, die tatsächliche Übergabe an ihn war nicht entscheidend. Dies hatte zur Folge, dass ein Vorliegen der Vertragsmäßigkeit nur bis zur Übergabe der Ware an den Transporteur erforderlich war. Ein besonderer Schutz des Verbrauchers war nicht vorgesehen.

c) Die Umsetzung in England

Zur Umsetzung der Richtlinie waren keine grundlegenden systematischen Änderungen notwendig, da das englische Recht aufgrund des einheitlichen Haftungstatbestandes selbst bei einer extensiven Richtlinienauslegung alle relevanten Vertragswidrigkeiten umfassend berücksichtigt.[390] Dies gilt auch in Bezug auf die systematische Einordnung der Art. 2 Abs. 2 lit. a - d RL entsprechenden Vertragsmäßigkeitskriterien. Das englische Recht kennt keine Vermutungsregelung, sondern schreibt die Anwendung der ss13-15 SGA umfassend vor. Durch die Klassifizierung als stillschweigende Vertragsbedingungen wird jedoch auch der im englischen Recht geltende Grundsatz der Vertragsmäßigkeit deutlich. Ein Ausschluss der relevanten Kriterien kommt lediglich durch die Vereinbarung einer Haftungsbegrenzungsklausel in Betracht, die beim Verbrauchsgüterkauf jedoch nur in Ausnahmefällen zulässig ist.[391]
Geändert wurden durch die Sale and Supply of Goods to Consumers Regulations 2002 allerdings die Vorschriften im Bereich der Gefahrtragungsregeln.[392] Die vorgenommenen Änderungen verwundern, da die Ausführungen zur Richtlinie gezeigt haben, dass nach der vorzugswürdigen Auffassung der Zeitpunkt, zu dem die Ware mit dem Vertrag übereinstimmen muss, gerade nicht verbindlich festgelegt werden sollte.[393] Den Mitgliedsstaaten stand es damit offen, ihre bestehenden Regelungen beizubehalten. Im Gegensatz zur sonstigen, restriktiv geprägten Umsetzung hat sich die englische Regierung dazu entschieden, in diesem Bereich über die Umsetzungspflicht hinauszugehen und die bestehenden Vorschriften allgemeinen verbraucherschutzpolitischen Erwägungen anzupassen.[394]

[389] Bradgate/Twigg-Flesner, Consumer Guarantees, S. 71.
[390] Änderungen durch die Supply of Goods and Services to Consumers Regulations 2002 betreffen lediglich die Bestimmung zur Qualität der Sache und werden im folgenden Abschnitt erörtert. Vgl. dazu. Teil C, IV., 3. dieser Arbeit.
[391] Vgl. dazu Teil C, IV., 3., a) dieser Arbeit.
[392] Nicht den Warenkauf betreffend, dennoch über die Richtlinie hinausgehend sind die Änderung der Miet- und des Mietkaufsrechts.
[393] Teil C, II., 1., a), (5) dieser Arbeit.
[394] Anders natürlich nach der Gegenauffassung im Hinblick auf die Richtlinie, die eine verpflichtende Vorgabe in der Richtlinie enthalten sieht. Vgl. zur Umsetzung den unmittelbar folgenden Abschnitt.

Zu beachten ist in Bezug auf die geänderten Gefahrtragungsregeln zunächst, dass der für die Bestimmung der Vertragsmäßigkeit der Ware relevante Zeitpunkt im Hinblick auf das neue Rechtsfolgenregime der ss48A ff. SGA nunmehr durch s48A (1)(b) SGA ausdrücklich bestimmt ist. Entscheidend ist der Zeitpunkt der Lieferung („delivery"), nicht der des Gefahrübergangs. Entsprechend der Legaldefinition der s61 (1) SGA handelt es sich bei der Lieferung um die freiwillige Besitzüberlassung. Der gewählte Ansatz bereitet Probleme, da nicht feststeht, wie weit der Begriff der Besitzüberlassung und damit der Lieferung auszulegen ist. Bereits vor der Umsetzung war umstritten, ob es nur auf den Zeitpunkt der tatsächlichen oder auch den einer konstruierten Lieferung ankommen soll.[395] Eine konstruierte Lieferung liegt dann vor, wenn der Käufer die Sache zwar noch nicht persönlich übergeben bekommen hat, der Verkäufer jedoch aufgrund des Vertrages anerkennt, für den Käufer zu besitzen.[396] Auch bei Übergabe der Ware an eine Transportperson könnte eine Lieferung im Sinne der s48A (1)(b) SGA gesehen werden. Dem verbraucherschutzpolitischen Erfolg der Vorschrift wären damit enge Grenzen gesetzt worden. Auch der englische Gesetzgeber hat dies erkannt und in s32 (4) SGA - der den Zeitpunkt der Lieferung bei Versendungskäufen konkretisiert - festgelegt, dass bei einer Versendung der Ware an den Verbraucher die Übergabe der Ware an den Transporteur nicht bereits die Übergabe an den Verbraucher darstellt.[397] Dem Konzept der „constructive delivery" wurde damit in dieser Konstellation eine Absage erteilt. In den anderen Konstellationen bleibt es zumindest auch weiterhin möglich, auf den Zeitpunkt einer konstruierten Lieferung abzustellen, insoweit bleibt die bestehende Rechtsunsicherheit bestehen.[398] Allerdings legt die Regelung beim Versendungskauf nahe, dass generell der Zeitpunkt der tatsächlichen Lieferung ausschlaggebend sein soll.
Diese Ansicht wird auch durch die Änderungen der Vorschriften zur Gefahrtragung in s20 (4) SGA unterstützt. Da der Zeitpunkt der Lieferung nur für die Anwendbarkeit der ss48A ff. SGA ausschlaggebend ist, verbleibt die Möglichkeit, dass auch weiterhin bei der Bestimmung der Vertragsmäßigkeit für die allgemeinen Rechtsbehelfe auf den Zeitpunkt der Gefahrtragung abgestellt wird. Um einen abweichenden Zeitpunkt zu vermeiden, wurde s20 SGA durch Regulation 4 dahingehend geändert, dass bei Verbraucherkäufen[399] keine Vermutung

[395] Bradgate/Twigg-Flesner, Consumer Guarantees, S. 82; Benjamin, Supplement, Rn. 1-087, die beide davon ausgehen, dass auch weiterhin die konstruierte Übergabe ausreichend ist.
[396] Michael Gerson (Leasing) Ltd v Wilkinson [2001] Q.B. 514.
[397] Durch den Ausschluss der Wirkung der s32 (1) SGA besteht auch gerade keine Vermutung mehr dahingehend, dass bei Verbraucherkäufer die Übergabe an den Transporteur zugleich die Lieferung an den Verbraucher darstellt.
[398] Twigg-Flesner, GPR 2003, S. 16.
[399] Auch an dieser Stelle wird die Ungenauigkeit des englischen Gesetzgebers deutlich: abgestellt wird darauf, dass der Käufer ein Verbraucher „ist", obwohl ansonsten ausschließlich auf

mehr dafür besteht, dass die Gefahr mit der Eigentumsübertragung einhergeht.[400] Ausschlaggebend soll vielmehr entsprechend s48A (1) (b) SGA auch für den Zeitpunkt des Gefahrübergangs der Zeitpunkt der Lieferung an den Verbraucher sein. Von Bedeutung ist, dass gem. s20 (4) SGA die Gefahr auch dann erst mit der unmittelbaren Übergabe der Sache an den Käufer übergeht, wenn sich dieser schuldhaft im Annahmeverzug befunden hat.[401] Auch wenn dadurch der Schutz des Verbrauchers in dieser Konstellation gestärkt wird, ist die Regelung wenig interessengerecht, da dem Verkäufer lediglich die Möglichkeit verbleibt, den ihm entstandenen Schaden mittels eines Schadensersatzanspruchs gem. ss50 bzw. 37 (1) SGA herauszuverlangen.

2. Das Kriterium der Vertragsmäßigkeit im Besonderen

Im Rahmen der Vermutungstatbestände nennt die Richtlinie in Art. 2 Abs. 2 lit. a – d verschiedene Kriterien, die mangels abweichender Parteivereinbarung zur Beurteilung der Sollbeschaffenheit heranzuziehen sind. Kennzeichnend ist sowohl eine subjektive als auch eine objektive Ausrichtung der Kriterien. Art. 2 Abs. 2 lit. a und b RL knüpfen an die vom Verkäufer gegebene Beschreibung, die Übereinstimmung mit einem vorgelegten Muster bzw. einer Probe und die Eignung für einen vom Verbraucher bekanntgegebenen Zweck an. Letzteres ist nur der Fall, wenn der Verkäufer der Eignung zugestimmt hat. Objektiver Natur ist hingegen das Anknüpfen gem. Art. 2 Abs. 2 lit. c RL an die Eignung für diejenigen Zwecke, für die Güter gleicher Art gewöhnlich gebraucht werden und gem. Art. 2 Abs. 2 lit. d RL an die Qualität und Leistung, die bei entsprechenden Gütern ebenfalls üblich ist. Die gewählten Anknüpfungstatbestände lassen eine starke Orientierung an Art. 35 Abs. 2 CISG deutlich werden. Systematisch finden die Kriterien des Art. 2 Abs. 2 RL ihr Äquivalent im Warenkaufgesetz in ss13-15 SGA. Neben einigen Abweichungen im Detail[402] stellt jedoch die Einbeziehung öffentlicher Äußerungen insbesondere des Herstellers oder dessen Vertreters zur Beurteilung der üblichen Qualität und Leistung ein Novum für das englische Recht dar. Bereits vor der Umsetzung legten die stillschweigenden Vertragsbedingungen die Anforderungen an die Beschaffenheit der Ware fest. Der englische Gesetzgeber war der Überzeugung, dass damit den Richtlinien-

ein „Handeln als Verbraucher" abgestellt wird. Mangels einer Definition des Verbrauchers muss davon ausgegangen werden, dass mit der geänderten Formulierung keine inhaltlichen Abweichungen verbunden sind. So auch Benjamin, Supplement, Rn. 1-084.

[400] Benjamin, Supplement, Rn. 1-080; Willett/Morgan-Taylor/Naidoo, J.B.L. 2004, S. 108.

[401] Kritisch bezüglich der daraus resultierenden Rechtslage: Chitty (Vol. 2)/Guest/Reynolds/Harris, Rn. 43 - 220 und Benjamin, Supplement, Rn. 1-081.

[402] Siehe insbesondere die unterschiedliche Formulierung mit Ausschlussregelung in Art. 35 Abs. 2 b) CISG. Auch fehlt es im CISG an einer ausdrücklichen Einbeziehung der Beschreibung des Verkäufers, Art. 35 Abs. 2 c) CISG verlangt nur, dass die Ware auch die Eigenschaften besitzt, die dem Käufer als Muster oder Probe vorgelegt worden sind.

vorgaben weitgehend Rechnung getragen wurde. Entsprechend beschränkte er die Umsetzung auf die partielle Ergänzung einzelner Vorschriften. Folglich ist die vor der Umsetzung bestehende Rechtslage im Hinblick auf den Verbrauchsgüterkaufkauf und die Vorgaben der Richtlinie von immenser Bedeutung.

a) Die Berücksichtigung einer vom Verkäufer gemachten Beschreibung und das Übereinstimmen mit vorgelegten Proben bzw. Mustern, Art. 2 Abs. 2 lit. a RL

(1) Vorgaben durch die Richtlinie

Gem. Art. 2 Abs. 2 lit. a RL stellt es ein Kriterium zur Bestimmung der Sollbeschaffenheit dar, dass das Verbrauchsgut mit der vom Verkäufer gegebenen Beschreibung übereinstimmt und dass es die Eigenschaften der Sache besitzt, die dem Verbraucher als Probe oder Muster vorgelegt wurde. Es handelt sich dabei um zwei voneinander unabhängige Kriterien, auch wenn der Wortlaut eine andere Auslegung zuließe. Die Übereinstimmung mit der Beschreibung wird nicht nur für den Fall gefordert, dass der Verkäufer auch eine Probe oder ein Muster vorgelegt hat.[403] Ist im konkreten Fall nur eines der beiden Kriterien anwendbar, reicht die Erfüllung der diesbezüglichen Voraussetzungen aus.[404]

(a) Übereinstimmung mit der Beschreibung des Verkäufers

Der für die Praxis des Verbrauchsgüterkaufs bedeutsamere Aspekt liegt in der notwendigen Übereinstimmung der Kaufsache mit der vom Verkäufer gegebenen Beschreibung. Das vorrangige Problem besteht dabei in der Bestimmung desjenigen, was unter den Begriff der Beschreibung zu fassen ist. Dies gilt sowohl im Hinblick auf den Rechtscharakter von Äußerungen des Verkäufers und damit für die Frage, ob auch einseitige Wissensbekundungen, die nicht Vertragsbestandteil geworden sind, als Beschreibung im Sinne der Richtlinie gewertet werden können, als auch im Hinblick auf die inhaltlichen Anforderungen an eine richtlinienrelevante Beschreibung. Letztgenannter Aspekt entfaltet gerade im Hinblick auf das englische Recht große Bedeutung, da dort grundsätzlich nur wesentliche Beschreibungen, und damit solche, die die Sache identifizieren, im Rahmen der s13 SGA Berücksichtigung finden.
Schwierigkeiten bereitet bei der Begriffsbestimmung, dass der Begriff der Beschreibung nicht durch den europäischen Gesetzgeber konkretisiert worden ist. Auch ein Vergleich mit dem CISG führt nicht weiter. Im Gegensatz zu den weiteren Kriterien des Art. 2 Abs. 2 lit. a RL findet sich in Art. 35 Abs. 2 CISG kein Äquivalent, dass die Übereinstimmung mit einer gegebenen Beschreibung ausdrücklich im Rahmen der Vertragsmäßigkeitskriterien fordert. Einzig aus Art.

403 Twigg-Flesner, Web JCLI 2000, 4. (b) (a).
404 AnwKommentar/Pfeiffer, Art. 2 Rn. 15.

35 Abs. 1 CISG, der allgemein die Verpflichtung des Verkäufers vorsieht, in Menge, Qualität und Art den Anforderungen des Vertrags entsprechende Ware zu liefern, kann eine parallele Regelungsrichtung entnommen werden. Von Bedeutung ist diese Vorschrift jedoch insbesondere deswegen, da die englische Fassung des Art. 35 Abs. 1 CISG parallel zur Richtlinie in diesem Zusammenhang den Begriff der „description" anstelle der „Art" benutzt. Aus der Bezugnahme auf die vertragliche Vereinbarung in Art. 35 Abs. 1 RL steht nach dem CISG fest, dass die einseitige Angabe nicht als Beschreibung ausreichend ist.[405] Für die Auslegung der Richtlinie ist dieses Verständnis jedoch nicht verbindlich. Die mangelnde Differenzierung des Wortlauts der Richtlinie zwischen vertraglichen und sonstigen Beschreibungen und die Bezugnahme auf eine vom Verkäufer gegebene Beschreibung, die demnach nicht zwingend eine Vereinbarung vorauszusetzen scheint, lässt die Vermutung zu, dass die Richtlinie nicht nur solche Beschreibungen umfassen soll, die Vertragsbestandteil sind.[406] Das zeigt auch die Parallele zu Art. 2 Abs. 2 lit. b RL, der, wenn auch in einem anderen Zusammenhang, gerade ein rechtlich relevantes Verhalten in Form der Zustimmung als Reaktion der anderen Partei voraussetzt und damit die Anknüpfung an eine vertragliche Vereinbarung verdeutlicht. Der europäische Gesetzgeber hätte auch im Rahmen des Art. 2 Abs. 2 lit. a RL entsprechend klarstellen können, dass eine Beschreibung nur dann für die Sollbeschaffenheit relevant ist, wenn der Verbraucher sich auf sie verlassen hat oder in sonstiger Weise Vertrauen investiert hat. Für die Relevanz einseitiger Wissenserklärungen spricht schließlich auch, dass die Richtlinie bereits gem. Art. 2 Abs. 1 RL vertragliche Vereinbarungen bei der Bestimmung der Sollbeschaffenheit berücksichtigt.

Zu einem anderen Ergebnis könnte man gelangen, wenn man den Vertragsmäßigkeitskriterien das Prinzip der „vernünftigen" Erwartungen zugrunde legt, das in abgewandelter Form insbesondere im Grünbuch eine entscheidende Rolle zur Beurteilung der „gesetzlichen" Garantie spielte. Erwartungen des Käufers im Hinblick auf eine vom Verkäufer gegebene Beschreibung sind demnach nur dann gerechtfertigt, wenn diese Vertragsbestandteil geworden sind.[407] Auch

---

[405] Schlechtriem/Schwenzer/Schwenzer, Art. 35, Rn. 6.

[406] Höffe, Verbrauchsgüterkaufrichtlinie, S. 35; Nicht zur Begründung herangezogen werden kann allerdings der parallel in England erhobene Einwand, dass die Einbeziehung vertraglicher Beschreibungen im Vergleich zu der bereits ausdrücklich übernommenen Verpflichtung überflüssig sei. Art. 2 Abs. 2 lit. a ist vielmehr als Teil eines komplexen Vermutungstatbestandes zu sehen, dessen Voraussetzungen kumulativ vorliegen müssen. Im Hinblick auf diese Vermutungswirkung ist es gerechtfertigt, auch klarzustellen, dass die Ware mit der gegebenen Beschreibung übereinstimmen muss. Konsequenz der Einbeziehung einseitiger Wissenserklärungen wäre, dass von Gesetzeswegen eigentlich unverbindlichen Äußerungen eine vertragliche Qualität zugeschrieben wird. Dies lässt sich jedoch damit rechtfertigen, dass selbst in den Fällen, in denen der Verkäufer gar keine Äußerungen gemacht hat, durch das Gesetz die gewöhnliche Qualität als vereinbart angesehen wird.

[407] Bradgate/Twigg-Flesner, Consumer Guarantees, S. 56.

wird die gleichlautende Formulierung zu s13 (1) SGA betont, so dass eine vertragliche Vereinbarung der Beschaffenheit vorausgesetzt wird.
Ebenfalls nicht durch die Richtlinie konkretisiert wird die Frage, was alles Gegenstand einer Beschreibung des Verkäufers sein kann. Mangels Regelung wird man aufgrund der verbraucherschützenden Regelungsintention der Richtlinie von einem möglichst weiten Verständnis ausgehen müssen. Folglich ist nicht nur die Beschreibung wesentlicher (Gattungs-) Merkmale, sondern auch die von weniger bedeutsamen Eigenschaften umfasst.[408]

(b) Eigenschaften der vorgelegten Probe oder des Musters

Die Richtlinie bestimmt, dass die Sache die gleichen Eigenschaften wie die vom Verkäufer vorgelegten Proben oder Muster haben muss. Unter Probe ist dabei eine der Gesamtheit der zu liefernden Ware entnommene Sache zu verstehen, während ein Muster dem Käufer zur Untersuchung bereitgestellt wird, wenn die Ware selbst nicht vorliegt.[409] Die Vorlage einer sog. Bestellprobe durch den Verbraucher ist nicht ausreichend. Die Vorschrift orientiert sich eng am Wortlaut des Art. 35 Abs. 2 lit. c CISG, gleichzeitig jedoch auch an parallelen mitgliedsstaatlichen Normen.[410] Geschützt werden soll durch das Erfordernis der Übereinstimmung mit der Probe oder dem Muster jede noch so geringe Abweichung, die nach dem Richtlinienverständnis auch Gegenstand einer Beschreibung sein könnte.[411] Eine Haftung des Verkäufers ist allerdings ausgeschlossen, wenn das Muster nur unverbindlich zur Ansicht vorlegt wurde.[412] Ob ein Einstandswille vermutet wird oder aber dafür weitere Anhaltspunkte gefordert werden, ergibt sich nicht aus der Richtlinie. Da der Verkäufer gem. Art. 2 Abs. 2 lit. d RL auch an konkrete öffentliche Äußerungen gebunden ist, spricht viel für die Annahme eines Einstandswillen bei der Vorlage eines Musters bzw. einer Probe.[413]

(2) Das englische Recht vor der Umsetzung

Das englische Recht unterschied, und unterscheidet noch immer, im Rahmen der implizierten Vertragsbedingungen zwischen denjenigen, die sich auf die Beschreibung durch den Verkäufer beziehen, s13 SGA, und solchen, die den Verkauf mittels Muster oder Probe zum Gegenstand haben, s15 SGA. Zusammenge-

---

[408] AnwKommentar/Pfeiffer, Art. 2, Rn. 15; Vorsmann, Mängelhaftung, S. 47.
[409] So zu den gleichlautenden Begriffes des CISG: Schlechtriem/Schwenzer/Schwenzer, Art. 35, Rn. 24.
[410] Siehe dazu die Übersicht bei Schlechtriem/Schwenzer/Schwenzer, Art. 35, Fn. 78.
[411] Vorsmann, Mängelhaftung, S. 47.
[412] Gsell, JZ 2001, S. 66, Fn. 16; Höffe, Verbrauchsgüterkaufrichtlinie, S. 37 mwN.; zum CISG: Schlechtriem/Schwenzer/Schwenzer, Art. 35, Rn. 26.
[413] AnwKommentar/Pfeiffer, Art. 2, Rn. 16.

führt werden beide Aspekte in s13 (2) und (3) SGA, die das Verhältnis beider Vorschriften konkretisieren. Daneben ist es möglich, dass die Beschreibung einer Ware durch den Verkäufer auch bei der Haftung für die zufriedenstellende Qualität gem. s14 (2) SGA berücksichtigt wird.

(a) Kauf nach Beschreibung ("sale by description"), s13 SGA

S13 (1) SGA sieht eine stillschweigende Vertragsbedingung dahingehend vor, dass bei einem „Kauf nach Beschreibung" die Ware mit den gemachten Beschreibungen übereinstimmen muss. Der Verkäufer hat verschuldensunabhängig für das Vorliegen der beschriebenen Merkmale einzustehen. Es reicht nicht aus, dass die Sachen von zufriedenstellender Qualität sind.[414] Auch geringfügige Abweichungen sind von der stillschweigenden Vertragsvereinbarung umfasst.[415] Der Anwendungsbereich der Vorschrift ist in persönlicher Hinsicht nicht eingeschränkt.[416] Zugleich wird durch s13 (2) SGA klargestellt, dass es sich bei s13 SGA um eine wesentliche Vertragsbedingung im Sinne einer die Vertragsbeendigung ermöglichenden „condition" handelt.

(aa) „Kauf nach Beschreibung"

Zentrale Voraussetzung der s13 SGA ist, dass es sich bei der von den Parteien getroffenen Vereinbarung um einen „Kauf nach Beschreibung" handelt. Die Auslegung dieses Begriffs in der Rechtsprechung hat sich seit der Kodifizierung des Warenkaufgesetzes im Jahr 1893 erheblich gewandelt. Dabei ist zu berücksichtigen, dass das Abstellen auf einen „Kauf nach Beschreibung" ursprünglich nicht nur im Hinblick auf s13 SGA, sondern auch für die Haftung des Verkäufers für die zufriedenstellende Qualität der Ware gem. s14 Sale of Goods Act 1893 von Bedeutung war.[417] Eine Haftung kam gem. s14 Sale of Goods Act 1893 nur in Betracht, wenn die Ware „nach Beschreibung gekauft" („bought by description") worden war. Ziel dieser Formulierung war es, die Haftung des Verkäufers sowohl im Hinblick auf eine Übereinstimmung mit der Beschreibung als auch hinsichtlich einer hinreichenden Qualität der Ware entsprechend der bis dahin geltenden Rechtsprechung auf solche Fälle zu begrenzen, in denen es sich nicht um den Kauf einer bestimmten Sache handelte, sondern der Verkauf nur gattungsmäßig bestimmte Waren zum Gegenstand hatte.[418] Dieses re-

---

[414] Arcos Ltd v EA Ronaasen & Son [1933] A.C. 470.
[415] Bradgate/Twigg-Flesner, Consumer Guarantees, S. 48.
[416] Daraus folgt auch die große praktische Bedeutung der s13 SGA bei Verträgen mit privaten Verkäufern, da in diesem Fall nicht die Haftung für die zufriedenstellende Qualität gem. s14 (2) SGA zur Anwendung gelangt. Vgl. Howells, in: Europäisches Kaufgewährleistungsrecht, S. 162.
[417] Der Sale of Goods Act 1893 stellte allerdings noch auf eine „handelsübliche" Qualität ab.
[418] Goode, Commercial Law, S. 246; Benjamin/Reynolds, Rn. 11-003; Bradgate/Twigg-Flesner, S. 47; Atiyah, Sale of Goods, S. 148 f.

striktive Verständnis des Kaufs nach Beschreibung erwies sich jedoch insbesondere im Hinblick auf s14 Sale of Goods Act 1893 als unbefriedigend, da in Zeiten zunehmenden Käuferschutzes eine Ausweitung der Haftungstatbestände gewünscht wurde.[419] Die Rechtsprechung erweiterte daher das Verständnis des „Kaufs nach Beschreibung" zunächst im Hinblick auf s14 Sale of Goods Act 1893 dahingehend, dass auch der Kauf bestimmter Sachen nicht zwingend von deren Anwendung ausgeschlossen sein sollte. Die Rechtsprechung wirkte sich damit zugleich jedoch auch auf s13 Sale of Goods Act 1893 aus. Die Ausweitung wurde allerdings zunächst auf die Fälle beschränkt, bei denen es sich zwar um eine konkrete Sache handelte, der Käufer die Ware jedoch nicht bis zum Zeitpunkt des Vertragsschlusses in Augenschein genommen hatte.[420] Erst später wurde der Anwendungsbereich auch auf solche Güter erweitert, die der Käufer vor Vertragsschluss eingehend untersucht[421] oder selbst aus einer vom Verkäufer zur Verfügung gestellten Menge ausgesucht hatte.[422] Diese Situation wurde sogar zwischenzeitlich durch den Gesetzgeber ausdrücklich in s13 (3) SGA kodifiziert. Ein Kauf nach Beschreibung kann daher selbst dann vorliegen, wenn keine ausdrückliche, sondern nur eine konkludente Beschaffenheitsbeschreibung bzgl. der Ware vorliegt und sich die Beschreibung daher nur aus der Beschriftung des Regals oder der Verpackung ergibt.[423] Daraus folgt zugleich die Feststellung, dass s13 SGA grundsätzlich über einen sehr weiten Anwendungsbereich verfügt. Offensichtlich ausgeschlossen von der Wirkung der s13 (1) SGA sind lediglich solche Kaufverträge, bei denen eine Ware als solche („as such") gekauft wird.[424] Eine Einschränkung erfährt der Anwendungsbereich zudem dadurch, dass zumindest beim Kauf einer bestimmten Sache der Käufer auf die Beschreibung des

---

419 Benjamin/Reynolds, Rn. 11-006.

420 Varley v Whipp [1900] 1 Q.B. 513, S. 516: "The term 'sale of goods by description' must apply to all cases where the purchaser has not seen the goods, but is relying on the description alone."

421 Beale v Taylor [1967] 1 WLR 1193.

422 H Beecham & Co Pty Ltd v Francis Howard & Co Pty Ltd. [1921] VLR 428; Grant v Australian Knitting Mills Ltd. [1936] A.C. 85, S. 100: "It may also be pointed out that there is a sale by description even though the buyer is buying something displayed before him on the counter: a thing is sold by description, though it is specific, so long as it is sold not merely as the specific thing but as a thing corresponding to a description, e.g., woollen under-garments, a hot-water bottle, a second-hand reaping machine, to select a few obvious illustrations."

423 Harvey/Parry, Consumer Protection, S. 96, nach denen lediglich Ware ohne jede Beschriftung wie unverpacktes Gemüse keinen Kauf nach Beschreibung darstellt; Benjamin/Reynolds, Rn. 11-010 f.

424 Atiyah, Sale of Goods, S. 149: „But a sale is not by description, where the buyer makes it clear, that he is buying a particular thing because of its unique qualities, and that no other will do."; Chitty (Vol. 2)/Guest/Reynolds/Harris, Rn. 43-074; Benjamin/Reynolds, Rn. 11-011.

Verkäufers vertraut[425] bzw. dass die Beschreibung die Kaufentscheidung des Käufers beeinflusst haben muss[426]. Dies ist nicht der Fall, wenn er sich auf seine eigene Sachkunde verlässt. Allerdings liegt beim Kauf einer (noch) unbestimmten Gattungssache stets ein Vertrauen vor und selbst beim Kauf einer bestimmten handelsüblichen Sache wird dieses regelmäßig durch die Gerichte vermutet.[427]

(bb) Anforderungen an den Begriff der „Beschreibung" im Sinne der s13 (1) 2. Hs. SGA

Da die vom Verkäufer gemachten Beschreibungen naturgemäß unterschiedlicher Art sein können, stellt sich in einem weiteren Schritt die Frage, für welche Beschreibungen der Verkäufer gemäß s13 (1) SGA einzustehen hat. Dies gilt zunächst im Hinblick darauf, inwieweit der Anwendungsbereich auch für solche einseitigen Beschaffenheitsaussagen gilt, die nach herkömmlicher Systematik nicht als vertragliche Vereinbarung, sondern als vorvertragliche Tatsachenbehauptung („representation") bezeichnet werden. Als Argument für die Einbeziehung entsprechender Aussagen wurde lange Zeit der Wortlaut der s13 (1) SGA angeführt: Bei einer Begrenzung auf vertragliche Vereinbarungen würde sich die Regelungswirkung in der Feststellung erschöpfen, dass vertragliche Abmachungen als stillschweigend vereinbart gelten. Da damit der Regelung kein wesentlicher Regelungsinhalt zukäme, wurde die Möglichkeit der Erweiterung der s13 (1) SGA auf vorvertragliche Tatsachenbehauptungen („representations") und damit solche Angaben angenommen, die nach dem Willen der Parteien nicht Vertragsbestandteil werden sollen.[428] Trotz dieser Argumentation hat jedoch die Rechtsprechung festgelegt, dass nur solche Beschreibungen in den Anwendungsbereich der Regelung der s13 (1) SGA fallen, die Teil der vertragli-

---

[425] Varley v Whipp [1900] 1 Q.B. 513, S. 516; Jospeh Travers & Son Ltd. v Longel Ltd. (1948) 64 T.L.R. 150; Leggett v Taylor (1965) 50 D.L.R. (2d) 516; Willett/Morgan-Taylor/Naidoo, J.B.L. 2004, S. 106; Twigg-Flesner/Bradgate, WJCLI 2000, 4 (b) (a).

[426] Howells/Twigg-Flesner, in: Verbraucherkauf in Europa, S. 308; Twigg-Flesner/Bradgate, WJCLI 2000, 4 (b) (a).

[427] Goode, Commercial Law, S. 253.

[428] Harlingdon & Leinster Ltd v Christopher Hull Fine Art Ltd [1991] 1 Q.B. 564, S. 584: "If the court is to hold that a contract is one "for the sale of goods by description", it must be able to impute to the parties (quite apart from section 13(1) of the SGA) a common intention that it shall be a term of the contract that the goods will correspond with the description. If such an intention cannot properly be imputed to the parties, it cannot be said that the contract is one for the sale of goods *by* description within the ordinary meaning of words." Obwohl sich die Einordnung am Willen der Parteien orientiert, legt das Gericht einen objektiven Entscheidungsmaßstab zugrunde. Es fragt in erster Linie danach, wie ein intelligenter Beobachter vernünftigerweise den Willen der Parteien beurteilen würden (test of reasonableness), siehe Giesen, JZ 1993, S. 16.

chen Vereinbarung sind.[429] Der Regelungsgehalt der s13 (1) SGA ist nunmehr darin zu sehen, dass die Beschreibungen, soweit sie vertragliche Vereinbarungen darstellen, aufgrund von s13 SGA stets als wesentliche Vertragsvereinbarung zu werten sind. Als Grund für diese restriktive Auslegung ist zu sehen, dass ansonsten bei Verletzung einer vorvertraglichen Tatsachenbehauptung („representation“) immer das Recht auf Vertragsbeendigung einschließlich der Forderung von Schadensersatz möglich gewesen wäre.[430] Die Auswirkungen dieser Differenzierung werden dadurch abgemildert, dass die Gerichte zunehmend großzügig im Hinblick auf die Annahme einer vertraglichen Vereinbarung vorgehen.[431]
Des Weiteren stellt sich die Frage, ob selbst dann, wenn es sich um eine vertragliche Vereinbarung handelt, sämtliche beschreibenden Äußerungen des Verkäufers im Rahmen der s13 (1) SGA zu berücksichtigen sind, oder aber, ob gewisse qualitative Anforderungen zu stellen sind. Aus der Vorschrift selbst ergeben sich keine Hinweise auf eine Beschränkung.[432] Entsprechend hat die Rechtsprechung zu Beginn des letzten Jahrhunderts wiederholt eine großzügige Position zugunsten des Käufers eingenommen. Beschreibungen im Sinne der s13 SGA konnten danach auch die Art und Weise der Verpackung[433] oder aber die genaue Abmessungen von Holzelementen betreffen[434]. Im Laufe der Zeit hat die Rechtsprechung jedoch zusätzliche Voraussetzungen aufgestellt, die an eine Beschreibung im Sinne der s13 (1) 2. HS SGA zu stellen sind. Sowohl die Fälle Reardon Smith Lines[435] als auch Ashington Piggeries v Christopher Hill Ltd[436] setzen in

[429] T&J Harrison v.Knowles and Foster [1918] 1 K.B. 608; vgl. auch Watterson, ERPL 2001, S. 204; Goode, Commercial Law, S. 246. Nach Howells, in: Europäisches Kaufgewährleistungsrecht, S. 162, galt es zu verhindern, dass durch die Berücksichtigung von vorvertraglichen Äußerungen deren Abgrenzungen zu Vertragsvereinbarungen aufgehoben würde.
[430] Nunmehr richten sich die Rechtsfolgen nach den allgemeinen Regeln des Common Law und der Equity, wie sich unter anderem auch im Misrepresentation Act 1967 normiert sind.
[431] Siehe die Gegenüberstellung von Hopkins v.Tanqueray (1854) 15 CB 130 und Couchman v.Hill [1947] K.B. 554 bei Atiyah, Sale of Goods, S. 87.
[432] Gill & Duffus S.A. v Berger & Co. Inc. (No. 2) [1984] A.C. 382, S. 394: "while 'description' itself is an ordinary English word, the Act contains no definition of what it means when it speaks in that section of a contract for the sale of goods being a sale 'by description'."
[433] Re Moore & Co Ltd and Landauer & Co Ltd [1921] 2 K.B. 521. In diesem Fall wurde die Lieferung von Dosenfrüchten in Kisten zu je 30 Stück vereinbart, tatsächlich befanden sich in den Kisten teilweise nur 24 Stück. Insgesamt wurde jedoch die vertraglich vereinbarte Menge geliefert.
[434] So zum Beispiel erfolgt in Arcos Ltd v.EA Ronaasen & Son [1933] A.C. 470, S. 479, bei dem bei zu lieferndem Holz eine Abweichung im Milimeterbereich von der festgelegten Breite als Abweichung von der Beschreibung im Sinne von s13 SGA eingeordnet wurde. Goode, Commercial Law, S. 245, spricht insofern von einem „Perfektes Anbieten“- Grundsatz („perfect tender“ - rule).
[435] Reardon Smith Lines, [1976] 1 WLR 989. Kritisch zu der weiten Auslegung auch Atiyah, Sale of Goods, S. 144 f.. Die Erforderlichkeit der Einschränkung ergab sich nach Watterson, ERPL 2001, S. 204 daraus, dass für den Fall, dass es sich um einen Kaufvertrag nach Be-

ihrer Begründung voraus, dass nicht alle beschreibenden Worte eine Beschreibung im Sinne von s13 (1) SGA darstellen.[437] Als entscheidendes Kriterium für die Beurteilung des Vorliegens einer Beschreibung im Sinne der s13 (1) SGA hat sich in den genannten Fällen die Eignung der Beschreibung zur Identifikation des Vertragsgegenstandes herauskristallisiert.[438] Nicht der Identifizierung dienende Beschreibungen sollen hingegen vom Anwendungsbereich der s13 (1) SGA ausgeschlossen sein.[439] Bei der Anwendung des Identifikationskriteriums bleibt jedoch die Unterscheidung zwischen Stück- und Gattungskäufen relevant[440]. Die Anwendung auf Gattungskäufe bereitet zunächst weniger Schwierigkeiten. Aus dem Umkehrschluss der Definition der „specific goods“ der s61 (1) SGA ergibt sich, dass eine Identifikation zum Zeitpunkt des Vertragsschlusses noch nicht stattgefunden hat. Um den Vertragsgegenstand zu bestimmen, wird jeder entsprechende Vertrag identifizierende Elemente enthalten müssen. Es steht dabei im Ermessen der Parteien, welchen Grad der Konkretisierung sie vereinbaren wollen. Entsprechend ist es ihnen möglich, die Sache auch durch weitere, weniger wesentliche Kriterien genauer zu identifizieren und damit einer speziellen Gattung zuzuordnen.[441] Problematischer scheint hingegen die Lage

schreibung handelt, jede noch so unwesentliche Abweichung von einer Beschreibung die Folge hat, dass dem Käufer das Recht zur Vertragsbeendigung zusteht. Wird hingegen der Anwendungsbereich auf die Beschreibung wesentlicher Aspekte beschränkt, verbleibt für sonstige Beschreibungen regelmäßig nur die Möglichkeit einer Einordnung als „warranty“ oder „innominate term“, sodass die Möglichkeit der Vertragsbeendigung entweder gar nicht oder nur beim Vorliegen einer im Hinblick auf die Folgen wesentlichen Vertragsverletzung besteht. Gerade aufgrund dieser weitreichenden Rechtsfolgen, die eine noch so geringfügige Abweichung von der Beschreibung für den Verkäufer im Fall der s13 (1) SGA haben kann, kombiniert mit der weiten Auslegung des Kaufs nach Beschreibung, was den Vertragsgegenstand betrifft, wurde die Notwendigkeit gesehen, den Anwendungsbereich der s13 (1) SGA einzuschränken.

436 [1972] A.C. 441.

437 Atiyah, Sale of Goods, S. 143 f.

438 Lord Diplock in Ashington Piggeries v.Christopher Hill Ltd.: "The "description" by which unascertained goods are sold is, in my view, confined to those words in the contract which were intended by the parties to identify the kind of goods which were to be supplied. It is open to the parties to use a description as broad or as narrow as they choose. But ultimately the test is whether the buyer could fairly and reasonably refuse to accept the physical good proffered to him on the ground that their failure to correspond with what was said about them makes them goods of a different kind from those he had agreed to buy. The key to s13 is identification."

439 Im Hinblick auf die "Identifizierung" ist zu beachten, dass diese nur die Einordnung als eine bestimmte Sache umfasst, nicht jedoch solche Beschreibungen umfasst, die lediglich das Auffinden der Ware ermöglichen sollen (vgl. dazu Reardon Smith Lines, [1976] 1 WLR 989).

440 Goode, Commercial Law, S. 250.

441 Lord Diplock in Ashington Piggeries v Christopher Hill Ltd.: "It is open to the parties to use a description as broad or as narrow as they choose."; Bradgate/Twigg-Flesner, Consumer Guarantees, S. 47 f.

bei „specific goods“. Eine der Identifikation des Vertragsgegenstands dienende Beschreibung scheint hier per Definition ausgeschlossen, da das Vorliegen von „specific goods“ zwingend das Einigsein über einen bestimmten Gegenstand und damit dessen Identifikation bereits bei Vertragschluss voraussetzt. Die Rechtsprechung hat das Erfordernis der Identifizierung der Ware jedoch dahingehend präzisiert, dass selbst bei einer Stückschuld wesentliche Bestandteile der Ware identifiziert werden können.[442] Allerdings dient die Beschreibung dann nicht der Identfzierung der Sache, sondern nur der Konkretsierung des Verpflichtungsinhalts.[443] Umfasst sind damit insbesondere solche Beschreibungen, die sich auf die „commercial characteristics“ der Ware beziehen.[444]

(b) „Beschreibung“ als Kriterium der zufriedenstellenden Qualität im Rahmen der s14 (2) SGA

(aa) Die Einbeziehung von Beschreibungen in s14 (2) SGA

Die vom Verkäufer gemachte Beschreibung findet nach englischem Recht nicht nur in der speziellen Regelung des Kaufs nach Beschreibung gem. s13 SGA Berücksichtigung, sondern bildet auch ausdrücklich ein Kriterium im Rahmen der stillschweigenden Vertragsbedingung der s14 (2) SGA.[445] Es handelt sich bei dieser Regelung, gerade unter Berücksichtigung der früher vorherrschenden Doktrin des „Caveat Emptor“, um die zentrale Haftungsnorm des englischen Warenkaufrechts. Ihr zufolge muss die vom Verkäufer gelieferte Ware zumindest zufriedenstellende („satisfactory“) Qualität aufweisen. Eine Einschränkung erfährt diese Regelung im Vergleich zu s13 (1) SGA dadurch, dass sie in persönlicher Hinsicht auf die Fälle beschränkt ist, in denen der Verkäufer im Rahmen eines Geschäfts handelt. Für die von der Richtlinie betroffenen Verträge bleibt diese Einschränkung allerdings ohne Bedeutung, da auch diese im Hinblick auf den Status des Verkäufers voraussetzt, dass dieser gewerblich tätig ist. Dabei nimmt die Rechtsprechung ohnehin eine weite Auslegung vor und zieht auch

---

442 Harlingdon & Leinster Ltd v Christopher Hull Fine Art Ltd [1991] 1 Q.B. 564, S. 571: “Sales "by description" ...authority apart, those words would suggest that the description must be influential in the sale, not necessarily alone, but so as to become an essential term, i.e. a condition, of the contract. Without such influence a description cannot be said to be one *by* which the contract for the sale of the goods is made.”; Atiyah, Sale of Goods, S. 146 sieht die identifizierenden Worte in der Bezeichnung der wesentlichen Merkmale der Ware (“substantial ingredients of the goods”).

443 Goode, Commercial Law, S. 250.

444 Ashington Piggeries v Christopher Hill Ltd [1972] A.C. 441; Atiyah, Sale of Goods, S. 146; Watterson, ERPL 2001, S. 204.

445 Daneben ist es möglich, die Beschreibung im Rahmen der zufriedenstellenden Qualität unter dem Gesichtspunkt der „sonstigen relevanten Umstände“ zu berücksichtigen, so Willett/Morgan-Taylor/Naidoo, J.B.L. 2004, S. 106. Nach Umsetzung kommt auch eine Einbeziehung unter dem Gesichtspunkt der öffentlichen Äußerungen in Betracht.

solche Geschäfte in den Anwendungsbereich, die nicht in unmittelbarem Zusammenhang mit dem Geschäft des Verkäufers stehen.[446] Bezüglich der Rechtsfolgen ist festzustellen, dass diese stillschweigenden Vertragsbedingungen von Gesetzes wegen als „condition“ eingeordnet werden und daher dem Käufer bei jeder noch so geringfügigen Abweichung das Recht zur Vertragsbeendigung gewährleisten. Der daraus resultierenden Konsequenz, dass sich ein Käufer selbst bei unerheblichen Abweichungen von der zufriedenstellenden Qualität, die die Verwendbarkeit der Sache für seine Zwecke unberührt ließ, auf s14 (2) SGA berief, nur um sich von einem für ihn mittlerweile wirtschaftlich ungünstigen Vertrag zu lösen, wurde 1994 durch den Erlass der s15A SGA begegnet. Bei einem gegenseitigen Handelsgeschäft ist demnach eine Berufung auf eine Abweichung von der zufriedenstellenden Qualität nur noch dann möglich, wenn sich diese nicht als geringfügig („minor“) erweist. Für den Verbrauchsgüterkauf nach der Richtlinie bleibt diese Einschränkung allerdings ohne Konsequenzen.
Die Anwendung des gemäß s14 (2) SGA entscheidenden Kriteriums der zufriedenstellenden Qualität ist aufgrund seiner Unbestimmtheit mit einigen Unsicherheiten belastet. Dennoch stellt die heutige Rechtslage aus der Perspektive des Verbraucherschutzes eine wesentliche Verbesserung im Vergleich zur ursprünglichen Fassung des Sale of Goods Act 1893 dar. Diese stellte darauf ab, ob die Ware von handelsüblicher Qualität („merchantable quality“) sei. Die Auslegung dieses Begriffs verblieb der Rechtsprechung, da durch den Gesetzgeber aufgrund der Verwendung nicht-rechtsspezifischer Terminologie keine konzeptionellen Schwierigkeiten befürchtet wurden. Durch den begrifflichen Bezug zum Handel und durch die zu dieser Zeit überragende Bedeutung der Handelsgeschäfte knüpfte s14 (2) Sale of Goods Act 1893 bei der Beurteilung der Qualität an die Frage an, ob die Sache verkäuflich war.[447] Die Unbestimmtheit auch dieses Begriffs macht jedoch die Entscheidung notwendig, ob im Hinblick auf die Verkäuflichkeit auf den konkreten Verwendungszweck des Käufers abgestellt werden sollte (nicht gemeint waren damit die Fälle, in denen der Käufer den Zweck ausdrücklich zum Ausdruck brachte, da für diesen die Spezialregelung der s14 (3) SGA bzw. s14 (2) Sale of Goods Act 1893 zur Anwendung kamen), ob es allgemein darum ging, dass die Sache zumindest für irgendeinen Zweck zu verkaufen war, oder ob ein Kompromiss zwischen den beiden Ansätzen vorzunehmen war. Zwei Tendenzen kristallisierten sich für die Beurteilung der Verkäuflichkeit heraus. Zum einen wurde darauf abgestellt, ob eine vernünftige Person die Sache nach einer Untersuchung als Erfüllung der vertraglichen Verpflichtung angenommen hätte.[448] Zum anderen stand das Kriterium der

[446] Vgl. Teil B, IV. dieser Arbeit.
[447] Howells, in: Europäisches Kaufgewährleistungsrecht, S. 164; siehe Hardwick Game Farm v Suffolk Agricultural Poultry Producers Association Ltd. [1969] 2 A.C. 31, S. 75: „Merchantable can only mean commercially saleable.“
[448] Bristol Tramways etc. v Fiat Motors Ltd. [1910] 2 K.B. 831.

„Zweckeignung“ im Vordergrund. Eine Ware sollte dann nicht verkäuflich und daher auch nicht handelsüblich sein, wenn sie sich zu keinem Zweck eignete, für den Sachen ihrer Beschreibung gewöhnlicherweise gekauft werden.[449] In Henry Kendall & Sons v. William Lillico & Sons Ltd.[450] wurde diesbezüglich klargestellt, dass dabei auch der Preis zu berücksichtigen sei. Keine dieser Tendenzen hat sich letztlich als die bessere durchsetzen können, vielmehr wurden sie nebeneinander, aber auch gegeneinander in der Rechtsprechung angewandt.
Die dadurch auf Seiten des Rechtsanwenders entstehenden Unsicherheiten sollten durch die Gesetzesänderung durch den Supply of Goods (Implied Terms) Act 1973 behoben werden. Zur Konkretisierung des Begriffs wurde eine Definition aufgenommen, die beide in der Rechtsprechung vertretenen Aspekte aufgriff und zusammenführte. Die Ware sollte dann von handelsüblicher Qualität sein, wenn sie derart für den Zweck oder die Zwecke geeignet war, für die Waren dieser Art gewöhnlicherweise gekauft werden, wie es vernünftigerweise erwartet („reasonable expectation“) werden kann. Im Hinblick auf vernünftige Erwartungen sollte ausdrücklich der Preis, aber auch die Beschreibung der Ware berücksichtigt werden. Bereits zu diesem Zeitpunkt war unumstritten, dass die in s14 (2A) genannte Beschreibung über das Verständnis der s13 Sale of Goods Act 1893 hinausgehen sollte.[451]
Eine erneute Änderung erfuhr der SGA durch den Sale and Supply of Goods Act 1994. Die bis dahin gemachten Erfahrungen hatten gezeigt, dass sich die Verwendung des Begriffs der handelsüblichen Qualität zum Nachteil der Verbraucher auswirkte, da trotz der 1973 eingeführten Definition viele für den Verbraucher wichtige Aspekte bei der Bestimmung der Handelsüblichkeit aufgrund der überragenden Bedeutung der Eignung für den gewöhnlichen Zweck nicht berücksichtigt werden konnten bzw. sich deren Berücksichtigungsmöglichkeit zumindest nicht aus dem Gesetz ergab.[452] Zudem stand zu sehr die Funktionalität der Sache im Vordergrund.[453] Um den dadurch entstehenden Schwierigkeiten zu begegnen, wurde der Wortlaut der s14 (2) SGA dahingehend geändert, dass der Verkäufer zur Lieferung zufriedenstellender Qualität verpflichtet ist. Der terminologische Bezug zum Handel wurde damit bewusst aufgegeben. Gleichzeitig

---

[449] Cammell Laird & Co. Ltd. v Manganese Bronze and Brass Ltd. [1934] A.C. 402, S. 430.

[450] [1969] 2 A.C. 31; Hardwick Game Farm v Suffolk Agricultural Poultry Producers Association Ltd. [1969] 2 A.C. 31, S. 75: "If the description is a familiar one it may be that in practice only one quality of goods answers that description - then that quality and only that quality is merchantable quality. Or it may be that various qualities of goods are commonly sold under that description - then it is not disputed that the lowest quality commonly so sold is what is meant by merchantable quality: it is commercially saleable under that description."

[451] So Benjamin/Reynolds, Rn. 11-040.

[452] So wurden in Rogers v Parish (Scarborought) Ltd. [1987] 2 All ER 232 bereits Aspekte in die Beurteilung einbezogen, die auch an nicht-funktionelle Eigenschaften der Kaufsache anknüpften.

[453] Howells, in: Europäisches Kaufgewährleistungsrecht, S. 164.

wurde der Begriff der zufriedenstellenden Qualität durch verschiedene Kriterien konkretisiert, s14 (2B) SGA.[454] Die früher von Rechtsprechung und Gesetzgeber mit besonderer Bedeutung ausgestattete Eignung für den gewöhnlichen Zweck ist nunmehr nur noch eines unter mehreren Kriterien, die als Richtlinien zur Bestimmung der Qualitätskriterien herangezogen werden können. Für die Einbeziehung der Beschreibung hatte diese gesetzgeberische Maßnahme jedoch keine Bedeutung.
Die Einbeziehung der Beschreibung in s14 (2A) SGA ist in einem anderen Licht als bei s13 SGA zu sehen. Im Rahmen der stillschweigenden Vertragsbedingung zur zufriedenstellenden Qualität bildet die Beschreibung lediglich ein Indiz für die Beurteilung aus dem Blickwinkel eines vernünftigen Beobachters, ob die Sache eine entsprechende Qualität aufweist. Sie ist Teil eines objektiven Fehlerbegriffs, während sie im Rahmen von s13 SGA ein subjektives Kriterium darstellt. Es ist nicht zwingend, dass jede Abweichung von der Beschreibung zu einer nicht hinreichenden Beschaffenheit führt.[455] Vielmehr werden gerade geringfügige Abweichungen in diesem Zusammenhang im Gegensatz zu s13 SGA keine Berücksichtigung finden können. Dies gilt umso mehr, als grundsätzlich alle vom Verkäufer gemachten Äußerungen zur Beschaffenheit der Sache berücksichtigungsfähig sind.[456] Insoweit geht s14 (2B) SGA über die Vorschriften zum Kauf nach Beschreibung hinaus.[457] Umfasst sein können auch Beschreibungen in Form der „representation", da diesen durch s14 (2) SGA keine vertragliche Verbindlichkeit zukommt, sondern sie lediglich als Kriterium zur Bestimmung einer vernünftigerweise zu erwartenden Qualität dienen.

(bb) Das Verhältnis von s13 und s14 (2) Sale of Goods

Da sowohl s13 (1) als auch s14 (2B) SGA auf eine Beschreibung des Verkäufers Bezug nehmen, stellt sich die Frage, inwieweit die Anwendungsbereiche der Vorschriften voneinander abgrenzbar sind. Grundsätzlich ist das Vorliegen der entsprechenden Voraussetzungen voneinander unabhängig. So schließt das Vorliegen einer zufriedenstellenden Qualität nicht aus, dass die Sache nicht mit der gegebenen Beschreibung übereinstimmt.[458] Umgekehrt gilt, dass die Ware der Beschreibung entsprechen, gleichzeitig jedoch die Qualitätsanforderungen der s14 (2) nicht erfüllen kann.[459] Problematisch scheinen nur die Situationen, in denen sich die Beschreibungen auf die Qualität der Ware richten. Zwar können

[454] Dazu zählen Erscheinungsbild und Verarbeitung, das Fehlen auch kleinerer Mängel, Sicherheit und Haltbarkeit. Siehe zu diesen Kriterien weiter unten.
[455] Willett/Morgan-Taylor/Naidoo, J.B.L. 2004, S. 106.
[456] Rogers v Parish [1987] 2 All E.R. 232; CA and Shine v General Guarantee Corp [1988] 1 All E.R. 911; Willett/Morgan-Taylor/Naidoo, J.B.L. 2004, S. 106.
[457] Benjamin/Reynolds, Rn. 11-040.
[458] Arcos Ltd v E A Ronaasen & Son [1933] A.C. 470.
[459] Atiyah, Sale of Goods, S. 151.

auch hier beide Normen gleichzeitig zur Anwendung kommen, es ist dann jedoch notwendig, dass die jeweiligen Voraussetzungen erfüllt sind. Schwierigkeiten bereiten nur die Fälle, in denen es für den Verkäufer von Bedeutung ist, sich gerade auf s13 SGA zu berufen, obwohl grundsätzlich s14 (2) SGA eher einschlägig wäre. Ein solches Interesse seitens des Käufers wird dann bestehen, wenn er die Sache entweder nicht von einem Händler erworben hat und folglich s14 (2) SGA gar nicht anwendbar ist oder wenn die Sache dem allgemeinen Qualitätsstandard genügt, jedoch nicht für den vom Käufer gewünschten Zweck brauchbar ist. Es ist in diesen Fällen für den Käufer nicht möglich, sich auf den gleichen Umstand im Rahmen des anderen Anknüpfungstatbestandes zu berufen, solange nicht dessen Voraussetzungen vorliegen. Die Rechtsprechung geht im Hinblick auf die Einordnung von Qualitätsbeschreibungen als Beschreibung im Sinne der s13 (1) SGA sehr restriktiv vor und tendiert, diese nicht in den Anwendungsbereich zu ziehen.

(c) Der Kauf nach Probe bzw. Muster

Der Kauf nach Probe bzw. Muster wird im SGA einheitlich durch s15 SGA („sale by sample") geregelt. Dass es sich um einen einheitlichen Tatbestand handelt, der sowohl das Vorlegen von Mustern als auch von Proben abdeckt, ergibt sich aus der Rechtsprechung zu s15 (1) SGA. Zwar spricht der Wortlaut von „bulk" und damit wörtlich übersetzt von der „Hauptmasse", sodass eine Begrenzung auf einen Kauf nach Probe nahe liegen würde[460], doch hat die Rechtsprechung auch solche Fälle einbezogen, in denen der Vertragsgegenstand erst noch herzustellen war und es sich somit ausschließlich um ein Muster handeln konnte.[461] Parallel zu s13 (1) SGA findet die Vorschrift unabhängig vom Status der Parteien Anwendung. Die durch sie implizierten Vertragsbedingungen stellen gem. s15 (3) SGA „conditions" dar. Nicht jedes Vorlegen eines Musters/einer Probe bei Vertragsschluss führt jedoch dazu, dass es sich auch um einen „Kauf nach Muster/Probe" im Sinne dieser Vorschrift handelt. Erforderlich ist gem. s15 (1) SGA vielmehr, dass die Parteien entweder ausdrücklich oder konkludent einen „Kauf nach Muster/Probe" vereinbart haben und das Muster somit in die vertragliche Vereinbarung einbeziehen.[462]

---

[460] Bedenken können sich daher im Hinblick auf das Tranparenzgebot bei der Umsetzung ergeben. Aus diesem Grund forderte Watterson, ERPL 2001, S. 205 eine klarstellende Formulierung.

[461] Heilbut v Hickson (1872) L.R. 7 C.P. 438.

[462] Probleme können daher die Fälle bereiten, in denen der Kaufvertrag schriftlich verfasst wurde und keine Referenz in Bezug auf einen Kauf nach Muster gemacht wurde. Nach der „Parol Evidence"- Regel kann sich eine Partei nicht auf eine mündliche Vereinbarung berufen, soweit der Vertrag schriftlich abgefasst wurde und sich in diesem kein Anhaltspunkt für die mündliche Vereinbarung findet. Die schriftliche Vereinbarung wird insofern als abschließend eingeordnet.

Es sind insbesondere die Fälle zu unterscheiden, bei denen der Verkäufer dem Käufer zwar ein Muster/eine Probe überlässt, diese jedoch lediglich dazu dienen sollen, die Tauglichkeit der Sache für die vom Käufer verfolgten Zwecke zu überprüfen, ohne dass mit dem Vorlegen die Übereinstimmung von Muster/Probe und gelieferter Ware versprochen wird.[463] Darin spiegelt sich wiederum die Unterscheidung des englischen Rechts zwischen „representations" und „contractual terms" wieder.[464]
Steht fest, dass es sich nach der Parteivereinbarung um einen „Kauf nach Muster/Probe" handelt, impliziert s15 (2) (a) SGA parallel zu Art. 2 Abs. 2 lit. a RL, dass die gelieferte Ware in ihrer Qualität mit dem Muster bzw. der Probe übereinstimmen muss.[465] Wie weit die Übereinstimmung mit der Qualität des Musters/der Probe reichen muss, richtet sich, zumindest, was die sich erst aus einer genauen, nicht marktüblichen Untersuchung ergebenden Eigenschaften angeht, nach den Umständen des Einzelfalls.[466] Es ist regelmäßig nicht erforderlich, dass Muster/Probe und Vertragsgegenstand in jeglicher Hinsicht identisch sind, solange die Abweichung keine Auswirkungen auf die Qualität hat. Bereits an dieser Stelle muss jedoch darauf hingewiesen werden, dass die Einordnung als Kauf nach Muster bzw. Probe weitreichende Nachteile für den Käufer in Bezug auf die Anwendbarkeit anderer von der Richtlinie genannter Kriterien zur Folge hat. Gemäß s14 (2) (c) SGA ist bei einem Kauf nach Muster bzw. Probe eine Haftung für die zufriedenstellende Qualität der Ware gem. s14 (2C) SGA ausgeschlossen, wenn sie sich auf Mängel bezieht, die bei einer vernünftig durchgeführten Untersuchung hätten erkannt werden können.[467] Die Vorschrift dient der Absicherung der s15 (2) (c) SGA, nach der der Verbraucher keine Rechte geltend machen kann, wenn der Mangel durch eine zweckmäßige Untersuchung des Musters bzw. der Probe hätte erkannt werden können. Der Gesetzgeber legt damit dem Käufer mittelbar eine Untersuchungspflicht auf. Aus dem Charakter des Kaufs nach Muster bzw. Probe wird geschlossen, dass der Käufer das Muster bzw. die Probe mit hinreichender Sorgfalt untersucht. Es besteht somit keine gerechtfertigte Notwendigkeit, ihn vor Fehlern zu schützen, die bei einer ange-

---

[463] So in Bernard v Kellogg (1871) 10 Wall. 383 und Gardiner v Gray (1815) 4 Camp. 144 (zitiert nach: Murdoch, M.L.R. 1981, S. 391); Benjamin/Reynolds, Rn 11-092.
[464] Murdoch, M.L.R. 1981, S. 390.
[465] Es ist nicht hinreichend, dass ein übereinstimmender Zustand durch eine einfache Handlung des Käufers herbeigeführt werden kann: E. and S. Ruben Ltd. v Faire Bros. & Co. Ltd. [1949] 1 K.B. 254, S. 260; Grenze dieser strikten Vorgehensweise ist wiederum das „de minimus"-Prinzip, siehe Joe Lowe Food Productcs Co. Ltd. v J. Al and P. Holland Ltd. [1954] 2 Lloyd's Rep. 70.
[466] F.E. Hookways & Co. Ltd v Alfred Isaacs & Co. Ltd. [1954] 1 Lloyd's Rep. S. 512.
[467] Dass dies nicht immer der Fall war, siehe: Murdoch, M.L.R. 1981, S. 388 ff., S. 397, der damals daraus schloss, dass dem Kauf nach Probe im Vergleich zu s 13 und s14 SGA kein eigenständiger Regelungsbereich verblieb.

messenen Untersuchung erkennbar gewesen wären.[468] Die Einordnung eines Kaufvertrages als Kauf nach Muster bzw. Probe oder als Kaufvertrag im Sinne der s14 SGA hat somit weitreichende Konsequenzen auf den Käufer. Im ersten Fall ist er mittelbar zur Untersuchung des Musters bzw. der Probe verpflichtet, da er bei vernünftigerweise erkennbaren, jedoch nicht entdeckten Mängeln keine sonstigen Ansprüche geltend machen kann, während im zweiten Fall ihm uneingeschränkt die Möglichkeiten der s14 (2) SGA zustehen, solange er eine Untersuchung der Sache gerade nicht vornimmt.[469] Aus den damit für den Verbraucher verbundenen Härten hat sich die Tendenz entwickelt, Verbraucherverträge nicht als Kauf nach Muster bzw. Probe im Sinne der s15 SGA einzuordnen und damit dem Umstand Rechnung zu tragen, dass eine Untersuchung im Regelfall nicht erwartet werden kann.[470]
Zu klären bleibt schließlich das Verhältnis zu s13 (1) SGA. Von Bedeutung sind insoweit nur die Fälle, in denen das Vorlegen des Musters bzw. der Probe auch die Voraussetzungen für einen Kauf nach Muster/Probe im Sinne der s15 SGA begründet, da ansonsten dieses alleine als Beschreibung im Sinne der s13 (1) SGA gewertet werden kann. Sind jedoch beide Vorschriften einschlägig, stellt s13 (2) SGA ausdrücklich klar, dass sowohl die Beschreibung als auch die Eigenschaften des Musters kumulativ erfüllt werden müssen. Widersprechen sich diese, ist im Wege der allgemeinen Vertragsauslegung zu ermitteln, welches Kriterium vorrangig ist.[471]

(3) Das englische Recht nach der Umsetzung und Wertung

Der englische Gesetzgeber vertritt den Standpunkt, dass die bestehenden Vorschriften der ss13 und 15 SGA den Richtlinienvorgaben hinreichend Rechnung tragen und folglich keine Umsetzungsmaßnahmen erforderlich waren. Daran bestehen jedoch im Detail grundlegende Bedenken. Die genannten Regelungen blieben in ihrem Wortlaut unverändert, obwohl sich gerade im Hinblick auf den Kauf nach Beschreibung und seinem Verständnis in der Rechtsprechung verschiedene Umsetzungsdefizite geradezu aufdrängen. Dazu zählt bereits die allgemeine Beschränkung der Anwendbarkeit der s13 SGA auf Fälle des soeben genannten „Kaufs nach Beschreibung“. Zwar hat die Entwicklung in der Rechtsprechung dazu geführt, dass diesem Begriff ein erweitertes Verständnis zugrunde zu legen ist, dennoch verbleibt die Möglichkeit, dass beim Kauf einer bestimmten Sache als solche s13 SGA nicht zur Anwendung gelangt, obwohl die Richtlinie gerade keine Kausalität zwischen Beschreibung und Vertragsschluss voraussetzt und damit diesen Fall umfasst. Weitere Umsetzungsdefizite

[468] Murdoch, M.L.R. 1981, S. 397.
[469] Vgl. s14 (2C) (b) SGA.
[470] Benjamin/Reynolds, Rn. 11-092.
[471] Murdoch, M.L.R. 1981, S. 391.

ergeben sich im Hinblick auf die Beschränkung der zu berücksichtigenden Beschreibungen. Die vorangegangene Darstellung hat gezeigt, dass der Verkäufer gerade bei Stückkäufen nur dann im Rahmen der s13 SGA für die Beschreibung der Ware einzustehen hat, wenn sich die Beschreibung auf wesentliche Gattungsmerkmale der Sache bezieht und der Identifikation dient. Die Richtlinie kennt eine solche Einschränkung nicht. Das ihr zugrunde liegende Verständnis der Beschreibung geht über das des englischen Rechts hinaus und umfasst ohne Berücksichtigung ihrer Bedeutung alle solche Beschreibungen, die Vertragsbestandteil geworden sind. Dennoch bleibt zu beachten, dass Beschreibungen, die nicht auf einen wesentlichen Bestandteil gerichtet sind, dennoch Bedeutung als ausdrückliche Vereinbarung entfalten können. Zwar handelt es sich bei einer solchen nicht zwingend um eine die Vertragsbeendigung rechtfertigende wesentliche Vertragsvereinbarung, doch findet das neu eingeführte Rechtsfolgenregime gem. s48F SGA explizit auch auf ausdrückliche Vertragsvereinbarungen Anwendung. Selbst dies kann jedoch nicht eine hinreichende Umsetzung begründen. Problematisch scheint zum einen, dass nur ausdrückliche Vereinbarungen von den ss48A ff. SGA umfasst sind. Nicht in den Anwendungsbereich gelangen stillschweigende Vereinbarungen, die sich nicht aus den ss13-15 SGA, sondern aus den Umständen des Vertragsschlusses ergeben („implied terms by fact“). Zum anderen bestehen Umsetzungsdefizite, da in s48F SGA nicht die vorvertraglichen Tatsachenbehauptungen („representation“) berücksichtigt sind. Deren Rechtsfolgen richten sich weiterhin nach den bestehenden Grundsätzen. Es ist daher von entscheidender Bedeutung, ob der von der Richtlinie verwendete Begriff der Beschreibung auch auf nichtvertragliche „descriptions“ Anwendung findet[472]. Die diesbezüglich vertretenen Auffassungen sind umstritten, es spricht jedoch viel für eine extensive Auslegung.[473]

Eine Berücksichtigung einseitiger Äußerungen, die nicht Vertragsbestandteil geworden sind, ist im englischen Recht lediglich im Rahmen der Haftung für die zufriedenstellende Qualität durch s14 (2) SGA möglich. Diese Vorschrift bezieht in die Beurteilung mit ein, ob die Sache mit der Beschreibung übereinstimmt. Der Begriff der Beschreibung wird in diesem Zusammenhang weiter ausgelegt als bei s13 (1) SGA und bietet daher die Möglichkeit der Anwendung auf „representations“. Es ist jedoch zu beachten, dass die Beschreibung nicht das allein ausschlaggebende Kriterium darstellt. Daneben müssen weitere Faktoren berücksichtigt werden, die ihrerseits wiederum aus der Sicht einer vernünftigen Person zu beurteilen sind. Es ist damit nicht gewährleistet, dass jede Abweichung von einer Beschreibung die von der Richtlinie gewährten Rechte hervorruft. Nach der Richtlinie selbst ist hingegen davon auszugehen, dass auch nur geringfügige Abweichungen von der Beschreibung als Auslöser für die vorgese-

[472] Willett/Morgan-Taylor/Naidoo, J.B.L. 2004, S. 106.
[473] Vgl. dazu weiter oben.

henen Rechte zu werten sind. Folglich ergibt sich für den Fall, dass der Begriff der Beschreibung auch einseitige, nichtvertragliche Äußerungen umfasst, eine richtlinienwidrige Rechtslage. Ein Ausweg bietet sich für das englische Recht daher nur darin, bei einem Verbrauchsgüterkauf vom Verkäufer gemachte Beschreibungen bei einem weiten Verständnis der vertraglichen Vereinbarungen nicht als „representations“ einzuordnen. Dies ist möglich, da die Einordnung sich lediglich am Willen der Parteien orientiert, ansonsten jedoch Rechtmäßigkeitserwägungen entspringt. Sollte der Begriff der Beschreibung durch den Europäischen Gerichtshof jedoch dahingehend konkretisiert werden, dass er nur solche Aussagen umfasst, die auch nach englischem Verständnis ohnehin vertragliche Vereinbarungen darstellen, so bestehen keine Bedenken im Hinblick auf eine hinreichende Umsetzung.
Die parallele Problematik findet sich auch bei der Einbeziehung der Vorlage eines Musters oder einer Probe wieder. Auch hier legt das englische Recht den Begriff des „Kaufs nach Muster/Probe“ eng aus. Es wird daher ebenso im Rahmen einer weiten Auslegung auf ausdrückliche Vertragsvereinbarungen zurückzugreifen sein, was jedoch, soweit man die weiteren Regelugen der s15 SGA beachtet, für den Verbraucher durchaus positiv sein kann. Wird der Kaufvertrag als „Kauf nach Muster/Probe“ eingeordnet, ist die Haftung für die zufriedenstellende Qualität auf solche Mängel beschränkt, die bei einer vernünftigen Untersuchung nicht offenkundig geworden wären. Bei Vorlegen eines Musters geht der englische Gesetzgeber davon aus, dass die Ware auch hinreichend untersucht wird. Die Richtlinie kennt eine vergleichbare Beschränkung nicht. Im Rahmen der kumulativen Anwendung der Vertragsmäßigkeitskriterien ist neben der Übereinstimmung der Ware mit dem Muster bzw. der Probe stets auch das Vorliegen üblicher Qualität und Leistung erforderlich. Es kann nicht angenommen werden, dass bei einer unterlassenen Untersuchung der Verbraucher gem. Art. 2 Abs. 3 RL so eingestuft wird, dass er nicht vernünftigerweise in Unkenntnis über die Abweichung gewesen sein konnte. Die Richtlinie begründet gerade keine Untersuchungspflicht des Verbrauchers.[474] Damit verstößt das englische Recht in diesem Zusammenhang gegen die Richtlinie.

b) Berücksichtigung eines bestimmten, vom Verbraucher mitgeteilten Zwecks, Art. 2 Abs. 2 lit. b RL

Ein weiteres subjektives Kriterium für die Bestimmung der Vertragsmäßigkeit der Ware sieht Art. 2 Abs. 2 lit. b RL dahingehend vor, dass sich die Sache für einen bestimmten, vom Verbraucher angestrebten Zweck eignen muss, wenn der Verbraucher diesen dem Verkäufer zur Kenntnis gebracht hat und letzter zuge-

[474] Staudenmayer, NJW 1999, S. 2394.

stimmt hat. Die Regelung ist von der des Art. 2 Abs. 2 lit. c RL zu unterscheiden, nach der sich die Ware für die gewöhnlichen Zwecke eignen muss und die daher geringere Anforderungen an eine Einbeziehung stellt.

(1) Vorgaben durch die Richtlinie

Gemäß Art. 2 Abs. 2 lit. b RL setzt die Haftung für einen bestimmten vom Verbraucher verfolgten, Zweck zunächst voraus, dass dieser dem Verkäufer vom Verbraucher zur Kenntnis gebracht wurde. Damit bleibt die Richtlinie hinter Art. 35 Abs. 2 lit. b CISG zurück, der keine Vorgaben im Hinblick auf die Informationsquelle macht. Allerdings ist auch im Rahmen des Art. 2 Abs. 2 lit. b RL aus Verbraucherschutzgründen eine großzügige Auslegung geboten. Berücksichtigt werden müssen ebenfalls solche Zwecke, die dem Verkäufer zwar nicht unmittelbar vom Verbraucher, jedoch zumindest auf dessen Veranlassung mitgeteilt worden sind.[475] Eine extensive Auslegung ist auch erforderlich, was den Zeitpunkt der Bekanntgabe betrifft. Art. 2 Abs. 2 lit. b RL stellt insoweit auf den Zeitpunkt des Vertragsschlusses ab. Es muss allerdings als ausreichend angesehen werden, wenn die ausdrückliche Benennung des Zwecks bereits im Rahmen der Präsentation eines Gegenstandes, z.B. beim Fahrzeugkauf, erfolgt und an ihr bis zum Vertragsschluss festgehalten wird. Ausgeschlossen werden müssen jedoch solche Fälle, in denen die Bekanntgabe erst nach Vertragsschluss erfolgte.[476] Schließlich muss es in Übereinstimmung mit dem CISG ausreichen, dass der besondere Gebrauchszweck konkludent bekanntgegeben wurde.[477] Eine diesbezüglich ausufernde Haftung wird durch das Erfordernis der Richtlinie vermieden, dass der Verkäufer der Eignung für den genannten Verwendungszweck ausdrücklich zugestimmt hat.
Weiter ist es erforderlich, dass der Verkäufer der Eignung für den bestimmten Zweck zugestimmt hat. Die Richtlinie unterscheidet sich darin von Art. 35 Abs. 2 lit. b CISG, der auf Seiten des Käufers voraussetzt, dass er auf die Sachkunde des Verkäufers vertraut hat und dieses Vertrauen vernünftig war. Die Schutzwürdigkeit des Verbrauchers ergibt sich nach der Richtlinie bereits aus der bloßen Verkäuferstellung.[478] Die Interessen des Verkäufers sollen dadurch geschützt werden, dass dieser der Eignung für den vom Käufer verfolgten Zweck zugestimmt haben muss. Der gewählte Ansatz stellt sich somit anders als die Konzeption des Richtlinienentwurfs dar, die sich zu einem stärkeren Grad an der Vorschrift des Art. 35 Abs. 2 lit. b CISG orientierte und ein Vertrauen des Verbrauchers auf die Erklärung des Verkäufers forderte, ohne dabei vom Erfordernis einer Zustimmung zu sprechen. Der letztlich gewählte Ansatz soll den

[475] AnwKommentar/Pfeiffer, Art. 2, Rn. 17.
[476] So zu Art. 35 Abs. 2 lit. b CISG: Schlechtriem/Schwenzer/Schwenzer, Art. 35, Rn. 22.
[477] Schlechtriem/Schwenzer/Schwenzer, Art. 35, Rn. 21.
[478] AnwKommentar/Pfeiffer, Art. 2 Rn. 17.

Befürchtungen der Mitgliedsstaaten Rechnung tragen, dass auch die bloß einseitige Zweckbestimmung zur Bestimmung der Sollbeschaffenheit herangezogen werden kann.[479] Keiner Zustimmung bedürfen weiterhin die von Art. 2 Abs. 2 lit. c RL geregelten Fälle, in denen es um die Eignung für den gewöhnlichen Zweck der Sache geht.[480] Zu beachten ist, dass auch Art. 2 Abs. 2 lit. b RL keine ausdrückliche Zustimmung fordert, da die besondere Zweckeignung ohnehin Teil der vertraglichen Vereinbarung sein muss und damit die allgemeinen Kriterien zur Auslegung von Willenserklärungen zur Anwendung kommen.[481] Es ist daher ausreichend, dass der Verkäufer seine Zustimmung konkludent erteilt.[482] Dies setzt allerdings voraus, dass der Verbraucher die Zweckbestimmung hinreichend deutlich zum Ausdruck gebracht hat.[483] Ist dies der Fall, reicht insbesondere aus, dass der Verkäufer nach Kenntnisnahme des Zweckes den Vertrag abschließt und dadurch sein Einverständnis zum Ausdruck bringt.[484] Damit besteht für diesen die Gefahr, bei nicht ausdrücklicher Zurückweisung eines vom Verbraucher angestrebten, jedoch die tatsächliche Verwendungsmöglichkeit übersteigenden, Zwecks für die besondere Eignung einstehen zu müssen.[485] Im Gegensatz zu Art. 35 Abs. 2 lit. b CISG kann der Verkäufer sich nicht darauf berufen, dass ein Vertrauen auf seine Zustimmung unvernünftig war, zumindest solange der Verbraucher die mangelnde Eignung nicht kannte, Art.2 Abs. 3 RL. Daraus ergibt sich für den Verkäufer mittelbar eine Hinweispflicht, um sich auch vor einem unvernünftig vertrauenden Verbraucher zu schützen.

(2) Das englische Recht vor der Umsetzung

Das englische Recht kannte bereits vor Inkrafttreten des Sale of Goods Act 1893 die Implizierung einer Vertragsbedingung, dass die Ware mit dem vom Käufer mitgeteilten Zweck übereinstimmen musste. Kodifiziert wurde eine entsprechende Vorschrift zunächst in s14 (1) Sale of Goods Act 1893, später in s14 (3) SGA. Dieser Vorschrift zufolge liegt dem Vertrag eine stillschweigende, nach s14 (6) SGA als wesentlich eingestufte, Vertragsbedingung zugrunde, dass sich die Ware für einen vom Käufer dem Verkäufer entweder ausdrücklich oder konkludent mitgeteilten bestimmten Zweck eignet, soweit sich nicht aus den Umständen ergibt, dass der Käufer auf die Sachkenntnis und das Urteilsvermögen

[479] Micklitz, EuZW 1999, S. 486. Nach Staudenmayer, NJW 1999, S. 2394 hätte es einer ausdrücklichen Regelung nicht bedurft, da sich das Erfordernis einer vertraglichen Vereinbarung und damit der Zustimmung bereits unmittelbar aus Art. 2 Abs. 1 RL ergibt. Dies ist jedoch strittig.
[480] AnwKommentar/Pfeiffer, Art. 2 Rn. 17.
[481] AnwKommentar/Pfeiffer, Art. 2, Rn. 17.
[482] Micklitz, EuZW 1999, S. 486; AnwKommentar/Pfeiffer, Art. 2 Rn. 17.
[483] Vorsmann, Mängelhaftung, S. 51.
[484] Grundmann, in: Europäisches Kaufgewährleistungsrecht, S. 298 f.
[485] Vorsmann, Mängelhaftung, S. 51.

des Verkäufers nicht vertraute oder vernünftigerweise nicht vertrauen konnte.[486] Parallel zu s14 (2) SGA wird der persönliche Anwendungsbereich der Norm durch die Beschränkung des Verkäuferbegriffs auf solche Personen eingegrenzt, die im Rahmen eines Gewerbes handeln.[487] Die Regelung der s14 (3) SGA bildete die Grundlage für Art. 35 Abs. 2 lit. b CISG.[488]
Zur Bestimmung des Regelungsgehalts der Vorschrift bedürfen mehrere Aspekte der Erörterung. Zunächst stellt sich die Frage, welche vom Käufer verfolgten Zwecke überhaupt Gegenstand einer entsprechenden stillschweigenden Vertragsbedingung sein können. Daneben bedarf der Erörterung, wann ein Zweck als dem Verkäufer bekannt gemacht gilt und wann sich der Käufer auf das Urteil und die Sachkenntnis des Verkäufers verlassen hat bzw. verlassen durfte.

(a) Der Anknüpfungstatbestand: Mitteilung eines bestimmten Zwecks

Die Formulierung der s14 (3) SGA knüpft daran an, dass der Käufer dem Verkäufer einen bestimmten Zweck mitgeteilt hat, für den er die Ware kauft. Bereits beim Sale of Goods Act 1893 trat die Frage auf, ob davon nur solche Zwecke umfasst sein sollten, die über den gewöhnlichen Gebrauch hinausgingen. Entgegen dem ursprünglichen Wortlaut, der von der Nennung des bestimmten Zwecks („*the* particular purpose") sprach, wurde der Anwendungsbereich zunächst in der Rechtsprechung auch auf die Verfolgung gewöhnlicher Zwecke ausgedehnt.[489] Diese Auslegungsweise wurde durch den Gesetzgeber in der geltenden Fassung explizit bestätigt. Der vom Käufer verfolgte Zweck ist auch dann umfasst, wenn es sich um einen solchen handelt, für den die Waren gewöhnlicherweise geliefert werden. „Besonders" im Sinne der s14 (3) Sale of Goods Act ist somit als „spezifiziert" („specified") und nicht im Sinne von „spezial" als Gegensatz zu „allgemein" zu verstehen.[490] Der Anwendung steht auch nicht entge-

---

[486] Daneben kann sich eine Haftung für die Eignung für einen bestimmten Zweck unter Umständen auch nach der allgemeinen Haftung des Verkäufers für die zufriedenstellende Qualität der Ware gem. s14 (2) SGA ergeben. Allerdings bleibt die Haftung gem. s14 (2) SGA hinter der der s14 (3) SGA zurück, da es sich bei der erstgenannten Vorschrift um ein flexibles Instrument handelt, das unterschiedlichste Faktoren berücksichtigt. Die Unterschiede von s14 (2) und (3) SGA wurden auch in Clegg v Andersson, [2003] 1 All E.R. (Comm) 721. betont („quite different concepts"). Siehe dazu Ervine, J.B.L. 2004, S. 690. Vgl. auch die Besprechung von Jewson Ltd. v Kelly [2003] EWCA Civ. 1030 bei Twigg-Flesner, CLJ 2004, S. 22 ff.

[487] Vergleiche diesbezüglich die Ausführungen in Teil B., IV. dieser Arbeit.

[488] Schlechtriem/Schwenzer/Schwenzer, Art. 35 Rn. 18.

[489] Henry Kendall & Sons v William Lillico & Sons Ltd. [1969] 2 A.C. 31, S. 123: Der Grund dafür lag letztlich in der gewollten Ausweitung des Anwendungsbereiches der „implied terms for fitness for purpose", da die stillschweigenden Vertragsbedingungen zur Qualität lediglich auf die Fälle des „sale by description" beschränkt waren.

[490] So auch schon die frühere Rechtsprechung: Henry Kendall & Sons v William Lillico & Sons Ltd. [1969] 2 A.C. 31, S. 123.

gen, dass die Ware nur für diesen einen, gewöhnlichen Zweck verwendet werden kann.[491] Dem Bezug auf einen „besonderen" Zweck widerspricht es ebenfalls nicht, dass der vom Käufer genannte Zweck sehr allgemein bleibt. Soweit der Käufer keine konkretisierende Einschränkung bzgl. des Zweckes vornimmt, muss sich die Ware für alle Verwendungsmöglichkeiten eignen, die für den Verkäufer durch die Wahl der allgemeinen Beschreibung vorhersehbar waren.[492] Die Spezifikation eines allgemeinen Zwecks reicht somit im Regelfall aus, alle möglichen Varianten des Zwecks abzudecken. In der Praxis ist dies insbesondere dann relevant, wenn der Käufer selbst als Wiederverkäufer auftreten will und sich die gekaufte Ware daher für alle Zwecke eignen muss, für die sie ein Letztkäufer erwerben würde.[493] Dies gilt, obwohl der Wortlaut der s14 (3) SGA nur von Zweck und nicht von Zwecken spricht.[494] Eine Ausnahme ist jedoch dann zu machen, wenn es die Umstände des konkreten Falls erfordert hätten, dass der Käufer die besonderen Anforderungen hätte offen legen müssen, da sie nicht für den Verkäufer vorhersehbar waren. Mangels Offenlegung wird lediglich der gewöhnliche Zweck als mitgeteilt angesehen, nach dessen Beurteilung sich die Ware jedoch regelmäßig als „reasonably fit" herausstellen wird.[495]
S14 (3) SGA setzt weiter voraus, dass der vom Käufer verfolgte Zweck dem Verkäufer bzw. dessen Vertreter[496] oder aber einem Kreditvermittler[497] mitgeteilt worden ist. Es kommt nicht darauf an, ob die Mitteilung ausdrücklich erfolgt ist oder sich aus den Umständen ergibt. Zudem ist es unerheblich, ob sie Teil der vertraglichen Vereinbarung geworden ist.[498] Auch eine bloß einseitige Mitteilung kann die Haftung gem. s14 (3) SGA begründen. Wie konkret der Käufer auf die notwendige Eignung für den von ihm angestrebten Zweck hin-

---

[491] Dies wurde dadurch klargestellt, dass bereits *irgendein* besonderer Zweck die Anwendung der Vorschrift ermöglicht.

[492] Benjamin/Reynolds, Rn. 11-071.

[493] Siehe Ashington Piggeries v Christopher Hill Ltd. [1972] A.C. 441 zum Fall einer Tierfutterzutat, die sich lediglich für Nerze tödlich auswirkte.

[494] Benjamin/Reynolds, Rn. 11-071.

[495] Griffiths v Peter Conway Ltd. [1939] 1 All ER 685: Die Käuferin kaufte einen Mantel, bekam jedoch auf ihrer besonders empfindlichen Haut Dermatitis. Der Mantel wurde dennoch als vernünftigerweise geeignet betrachtet, da die persönlichen Umstände nicht vorhersehbar waren. / Andererseits Ashington Piggeries v Christopher Hill Ltd. [1972] A.C. 441 (Bei als für Tierfutter verkauftem Produkt muss damit gerechnet werden, dass dieses auch speziell für Nerze verwendet wird.).

[496] Bradgate/Twigg-Flesner, Consumer Guarantees, S. 51.

[497] Siehe die weitere Regelung der s14 (3) (b) SGA. Danach reicht es aus, dass der Käufer dem Kreditvermittler den Zweck mitteilt, wenn dieser die Sache dem Kreditgeber und dieser dem Käufer verkauft. Damit wird den besonderen Begebenheiten des Finanzierungsgeschäfts Rechnung getragen, bei denen der Käufer nur im Kontakt zum Kreditvermittler (und Händler) steht.

[498] Vgl. zu Art. 35 Abs. 2 b) CISG: Schlechtriem/Schwenzer/Schwenzer, Art. 35 Rn. 20 m.w.N.

weisen muss, hängt davon ab, ob es sich um einen speziellen oder aber den gewöhnlichen Zweck handelt. Erwartet der Käufer eine Tauglichkeit für spezielle Zwecke, werden an die Mitteilung höhere Anforderungen gestellt. Es ist zwar nicht erforderlich, dass diese in die ausdrückliche Vertragsvereinbarung mit aufgenommen worden ist, sie muss sich jedoch zumindest aus dem Zweck des Vertrages oder aus außerhalb der eigentlichen Vertragsverhandlungen geführten Gesprächen ergeben.[499] Kommt es dem Käufer jedoch darauf an, dass sich die Ware für den gewöhnlichen Zweck eignet, so bedarf es neben der allgemeinen Beschreibung der Sache keiner weiteren Konkretisierung des Zwecks.[500] Dies gilt insbesondere beim Kauf von Ware, die sich nur für einen Zweck eignet und bei der der Verkäufer mit einer bestimmten Verwendungsabsicht rechnen musste.[501] Für den Fall, dass mit der Ware verschiedene gewöhnliche Zwecke verfolgt werden können, ist die Rechtslage nicht eindeutig geklärt.[502] Bestehen im Hinblick auf einen allgemeinen Zweck mehrere Varianten, so ist es ausreichend, dass der Käufer diesen allgemeinen Zweck mitteilt.[503] Gerade in Bezug auf den allgemeinen Zweck ist somit ein sehr weiter Anwendungsbereich der Vorschrift gewährleistet.

(b) Das Vertrauen des Käufers auf die Sachkunde oder Urteilsvermögen des Verkäufers

Die stillschweigende Vertragsvereinbarung der s14 (3) SGA wird nicht allein dadurch impliziert, dass der Käufer dem Verkäufer den Zweck, für den er die Ware braucht, ausdrücklich oder konkludent mitgeteilt hat. S14 (3) SGA fordert zusätzlich noch, dass der Käufer zumindest vernünftigerweise auf die Sachkunde oder das Urteilsvermögen („skill or judgment“) des Verkäufers vertraut („relied“) haben muss. Entsprechend der Rechtsprechung zu s14 (1) Sale of Goods

---

499 Benjamin/Reynolds, Rn. 11-071; Chitty (Vol. 2)/Guest/Reynolds/Harris, Rn. 43-097.

500 Preis v Last [1903] 2 K.B. 148, S. 153; Grant v Australian Knitting Mills Ltd. [1936] A.C. 85, S. 99: "There is no need to specify in terms the particular purpose for which the buyer requires the goods, which is none the less the particular purpose within the meaning of the section, because it is the only purpose for which any one would ordinarily want the goods." Benjamin/Reynolds, Rn. 11-071: "... where the description of the goods pointed to one purpose only, therefore no further indication was required."

501 Siehe dazu Wallis v Russell [1902] 2 I.R. 585, S. 634: „It savours of absurdity that where an article, such as a razor, is to the knowledge of both buyer and seller only bought for one purpose, an implied warranty should depend in any degree upon the buyer making known to the seller something which not only the latter knows already, but which also forms part of the common knowledge of mankind.“ (zitiert nach Benjamin/Reynolds, Rn. 11-071, Fn. 32).

502 Siehe Watterson, ERPL 2001, S. 207: „If goods have only one normal purpose, no specific communication is likely to be needed. It is probably otherwise, however, where the goods have several normal purposes.“

503 Ashington Piggeries v Christopher Hill Ltd. [1972] A.C. 441.

Act 1893[504] wird bei Vorliegen der sonstigen Voraussetzungen, also insbesondere der Mitteilung des beabsichtigten Verwendungszwecks, ein Vertrauen des Käufers vermutet.[505] Damit wird dem Umstand Rechnung getragen, dass das Vertrauen in den seltensten Fällen ausdrücklich erklärt wird und sich daher regelmäßig aus den Umständen des Falls ergeben muss.[506] Es ist grundsätzlich davon auszugehen, dass der Käufer auf das Urteilsvermögen des Verkäufers vertraut hat. Dem steht auch nicht entgegen, dass dem Käufer bewusst war, dass der Verkäufer nur als Zwischenhändler handelt und die Sache selbst nicht untersucht.[507] Der Käufer muss lediglich die Mitteilung des angestrebten Zwecks beweisen. Widerlegt werden kann die Vermutung dadurch, dass der Verkäufer entweder zeigt, dass der Käufer seiner Sachkunde oder seinem Urteilsvermögen überhaupt nicht oder aber zumindest unvernünftigerweise („unreasonable") vertraut hat[508]. Damit obliegt es dem Verkäufer, seine mangelnde Sachkunde und Urteilsfähigkeit offen zu legen und damit das Vertrauen des Käufers auszuschließen. Nicht zwingend ausreichend ist es jedoch, dass sich der Verkäufer auf eine durch den Käufer vorgenommene Untersuchung der Sache beruft.[509] Zudem steht es dem Vertrauen nicht entgegen, wenn sich der Käufer nur in Teilen auf den Verkäufer verlässt und sich die mangelnde Eignung in eben diesem Bereich herausstellt.[510] In Verbrauchergeschäften wird daher regelmäßig ein Vertrauen des Käufers anzunehmen sein.[511]

(c) Auswirkung: Der Umfang der implizierten Vertragsbedingungen

Ergebnis der gesetzlich implizierten Vertragsbedingung ist, dass sich die Sache im vernünftigen Rahmen für den vom Käufer benannten Zweck eignen muss. Der anzulegende Maßstab wird durch den Bezug auf „vernünftige Eignung" objektiviert, der Verkäufer hat somit nicht zwingend für jede noch so unerhebliche

---

504 S14 (1) Sale of Goods Act 1893 besagte, dass der Käufer dem Gericht hinreichend beweisen musste, dass er dem Verkäufer den Zweck mitgeteilt hat, um dadurch sein Vertrauen in das Urteilsvermögen des Verkäufers zu belegen.

505 Central Regional Council v Uponor Ltd 1996 S.L.T. 645; Benjamin/Reynolds, Rn. 11-075; Chitty (Vol. 2)/Guest/Reynolds/Harris, 43-096.

506 Grant v Australian Knitting Mills Ltd. [1936] A.C. 85, S. 99: "The reliance will seldom be express: it will usually arise by implication from the circumstances: thus to take a case like that in question, of a purchase from a retailer, the reliance will be in general inferred from the fact that a buyer goes to the shop in the confidence that the tradesman has selected his stock with skill and judgment."

507 Britvic Soft Drinks v Messer UK Ltd. [2002] 1 Lloyd's Rep. 20.

508 Die Beweislast des Verkäufers ergibt sich aus der diesbezüglich negativen Formulierung der s14 (3) SGA.

509 Henry Kendall & Sons v William Lillico & Sons Ltd. [1969] 2 A.C. 31, S. 95; Benjamin/Reynolds, Rn. 11-079.

510 Cammell Laird & Co Ltd v Manganes Bronze & Brass Co Ltd [1934] A.C. 402.

511 Siehe wiederum: Grant v Australian Knitting Mills Ltd. [1936] A.C. 85, S. 99.

Abweichung einzustehen. Die vom Verkäufer diesbezüglich übernommene Haftung ist strikt Es ist ihm nicht möglich, nachzuweisen, dass er den Mangel objektiv nicht erkennen konnte. Ihm bleibt lediglich die Möglichkeit, die Haftung im Rahmen des gesetzlich Zulässigen auszuschließen.

(3) Das englische Recht nach der Umsetzung und Wertung

Der englische Gesetzgeber hat auch in diesem Zusammenhang keine Umsetzungsmaßnahmen für erforderlich gehalten. Sowohl die Richtlinie als auch das englische Recht knüpfen bei der Berücksichtigung eines bestimmten, vom Verbraucher angestrebten Zwecks an einen gemeinsamen Ausgangspunkt an. Beide erfordern, dass der Verbraucher dem Verkäufer den entsprechenden Zweck, sei es ausdrücklich oder konkludent, zur Kenntnis gebracht hat. Das englische Recht geht über die Richtlinie hinaus, da einerseits durch die Vorschrift sowohl allgemeine als auch besondere Zwecksetzungen unmittelbar Berücksichtigung finden können, andererseits aber auch nicht von Bedeutung ist, ob die Mitteilung durch den Verbraucher selbst oder auf sonstigem Wege erfolgte. Entscheidende systematische Unterschiede ergeben sich jedoch aus den unterschiedlichen Ansätzen zur Einschränkung der Einstehensverpflichtung. Während die Richtlinie voraussetzt, dass der Verkäufer seine Zustimmung zur Zweckeignung erteilt hat und die Bestimmung des Zwecks Teil der vertraglichen Vereinbarung wird, wird die Haftung des Verkäufers hinsichtlich des besonderen Verwendungszweck im englischen Recht parallel zum CISG dadurch begrenzt, dass der Käufer auf die Sachkunde oder das Urteilsvermögen des Verkäufers vertraut hat und dies auch vernünftigerweise durfte. Die Zustimmung des Verkäufers ist nicht erforderlich, sodass auch einseitige Zweckbestimmungen Berücksichtigung finden. Während die Einbeziehung nichtvertraglicher Äußerungen zu einem höheren Verbraucherschutz führt und aufgrund der Mindestschutzklausel des Art. 8 Abs. 2 RL zulässig ist, können die voneinander abweichenden Begrenzungskriterien zu einem verringerten Schutz des Verbrauchers und damit zur Richtlinienwidrigkeit führen. Dies gilt dann, wenn der Zweck nach der Richtlinie aufgrund der Zustimmung des Verkäufers bei der Bestimmung der Vertragsmäßigkeit zu berücksichtigen ist, der Käufer aber auf das Urteilsvermögen des Verkäufers nicht vertraut hat bzw. nicht vernünftigerweise vertrauen durfte und somit nach englischem Recht die Zwecknennung keine Beachtung findet.

Zu beachten sind insbesondere die Fälle, in denen der Verkäufer zwar die Eignung für einen bestimmten Zweck bestätig hat, der Käufer sich aber statt auf die Sachkenntnis des Verkäufers auf seine eigene verlässt. In diesem Fall kommt das englische Recht zu dem Ergebnis, dass s14 (3) SGA mangels Vertrauen auf die Äußerung des Verkäufers nicht zur Anwendung gelangt und sich die Sache

somit nicht für den bestimmten Zweck eignen muss.[512] Dem gegenüber setzt die Richtlinie grundsätzlich nur die Zustimmung des Verkäufers voraus. Eine Kausalität zwischen Zustimmung und Vertragsschluss im Sinne eines Vertrauens auf die Sachkunde ist nicht erforderlich, sodass der Verbraucher auch dann geschützt wird, wenn er zwar nicht auf die Zustimmung des Verkäufers vertraut, aufgrund seiner eigenen Sachkenntnis jedoch die Eignung für gegeben hält.[513] Auch kommt ein Haftungsausschluss gem. Art. 2 Abs. 3, 1. Alt. RL nicht in Betracht, da der Verbraucher keine Kenntnis von der Vertragswidrigkeit hatte. Zugleich kann aber auch nicht angenommen werden, dass er vernünftigerweise von der mangelnden Eignung habe Kenntnis haben müssen, da der Verbraucher allein sein Urteilsvermögen über das des Verkäufers gesetzt hat. Vielmehr sprechen die genannten Umstände, dass der Verkäufer seine Zustimmung erteilt hat und zugleich auch der Käufer von der Eignung ausgegangen ist, eindeutig gegen die Annahme, dass der Käufer von der Vertragswidrigkeit hätte Kenntnis haben müssen. Lediglich, wenn sich die fehlende Eignung geradezu aufgedrängt hätte und der Verbraucher gerade deswegen nicht in die Sachkenntnis des Verkäufers vertraut hat, käme ein Haftungsausschluss in Betracht. Im Mittelpunkt der Richtlinie steht aber die Zustimmung und eben diese wurde erteilt. Es erfordert besondere Umstände, um zu belegen, dass sich der Verbraucher nicht vernünftigerweise in Unkenntnis befunden hat. Das fehlende Vertrauen auf den Verkäufer reicht in jedem Fall dafür nicht, auch wenn sich tatsächlich später die fehlende Eignung herausstellt.
Für die Fälle, in denen der Verbraucher zwar auf die Urteilsfähigkeit des Verkäufers vertraut, dieses Vertrauen aber gemäß s14 (3) SGA unberechtigt war, ist zu unterscheiden, woraus sich die fehlende Berechtigung ergibt. Die einschränkenden Vorschriften der Richtlinie und des englischen Rechts haben unterschiedliche Bezugspunkte[514], wobei das Kriterium der Kenntnis bzw. der unvernünftigen Unkenntnis der Vertragswidrigkeit nach der Richtlinie nur einen Gesichtspunkt im Rahmen der s14 (3) SGA darstellt und somit der Anwendungsbereich der Richtlinie insgesamt weiter ist. Knüpft die fehlende Berechtigung für ein Vertrauen an die offensichtlich Ungeeignetheit der Ware für den speziellen Zweck an, stimmt die Vorschrift weitgehend mit Art. 2 Abs. 3 RL überein. In diesem Fall führt die Offensichtlichkeit der fehlenden Eignung dazu, dass der Verbraucher nicht vernünftigerweise über die Vertragswidrigkeit in Unkenntnis sein konnte und damit der Verkäufer auch nach der Richtlinie nicht haftet. Etwas anderes gilt jedoch, wenn die fehlende Berechtigung gem. s14 (3) SGA aus der Person des Verkäufers folgt, insbesondere dadurch, dass dieser offensicht-

---

512 Benjamin/Reynolds, Rn. 11-075.

513 Gemeint sind damit die Fälle, in denen der Verbraucher lediglich die zusätzliche rechtliche Absicherung in Anspruch nehmen möchte.

514 S14 (3) bezieht sich auf die Kenntnis fehlender Sachkunde bzw. Urteilsvermögen, während Art. 2 Abs. 3 RL an die Kenntnis von der Vertragswidrigkeit anknüpft.

lich keine Erfahrung mit dem Verkauf der gegenständlichen Ware hat. In diesen Fällen kann nicht zugleich darauf geschlossen werden, dass der Verbraucher unvernünftigerweise über die Vertragswidrigkeit in Unkenntnis gewesen sei. Aus der Grundkonzeption der Richtlinie geht hervor, dass bereits aus der Verkäuferstellung eine besondere Vertrauensgrundlage folgt. Die Risikoverteilung der Richtlinie ergibt, dass, sobald eine Zustimmung zum besonderen Zweck durch den Verkäufer vorliegt, der Verbraucher zunächst darauf vertrauen darf, selbst wenn dieses Vertrauen nach englischem Recht möglicherweise unberechtigt ist. Auf das Vertrauen des Käufers in die Urteilsfähigkeit kommt es gerade nicht an. Der Verbraucher muss auch bei solchen Geschäften geschützt werden, in denen der Verkäufer zu der verkauften Ware normalerweise keinen Bezug hat. Nur dies entspricht der Intention der Richtlinie. Dann darf der Schutz aber nicht durch eine allzu weite Anwendung des Art. 2 Abs. 3 RL wieder ausgehöhlt werden. Das fahrlässige Vertrauen in die Urteilsfähigkeit des Verkäufers führt damit nicht zu einer Unkenntnis im Sinne des Art. 2 Abs. 3 RL. Damit trägt das englische Recht den Richtlinienvorgaben nicht hinreichend Rechnung.[515] Die Auswirkungen werden dadurch gemindert, dass es dem Verkäufer obliegt, das fehlende Vertrauen bzw. das nicht zulässige Vertrauen nachzuweisen.[516] Dies wird regelmäßig nur dann der Fall sein, wenn der Verkäufer seine fehlende Expertise ausdrücklich klargestellt hat bzw. gerade keine Haftung übernehmen will.[517] Dann fehlt es aber auch an einer Zustimmung im Sinne des Art. 2 Abs. 2 lit. b RL.[518]

Selbst soweit der Verkäufer für die Eignung der Ware einzustehen hat, beschränkt sich die Haftung darauf, dass eine „angemessene“ Eignung („reasonably fit“) gegeben ist. Eine solche Verobjektivierung des subjektiven Kriteriums kennt die Richtlinie nicht. Relevanz entfaltet das Kriterium vor allem, wenn es sich um einen allgemeinen Zweck handelt, der aufgrund besonderer Umstände in der Person des Verkäufers, so z.B. wenn die Käuferin aufgrund einer Allergie eine Jacke nicht tragen kann, oder wegen der Art der Sache, z.B. als Gebrauchtware, nicht erreicht werden kann, der Verkäufer jedoch aufgrund der Besonderheiten nicht umfassend für die allumfassende Eignung einzustehen hat. Allerdings ist zu berücksichtigen, dass die Richtlinie in Art. 2 Abs. 2 lit. b RL ohnehin nur auf spezielle und nicht allgemeine Zwecke abstellt. Das Kriterium der angemessenen Eignung gilt allerdings auch für spezielle Zwecke. Es ist nicht auszuschließen, dass dadurch in Randbereich eine Beschränkung der Rechte des Käufers bewirkt werden kann, die der Richtlinie fremd ist.

---

515 So auch Mansel, AcP 2004, S. 445.

516 Chitty (Vol. 2)/Guest/Reynolds/Harris, Rn. 43-096; Benjamin/Reynolds, Rn. 11-075.

517 Corbett Construction Co. Ltd. v Simplot Chemical Co. Ltd. [1971] 2 W.W.R. 332.

518 Dies klarstellend auch Mansel, AcP 2004, S. 445.

c) Die Eignung für den gewöhnlichen Zweck, Art. 2 Abs. 2 lit. c RL

Neben der Eignung für einen bestimmten, vom Verbraucher genannten Zweck fordert die Richtlinie mangels entgegenstehender Parteivereinbarung, dass sich die Ware auch für die Zwecke eignet, für die Güter gleicher Art gewöhnlich gebraucht werden. Im englischen Recht findet dieser Aspekt sowohl im Rahmen der Haftung für die zufriedenstellende Qualität als auch für die Eignung für einen bestimmten Zweck Berücksichtigung.

(1) Vorgaben durch die Richtlinie

Die Richtlinie knüpft in Art. 2 Abs. 2 lit. c RL an die Eignung der Sache zu den Zwecken an, für den Güter der gleichen Art gewöhnlich gebraucht werden. Der Wortlaut entspricht somit, mit Ausnahme des sachlichen Bezugsobjekts[519], exakt der Regelung des Art. 35 Abs. 2 lit. a CISG. Der übliche Verwendungszweck ergibt sich dementsprechend aus der Verkehrsauffassung innerhalb des gewöhnlichen Nutzerkreises.[520] In Deutschland wurde dabei insbesondere die Frage erörtert, ob nach der Richtlinie bereits die Eignung für einen der gewöhnlichen Zwecke ausreichend sei oder ob sie eine Eignung für alle gewöhnlichen Zwecke fordere. Ein Rückblick auf die Entstehungsgeschichte der Vorschrift zeigt, dass noch die Formulierung des Richtlinienvorschlags in Art. 2 Abs. 2 lit. b ausdrücklich auf die Eignung für *alle* Zwecke abstellte. Die Nichtbeibehaltung dieser Formulierung könnte dafür sprechen, dass damit auch eine entsprechende inhaltliche Änderung einhergehen sollte. Für einen entsprechenden Ansatz finden sich jedoch keine weiteren Argumente in den Materialien.[521] Vielmehr muss davon ausgegangen werden, dass es sich bei der Änderung lediglich um eine terminologische Anpassung an die von vornherein anders formulierten Sprachfassungen handelte.[522] Ausschlaggebend für das Verständnis kann damit nur die letztlich gewählte Formulierung sein. Diese verwendet den Plural und bringt damit eindeutig zum Ausdruck, dass die Eignung für sämtliche gewöhnlichen Zwecke zu berücksichtigen ist. Der Wortlaut lässt damit keine weiteren Einschränkungen zu.[523] Für eine entsprechende Auslegung spricht aber auch der Gesichtspunkt des Verbraucherschutzes.[524] Art. 2 Abs. 2 lit. c RL kommt immer dann zur Anwendung, wenn die Parteien keine anderweitige Vereinbarung über die Zwecksetzung getroffen haben. Es ist gut möglich, dass, wenn die Sache

---

519 Art. 2 Abs. 2 lit. c RL bezieht sich auf Verbrauchsgüter, Art. 35 Abs. 2 lit. a hingegen auf Waren. Dies hat auf die systematische Gestaltung keine Auswirkungen.

520 AnwKommentar/Pfeiffer, Art. 2 Rn. 19 unter Verweis auf die Kommentierung zum CISG.

521 Vorsmann, Mängelhaftung, S. 53.

522 So z.B. der erste Richtlinienentwurf in der englischen Fassung: Art. 2 Nr. 2 (c) "are fit for the purposes for which goods of the same type are normally used".

523 Dies entspricht dem Verständnis zu Art. 35 Abs. 2 lit. a RL, siehe Schlechtriem/Schwenzer/Schwenzer, Art. 35 Rn. 13.

524 Siehe insoweit Tonner, BB 1999, S. 1771, Fn. 26.

gewöhnlicherweise für mehrere Zwecke verwendet wird, auch der Käufer von diesen unterschiedlichen Verwendungsmöglichkeiten Gebrauch machen möchte. Eben diese berechtigten Erwartungen sind durch die Richtlinie zu schützen, zumal es dem Verkäufer möglich ist, durch Mitteilung der fehlenden Eignung an den Verbraucher eine Haftung zu umgehen. Da es sich um einen gewöhnlichen Zweck handelt, ist eine Verwendung der Sache für den bestimmten Zweck für den Verkäufer absehbar und ihm damit auch die Überprüfung einer diesbezüglichen Eignung sowie eine Mitteilung zumutbar. Der Verbraucher wird somit regelmäßig davon ausgehen dürfen, dass sich mangels anderweitiger Information durch den Verkäufer die Ware für alle gewöhnlichen Zwecke eignet. Es ist nicht ersichtlich, warum der Verkäufer zum Nachteil des Verbrauchers begünstigt werden soll. Zulässig begrenzt werden kann die Wirkung des Art. 2 Abs. 2 lit. c RL jedoch dadurch, dass im Hinblick auf die „Güter gleicher Art" eine möglichst enge Vergleichsgruppe gewählt wird.
Zudem bedarf es im Rahmen der Richtlinie der Erörterung, ob öffentlich-rechtliche Einschränkungen der Verwendungsmöglichkeit im Käuferstaat bei der Beurteilung der Eignung für übliche Zwecke heranzuziehen sind. Die Richtlinie selbst regelt diese Frage nicht. Auch das CISG sieht keine entsprechende Regelung vor. Diesbezüglich wird jedoch die Auffassung vertreten, das Problem sei nicht unter dem Gesichtspunkt der Eignung für einen gewöhnlichen, sondern für einen bestimmten Zweck im Sinne der Art. 35 Abs. 2 lit. b CISG zu erörtern.[525] Damit wird insbesondere dem internationalen Charakter des CISG und dem Umstand Rechnung getragen, dass die Kenntnis des Verkäufers von sämtlichen nationalen Besonderheiten nicht zu erwarten ist. Anders könnte jedoch die Lage im Hinblick auf die Richtlinie sein, da sich deren Regelungswirkung nur auf die Mitgliedsstaaten erstreckt. In diesen hat durch die europäische Gesetzgebungstätigkeit bereits eine partielle Angleichung öffentlich-rechtlicher Vorschriften stattgefunden. Dies bedeutet jedoch gerade nicht, dass die vorhandenen Rechtssysteme völlig angeglichen worden wären. Vielmehr sieht auch das europäische Primärrecht die Möglichkeit nationaler Alleingänge vor. Durch das besondere Instrument der Richtlinie ist eine weitgehend restriktive Rechtsangleichung gewährleistet. Zudem wird gerade durch die im Bereich des Verbraucherschutzes zu findenden Mindestschutzklauseln gerade keine vollständige Harmonisierung der Rechtssysteme bewirkt. Gegen die pauschale Einbeziehung der öffentlich-rechtlichen Beschränkungen spricht darüber hinaus das Erfordernis einer gerechten Risikoverteilung. Der Käufer wird regelmäßig nicht vom Verkäufer erwarten können, über die Rechtslage in sämtlichen Mitgliedsstaaten informiert zu sein. Gerade bei Händlern mit gestreutem Sortiment ist ein entsprechendes Erfordernis nicht praktikabel. Ein anderes Ergebnis ist nur dann zu

[525] Schlechtriem/Schwenzer/Schwenzer, Art. 35 Rn. 17, 19; Weitere Nachweise auch bei Pries, S. 129, Fn. 246, 247

rechtfertigen, wenn der Verkäufer von dem Auslandsbezug des Geschäftes in Kenntnis gesetzt wird. Dann aber handelt es sich regelmäßig um einen Fall der besonderen Zwecksetzung im Sinne des Art. 2 Abs. 2 lit. b RL, der wiederum zum Schutz des Verkäufers dessen Zustimmung voraussetzt. Auch nach der Richtlinie finden daher öffentlich-rechtliche Verwendungsbeschränkungen der Sache im Heimatland des Käufers keine Berücksichtigung in Art. 2 Abs. 2 lit. c RL. Es wird vielmehr erwartet, dass der Käufer die besondere Verwendungsabsicht dem Verkäufer mitteilt und dieser zustimmt.

(2) Das englische Recht vor der Umsetzung

(a) Die Regelung der s14 (2) SGA

Das englische Äquivalent zu Art. 2 Abs. 2 lit. c RL findet sich primär in der Haftung des Verkäufers für die zufriedenstellende Qualität der Sache gemäß s14 (2) SGA. Die Eignung für den gewöhnlichen Zweck bildet eines der Kriterien, die zur Beurteilung der Warenqualität herangezogen werden sollen. S14 (2B) (a) SGA stellt dabei darauf ab, dass sich die Ware für alle Zwecke eignen soll, für die diese üblicherweise geliefert wird. Die Formulierung knüpft damit an die frühere s14 (6) SGA an, die ihrerseits die Vorgaben der Rechtsprechung zum Begriff der „merchantable quality" der s14 (1) Sale of Goods Act 1893 aufgriff.[526] Im Hinblick auf s14 (6) SGA war dabei noch umstritten, ob die Sache nur für einen oder alle üblichen Verwendungszwecke geeignet sein musste.[527] Der Gesetzgeber hat zwischenzeitlich jedoch durch den Sale and Supply of Goods (Amendment) Act 1994 klargestellt, dass die Qualität gem. s14 (2B) (a) SGA unter anderem davon abhängig zu machen ist, dass sich die Ware für *alle* üblichen Zwecke eignet. Die bloße Eignung für einen dieser Zwecke ist somit nicht hinreichend, obwohl die Ware unter der gleichen Bezeichnung für diesen Zweck als verkäuflich und damit als von hinreichender Qualität einzuordnen wäre.

[526] Siehe dazu bereits Teil C, II., 2. a) dieser Arbeit.

[527] Trotz des ausdrücklichen Wortlauts, der von „purpose or purposes" sprach, knüpfte die Rechtsprechung weiter an die frühere Handhabung an. Erst durch den ausdrücklichen Verweis auf alle gewöhnlichen Zwecke wurde die Rechtslage endgültig geklärt. Eine weitere Unterscheidung zur ursprünglichen Definition der „merchantable quality" der s14 (6) Sale of Goods Act ergibt sich durch das Abstellen auf die Zwecke, für die die Ware *geliefert* wird. Im Gegensatz dazu wurde von Inkrafttreten des Sale and Supply of Goods (Amendment) Act 1994 noch auf gewöhnlichen Zwecke abgestellt, für die Sache *gekauft* wird. Es ist jedoch nicht durch den Gesetzgeber bestimmt worden, dass dadurch auch eine inhaltliche Änderung vorgenommen werden sollte. Berücksichtigung kann die Neuformulierung allerdings dann finden, wenn es um die Beurteilung der gewöhnlichen Zwecks geht. Zwar wird im Regelfall die vom Käufer als gewöhnlich empfundene Eignung mit der des Verkäufers übereinstimmen, doch ist im Zweifelsfall eher das objektive Verständnis des Verkäufers ausschlaggebend.

Den Interessen des Verkäufers wird parallel zur Richtlinie dadurch Rechnung getragen, dass er nur für die Eignung für solche Zwecke haftet, für die die Ware *üblicherweise* geliefert wird und von denen er damit aufgrund seiner geschäftlichen Erfahrung regelmäßig Kenntnis hat. Erkennt der Verkäufer aufgrund seiner vorausgesetzten Sachkunde die Möglichkeit, dass eine entsprechende Eignung nicht für jeden gewöhnlichen Zweck gegeben ist, besteht für ihn die Möglichkeit, den Käufer davon ausdrücklich in Kenntnis zu setzen und damit zumindest unter diesem Gesichtspunkt einer Haftung gem. s14 (2) SGA zu entgehen. Eingeschränkt wird die Haftung zudem durch den bei der Beurteilung anzuwendenden objektiven Maßstab - entscheidend ist nicht die Perspektive des Käufers, sondern die eines vernünftigen Dritten.
Eignet sich die Sache nicht für alle üblichen Zwecke und liegen auch die weiteren soeben genannten Ausschlussgründe nicht vor, führt dies aufgrund der besonderen Systematik der s14 (2) SGA jedoch nicht zwingend zur Haftung des Verkäufers. Kennzeichnend für die systematische Einordnung ist, dass es sich bei der Eignung der Ware für gewöhnliche Zwecke lediglich um eines von mehreren Kriterien handelt, die zur Bestimmung der zufriedenstellenden Qualität heranzuziehen sind. Das Darlegen einer mangelnden Eignung für die gewöhnlichen Zwecke bewirkt für sich allein noch nicht, dass die durch s14 (2) SGA vorgesehenen Rechtsfolgen eintreten. Zwar ergibt sich diesbezüglich aufgrund der historischen Bedeutung dieses Kriteriums eine starke Vermutungswirkung dahingehend[528], doch verbleibt die Gefahr, dass die Sache insgesamt aufgrund der s14 (2) SGA zugrunde liegenden Objektivierung und des den Gerichten eingeräumten Beurteilungsspielraums dennoch als qualitativ hinreichend eingestuft wird. Dies folgt auch daraus, dass der Bezug auf die Üblichkeit einen Vergleichsmaßstab voraussetzt, bei dessen Bestimmung dem Gericht wiederum ein Beurteilungsspielraum verbleibt.[529]
Die systematische Einordnung der Eignung für den gewöhnlichen Zweck als Mittel zur Bestimmung der Erwartungen, die eine vernünftige Person an die Ware haben würde, spielt auch bei der Berücksichtigung solcher Einschränkungen der Verwendbarkeit eine Rolle, die sich bei grenzüberschreitenden Verträgen aus dem nationalen Recht des Käuferstaates ergeben. Im englischen Recht wird das Risiko einer entsprechenden Gebrauchsuntauglichkeit aufgrund der rechtlichen Gegebenheiten im Rahmen einer objektiven Beurteilung regelmäßig dem

528 Die Gesetzesänderung ist primär nicht darauf zurückzuführen, dass das Kriterium der mangelnden Eignung für den gewöhnlichen Zweck als unpassend empfunden wurde, sondern darauf, dass andere, nicht-funktionale Aspekte keine Berücksichtigung finden konnten. Das geltende Recht ist somit dahingehend zu verstehen, dass weiterhin die mangelnde Eignung, daneben aber jetzt ausdrücklich auch andere Kriterien zu berücksichtigen sind.
529 Atiyah, Sale of Goods, S. 171: Ein paralleles Kriterium verwendet die RL durch das Abstellen auf „gewöhnliche" Zwecke.

Käufer auferlegt.[530] Der Käufer kann nur dann vernünftigerweise auf die Rechtskenntnis des Verkäufers vertrauen, wenn sich dafür besonderen Anhaltspunkte, wie z.B. aktives Erschließen des entsprechenden Marktes, finden.[531] Vielmehr besteht für den Käufer im Rahmen der s14 (3) SGA die Möglichkeit, den Verkäufer auf die geplante Verwendung hinzuweisen.

(b) Die Heranziehung von s14 (3) SGA

Die Ausführungen zu s14 (3) SGA haben gezeigt, dass die Vorschrift im Gegensatz zu Art. 2 Abs. 2 lit. b RL nicht nur auf die Eignung für bestimmte, vom Verbraucher verfolgte Zwecke abstellt, sondern auch gewöhnliche Zwecke berücksichtigt.[532] Damit entfaltet s14 (3) SGA auch im Anwendungsbereich des Art. 2 Abs. 2 lit. c RL große Bedeutung. Es kann diesbezüglich weitgehend auf die oben gemachten Ausführungen verwiesen werden.[533] Zu betonen ist, dass der Verbraucher vernünftigerweise auf die Sachkunde des Verkäufers vertraut haben muss, wobei diese Voraussetzung gerade im Hinblick auf die Eignung für den gewöhnlichen Zweck regelmäßig vorliegen wird. Schließlich ist zu beachten, dass in der Rechtsprechung klargestellt wurde, dass sich die jeweiligen Anwendungsbereiche in weiten Teilen überlappen und ihre parallele Anwendung zulässig ist.[534]

(3) Das englische Recht nach der Umsetzung und Wertung

Auch im Hinblick auf die Eignung des Vertragsgegenstands für die gewöhnlichen Gebrauchszwecke hat der englische Gesetzgeber eine Umsetzung nicht für notwendig gehalten. Wiederum stellt sich die Frage, ob durch das bestehende Recht der Umsetzungsverpflichtung hinreichend Rechnung getragen wird. Dabei ist zwischen der Berücksichtigung im Rahmen der s14 (2) SGA und der in s14 (3) SGA zu unterscheiden.

Bei s14 (2) SGA ergeben sich die Bedenken zunächst aus der systematischen Berücksichtigung der Eignung für gewöhnliche Zwecke, da das englische Recht keine generelle Eignung der Ware für den üblichen Gebrauchszweck als solche

---

[530] Sumner Permain & Co. Ltd. v Webb & Co. Ltd. [1922] 1 K.B. 55. In diesem Fall wurde "Webb's Indian Tonic" zum Weiterverkauf in Argentinien verkauft. Aufgrund einer in Argentinien verbotenen Zutat war der Verkauf in Unkenntnis der Vertragsparteien dort verboten. Es wurde geurteilt, dass die Ware von handelsüblicher Qualität war, da sie in anderen Ländern verkauft werden durfte. Dieser Ansatz ist auch nach der heutigen Rechtslage anzuwenden, siehe Atiyah, Sale of Goods, S. 170.

[531] Atiyah, Sale of Goods, S. 170.

[532] Die Besonderheit von s14 (3) SGA liegt jedoch in der Einbeziehung spezieller Zweckbestimmungen, Atiyah, Sale of Goods, S. 168.

[533] Siehe dazu den vorangegangenen Abschnitt.

[534] Teheran-Europe Co. Ltd. v S. T. Belton (Tractors) Ltd. [1968] 2 Q.B. 545, S. 562 f.; Atiyah, Sale of Goods, S.169.

fordert. Anknüpfungspunkt bildet vielmehr das Kriterium der zufriedenstellenden Qualität, bei deren Bestimmung die entsprechende Eignung lediglich einen Aspekt unter mehreren bildet. Dabei wird die Bedeutung dieses Kriteriums in zweifacher, der Richtlinie unbekannter Weise relativiert. Zum einen ist es nur dann zur Bestimmung der Qualität heranzuziehen, wenn es sich um einen dafür angemessenen Fall („appropriate case") handelt. Durch diese Formulierung soll den Gerichten ein Beurteilungsspielraum bei ihrer Entscheidung eingeräumt werden. Berücksichtigt werden kann damit unter anderem, dass der Käufer die Sache überhaupt nicht für einen von mehreren üblichen Zwecken, für den sich die Sache nicht eignet, gebrauchen wollte.[535] Damit bleibt das englische Recht jedoch hinter den Vorgaben der Richtlinie zurück, die zumindest in diesem Umfang eine Einschränkung nicht kennt.[536] Zwar geht auch die Richtlinie davon aus, dass die Vereinbarung eines speziellen Zwecks die Eignung für einen gewöhnlichen Zweck aufgrund des Primats der subjektiven Standardbestimmung ausschließen kann, allerdings obliegt es aufgrund der Vermutungswirkung des Art. 2 Abs. 2 RL dem Verkäufer, dies zu beweisen.[537] Eine solche Beweislastumkehr ist dem englischen Recht unbekannt, wobei eine richtlinienkonforme Auslegung möglich ist, da nach der Wertung der Richtlinie jeder Verbrauchsgüterkauf, unabhängig von seinen Umständen, die Berücksichtigung der entsprechenden Eignung voraussetzt und daher auch immer als „appropriate case" eingeordnet werden kann. Zum anderen ist zu beachten, dass die Eignung für gewöhnliche Zwecke nur zur Konkretisierung des Qualitätsbegriffs herangezogen wird. Selbst bei Berücksichtigung des entsprechenden Kriteriums kann sich unter Einbeziehung der Beschreibung, des Preises und sonstiger Umstände dennoch ergeben, dass die Sache aus der Perspektive einer vernünftigen Person trotz der mangelnden Eignung immer noch zufriedenstellende Qualität aufweist. Im Hinblick auf die Richtlinie muss vielmehr davon ausgegangen werden, dass diese einen uneingeschränkten und nicht nur aus der Perspektive einer objektiven Person angemessenen Standard voraussetzt. Das geltende englische Recht kennt damit keine zwingende Berücksichtigung der entsprechenden Eignung und gewährleistet nicht, dass die entsprechenden Rechtsfolgen zur Anwendung kommen.

Daneben besteht ein weiterer, in seinen Auswirkungen nicht nur terminologischer Unterschied zwischen Richtlinie und s14 (2B) SGA. Während das englische Recht daran anknüpft, für welche Zwecke die Ware üblicherweise geliefert („commonly supplied") wird, bezieht sich die Richtlinie auf deren gewöhnlichen Gebrauch („normally used"). Während die Unterscheidung zwischen „üblicherweise" und „gewöhnlich" unerheblich und im Hinblick auf das Umsetzungser-

---

[535] Bridge, The Sale of Goods, S. 307.

[536] Zu beachten ist allerdings Erwägungsgrund 8, der das Kriterium dann nicht berücksichtigen will, wenn es offenkundig unanwendbar ist.

[537] AnwKommentar/Pfeiffer, Art. 2, Rn. 19.

messen zulässig ist, bestehen jedoch Bedenken gegenüber der weiteren Formulierung. Es ist nicht auszuschließen, dass die terminologische Differenzierung zu unterschiedlichen Ergebnissen führt. Als Beispiel wird regelmäßig der Kauf eines Schraubenziehers angeführt, der später auch regelmäßig zur Öffnung von Farbdosen verwendet wird.[538] Die Verwendung als Hebel für das Öffnen von Dosen erfolgt dabei nur bei Gelegenheit, weil man über kein anderes Gerät verfügt. Es kann jedoch nicht davon ausgegangen werden, dass ein Schraubenzieher gerade zum Öffnen von Dosen geliefert wird, insbesondere, soweit es dafür ein spezielles Gerät gibt. Damit geht die Richtlinie, die nur auf die Eignung für den gewöhnlichen Gebrauch abstellt, grundsätzlich über das englische Recht hinaus. Allerdings ließe es eine restriktive Auslegung der Richtlinie zu, den gewöhnlichen Gebrauchszweck mit dem gewöhnlichen Lieferungszweck gleichzusetzen, da durch das objektive Kriterium der Gewöhnlich- bzw. Üblichkeit ungewöhnliche Fälle bereits im Vorfeld ausgeschlossen werden. Daneben bestünde die Möglichkeit, den gewöhnlichen Gebrauch im Rahmen der „sonstigen zu berücksichtigenden Umstände" als Aspekt der Generalklausel im Rahmen der s14 (2) SGA zu berücksichtigen. Dagegen spricht jedoch, dass der Gesetzgeber eindeutig zum Ausdruck gebracht hat, welche übliche Eignung er bei der zufriedenstellenden Qualität berücksichtigen will. Dies führt auch dazu, dass nicht den bei der Richtlinienumsetzung einzuhaltenden Transparenzanforderungen Rechnung getragen wird. Der Gesetzgeber hat gerade festgestellt, dass nur solche Zwecke umfasst sein sollen, zu denen die Ware gewöhnlicher Weise geliefert wird. An die Transparenz sind daher besondere Anforderungen zu stellen.[539] Damit bleibt das englische Recht unter Umständen hinter der Richtlinie zurück.[540]
Ebenfalls Berücksichtigung findet die Eignung für gewöhnliche Zwecke im Rahmen der s14 (3) SGA. Diese deckt grundsätzlich die von der Richtlinie umfassten Fälle ab. Allerdings unterscheidet sie sich insoweit von Art. 2 Abs. 2 lit. c RL, als dass sie eine Mitteilung des Verbrauchers über die Zwecksetzung voraussetzt. Zwar wird der Anwendungsbereich der s14 (3) SGA gerade bei allgemeinen Zwecken weit ausgelegt und regelmäßig eine konkludente Mitteilung anzunehmen sein, doch ergeben sich aufgrund der ausdrücklichen Regelung Bedenken an der hinreichenden Transparenz der Umsetzung. Zudem setzt s14 (3)

[538] Shears, J.B.L. 2000, S. 272; Williams/Hamilton, ICCLR 2000, S. 325; Bradgate/Twigg-Flesner, Consumer Guarantees, S. 75. Auch das DTI hatte über eine Ergänzung des Wortlauts nachgedacht, wie sich einerseits aus der 1. Konsultation 2001, Part 4, zu. Artikel 2 und dem Verordnungsvorschlag, Verordnung 3 (2) ergibt, diese jedoch im weiteren Verfahren verworfen.

[539] A.A. Willett/Morgan-Taylor/Naidoo, J.B.L. 2004, S. 101 f., die aber ebenfalls die Gefahr einer anderen Auffassung des Europäischen Gerichtshof sehen.

[540] Howells/Twigg-Flesner, in: Verbraucherkauf in Europa, S. 312; Bradgate/Twigg-Flesner, Consumer Guarantees, S. 75; Ervine, J.B.L. 2004, S. 693. Dies verwundert umso mehr, da im Entwurf der Sale and Supply of Goods to Consumers Regulations 2002 noch ausdrücklich die Formulierung der Richtlinie zu s14 (2B) SGA hinzugefügt worden war.

SGA voraus, dass der Verbraucher auf die Sachkunde des Verkäufers vertrauen durfte. Auch insoweit sind Abweichungen vom Regelungsumfang zulasten des Verbrauchers denkbar.

d) Das Aufweisen üblicher Qualität und Leistungen einschließlich der Berücksichtigung öffentlicher Äußerungen, Art. 2 Abs. 2 lit. d RL

Schließlich bezieht Art. 2 Abs. 2 lit. d RL in die vermutete vertragliche Sollbeschaffenheit ein, dass die Sache eine solche Qualität und Leistungen aufweist, wie sie bei Gütern der gleichen Art üblich sind und wie sie der Käufer vernünftigerweise erwarten durfte. Die besondere Bedeutung der Vorschrift liegt zum einen darin, dass bei der entsprechenden Beurteilung überhaupt öffentliche Äußerungen, zum anderen aber nicht nur solche des Verkäufers, sondern auch des Herstellers und dessen Vertreters zu berücksichtigen sind.

(1) Vorgaben durch die Richtlinie

Art. 2 Abs. 2 lit. d RL schreibt mangels abweichender Parteivereinbarung vor, dass die vom Verkäufer gelieferte Sache eine marktübliche durchschnittliche Qualität aufweisen muss.[541] Die eigentliche rechtliche Bedeutung liegt jedoch weniger in dieser allgemeinen Regelung, als vielmehr darin, wie das Kriterium der vernünftigen Erwartungen durch den europäischen Gesetzgeber konkretisiert wurde. Berücksichtigt werden sollen neben der Beschaffenheit des Gutes auch öffentliche, insbesondere in der Werbung oder bei der Etikettierung gemachte Äußerungen, soweit sie sich auf konkrete Eigenschaften beziehen. Die Richtlinie trägt damit der besonderen Bedeutung von öffentlichen Aussagen bei der Kaufentscheidung des Verbrauchers Rechnung. Die Besonderheit dieser Vorschrift ergibt sich daraus, dass auf mitgliedsstaatlicher Ebene bisher keine umfassende Berücksichtigung von Werbeaussagen im Hinblick auf die Mängelhaftung des Verkäufers erfolgte. Ausschlaggebend dafür war, dass öffentliche Äußerungen häufig lediglich als rechtlich unverbindliche Anpreisungen eingeordnet wurden. Selbst innerhalb der einzelnen Staaten war häufig nicht ausreichend geklärt, wann Werbung eine rechtlich verbindliche Wirkung hatte. Durch die ausdrückliche Klarstellung in der Richtlinie wird gewährleistet, dass die Werbung nunmehr parallel zu sonstigen Äußerungen des Verkäufers herangezogen werden kann. Den Bedenken der Mitgliedsstaaten über eine zu weitgehende Einbeziehung entsprechender Äußerungen wird dadurch Rechnung getragen, dass sich die Werbung auf konkrete Eigenschaften der Ware beziehen muss, die hinreichend bestimmt dargestellt werden. Liegen diese Voraussetzungen nicht vor, kann der Verbraucher das Vorliegen dieser Eigenschaften nicht vernünftigerweise erwarten.

---

[541] AnwKommentar/Pfeiffer, Art. 2 Rn. 20.

Von besonderer Bedeutung ist jedoch, dass der Verkäufer gem. Art. 2 Abs. 2 lit. d RL auch für öffentliche Äußerungen des Herstellers bzw. dessen Vertreters einzustehen hat. Der Verkäufer haftet grundsätzlich für jede Herstellerwerbung, unabhängig davon, ob er sich diese z. B. durch die Übergabe der Prospekte oder durch die Bezugnahme auf die Werbung in den Vertragsverhandlungen zu Eigen gemacht hat.[542] Der Grund für die Einbeziehung entsprechender Aussagen ist darin zu sehen, dass der Käufer seinen Kaufentschluss regelmäßig nicht erst aufgrund der Beschreibung des Verkäufers, sondern bereits durch die im Vorfeld in der Werbung durch den Hersteller gemachten Äußerungen trifft.[543] Es ist legitim, den Verkäufer für diese einstehen zu lassen, da er von der Werbemaßnahme des Herstellers profitiert und es ihm zugleich möglich ist, die Äußerungen zu berichtigen. Daneben stehen dem Verkäufer im Vergleich zum Verbraucher aufgrund vertraglicher Verbindungen bessere Möglichkeiten der Inanspruchnahme des Herstellers zu. In diesem Zusammenhang ist auch Art. 4 RL zu sehen, der die Regressmöglichkeit des Verkäufers beim Hersteller betrifft. Abgeschwächt wird die Regelung zudem durch die in Art. 2 Abs. 4 RL enthaltenen Ausnahmetatbestände. Unter Berücksichtigung der konkreten Umstände des Einzelfalls kann der Verkäufer darlegen, dass er die Äußerung des Herstellers nicht kannte und auch nicht kennen musste[544], dass die entsprechende Äußerung bei Vertragsschluss berichtigt war oder dass diese die Kaufentscheidung nicht beeinflusst haben konnte. Die Beweislast für das Vorliegen dieser Umstände trägt der Verkäufer.

(2) Das englische Recht vor der Umsetzung

Die entsprechenden Regelungen des englischen Rechts finden sich auch hier in s14 (2) SGA. Entscheidendes Kriterium ist, dass die Ware, soweit sie von einem gewerblichen Verkäufer erworben wird, eine zufriedenstellende Qualität aufweist. Beim „Kauf nach Muster bzw. Probe" findet s14 (2) SGA gem. s14 (2C) (c) SGA allerdings nur auf solche Mängel Anwendung, die bei einer angemessenen Untersuchung der Sache nicht feststellbar waren.[545] Anwendbar ist die Vorschrift hingegen nicht nur auf den Vertragsgegenstand selbst, sondern auch auf dessen Verpackung bzw. auf das Behältnis, in dem dieser geliefert wird.[546] Dies folgt aus der weiten Formulierung der Regelung („goods supplied under

---

[542] Tonner, BB 1999, S. 1771.

[543] Staudenmayer, NJW 1999, S. 2394.

[544] Diese Regelung kann nur die öffentliche Äußerung des Herstellers betreffen, da es nicht denkbar ist, dass der Verkäufer eigene öffentliche Äußerungen nicht kannte oder kennen musste.

[545] Vgl. dazu Teil C, II., 2., a) dieser Arbeit.

[546] Ervine, J.B.L. 2004, S. 686; Bradgate/Twigg-Flesner, Consumer Guarantees, S. 48.

the contract“) und wurde von der Rechtsprechung bestätigt.[547] In der Rechtsprechung hat sich zudem bereits vor Inkrafttreten der Sale and Supply of Goods to Consumers Regulations 2002 die Auffassung entwickelt, dass eine Sache auch dann nicht von zufriedenstellender Qualität sein kann, wenn sie über keine oder nur eine fehlerhafte Anleitung verfügt.[548]

(a) Das Kriterium der zufriedenstellenden Qualität im Allgemeinen

Zwei Anknüpfungspunkte kennzeichnen den Regelungsgehalt der s14 (2) SGA. Zum einen muss es sich bei der in Frage stehenden Beschaffenheit überhaupt um einen Aspekt der Qualität handeln, zum anderen muss sich diese aber auch als zufriedenstellend darstellen. Gemäß s14 (2B) SGA spielen im Hinblick auf den Qualitätsbegriff unterschiedliche Faktoren eine Rolle. Den primären Anknüpfungspunkt bildet als Generalklausel der Zustand der Sache („state and condition“). Daneben nennt die Vorschrift weitere, nicht abschließende Faktoren, die in geeigneten Fällen für die Qualität der Ware eine Rolle spielen können und gerade Verbraucherschutzgesichtspunkten Rechnung tragen. Im Mittelpunkt steht dabei die schon dargestellte erforderliche Eignung des Vertragsgegenstandes für alle Zwecke, für die Güter der gleichen Art üblicherweise geliefert werden.[549] Von besonderer Bedeutung in Verbraucherfällen ist jedoch die ausdrückliche Berücksichtigung des Erscheinungsbildes, des Fehlens auch nur geringfügiger Mängel, der Sicherheit und der Haltbarkeit der Ware.[550] Damit wird Tendenzen in der Rechtsprechung gefolgt, die diese Aspekte auch bereits vor dem Inkrafttreten des Sale and Supply of Goods (Amendment) Act 1994 als für die handelsübliche Qualität ausschlaggebend ansahen. Zu beachten ist jedoch, dass die genannten Faktoren nur in geeigneten Fällen zur Anwendung kommen, selbst dann nur eines von vielen Kriterien darstellen und damit nicht zwingend zur Vertragswidrigkeit der Ware führen. Den Gerichten verbleibt damit ein hinreichender Beurteilungsspielraum.[551] Allerdings gibt es bisher wenig Rechtsprechung zum neuen Qualitätsstandard.[552]
Ob die Qualität der Ware zufriedenstellend ist, richtet sich gem. s14 (2A) SGA generell danach, ob sie den Standard erfüllt, der aus der Perspektive einer vernünftigen Person diesbezüglich notwendig ist. Es handelt sich somit um ein objektives Kriterium.[553] Die Vorstellung des Käufers von einer zufriedenstellenden Qualität ist nicht zu berücksichtigen. Auch in diesem Fall konkretisiert das Wa-

[547] Wilson v Rickett, Cockerill & Co. [1954] 1 All ER 168; Geddling v Marsh [1920] 1 K.B. 668.
[548] Siehe dazu Benjamin/Reynolds, Rn. 11-051.
[549] Benjamin/Reynolds, Rn. 11-050; Vgl. die Ausführungen des vorherigen Abschnitts.
[550] Vgl. s14 (2B) (b)(c) SGA.
[551] Atiyah, Sale of Goods, S. 127; Ervine, J.B.L. 2004, S. 692.
[552] Watterson, ERPL 2001, S. 208.
[553] Ervine, J.B.L. 2004, S. 695; Harvey/Parry, Consumer Protection, S. 99.

renkaufgesetz, was im Hinblick auf die vernünftigen Erwartungen zu berücksichtigen ist. Von größter Bedeutung ist dabei die Einbeziehung des Preises der Ware. Dieser ist ausdrücklich durch die Gesetzänderung im Jahr 1994 in den Wortlaut aufgenommen worden. Allerdings stellt bereits das Gesetz klar, dass dessen Berücksichtigung nur dann in Betracht kommt, wenn dies die Umstände des Einzelfalls erlauben.[554] Dies ist möglich, wenn der Preis im Vergleich zu Gütern gleicher Art auf ein besonders hochwertiges Produkt schließen lässt.[555] Entsprechend ergibt sich bei einem im Vergleich geringeren Preis die Vermutung, dass bei der Beurteilung nicht die gleichen Maßstäbe herangezogen werden können wie bei teureren Produkten. Allein aus der Tatsache, dass eine Sache im Preis reduziert ist, kann hingegen keine Reduzierung der zu erwartenden zufriedenstellenden Qualität hergeleitet werden.[556] Der Verkäufer ist in diesem Fall verpflichtet, in der sonstigen Beschreibung der Sache diese als von geminderter Qualität zu kennzeichnen. Ein weiterer Anknüpfungspunkt ist die vom Verkäufer gemachte Beschreibung. Deren Bedeutung geht in diesem Zusammenhang zum einen über die der s13 (1) SGA hinaus, da die an sie gestellten Anforderungen geringer sind, bleibt jedoch zum anderen dahinter zurück, da es sich lediglich um eines der in Betracht zu ziehenden Kriterien handelt.[557] Die Beschreibung wirkt sich nicht nur zum Vorteil des Käufers aus. Stellt der Verkäufer klar, dass es sich um eine gebrauchte Sache handelt, wird diese Beschreibung bei der Bestimmung der zu erwartenden Qualität in Betracht gezogen. Insgesamt zeigt sich, dass das englische Recht durch die ausdrückliche Berücksichtigung verschiedener Kriterien wie auch der Umstände des Einzelfalls ein hohes Maß an Einzelfallgerechtigkeit ermöglicht.

(b) Die Berücksichtigung öffentlicher Äußerungen

Nicht erörtert wurde bisher die Frage, inwieweit bereits vor der Umsetzung öffentliche Äußerungen, wie sie insbesondere durch die Werbung oder durch die Etikettierung der Ware gemacht werden, im Hinblick auf den Vertragsgegenstand zu berücksichtigen waren.[558] Dennoch ist zu konstatieren, dass auch in England die Rechtslage nicht abschließend geklärt ist. Die Einordnung bereitet aufgrund unterschiedlicher Aspekte Schwierigkeiten. Zum einen ist regelmäßig die Rechtsqualität von öffentlichen Äußerungen streitig, da Werbung häufig dadurch gekennzeichnet ist, dass es sich um unverbindliche, allgemeine Anpreisungen handelt. Zum anderen bereitet insbesondere die Einbeziehung von öffentlichen Äußerungen Probleme, die nicht von einer Vertragspartei, sondern

[554] Ervine, J.B.L. 2004, S. 693.
[555] Rogers v Parish (Scarborough) Ltd. [1987] All ER 232.
[556] Howells, in: Europäisches Kaufgewährleistungsrecht, S. 165; Ervine, J.B.L. 2004, S. 688.
[557] Vergleich dazu ausführlich unter a) in diesem Abschnitt.
[558] Siehe Art. 2 Abs. 2 lit. d RL.

zum Beispiel von einem vom Verkäufer zu unterscheidenden Hersteller stammen.

(aa) Öffentliche Aussagen des Verkäufers

Als öffentliche Aussagen des Verkäufers sind nicht nur solche zu verstehen, die unmittelbar vom Verkäufer stammen, sondern auch diejenigen, die zwar ursprünglich auf den Hersteller oder eine andere Zwischenperson zurückzuführen sind, die sich der Verkäufer jedoch unmittelbar zu Eigen gemacht hat, indem er diese selbst dem Käufer zugänglich gemacht hat. Nach der bisherigen Systematik, die auch nach der Umsetzung weiterhin im Grundsatz Anwendung findet, kann die Berücksichtigung entsprechender öffentlicher Äußerungen auf zwei Wegen erfolgen.
Zum einen ist es je nach den Umständen des Einzelfalls möglich, die in der Werbung oder auf dem Etikett gemachten Aussagen als ausdrückliche vertragliche Vereinbarung oder zumindest als schadensersatzrechtlich relevante „representation" anzusehen.[559] Nach beiden Varianten haftet der Verkäufer für die Richtigkeit der gemachten Äußerungen.[560] Eine entsprechende Einordnung kann jedoch gerade im Hinblick auf werbende Äußerungen des Verkäufers Schwierigkeiten bereiten. Abzugrenzen ist von reklamehaften Anpreisungen[561] bzw. bloßen Meinungsäußerungen (sog. „mere puffs" bzw. „statements of opinion").[562] Die Einteilung der Äußerungen erfolgt auf der Grundlage des Parteiwillens, wobei es sich jedoch letztlich um eine Rechtsfrage handelt.[563] Sie orientiert sich an der Untersuchung verschiedener Kriterien, die insbesondere die Offensichtlichkeit der Unverbindlichkeit, die Umstände der Abgabe und die Expertise und das Wissen des Erklärenden mit einbeziehen.[564] Auch wird bei der Einordnung der Frage Bedeutung zugemessen, ob die andere Partei gerade aufgrund der Aussage gehandelt hat. Die Tendenz geht zugunsten einer Einordnung als vertragliche Verbindlichkeit. Die bisher in der Rechtsprechung behandelten Fäl-

---

559 Watterson, ERPL 2001, S. 208.

560 Bezüglich der Haftung bestehen jedoch weitgehende Unterschiede zwischen beiden Ansätzen. Siehe zur Haftung bei „representations": Treitel, Law of Contract, S. 349 ff.

561 Benjamin/Reynolds, Rn. 10-005 beschreibt "mere puffs" wie folgt: „A statement favourably describing or extolling goods which by virtue of its vagueness or extravagance would not normally be regarded as something to be taken seriously or as grounding any form of liability."

562 Giesen, JZ 1993, S. 17.

563 Benjamin/Reynolds, Rn. 10-003 mit Verweis auf Oscar Chess Ltd. v Williams [1957] 1 W.L.R. 370, S. 375.

564 Benjamin/Reynolds, Rn. 10-005.

le zeichnen sich jedoch überwiegend dadurch aus, dass der Verkäufer die werbende Äußerung unmittelbar gegenüber dem Käufer getätigt hat.[565]
Zum anderen stellt sich die Frage einer mittelbaren Berücksichtigung öffentlicher Aussagen im Rahmen der stillschweigenden Vertragsbedingungen. Zunächst kommt eine Einordnung als Beschreibung im Sinne der s13 (1) SGA in Betracht.[566] Die Rechtsprechung hat gezeigt, dass insbesondere die auf der Verpackung gemachten Angaben, aber auch sonstige Hinweise auf die Identität der Sache als Beschreibung im Sinne dieser Norm verwendet werden können.[567] Voraussetzung ist jedoch jeweils, dass die Äußerung Teil der vertraglichen Vereinbarung geworden ist. Es reicht nicht aus, dass es sich lediglich um einen unverbindlichen „mere puff" oder um eine schadensersatzauslösende „misrepresentation" handelt. Folglich können allgemeine Werbeaussagen regelmäßig nicht, Angaben auf einem Etikett hingegen doch, in die Beschreibung miteinbezogen werden. Zudem ist zu beachten, dass s13 SGA nur solche Beschreibungen umfasst, die Gattungsmerkmale zum Gegenstand haben. Häufig wird sich die Beschreibung jedoch nicht auf solche allgemeinen Merkmale, sondern auf ganz spezielle Eigenschaften beziehen, die nicht unter die Regelung der s13 SGA fallen.
Etwas anderes ergibt sich möglicherweise im Rahmen der Bestimmung der zufriedenstellenden Qualität. Auch hier werden bei der Beurteilung vom Verkäufer gemachte Beschreibungen herangezogen. Der Begriff der Beschreibung geht in diesem Fall sogar über den der s13 (1) SGA hinaus und kann auch Äußerungen umfassen, die weder eine vertragliche Haftung auslösen noch sich auf Gattungsmerkmale beziehen. Daneben bedeutet die Möglichkeit, „sonstige Umstände" bei der Bestimmung der vernünftigen Qualität zu berücksichtigen, eine weitere Möglichkeit der Einbeziehung öffentlicher Äußerungen. Öffentliche Äußerungen des Verkäufers können somit über s14 (2) SGA Berücksichtigung finden.[568]

---

565 Vgl. Carlill v Carbolic Smokeball Co Ltd. [1893] 1 Q.B. 256; Willett/Morgan-Taylor/Naidoo, J.B.L. 2004, S. 98.

566 So auch das DTI, 2. Konsultation, S. 54 f.: „Public statements (Art.2(2)(d)) are already taken into account by courts (s13 Sale of Goods Act – Grant v Australian Knitting Mills (1936) a case about description on packaging), although the Directive goes further in making the seller liable for certain statements made by the producer or his representative, particularly on advertising or labelling. Description is specifically mentioned in s13 of the Sale of Goods Act."

567 Wormell v RHM Agricultural (East) Ltd [1986] 1 W.L.R. 336. Ervine, J.B.L. 2004, S. 687 schließt bereits daraus, dass die explizite Berücksichtigung keine besonderen Auswirkungen auf das englische Recht haben wird.

568 Willett/Morgan-Taylor/Naidoo, J.B.L. 2004, S. 97.

(bb) Öffentliche Äußerungen des Herstellers oder dessen Vertreters

Größere Schwierigkeiten bereitete allerdings die Beantwortung der Frage, inwieweit auch öffentliche Äußerungen des Herstellers oder dessen Vertreters zur Bestimmung der Qualität herangezogen werden können. Dies wird regelmäßig nicht möglich sein, da sich die Beurteilung des Vertragsinhalts lediglich aus den Aussagen der Parteien, nicht jedoch aus denen Dritter ergibt.[569] Zur Einbeziehung ist somit erforderlich, dass der Verkäufer zumindest konkludent die entsprechenden Äußerungen des Herstellers übernommen hat und als Teil seiner Willenserklärung in den Vertrag einfließen ließ. Damit ließe sich der Anknüpfungspunkt aber nicht mehr als öffentliche Äußerung des Herstellers qualifizieren. Es muss davon ausgegangen werden, dass eine Berücksichtigung im Rahmen der zufriedenstellenden Qualität nur dann erfolgen kann, wenn der Verkäufer sich die öffentlichen Äußerungen zu Eigen gemacht hat.
Daneben ist es dem Verbraucher auch regelmäßig nicht möglich, die die öffentliche Äußerung tätigende Person, soweit diese nicht der Verkäufer ist, unmittelbar selbst in Anspruch zu nehmen. Vertragliche Ansprüche scheiden aus, da es in Ermangelung besonderer Anhaltspunkte an einem Kontrahierungswillen fehlen wird. Daneben kann auch die Frage nach dem Vorliegen einer notwendigen Gegenleistung Schwierigkeiten bereiten.[570] Auch eine deliktische Haftung aufgrund fahrlässiger Falschbehauptung („negligent misstatement") scheidet mangels einer besonderen Beziehung zwischen dem „Äußernden" und dem Verbraucher aus.[571]

(3) Das englische Recht nach der Umsetzung

Im Gegensatz zur Umsetzung der anderen Vertragsmäßigkeitskriterien des Art. 2 Abs. 2 RL hat sich der englische Gesetzgeber dazu entschlossen, im Hinblick auf Art. 2 Abs. 2 lit. d RL Ergänzungen des bestehenden Rechts vorzunehmen. Beschränkt auf Verbraucher auf Käuferseite legt s14 (2D) SGA fest, dass öffentliche Äußerungen des Verkäufers und des Herstellers bei der Beurteilung der zufriedenstellenden Qualität der Ware zu berücksichtigen sind. Dadurch wird gleichzeitig die Überzeugung dargelegt, dass die Haftung des Verkäufers für die Qualität, die bei Gütern der gleichen Art üblich ist und vernünftigerweise erwartet werden kann, durch die Regelung der s14 (2) SGA ausreichend geregelt ist. Systematisch handelt es sich bei der Integration der neuen Vorschrift lediglich um eine Klarstellung, durch die keine grundlegenden Änderungen des bestehenden Rechts bewirkt werden. Aufgrund der zum Teil und insbesondere im Hin-

---

[569] Watterson, ERPL 2001, S. 208; Willett/Morgan-Taylor/Naidoo, J.B.L. 2004, S. 98.
[570] Vgl. zu der parallelen Konstruktion bei den „kommerziellen" Garantien Teil F, II. dieser Arbeit.
[571] Willett/Morgan-Taylor/Naidoo, J.B.L. 2004, S. 98 unter Verweis auf Lambert v Lewis [1982] A.C. 225.

blick auf Werbeäußerungen des Herstellers unsicheren Rechtslage ist diese Klarstellung zu begrüßen. Terminologisch entspricht die neue Vorschrift den Vorgaben der Richtlinie. Ähnlich, wenn auch nicht übereinstimmend, sind die in s14 (2E) SGA enthaltenen Ausnahmeregelungen ausgestaltet.[572] Schließlich stellt s14 (2F) SGA klar, dass es sich bei den Vorschriften der ss14 (2E)/(2F) SGA im Hinblick auf die Einbeziehung öffentlicher Äußerungen nicht um eine abschließende Regelung handelt. Aus der Erkenntnis heraus, dass bereits das frühere Recht zumindest teilweise öffentliche Äußerungen mit einbezog, sollen mögliche andere Wege der Berücksichtigung nicht in Frage gestellt werden. Bedeutung kommt dieser Vorschrift insbesondere dann zu, wenn sich die öffentliche Äußerung nicht auf eine konkrete Eigenschaft der Sache bezieht und folglich die Richtlinie bzw. die diese umsetzende Vorschrift nicht einschlägig ist.

(4) Wertung

Die zufriedenstellende Qualität der s14 (2) SGA entspricht im Grundsatz den in der Richtlinie vorgesehenen Anknüpfungspunkten von Qualität und Leistung, die bei Gütern der gleichen Art üblich sind. Es ist jedoch nicht auszuschließen, dass eine Sache aufgrund geringfügiger Abweichungen zwar von der üblichen Qualität abweicht, gleichzeitig allerdings als noch zufriedenstellend im Sinne der s14 (2) SGA einzuordnen ist.[573] Das Kriterium des „Zufriedenstellenden" hat im Vergleich zum „Üblichen" ein leicht negativen „Beigeschmack". Beide Vorschriften kennen daneben aber auch die Einbeziehung von Angemessenheitserwägungen. In diesem Rahmen ist auch nach der Richtlinie möglich, dass geringfügige Abweichungen berücksichtigt werden können. In jedem Fall ermöglicht das englische Recht eine richtlinienkonforme Auslegung, wobei auch hier wieder die Frage nach einer hinreichenden Transparenz der Umsetzung zu stellen ist.

Bereits vor Umsetzung der Richtlinie konnten öffentliche Äußerungen des Verkäufers und solche des Herstellers, wenn sich der Verkäufer diese aufgrund besonderer Umstände zurechnen lassen musste, im Hinblick auf die Haftung des Verkäufers Berücksichtigung finden. Mangels ausdrücklicher gesetzlicher Regelung und fehlender Rechtsprechung in diesem Bereich bestand jedoch ein hohes Maß an Rechtsunsicherheit. Diesem trägt die Aufnahme der ss14 (2D-F) SGA in das englische Warenkaufrecht Rechnung. Dabei ist die Berücksichtigung im Rahmen der Haftung des Verkäufers für die zufriedenstellende Qualität der Sache systematisch sinnvoll. Zugleich bewirkt eine dortige Einordnung jedoch

---

[572] Diese werden im nächsten Abschnitt im Rahmen eines Vergleichs den Vorgaben der Richtlinie gegenüber gestellt.

[573] Howells, in Europäisches Kaufgewährleistungsrecht, S. 167; Willett/Morgan-Taylor/Naidoo, J.B.L. 2004, S. 103, die daher Bedauern, dass die übliche Qualität nicht ausdrücklich als Kriterium genannt worden ist.

auch Probleme. Öffentliche Äußerungen bilden nur eins von mehreren Kriterien für die Bestimmung einer zufriedenstellenden Qualität, so dass es auch hier möglich erscheint, eine entsprechende Qualität trotz Abweichung von den öffentlichen Äußerungen anzunehmen. Aus der ausdrücklichen Formulierung kann jedoch die besondere Bedeutung dieses Kriteriums und damit eine entsprechend große Gewichtung bei der Beurteilung gefolgert werden.[574] Unterschiedlich stellt sich zudem die Formulierung der Ausnahmetatbestände der s14 (2E) (a) und (b) SGA dar. Zwar knüpft auch das englische Recht an die gleichen Aspekte wie die Richtlinie an, doch weicht sie in ihrem Wortlaut ab. Bereits aufgrund der Tatsache, dass die englische Regierung nicht unmittelbar den Wortlaut der Richtlinie übernommen hat, wie es aufgrund mangelnder vorheriger Regelungen durchaus möglich gewesen wäre, lässt sich darauf schließen, dass auch inhaltliche Abweichungen erfolgen sollen. Diese sind jedoch lediglich insofern zulässig, als sie die Möglichkeit des Verkäufers, nicht an die öffentlichen Äußerungen gebunden zu sein, einschränken. S14 (2E) (a) SGA konkretisiert den Zeitpunkt, zu dem auf die Kenntnis des Verkäufers von der öffentlichen Äußerung des Herstellers oder des Vertreters abzustellen ist, dahingehend, dass es sich um den Zeitpunkt des Vertragsschlusses handelt. Diese Vorschrift wirkt sich zugunsten des Verbrauchers aus, da sich der Verkäufer nicht darauf berufen kann, zumindest bei den Vertragsverhandlungen in Unkenntnis gewesen zu sein. Gleiches gilt aber auch für die Richtlinie, ohne dass dies bei dieser ausdrücklich genannt worden ist. Nach s14 (2E) (b) SGA steht dem Verkäufer die Möglichkeit offen, sich auf die erfolgte Berichtigung der betreffenden Äußerungen zu berufen. Es reicht dafür aus, dass die Rücknahme oder Berichtigung öffentlich erfolgt sein muss. Eine ausdrückliche Klarstellung gegenüber dem Käufer ist somit nicht notwendig. Die Richtlinie ist diesbezüglich nicht eindeutig, sie kennt jedoch keine Beschränkung auf öffentliche Rücknahme. Es besteht daher die Möglichkeit, dass nach der Richtlinie die ausdrückliche Berichtigung des Käufers erfolgt sein muss. Dagegen spricht jedoch die Natur der Werbung, die sich regelmäßig nicht unmittelbar an einzelne Personen richtet, so dass folglich jede Person entsprechend aufgeklärt werden müsste. Es ist daher vielmehr vom Verkäufer zu erwarten, dass er die Äußerung auf dem gleichen Kommunikationsweg berichtigt.[575] Soweit allerdings im Interesse des Verbraucherschutzes darauf abgestellt wird, dass der Verbraucher nicht mit einer Berichtigung rechnen muss, ist es notwendig, dass er auf diese besonders hingewiesen wird.[576] In diesem Fall stellt sich die Vorschrift der s14 (2E) (b) SGA als richtlinienwidrig dar, da sie nur eine öffentliche Berichtigung erfordert.

---

[574] Willett/Morgan-Taylor/Naidoo, J.B.L. 2004, S. 99.

[575] AnwKommentar/Pfeiffer, Art. 2 Rn. 22.

[576] Willett/Morgan-Taylor/Naidoo, J.B.L. 2004, S. 99f.: dieses Vorgehen sei dem Verkäufer (bzw. dem Hersteller) zuzumuten, da er ursprünglich die falsche Information in Umlauf gebracht hat.

e) Haftungsausschlusstatbestände

Erfüllt die gelieferte Ware nicht die in Art. 2 Abs. 2 lit. a-d RL genannten Kriterien und haben die Parteien auch keine abweichende Sollbeschaffenheit vereinbart, hat der Verkäufer grundsätzlich für die bestehende Vertragswidrigkeit einzustehen. Es sind jedoch Konstellationen denkbar, in denen eine Haftung des Verkäufers trotz der Verletzung einer (vermuteten) vertraglichen Vereinbarung nicht gerechtfertigt ist, da es an der Schutzbedürftigkeit auf Seiten des Verbrauchers fehlt.

(1) Vorgaben durch die Richtlinie

Die Richtlinie trägt den entsprechenden Situationen durch Art. 2 Abs. 3 RL Rechnung. Trotz des Abweichens der Ware von der (vermuteten) vertraglichen Vereinbarung liegt keine Vertragswidrigkeit vor, wenn entweder der Verbraucher zum Zeitpunkt des Vertragsschlusses Kenntnis von der Vertragswidrigkeit hatte bzw. nicht vernünftigerweise davon in Unkenntnis gewesen sein konnte[577] oder aber der Mangel auf den vom Verbraucher gelieferten Stoff zurückzuführen ist. Im Hinblick auf den ersten Aspekt knüpft die Formulierung an Art. 35 Abs. 3 CISG an, geht jedoch über diesen hinaus, indem der Verbraucher neben der positiven Kenntnis auch nicht unvernünftigerweise über die Vertragswidrigkeit in Unkenntnis gewesen sein durfte. Selbst das CISG sieht nur für „ins Auge springende Vertragswidrigkeiten“[578] einen Haftungsausschluss zugunsten des Verkäufers vor. Entsprechend eng muss dann auch Art. 2 Abs. 3, 1. Alt. RL ausgelegt werden.[579] Wenn schon beim internationalen Handelskauf eine derart enge Auslegung vorgenommen wird, ist es nicht gerechtfertigt, beim Verbraucherkauf höhere Anforderungen zum Nachteil des Verbrauchers zu stellen. Art. 2 Abs. 3 RL ist daher dahingehend auszulegen, dass nur die Fälle umfasst sind, bei denen sich die Vertragswidrigkeit dem Käufer förmlich aufgedrängt hat.[580] Dadurch steht auch fest, dass die Vorschrift keine Untersuchungspflicht des Verbrauchers begründet.
Keine Auswirkung auf die Haftung des Verkäufers für die Vertragsmäßigkeit der Ware hat es hingegen, wenn sich die Abweichung von der vertraglichen Sollbeschaffenheit lediglich als geringfügig darstellt. Die Berücksichtigung entsprechender Abweichungen erfolgt ausschließlich im Hinblick auf die Möglichkeit des Verbrauchers, sich vom Vertrag zu lösen, Art. 3 Abs. 6 RL.

---

577 Auf die widersprüchliche Formulierung, dass keine Vertragswidrigkeit vorliegt, wenn der Verbraucher Kenntnis von der Vertragswidrig hat, ist hinzuweisen.

578 Schlechtriem/Schwenzer/Schwenzer, Art. 35, Rn. 34.

579 AnwKommentar/Pfeiffer, Art. 2, Rn. 24.

580 Staudenmayer, NJW 1999, S. 2395.

(2) Das englische Recht vor und nach der Umsetzung

Das englische Recht kennt keinen zentralen, d.h. auf alle Aspekte anwendbaren Ausschlusstatbestand, wie er in Art. 2 Abs. 3 RL enthalten ist. Ein solcher wurde auch durch die Richtlinienumsetzung nicht geschaffen. Dennoch kommt auch das Warenkaufgesetz nicht umhin, beim Vorliegen gewisser Umstände die Geltung der stillschweigenden Vertragsbedingungen einzuschränken. Ausdrücklich ist eine solche Regelung in s14 (2C) SGA formuliert, der jedoch allein auf die die zufriedenstellende Qualität betreffende Vertragsbedingung Anwendung findet. S14 (2C) SGA sieht verschiedene Fallgruppen vor, in denen Mängel, deren Vorliegen unter gewöhnlichen Umständen zur Haftung gem. s14 (2) SGA führen würde, keine diesbezügliche Verletzung darstellen. Entsprechend Art. 2 Abs. 3 1. Alt. RL haftet der Verkäufer gem. s14 (2C) (a) SGA primär nicht für solche Mängel, auf die der Käufer vor Vertragsschluss ausdrücklich hingewiesen wurde und von denen dieser somit Kenntnis hatte. Nicht entscheidend ist, ob die Mitteilung durch den Verkäufer oder einen Dritten erfolgte.[581] Dass der Käufer die Vertragswidrigkeit vor Vertragsschluss selbst entdeckt hat, genügt nicht.[582] Die Kundgabe muss vor Vertragsschluss erfolgen, damit der Käufer noch die Möglichkeit hat, vom Vertrag Abstand zu nehmen. Unterlässt er dies, wird er nicht als schützenswert betrachtet. Entsprechend müssen jedoch besondere Voraussetzungen an die Mitteilung gemacht werden, da das Gesetz explizit von dem ausdrücklichen Hinweis an den Käufer spricht („specifically drawn to the buyer's attention").[583]

Eine Haftung gem. s14 (2) SGA wird zudem für die Fälle ausgeschlossen, in denen der Käufer die Ware untersucht hat und die Mängel feststellbar gewesen wären. Die Vorschrift begründet dabei keine Untersuchungspflicht. Sie stellt lediglich fest, dass, wenn der Käufer tatsächlich eine Untersuchung vornimmt, ihm die Kenntnis solcher Mängel zugerechnet wird, die bei eben dieser Untersuchung erkennbar waren.[584] Für den Käufer ist es daher regelmäßig vorteilhaft, keine Untersuchung der Ware vor Vertragsschluss vorzunehmen. Hat er jedoch gerade ein Interesse an der Untersuchung, ist er verpflichtet, hinreichend sorgfältig zu handeln.

Schließlich stellt s14 (2C) (c) SGA klar, dass eine Haftung für die zufriedenstellende Qualität auch dann ausgeschlossen sein soll, wenn bei einem Kauf nach Muster bzw. Probe Mängel vorliegen, die durch eine vernünftige Untersuchung des Musters bzw. der Probe erkennbar gewesen wären. Die Vorschrift ist im Zusammenhang mit s15 (2) (c) SGA zu sehen, die den Verkäufer bei einem Kauf

---

[581] Benjamin/Reynolds, Rn. 11-053.

[582] Pries mit Verweis auf Goode, Commercial Law, S. 317 f.

[583] Ervine, J.B.L. 2003, S. 686.

[584] Bristol Tramways etc Carriage C v Fiat Motors Ltd. [1910] 2 K.B. 831; Ervine, J.B.L. 2003, S. 687.

nach Muster bzw. Probe nur für solche Mängel haften lässt, die bei einer vernünftigen Untersuchung nicht festzustellen waren. Durch die Ausschlussregelung in s14 (2C) SGA soll eine Umgehung der s15 (2) SGA durch s14 (2) SGA vermieden werden.[585]
Außerhalb der speziellen Vorschriften der s14 (2C) SGA kennt das englische Recht ausschließlich den Grundsatz des „de minimis non curat lex". Die Haftung des Verkäufers erstreckt sich danach nicht auf Mängel, die völlig unerheblich sind.[586] Die praktische Bedeutung dieser Ausnahme ist gering.[587]

(3) Wertung

Aus systematischer Perspektive betrachtet bleiben die Regelungen des englischen Rechts zugunsten des Verbrauchers hinter denen der Richtlinie zurück. S14 (2C) SGA bezieht sich von seinem Anwendungsbereich her nur auf die Haftung des Verkäufers für die zufriedenstellende Qualität. Die verschiedenen Kriterien weichen dabei trotz des beschränkten Anwendungsbereichs in mehrfacher Hinsicht von denen der Richtlinie ab. Zunächst ist festzustellen, dass dem Käufer nach englischem Recht primär nur positive Kenntnis von der Vertragswidrigkeit schadet, da ausschlaggebend ist, dass ihm die zur nicht zufriedenstellenden Qualität führenden Umstände ausdrücklich mitgeteilt worden sind. Weiter ist s14 (2) SGA jedoch auch dann ausgeschlossen, wenn der Käufer eine Untersuchung der Ware vorgenommen hat und der Mangel bei dieser hätte erkannt werden müssen. Eine parallele Einschränkung kennt die Richtlinie nicht. Allerdings schließt sie die Haftung des Verkäufers dann aus, wenn der Verbraucher von dem Mangel vernünftigerweise nicht in Unkenntnis sein konnte. Davon könnte auch der Fall der s14 (2C) (b) SGA umfasst sein, wenn der Verbraucher aufgrund der Untersuchung der Ware nicht vernünftigerweise in Unkenntnis über die Vertragswidrigkeit sein konnte. Aufgrund der restriktiven Auslegung der Richtlinie ist dabei aber zu fordern, dass der Mangel dem Verbraucher geradezu ins Auge gefallen sein muss. Ob auch das englische Recht so enge Voraussetzungen vorsieht, ist nicht abschließend geklärt. Es scheint daher zumindest möglich, dass s14 (2C) (b) SGA auch Fälle umfasst, die nicht von der Richtlinie als relevant herangezogen werden, und die Umsetzung damit richtlinienwidrig ist.
Größere Schwierigkeiten bereitet schließlich s14 (2C) (c) SGA, der die Haftung für den Fall des Kaufs nach Muster bzw. Probe einschränkt. Bei einem entsprechenden Kaufvertragstyp setzt der SGA mittelbar eine Untersuchungspflicht voraus, da der Verkäufer nur für solche Mängel gem. § 15 (2) SGA haftet, die

[585] Vgl. dazu Teil C, II., 2., a) und d) dieser Arbeit.
[586] Arcos Ltd. v E.A. Ronaansen & Son [1933] A.C. 470: „ .... No doubt there may be microscopic deviations which businessmen and therefore lawyers will ignore ...But apart from that the right view is that the conditions of the contract must be strictly performed."
[587] In Arcos Ltd. v E.A. Ronaansen & Son [1933] A.C. 470 wurde bei Holzlatten selbst eine Abweichung von nur wenigen Millimetern als nicht unerheblich angesehen.

bei einer Untersuchung nicht erkennbar gewesen wären. Eine solche Einschränkung kennt die Richtlinie nicht. Beim Kauf nach Muster/Probe gewährleistet sie im Rahmen der Kriterien des Art. 2 Abs. 2 RL, dass die Sache unabhängig von einer Untersuchung eine zufriedenstellende Qualität aufweist. Eine Untersuchung wird nicht vorausgesetzt, auch nicht im Hinblick auf das Kriterium der „unvernünftigen Unkenntnis von der Vertragswidrigkeit" im Sinne des Art. 2 Abs. 3 RL. Auch insoweit ist die Umsetzung richtlinienwidrig.[588]
Schließlich ist festzustellen, dass die Anwendung des „de minimus non curat lex"-Grundsatzes bei den unter die Richtlinie fallenden Verbraucherverträgen keine Anwendung finden darf, da die Richtlinie eine entsprechende Einschränkung nicht kennt. Nach der Richtlinie besteht lediglich die Möglichkeit, das Vertragsaufhebungsrecht gem. Art. 3 Abs. 6 RL von der nicht bloßen Geringfügigkeit des Mangels abhängig zu machen. Folglich wäre die Anwendung des „de minimus non curat lex"-Grundsatzes richtlinienwidrig. Die Relevanz ist aber ohnehin gering, da die englischen Gerichte bereits bisher den Rückgriff auf den genannten Grundsatz sehr restriktiv gehandhabt haben.

f) Weitere Aspekte der Vertragswidrigkeit: Art. 2 Abs. 5 RL

(1) Die Vorgaben der Richtlinie

Art. 2 Abs. 5 RL stellt auch solche Mängel der Vertragswidrigkeit der Kaufsache gleich, die sich nicht unmittelbar aus der Sache selbst, sondern erst durch deren unsachgemäße Montage ergeben. Voraussetzung dafür ist, dass entweder die Montage Bestandteil des Kaufvertrages wurde und diese durch den Verkäufer bzw. unter dessen Verantwortung ausgeführt wurde oder dass der Verbraucher selbst die Montage übernommen hat und die unsachgemäße Montage auf einen Mangel in der Montageanleitung zurückzuführen ist. Den zentralen Anknüpfungspunkt des Art. 2 Abs. 5 RL bildet somit der Begriff der Montage. Er ist nicht in der Richtlinie definiert. Aus dem Wortlaut der englischen Fassung der Richtlinie („installation") ließe sich folgern, dass lediglich solche Maßnahmen geregelt sein sollen, durch die die Sache an einer bestimmten Stelle platziert und angeschlossen wird. Die deutsche Fassung geht jedoch über dieses enge Verständnis hinaus und umfasst auch solche Handlungen, die dem Zusammensetzen der Sache dienen. Die Notwendigkeit einer weiten Auslegung ergibt sich insbesondere aus der parallelen Formulierung des Art. 2 Abs. 5 Satz 2 RL, der gerade dazu dient, entsprechende Konstellationen zu umfassen („Ikea-

---

[588] Watterson, ERPL 2001, S. 209 zur identischen Rechtslage vor Umsetzung. Ebenso wie Howells/Twigg-Flesner, in Verbraucherkauf in Europa, S. 311, Fn. 27 sieht er in dieser Abweichung allerdings wenig praktische Relevanz. Dies ändert jedoch nichts an der Richtlinienwidrigkeit.

Klausel"[589]). Auch der englischen Fassung ist somit ein über den Wortlaut hinausgehendes weites Verständnis zugrunde zu legen.
Zweck der Vorschrift ist, dass auch bei solchen Mängeln, die erst durch die Montage der Sache verursacht werden, die von der Richtlinie vorgesehenen Rechtsbehelfe des Verbrauchers zur Anwendung kommen. Einer entsprechenden Regelung durch den Europäischen Gesetzgeber bedurfte es, da in der von Art. 2 Abs. 5 RL anvisierten Konstellation die Ware als solche vor Montage keine Vertragswidrigkeit aufweist und deren Einordnung als vertragswidrig somit nur unter begrifflichen Schwierigkeiten erfolgen kann.[590] Daneben war eine entsprechende Regelung erforderlich, da die Beurteilung der Vertragswidrigkeit gem. Art. 3 Abs. 1 RL zum Zeitpunkt der Lieferung erfolgt. Dieser wird jedoch nach den mitgliedsstaatlichen Regelungen regelmäßig vor der Montage liegen, so dass auch diesbezüglich die von der Richtlinie vorgesehenen Verbraucherrechte nicht zur Anwendung gelangen würden.[591] Die Richtlinie stellt somit für alle Mitgliedsstaaten einheitlich klar, dass auch die erst durch die unsachgemäße Montage entstehenden Mängel unabhängig von dem zur Beurteilung der Vertragsmäßigkeit relevanten Zeitpunkt und unabhängig von der ursprünglichen Vertragsmäßigkeit vor Montage zur Vertragswidrigkeit der Sache im Sinne des Art. 3 Abs. 1 RL führen. Ein Differenzieren durch den Verbraucher zwischen der bereits bei Lieferung der Sache bestehenden Vertragswidrigkeit und einer solchen, die erst durch die Montage ausgelöst wird, ist für diesen regelmäßig nicht nachvollziehbar und muss daher vermieden werden. Es macht für ihn keinen Unterschied, ob die Sache bereits bei Lieferung oder erst nach Montage durch den Verkäufer vertragswidrig ist, solange der Mangel der Sphäre des Verkäufers zuzuordnen ist. Eben diesem wird durch die weiteren Voraussetzungen des Art. 2 Abs. 5 RL Rechnung getragen. Die Vertragswidrigkeit muss entweder unmittelbar auf die Montagehandlung des Verkäufers zurückzuführen sein oder mittelbar durch eine mangelhafte Montageanleitung verursacht worden sein.
Wann ein Mangel vorliegt, bestimmt sich auch hier mangels abweichender Parteivereinbarung nach den Kriterien des Art. 2 Abs. 2 lit. a-d RL. Der Begriff des Mangels ist mit dem der Vertragswidrigkeit gleichbedeutend und orientiert sich entsprechend an den Maßgaben des Art. 2 Abs. 2 RL. Dies ergibt sich insbesondere aus dem Wortlaut der englischen Fassung der Richtlinie, die auch hier von einem „lack of conformity" spricht. Aus der ausdrücklichen Gleichstellung in der englischen Fassung mit der „Vertragswidrigkeit der Sache" wurde im Hin-

---

589 Staudenmayer, NJW 1999, S. 2394.

590 Besonderheiten gelten für die Lieferung einer mangelhaften Montageanleitung, die unter Umständen bereits als Mangel der Sache selbst eingeordnet werden kann.

591 Eine andere Lösung ließe sich nur erreichen, wenn die Beurteilung nach Abschluss der Montage erfolgt. Eine solche Regelung ergibt sich jedoch nicht aus Art. 3 Abs. 1 RL, so dass der den Mitgliedsstaaten überlassene Spielraum zu einer restriktiveren Handhabung führen kann.

blick auf das Vorliegen eines Mangels gefordert, dass solche Situationen nicht umfasst sein sollen, bei denen die Vertragswidrigkeit unmittelbar die Sache selbst betrifft, sondern nur diejenige mangelhafte Montage umfasst sein sollen, die sich zwar auf die Funktionalität der Sache auswirkt, diese jedoch nicht körperlich beschädigt. Eine entsprechend restriktive Auslegung hätte jedoch eine Regelungslücke der Richtlinie zur Folge. Sollten Beschädigungen der Sache selbst nicht von Art. 2 Abs. 5 RL umfasst sein, würde der Verkäufer nach Art. 3 Abs. 1 der Richtlinie nur haften, wenn die Vertragswidrigkeit bereits bei Lieferung bestanden hätte. Zwar kann unter Umständen in der Variante des Satz 1 angenommen werden, dass die Lieferung erst mit Abschluss der Montage erfolgt, im Hinblick auf Satz 2 jedoch kann die Lieferung nur in der Übergabe der nicht montierten Ware gesehen werden. Für diesen Fall würden dem Verbraucher die Rechte der Richtlinie mangels Vertragswidrigkeit im Zeitpunkt der Lieferung nicht zur Verfügung stehen. Zudem widerspräche eine entsprechende Einschränkung der Struktur des Art. 2 RL, der die Pflicht zur Lieferung einer vertragsgemäßen Sache konkretisiert. Bezugsobjekt jeglicher Regelung ist somit ausschließlich die Vertragsmäßigkeit des Verbrauchsguts. Entsprechend muss sich ebenfalls der Verweis auf den Mangel bzw. die Vertragswidrigkeit in Art. 2 Abs. 5 RL zumindest auch auf die Sache beziehen. Dem widerspricht nicht, dass die Aussage der Vorschrift dann dahingehend lautet, dass eine „Vertragswidrigkeit der Sache" mit der „Vertragswidrigkeit der Sache" gleichzustellen ist. Klargestellt wird dadurch aber, dass eine Gleichstellung mit der Situation erfolgt, in der die Vertragswidrigkeit der Sache das Rechtsfolgenregime der Richtlinie auslöst, obwohl die Ware zunächst vertragskonform war. Eine entsprechende Beschränkung des Art. 2 Abs. 5 RL auf Mängel außerhalb der Sache ist daher abzulehnen.

Von einer anderen Seite betrachtet stellt sich vielmehr die Frage, ob solche Mängel umfasst sein sollen, die sich aus der Montage selbst ergeben und keinerlei Auswirkungen auf die Sache als solche haben. Gemeint sind damit die Fälle, in denen die Sache als solche vertragsgemäß ist, jedoch aufgrund der unsachgemäßen Montage nicht in einer entsprechenden Weise benutzt werden kann und folglich der Mangel nicht als Vertragswidrigkeit der Sache, sondern als vertragswidrige Montage zu beurteilen ist. Für diese Fälle sehen die Mitgliedsstaaten regelmäßig im Vergleich zur Haftung für die Vertragsmäßigkeit der Sache abweichende Regelungen vor. Der Wortlaut der englischen Fassung der Richtlinie spricht jedoch gerade von „any", d.h. jeder Vertragswidrigkeit aufgrund der unsachgemäßen Montage, die zur Gleichstellung mit der Vertragswidrigkeit des Gebrauchs führen soll. Doch auch im Hinblick auf solche Mängel scheint es möglich, dass sie durch das nationale Recht als vertragsgemäß eingeordnet werden. Die Richtlinie stellt daher klar, dass auch solche Abweichungen zur Anwendung der durch die Richtlinie vorgesehenen Rechte führen.

Konsequenz von Art. 2 Abs. 5 RL ist somit, dass die Mitgliedsstaaten dafür sorgen müssen, dass auch bei den erst durch die Montage entstehenden Mängeln, unabhängig davon, ob sie das Verbrauchsgut selbst oder nur äußere Umstände betreffen, der Verbraucher sich auf die Rechtsbehelfe der Richtlinie berufen kann.

(a) Art. 2 Abs. 5 Satz 1 RL: Montage durch den Verkäufer

Art. 2 Abs. 5 Satz 1 RL legt fest, dass eine Vertragswidrigkeit auch dann vorliegen kann, wenn die zum Mangel führende Montage durch den Verkäufer oder unter dessen Verantwortung vorgenommen und Bestandteil des Kaufvertrages geworden ist. Eine Haftung des Verkäufers kommt somit zunächst nur in Betracht, wenn die Montage Bestandteil des Kaufvertrages war. Insofern ist eine großzügige Auslegung notwendig. Eine rein formale Betrachtungsweise könnte zu einer unzulässigen Benachteiligung des Verbrauchers führen, da es dem Verkäufer ansonsten möglich wäre, durch die bloße formale Trennung beider Vertragsbestandteile die von der Richtlinie aufgestellten Rechtsfolgen zu umgehen.[592] Die Montage als Bestandteil des Kaufvertrages ist somit dahingehend zu verstehen, dass ein innerer Zusammenhang zwischen den beiden Verpflichtungen des Verkäufers vorliegen muss. Ein Indiz dafür wird regelmäßig sein, dass der Verbraucher den Kauf von der Montage durch den Verkäufer abhängig macht. Vereinbart der Verkäufer mit dem Verbraucher auch die Montage der Sache, so ist im Zweifel von einem einheitlichen Kaufvertrag auszugehen.
Art. 2 Abs. 5 Satz 1 RL stellt jedoch nur solche Fälle der Vertragswidrigkeit gleich, in denen die Montage unsachgemäß erfolgt ist. Diese Beschränkung könnte dahingehend verstanden werden, dass der Verkäufer nicht für jeden durch die Montage entstehenden Mangel einzustehen hat, sondern nur dann, wenn er nicht die erforderliche Vorsicht hat walten lassen und ihm die mangelhafte Montage in irgendeiner Art vorwerfbar ist. Konsequenz wäre, dass nicht jedes Abweichen von der vertraglichen Vereinbarung zu einer Haftung des Ver-

[592] Nach Schwartze, ZEuP 2000, S. 558, Fn. 84 ist eine Umgehung durch Trennung des Kauf- vom Montagevertrag deswegen nicht möglich, da die Richtlinie auch Werkverträge umfasst und folglich auch für diese die Rechte der Richtlinie zur Anwendung kommen müssen. Die Aussage lässt sich jedoch nur für das deutsche Recht verallgemeinern. Die Erweiterung auf Werkverträge wird aus Art. 1 Abs. 4 RL gefolgert. Diese Vorschrift besagt, dass die Richtlinie auch solche Verträge umfasst, bei denen der Verkäufer die Sache aus Materialien des Verbrauchers herstellt oder erzeugt. Kennzeichnend für die Ausdehnung auf Werkverträge bleibt somit, dass eine Sache hergestellt oder erzeugt wird. Davon kann jedoch bei einer Montage nicht die Rede sein, da die Verkaufssache bereits existiert. Möglicherweise ließe sich eine Herstellung in den Fällen bejahen, dass der Verkäufer die Sache zusammensetzt und damit herstellt. Platziert er das Verbrauchsgut lediglich beim Verbraucher und schließt er es an, so ist dies jedoch nicht der Fall. In anderen Rechtsordnungen ist es daher durchaus zulässig, dass reine Montageverträge nicht unter das Rechtsfolgenregime der Richtlinie fallen, da ein anderes Werkvertragsverständnis zugrunde gelegt wird.

käufers führen würde. Dies stünde im Gegensatz zur ansonsten strikten Haftung der Richtlinie, die aufgrund des Garantieversprechens des Verkäufers eine Haftung bei jeglicher Abweichung vorsieht. Eindeutiger ist insoweit die englische Fassung der Richtlinie, die lediglich davon spricht, dass die Montage „incorrect" erfolgt ist. Es handelt sich um ein objektives Kriterium, das jegliche Montagefehler des Verkäufers umfasst. Daneben entspricht eine entsprechende Auslegung auch den Vorstellungen des Verbrauchers, dass er unabhängig von der Ursache der Vertragswidrigkeit die von der Richtlinie vorgesehenen Rechte geltend machen kann. Schließlich ist festzustellen, dass auch Art. 2 Abs. 5 Satz 2 RL von einer unsachgemäßen Montage des Verbrauchers spricht. Eine Beschränkung der Haftung des Verkäufers für die Fälle, bei denen die Montage durch den Verbraucher zumindest fahrlässig erfolgt, ohne dass die Fälle erfasst wären, bei denen der Verbraucher die Montage sogar unverschuldet fehlerhaft vorgenommen hat, widerspräche zudem jeglicher Logik. Folglich ist „unsachgemäß" objektiv zu verstehen.

(b) Art. 2 Abs. 5 Satz 2 RL: Montage durch den Verbraucher

Neben den durch die Montage durch den Verkäufer aufgetretenen Mängeln umfasst Art. 2 Abs. 5 RL auch die Konstellation, dass ein zur Montage durch den Verbraucher bestimmtes Erzeugnis vom Verbraucher aufgrund eines Mangels in der Montageanleitung unsachgemäß montiert worden ist.[593] Zum Zeitpunkt der Lieferung wird das Verbrauchsgut als solches mit Ausnahme der mangelhaften Montageanleitung regelmäßig vertragsgemäß sein. Soweit die Mangelhaftigkeit der Montageanleitung nicht zur Beurteilung der Vertragswidrigkeit der Sache als solche herangezogen wird, würden dem Verbraucher auch bei Vorliegen einer Vertragswidrigkeit nach Montage regelmäßig keine Rechte nach der Richtlinie zustehen. Ein anderes Ergebnis ließe sich nur dadurch erreichen, dass die fehlerhafte Montageanleitung als Teil des Verbrauchsgut im Rahmen der Haftung des Verkäufer gem. Art. 2 Abs. 1 und 2 RL behandelt wird.[594] Dies hängt jedoch von den Regelungen des nationalen Rechts ab, so dass keine einheitliche Rechtslage gewährleistet wäre. Art. 2 Abs. 5 Satz 2 RL bewirkt daher eine Haftung des Verkäufers für die sich aus der mangelhaften Montageanleitung ergebenden Vertragswidrigkeiten.[595] Selbst soweit die nicht montierte Sache bei Lie-

---

[593] Problematisch scheinen schließlich die Fälle, bei denen das noch zu montierende Verbrauchsgut über keine Montageanleitung verfügt. Wenn der Verbraucher trotzdem die Montage vornimmt, diese aber unsachgemäß ist und zur Vertragswidrigkeit der Sache führt, stellt sich die Frage nach der Anwendbarkeit des Art. 2 Abs. 5 Satz 2 RL. Vom Wortlaut her kann die unsachgemäße Montage dann nicht auf einen Mangel in der Montageanleitung zurückgeführt werden.

[594] Vorsmann, Mängelhaftung, S. 71.

[595] Der Begriff des Mangels hat an dieser Stelle eine andere Bedeutung als im Rahmen des Art. 2 Abs. 5 Satz 1 RL und ist nicht als Vertragswidrigkeit zu verstehen. Dies geht wiederum

ferung als vertragsgemäß einzuordnen war, stellt die Richtlinie klar, dass sich eine für die Anwendbarkeit des Rechtsfolgenregimes relevante Vertragswidrigkeit auch nach Lieferung durch die fehlerhafte Montage ergeben kann. Die montierte Sache ist an den in Art. 2 Abs. 1 und 2 RL genannten Kriterien zu messen. Schließt das mitgliedsstaatliche Recht die Richtigkeit der Montageanleitung bereits in die Bestimmung der Vertragsmäßigkeit des Verbrauchsguts mit ein, so entfaltet hingegen Art. 2 Abs. 5 Satz 2 RL regelmäßig keine Wirkung. Beschränkt wird die Haftung allerdings dahingehend, dass der Verbraucher die Sache unsachgemäß montiert haben muss. Er kann sich nach der Richtlinie somit nicht auf das Rechtsfolgenregime berufen, wenn die Montageanleitung zwar mangelhaft war, dies jedoch nicht zu einer Vertragswidrigkeit der montierten Sache geführt hat. Erforderlich ist somit eine doppelte Mangelhaftigkeit.
Eine weitere Einschränkung ergibt sich dahingehend, dass das Verbrauchsgut zur Montage durch den Verbraucher bestimmt sein muss. Die Kriterien für eine Abgrenzung bleiben ungeklärt. Im Zweifel ist aufgrund der Zielsetzung der Richtlinie ein weites Verständnis anzunehmen. Folglich ist die Sache zur Montage durch den Verbraucher bestimmt, wenn der Verkäufer einer noch zu montierenden Sache damit rechnen musste, dass die Montage durch den Verbraucher erfolgt und kein Fachmann hinzugezogen wird. Entscheidend kann dabei insbesondere der gewählte Vertriebsweg sein. Vertreibt der Verkäufer die Sache nur über den Großhandel, scheidet die Anwendbarkeit des Art. 2 Abs. 5 Satz 2 RL aus.[596]

(2) Das englische Recht

Den Vorgaben der Richtlinie wird im englischen Recht durch unterschiedliche Regelungen Rechnung getragen. Während der englische Gesetzgeber im Hinblick auf die mangelhafte Montageanleitung das bestehende Recht als hinreichend erachtete, ergänzte er im Hinblick auf die Montagehandlung durch den Verkäufer die Regelungen des Supply of Goods and Services Act 1982. Letztere werden in einem späteren Abschnitt dargestellt[597]. Allerdings ist zu beachten, dass im englischen Rechtssystem nicht abschließend geklärt ist, ob ein Vertrag, bei dem der Verkäufer zusätzlich zur Lieferung einer Sache eine Montageverpflichtung übernimmt, als Kaufvertrag oder als „contract for work and materials“ einzuordnen ist.[598]

---

insbesondere aus der englischen Fassung der Richtlinie hervor, die hier von einer „shortcoming“ und nicht wie in Satz 1 von einem „lack of conformity“ spricht.

596 Ohnehin wird ein Käufer beim Großhandel selten als Verbraucher handeln.

597 Teil E dieser Arbeit.

598 Vgl. dazu Teil B, III. dieser Arbeit.

(a) Die Haftung des Verkäufers für eine durch eine von ihm vorgenommene Montage entstandene Vertragswidrigkeit

Das Department of Trade and Industry ging bei der Umsetzung davon aus, dass auf die genannte Problemstellung regelmäßig die Vorschriften des Supply of Goods and Services Act 1982 Anwendung finden.[599] Soweit hingegen die Vorschriften des SGA zur Anwendung kommen sollen, ist zu beachten, dass eine Beurteilung der Ware im Hinblick auf die Vertragsmäßigkeit bezüglich des neuen Rechtsfolgenregimes zum Zeitpunkt der Lieferung vorzunehmen ist. Im Interesse einer richtlinienkonformen Rechtslage wäre es dabei erforderlich, eine weite Auslegung dieses Begriffes vorzunehmen, damit er den Zeitpunkt nach abgeschlossener Montage umfasst. Tatsächlich aber meint er nach der Legaldefinition der s61 SGA nur die Übergabe der Sache an den Erwerber. Insbesondere in den bereits oben erwähnten Fällen einer konstruierten Lieferung handelt es sich dabei um einen Zeitpunkt vor der Montage.[600] Aber selbst wenn auf die tatsächliche Lieferung abgestellt wird, liegt es nahe, auf den früheren Zeitpunkt des Einbringens in die Räume des Käufers abzustellen. Soweit die englischen Gericht damit einen entsprechenden Vertrag als Kaufvertrag und nicht als „contract for work and materials" einordnen wollen, müssen sie, sofern überhaupt möglich, eine sehr extensive Auslegung des Lieferungsbegriffes vornehmen und als Lieferung die abgeschlossene Montage betrachten. Ob dies möglich ist, scheint fraglich. Im Übrigen bestehen substantiierte Bedenken gegenüber einer hinreichenden Transparenz der Umsetzung, da es für den Verbraucher in keinem Fall ersichtlich ist, dass der Verkäufer nach dem Warenkaufgesetz auch für das endmontierte Produkt einzustehen hat. Diese ist lediglich im Rahmen des Supply of Goods and Services Act 1982 gewährleistet. Eine Umsetzung im Rahmen des SGA wäre damit richtlinienwidrig.

(b) Die Haftung des Verkäufers für eine Vertragswidrigkeit, die sich aus einer mangelhaften Montageanleitung ergibt

Im Gegensatz zur Umsetzung des Art. 2 Abs. 5 Satz 1 RL hat der englische Gesetzgeber keine Umsetzungsmaßnahmen im Hinblick auf die Haftung des Verkäufers für eine Vertragswidrigkeit unternommen, die sich aus einer mangelhaften Montageanleitung ergibt. Er ging vielmehr davon aus, dass den Erfordernissen bereits durch das bestehende Recht hinreichend Rechnung getragen wird.[601] Anknüpfungspunkt für die Haftung des Verkäufers soll s14 SGA sein. Danach

---

[599] DTI, 2. Konsultation, S. 55: "Incorrect installation (Art.2(5)) is likely to be covered by the Supply of Goods and Services Act 1982 which implies into contracts that work will be carried out with reasonable skill and care."

[600] Vgl. dazu Teil C, II., 1., b) (3) dieser Arbeit.

[601] DTI, 2. Konsultation, S. 55: "A shortcoming in installation instructions (Art.2(5)) is covered by s14 of the Sale of Goods Act concerning quality and fitness."

wird bei Vorliegen der entsprechenden Voraussetzungen sowohl eine zufriedenstellende Qualität als auch die Eignung für einen vom Verbraucher genannten Zweck der Waren gefordert, die im Rahmen des Vertrages geliefert werden („goods supplied under the contract"). Die Rechtsprechung hat den Anwendungsbereich dahingehend konkretisiert, dass dadurch nicht nur die geschuldete Sache selbst, sondern auch deren Verpackung und Gebrauchsanweisung umfasst sind.[602] Das entsprechende Urteil lässt sich dahingehend verallgemeinern, dass auch eine Montageanleitung unter den Anwendungsbereich der s14 SGA fällt.

Die mangelhafte Montageanleitung kann durch die verschiedenen stillschweigenden Vertragsbedingungen der s14 SGA berücksichtigt werden. Keine der Varianten erfordert jedoch entsprechend der Richtlinie, dass der Käufer die Sache unsachgemäß montiert hat, was jedoch verbraucherfreundlich und damit im Hinblick auf die Mindestschutzklausel des Art. 8 Abs. 2 RL zulässig ist. Im Gegensatz zur Richtlinie stellt s14 (2) SGA nicht auf die Konsequenzen der mangelhaften Montageanleitung (nämlich die unsachgemäße Montage) ab, sondern beurteilt die Vertragsmäßigkeit ausschließlich zum Zeitpunkt der Lieferung und somit vor Montage. Zu diesem Zeitpunkt bildet die Eignung für gewöhnliche Zwecke jedoch nur eines unter mehreren Kriterien der zufriedenstellenden Qualität, so dass eine mangelhafte Montageanleitung nicht zwingend zur Feststellung einer unzureichenden Qualität führen muss. Ergibt sich jedoch bereits zu diesem Zeitpunkt, dass eine unsachgemäße Montage durch den Verbraucher wahrscheinlich ist (und eben eine solche fordert die Richtlinie), so wird auch das englische Recht nicht umhinkommen, die Sache als in qualitativer Hinsicht unzureichend zu betrachten. Zu beachten ist, dass nach der englischen Systematik der Verbraucher durch die Montage der Sache trotz der mangelhaften Montageanleitung unter Umständen die Sache im Sinne der s35 SGA akzeptiert hat und er damit von der Geltendmachung der Vertragsbeendigung ausgeschlossen ist. Dies hat jedoch keine Auswirkung auf die Anwendbarkeit der von der Richtlinie vorgesehenen Rechte.

Unzulänglichkeiten im Hinblick auf die Umsetzungsverpflichtung können sich daher vor allem daraus ergeben, dass das bestehende Recht die Vorgaben der Richtlinie nicht hinreichend transparent im nationalen Recht wiedergibt.[603] Die nicht abschließend geregelte Rechtslage zeigt, dass selbst Gerichte bei der Einordnung Schwierigkeiten haben. Umso mehr bedarf es einer gesetzlichen Klar-

602 Wormell v R.H.M. Agricultural (East) Ltd. [1986] 1 All ER 769, S. 777: „I have therefore come to the conclusion that one can only give a sensible meaning to the word 'goods' in a case such as the present if one takes 'goods' to mean the package of the chemical with its instructions. All of those, it seems to me, are part of the goods. One must look at all of them as a whole to see if they are of merchantable quality, and in particular whether they are reasonably fit for the purpose for which they are sold."; Albright & Wilson UK v Biachem [2002] 2 All E.R. (Comm.) 753.

603 Willett/Morgan-Taylor/Naidoo, J.B.L. 2004, S. 104.

stellung, um dem Verbraucher die Möglichkeit der Kenntnis zu geben. Daneben verursacht der gewählte Ansatz jedoch auch in einem weiteren Punkt Schwierigkeiten. Erfolgt die Beurteilung der Vertragswidrigkeit ausschließlich vor der Montage, kann zwar die mangelhafte Montageanleitung als Verletzung der s14 (2) SGA gewertet werden, doch wird die mangelhafte Montage als solche gerade nicht umfasst. Gemäß der Richtlinie wird gerade diese als Vertragswidrigkeit der Sache gleichgestellt, mit der Konsequenz, dass der Verbraucher die durch die Richtlinie vorgesehenen Rechte nicht nur auf die Nachbesserung der mangelhaften Montageanleitung, sondern auf die Abhilfe aller durch die Montageanleitung herbeigeführten Vertragswidrigkeiten geltend machen kann.[604] Nach dem englischen Ansatz kann hingegen die Vertragswidrigkeit nur in Bezug auf die Montageanleitung festgestellt werden. Zwar wird es dem Käufer regelmäßig möglich sein, für die daraus resultierenden Schäden Ersatz zu verlangen, zweifelhaft ist allerdings die Anwendung der durch Art. 3 Abs. 2 RL vorgegebenen und in s48A iVm. s48F SGA umgesetzten Rechtsbehelfe, da diese ausschließlich auf die Vertragswidrigkeit Bezug nehmen, die nach englischem Recht nur im Hinblick auf die Montageanleitung festgestellt worden ist.
Hat der Verbraucher gem. s14 (3) SGA dem Verkäufer den mit der Sache verfolgten Zweck zumindest konkludent mitgeteilt, woran beim gewöhnlichen Verwendungszweck nur geringe Anforderungen geknüpft werden, ist, wenn die mangelhafte Montageanleitung die Erreichung des Zwecks verhindert, nicht nur im Hinblick auf die Montageanleitung, sondern auch auf die Sache als solche ein Verstoß gegen diese Vorschrift festzustellen. Das in den ss48A ff. SGA übernommene Rechtsfolgenregime der Richtlinie kommt dann zur Anwendung.

g) Die Beweislastumkehr gem. Art. 5 Abs. 3 RL

(1) Vorgaben durch die Richtlinie

Der Verkäufer haftet gem. Art. 3 Abs. 1 RL grundsätzlich für alle Vertragswidrigkeiten, die zum Zeitpunkt der Lieferung bestehen. Umfasst sind davon sowohl offenkundige als auch latente Abweichungen von der vertraglichen Vereinbarung. Da dem Verbraucher keine Untersuchungspflicht obliegt und er die Ware damit nicht vor Ort auf ihre Beschaffenheit bzw. Funktionsfähigkeit überprüfen muss, wird eine Vertragswidrigkeit häufig erst mit zeitlicher Verzögerung festgestellt werden. Die Frage, ob die Vertragswidrigkeit bereits zum Zeitpunkt der Lieferung bestand, ist für die Geltendmachung der Rechte des Art. 3 RL von entscheidender Bedeutung. Umso offensichtlicher ist das von der Frage ausgehende Konfliktpotential zwischen Verbraucher und Verkäufer. Nach den innerstaatlichen Beweislastregeln obliegt es regelmäßig dem Verbraucher, die Vertragswidrigkeit der Sache zum Zeitpunkt der Lieferung zu beweisen. Die

[604] Siehe Bradgate/Twigg-Flesner, S. 81; Willett/Morgan-Taylor/Naidoo, J.B.L. 2004, S. 99 f.

Beweisführung ist in der Praxis mit großen Schwierigkeiten verbunden, obwohl sie dem Käufer zumindest in einigen Mitgliedsstaaten durch die Möglichkeit des Anscheinsbeweises erleichtert wird. Der europäische Richtliniengeber hat die Problematik erkannt und legt an systematisch fragwürdiger Stelle durch Art. 5 Abs. 3 RL für alle Mitgliedsstaaten verbindlich fest, dass bei Auftreten der Vertragswidrigkeit innerhalb der ersten sechs Monate nach Lieferung des Gutes grundsätzlich zu vermuten ist, dass diese bereits zum Zeitpunkt der Lieferung bestand. Der maßgebliche Zeitpunkt der Beurteilung der Vertragswidrigkeit gem. Art. 3 Abs. 1 RL wird damit de facto auf sechs Monate nach der Lieferung verschoben.[605] Die Richtlinie trägt mit der Beweislastumkehr dem Umstand Rechnung, dass die Beweisführung aufgrund seiner Kenntnis von der Ware eher dem Verkäufer möglich ist.[606] Nicht Gegenstand der Beweislastumkehr ist die Frage, ob überhaupt eine Vertragswidrigkeit vorliegt. Es obliegt damit weiterhin regelmäßig dem Verbraucher, im Bestreitensfall diesbezüglich Beweis zu erbringen. Die Vermutungsregelung des Art. 5 Abs. 3 RL darf auch nicht, wie zum Teil in England vor Umsetzung der Richtlinie angenommen, als sechsmonatige Haltbarkeitsgarantie verstanden werden. Die Richtlinie stellt vielmehr eindeutig klar, dass dem Verkäufer der Beweis der Vertragsmäßigkeit zum Zeitpunkt der Lieferung möglich ist und dass einzig dieser Zeitpunkt entscheidend ist.

Um eine allzu starke Belastung des Verkäufers durch die Beweislastumkehr zu verhindern, sieht Art. 5 Abs. 3 unter bestimmten Voraussetzungen Einschränkungen vor. Die Beweislastumkehr soll nicht zur Anwendung gelangen, wenn sie mit der Art des Gutes oder der Art der Vertragswidrigkeit nicht vereinbar ist. Dadurch soll zunächst solchen Konstellationen Rechnung getragen werden, in denen bereits aus der Natur der Sache eine entsprechende Vermutung nicht gerechtfertigt ist, da deren Lebensdauer erkennbar kaum die Sechs-Monatsfrist erreichen kann.[607] Dazu können auch Gebrauchtwaren zählen.[608] Zum anderen sind solche Fälle ausgeschlossen, bei denen die Vertragswidrigkeit eindeutig auf andere, nach der Lieferung liegende Umstände zurückzuführen ist.[609] Insbesondere im Hinblick auf die erstgenannte Ausnahmeregelung stellt sich die Frage, ob die sechsmonatige Frist der Beweislastumkehr auf den Zeitpunkt zu verkür-

---

605 Grundmann, in: Europäisches Kaufgewährleistungsrecht; S. 301 und S. 317.

606 Staudenmayer, NJW 1999, S. 2396; Ehmann/Rust, JZ 1999, S. 857 bezeichnen diese als „Billigkeitsentscheidung" zugunsten des Verbrauchers gemäß des Mottos: „die arme alte Frau hat immer recht".

607 Grundmann, in: Europäisches Kaufgewährleistungsrecht, S. 302; AnwKommentar/Pfeiffer, Art. 5 Rn. 7. Letzterer führt beispielsweise Lebensmittel an.

608 AnwKommentar/Pfeiffer, Art. 5 Rn. 7.

609 Aufgrund dieser Ausnahmeregelung hält es Tonner, BB 1999, S. 1774 sogar für angemessen, die Beweislastumkehr über die sechsmonatige Frist des Art. 5 Abs. 3 RL auf den gesamten Gewährleistungszeitraum auszudehnen.

zen ist, der der Natur der Sache entspricht. Der Wortlaut der Richtlinie spricht jedoch gegen eine solche Vorgehensweise.
Fraglich ist, ob es im Hinblick auf die Umsetzungsverpflichtung ausreichend ist, dass dieser Vorschrift durch die Rechtsprechungspraxis Rechnung getragen wird, ohne dass es zu einer gesetzlichen Fixierung kommt.[610] Dies ist jedoch abzulehnen, da sich aus der Rechtsprechung des Europäischen Gerichtshofs das Erfordernis der hinreichenden Bindungswirkung und der Rechtssicherheit ergibt.[611] Nur durch eine gesetzliche Fixierung kann dem Erfordernis der Transparenz Rechnung getragen werden. Ohne eine entsprechende Klarstellung könnte der Verbraucher möglicherweise von der gerichtlichen Durchsetzung seiner Ansprüche absehen.

(2) Die Regelungen des englischen Rechts

Auch das englische Recht kannte eine entsprechende, zeitlich begrenzte Beweislastumkehr bisher nicht. Der Beweis der Vertragswidrigkeit zum Zeitpunkt der Lieferung oblag dem Käufer.[612] Berücksichtigt wurde allerdings, ob das Auftreten einer Vertragswidrigkeit bereits aufgrund der Natur der Sache für ein entsprechendes Vorliegen bei Lieferung sprach. Um den Vorgaben der Richtlinie Rechnung zu tragen, hat der englische Gesetzgeber Art. 5 Abs. 3 RL in s48A (2) SGA übernommen. Anknüpfungspunkt bildet die Frage, ob die Sache vertragswidrig im Sinne der s48A ff. SGA ist. Ausschließlich für deren Zwecke wird die Vertragswidrigkeit entsprechend der ss13-15 SGA vermutet, wenn diese innerhalb der ersten sechs Monate nach Lieferung auftritt. Damit wird jedoch die Beweislastumkehr auf die Geltendmachung des neuen Rechtsfolgenregimes beschränkt, während die weiter anwendbaren früheren Rechtsbehelfe des Common Law eine solche nicht vorsehen. Dies kann zu dem widersprüchlichen und unsinnigen Ergebnis führen, dass der Käufer für eine Vertragsbeendigung nach dem Common Law den Beweis der Vertragswidrigkeit der Sache erbringen muss, während er sich für die parallele Vertragsauflösung im Sinne von Art. 3 RL auf die Beweislastumkehr berufen kann. Eine systematisch umfassendere Integration wäre sowohl im Interesse der Systematik des englischen Rechts als auch im Hinblick auf den Verbraucherschutz begrüßenswert gewesen. Im Regelfall entfaltet diese Unterscheidung allerdings keine praktische Relevanz, da zwar dem Käufer nach dem Common Law die Beweislast obliegt, das Gericht jedoch aufgrund der Natur der Sache häufig die Beweislast umkehren wird.

---

[610] Bejahend: Tonner, BB 1999, S. 1774.
[611] So auch Schwartze, ZEuP 2000, S. 560.
[612] Bradgate/Twigg-Flesner, Consumer Guarantees, S. 118.

III. Die Rechte des Verbrauchers bei Vertragswidrigkeit der Kaufsache

Die Regelungen zur Vertragsmäßigkeit der Kaufsache in Art. 2 RL sind zwangsläufig mit der Frage des Einstehenmüssens des Verkäufers für deren Ausbleiben verbunden. Die Unkenntnis des Verbrauchers über die in den anderen Mitgliedsstaaten geltenden Rechtsfolgen sowie die damit verbundenen Unsicherheiten stellen eine wesentliche Beeinträchtigung für den Binnenmarkt dar.[613] Eine sinnvolle und umfassende Harmonisierung der nationalen Verbraucherkaufrechte auf europäischer Ebene erforderte somit auch bzw. insbesondere die Angleichung der von der Vertragswidrigkeit ausgehenden Rechtsfolgen. Kennzeichnend für den von der Richtlinie in Art. 3 RL gewählten Ansatz sind einerseits detaillierte systematische Vorgaben, die den Mitgliedsstaaten nur einen geringen Umsetzungsspielraum einräumen, andererseits aber das Aussparen von Vorschriften im Hinblick auf die individuelle Ausgestaltung der einzelnen Regelungen. Darüber hinaus wird das Verständnis der von der Richtlinie ausgehenden Wirkungen durch den wiederholten Gebrauch unbestimmter Rechtsbegriffe erschwert.[614] Zwar wird dadurch den Mitgliedsstaaten ein Umsetzungsspielraum eingeräumt, doch stellt deren Auslegung aufgrund des europarechtlichen Hintergrundes die praktische Anwendung vor Schwierigkeiten.[615] Aus englischer Perspektive ergeben sich die Umsetzungsschwierigkeiten insbesondere aus der von der Richtlinie in besonderem Maße abweichenden systematischen Ausrichtung des englischen Rechts. Die isolierte Entwicklung des Common Law mit der ihm eigenen Systematik erschwert vor allem die Umsetzung der Nachbesserungsansprüche.

1. Vorgaben durch die Richtlinie

a) Überblick

Ist die vom Verkäufer gelieferte Sache zum Zeitpunkt der Lieferung vertragswidrig[616], sieht die Richtlinie verschiedene Rechte des Verbrauchers vor, die primär auf die Herstellung des vertragsgemäßen Zustands durch Nachbesserung oder Ersatzlieferung, daneben aber auch auf Kaufpreisminderung oder Vertragsauflösung gerichtet sind. Die Ausübung der einzelnen Ansprüche wird dabei neben der Vertragswidrigkeit vom Vorliegen weiterer, in Art. 3 Abs. 3 bzw. 5 RL genannter Voraussetzungen abhängig gemacht, deren Ziel es ist, auch den Verkäuferinteressen angemessen Rechnung zu tragen. Sie führen insbesondere zu einer zweistufigen hierarchischen Struktur der Rechtsbehelfe. Ein Verschul-

---

[613] Grünbuch, S. 93 f.

[614] Vgl. dazu beispielsweise Art. 3 Abs. 2 RL: „ohne erhebliche Unannehmlichkeiten“ oder „angemessene Frist“.

[615] Siehe Micklitz, EuZW 1999, S. 487.

[616] Was alles unter den Begriff der Vertragswidrigkeit zu subsumieren ist, ist nicht abschließend geklärt. Vgl. dazu Teil C, I. dieser Arbeit.

den der Vertragswidrigkeit ist nicht erforderlich. Auch der Aspekt der Geringfügigkeit findet ausschließlich in Bezug auf das Vertragsauflösungsrecht Beachtung, wobei es den Mitgliedsstaaten aufgrund der Mindestschutzklausel freigestellt ist, diese Einschränkung in das nationale Recht zu übernehmen. Zu beachten bleibt schließlich, dass durch die Richtlinie mögliche Schadensersatzansprüche des Verbrauchers nicht geregelt werden. Dies verbleibt vielmehr dem nationalen Recht.[617] Im Übrigen stimmen die Rechtsbehelfe weitgehend mit denen des CISG überein.[618]

Im Vordergrund der Rechtsfolgensystematik steht die Verpflichtung des Verkäufers zur Herstellung des vertragsgemäßen Zustands, die in der Terminologie der Richtlinie als Abhilfe bezeichnet wird.[619] Damit soll primär dem Interesse des Verbrauchers entsprochen werden, die vertraglich versprochene Leistung in der vereinbarten Weise zu erhalten, gleichzeitig jedoch auch den in der Praxis ohnehin häufigen Abreden Rechnung getragen werden, die ein Nacherfüllungsrecht des Verkäufers vorsehen. Daneben berücksichtigt diese Systematik auch die Bedürfnisse des Verkäufers, indem ihm ein Recht auf zweite Andienung eingeräumt wird.[620] Eine Vertragsauflösung, aber auch die Minderung des Kaufpreises, kommen nur in Betracht, wenn der Verbraucher weder einen Anspruch auf Nachbesserung noch auf Ersatzlieferung hat, der Verkäufer einem Abhilfeverlangen des Verbrauchers nicht innerhalb einer angemessenen Frist nachkommt oder aber die Abhilfe zwar erfolgreich, nicht aber ohne erhebliche Unannehmlichkeiten erfolgt ist. Damit wird die zweistufige hierarchische Strukturierung des der Richtlinie zugrundeliegenden Rechtsfolgensystems deutlich, die im Gegensatz zum vierfachen Wahlrecht des Verbrauchers steht, wie es noch in früheren Entwürfen der Richtlinie vorgesehen war.[621] Zugleich weicht sie jedoch auch insofern von diesen ab, als dass die Ausübung des Rechts, den Vertrag aufzulösen bzw. Ersatzlieferung zu verlangen, nicht mehr auf ein Jahr beschränkt ist. Nach der endgültigen Richtlinienfassung steht dem Verbraucher nur ein Wahlrecht innerhalb der jeweiligen Stufe zu, also zwischen Nachbesserung bzw. Ersatzlieferung und Minderung bzw. Vertragsauflösung. Zur Gewährleistung eines gerechten Interessensausgleichs zwischen den Parteien wird die Wahlfreiheit nach der Richtlinie allerdings auf der ersten Stufe bei Unverhältnismäßig-

617 Schwartze, in Verbraucherkauf in Europa, S. 138; ders. ZEuP 2000, 549; Grundmann, ERPL 2001, S. 254

618 Vgl. Art. 45 Abs. 1 a) CISG i.V.m. Art. 46, 49, 50 CISG.

619 AnwKommentar/Pfeiffer, Art. 3 Rn. 4.

620 Roth, in: Zivilrechtswissenschaft und Schuldrechtsreform, S. 246; Grünbuch, S. 113.

621 Vgl. Art. 3 Abs. 4 des ursprünglichen Richtlinienvorschlags, KOM/95/520 endg., anders aber bereits der geänderte Vorschlag, KOM/98/217 endg.

keit bzw. Unmöglichkeit, auf der zweiten Stufe bei bloßer Geringfügigkeit der Vertragswidrigkeit eingeschränkt.[622]
Nicht durch die Richtlinie konkretisiert wird die Frage, ob und in welcher Weise der Verkäufer für die Mangelhaftigkeit der Abhilfe (sog. „Kettengewährleistung") nach den Vorgaben der Richtlinie einzustehen hat.[623] Aus Art. 2 Abs. 1 und Art. 3 Abs. 1 RL wird allerdings gefolgert, dass das Rechtsfolgenregime der Richtlinie sowohl auf die vertragswidrige Ersatzlieferung als auch auf die Nachbesserung Anwendung finden soll.[624] Zu beantworten bleibt dann die Frage, ob durch die Abhilfe die zweijährige Verjährungsfrist des Art. 5 Abs. 1 RL von neuem zu laufen beginnt, oder aber, ob es bei den bestehenden Fristen bleibt.[625] Um eine endlos währende, ständig neu beginnende Frist zu vermeiden, sollte insofern an die bestehenden Zeiträume angeknüpft werden.[626] Den Mitgliedsstaaten verbleibt gem. Art. 8 Abs. 2 RL aber die Möglichkeit, weitergehende Fristen auch für die Kettengewährleistung vorzusehen.

b) Die Rechte des Käufers auf der ersten Stufe

Liefert der Verkäufer eine vertragswidrige Sache, kann der Verbraucher zunächst nach seiner Wahl Abhilfe durch Nachbesserung oder Ersatzlieferung verlangen. Das Bestehen eines Wahlrechts auf Seiten des Verbrauchers ergibt sich neben dem Wortlaut aus dem Umkehrschluss des Art. 3 Abs. 3 Unterabs. 2 RL, der dieses für den Fall der Unverhältnismäßigkeit gerade ausschließt.[627] Durch die Richtlinie konkretisiert wird lediglich der Begriff der Nachbesserung, der gem. Art. 1 Abs. 2 lit. f RL die Herstellung des vertragsgemäßen Zustands des Verbrauchsguts meint. Aus der Möglichkeit einer von dieser zu unterscheidenden Ersatzlieferung, die den Austausch der vertragswidrigen gegen eine vertragsmäßige Ware meint[628], ergibt sich, dass die Lieferung einer vertragsgemäßen Sache keine Nachbesserung im Sinne des Art. 1 Abs. 2 lit. f RL darstellt. Objekt der Nachbesserung kann nur die gelieferte Ware selbst sein. Sowohl die Ersatzlieferung als auch die Nachbesserung haben gem. Art. 3 Abs. 3 Unterabs.

---

[622] Aus der Einschränkung des Wahlrechts ist im Umkehrschluss das Bestehen eines Wahlrechts zu folgern. Siehe auch AnwKommentar/Pfeiffer, Art. 3 Rn. 6.

[623] Anders insoweit noch Art. 3 Abs. 5 des geänderten RL-Vorschlags, KOM/98/217 endg., der ausdrücklich vorsah, dass der Verkäufer auch für die ersatzweise gelieferte Sache einzustehen hat.

[624] Roth, in: Zivilrechtswissenschaft und Schuldrechtsreform, S. 246.

[625] Eine ähnlich gelagerte Frage betrifft die Beweislastumkehr gem. Art. 5 Abs. 3 RL.

[626] Anders jedoch der letztlich nicht umgesetzte Art. 3 Abs. 5 Unterabs. 2 des geänderten Richtlinienentwurfs, der zumindest im Hinblick auf die erste Nachbesserung einen neuen Fristlauf vorsah.

[627] Bianca, Art. 3 Rn. 20; AnwKommentar/Pfeiffer, Art. 3 Rn. 6.

[628] Stellungnahme des Wirtschafts- und Sozialausschusses zum ursprünglichen Richtlinienentwurf.

3 RL innerhalb einer angemessenen Zeit und ohne erhebliche Unannehmlichkeiten für den Verbraucher zu erfolgen. Die Auslegung einer Umsetzungsvorschrift, die insbesondere auch für die Anwendbarkeit der Rechte auf der zweiten Stufe von Bedeutung sind, bleibt innerhalb der von der Richtlinie vorgegebenen Grenzen der Beurteilung durch die mitgliedsstaatlichen Gerichte überlassen.[629] Ausschlaggebend sind insbesondere die Art der Sache und deren Verwendungszweck.[630] Die Ursache für die Nichteinhaltung der angemessenen Zeit ist ebenso grundsätzlich unerheblich wie das Setzen einer Frist oder die Mahnung des Verkäufers.[631] Bei der Bestimmung einer angemessenen Frist ist sowohl die Art der Kaufsache als auch die des Mangels zu berücksichtigen. Die für die Herstellung des vertragsgemäßen Zustands anfallenden Kosten hat gem. Art. 3 Abs. 3 und 4 RL der Verkäufer zu tragen.[632] Nicht geregelt ist durch die Richtlinie, wie bei Ersatzlieferung mit der vertragswidrigen Sache umzugehen ist. Das nationale Rechte kann und sollte vorsehen, dass diese dem Verkäufer zurückzugewähren ist. Die Unmöglichkeit der Rückgewähr darf dem Anspruch des Verbrauchers jedoch insbesondere dann nicht entgegenstehen, soweit diese auf die Vertragswidrigkeit zurückzuführen ist. Daneben muss die Möglichkeit der Ersatzlieferung auch bestehen, soweit die Sache durch das Verhalten des Verbrauchers untergegangen ist.[633] Es bleibt in dieser Situation allerdings den Mitgliedsstaaten überlassen, einen Ausgleichsanspruch des Verkäufers vorzusehen.

Die Wahlfreiheit des Verbrauchers innerhalb der ersten Stufe wird unter Berücksichtigung der Verkäuferinteressen nicht unbeschränkt gewährleistet. Die RL macht das Bestehen des Anspruchs sowohl von der Möglichkeit als auch von der Verhältnismäßigkeit der gewünschten Abhilfemaßnahme abhängig. Schwierigkeiten wirft insbesondere das Verständnis des Verhältnismäßigkeitskriteriums auf, das zwar in Art. 3 Abs. 3 RL näher konkretisiert wird, aufgrund seiner Systematik und unbestimmten Terminologie aber zu Unsicherheiten führt. Auch die fehlende Konkretisierung des Unmöglichkeitsbegriffs erschwert die Anwendung der Richtlinie.

---

[629] Siehe Art. 3 Abs. 5 Spiegelstrich 2/3 RL.

[630] Art. 3 Abs. 3 Unterabs. 3 RL.

[631] AnwKommentar/Pfeiffer, Art. 3 Rn. 14.

[632] Der Begriff der Unentgeltlichkeit ist hier ebenso wie im Zusammenhang der in Art. 6 RL geregelten Garantien dahingehend zu verstehen, dass er nicht ausschließt, dass die möglicherweise entstehenden Kosten bereits pauschal in den gezahlten Kaufpreis miteinkalkuliert worden sind. Nicht umfasst von der Kostentragungspflicht sind Mangelfolgeschäden, deren Beseitigung nicht erforderlich ist, um die Sache selbst in einen vertragsgemäßen Zustand zu versetzen, AnwKommentar/Pfeiffer, Art. 3 Abs. 13.

[633] Ernst/Gsell, ZIP 2000, S. 1417.

(1) Der Begriff der Unmöglichkeit

Die Prüfung der Unmöglichkeit erfolgt für beide Abhilfealternativen getrennt. Stellt sich nur eine als unmöglich dar, muss der Verbraucher auf die andere Alternative zurückgreifen.[634] Was genau unter den Begriff der Unmöglichkeit fällt, geht nicht unmittelbar aus der Richtlinie hervor. Unmöglich muss die gewählte Abhilfe zunächst dann sein, wenn sie objektiv nicht erbracht werden kann. Dies gilt sowohl für die Fälle der Nachbesserung als auch der Ersatzbeschaffung. Bei einem Stückkauf ist die Ersatzlieferung daher stets unmöglich.[635] Das Gleiche gilt nach den Richtlinienerwägungen auch für den Kauf gebrauchter Gegenstände.[636] Nicht zur Unmöglichkeit führt die zwangsläufig mit Erfüllung des Kaufvertrages verbundene Konkretisierung einer Gattungsschuld, da ansonsten die Ersatzlieferung stets ausgeschlossen wäre. Ungeklärt ist schließlich, ob der Verweis auf die Unmöglichkeit in Art. 3 Abs. 3 RL auch die Fälle der subjektiven Unmöglichkeit umfasst. Interessengerecht scheint es, Fälle, in denen nur dem Verkäufer die Ersatzlieferung oder die Nachbesserung unmöglich ist, weil er z. B. selbst keine entsprechende Ware mehr auf Lager hat oder ihm die notwendigen Reparaturmöglichkeiten fehlen, unter dem Aspekt der Verhältnismäßigkeit zu beurteilen.[637] Eine pauschale Entbindung des Verkäufers von der Abhilfe ist nicht gerechtfertigt.[638] Der Verkäufer kann insbesondere seiner Reparaturverpflichtung auch durch die Einbeziehung von Fremdfirmen nachkommen. Das Gleiche muss im Übrigen auch für die Fälle der sog. wirtschaftlichen Unmöglichkeit gelten. Auch hier erfolgt eine sachgerechte Berücksichtigung unter dem Aspekt der Unverhältnismäßigkeit. Nicht ausschlaggebend ist hingegen die bestehende Einordnung im nationalen Recht. Problematisch scheint aber die Behandlung der Fälle, in denen der Verkäufer eine Möglichkeit aufgrund objektiver Unmöglichkeit ablehnen kann, die alternative Abhilfevariante für ihn aber

[634] Zur Frage, inwieweit dann noch der alternative Rechtsbehelf unverhältnismäßig sein kann, siehe dazu sogleich.

[635] Eine Ausnahme stellen jedoch die Fälle dar, in denen der Verkäufer bei einem Stückkauf eine andere Leistung erbracht hat und somit durch die Lieferung der geschuldeten Sache Abhilfe geschaffen werden kann.

[636] Erwägungsgrund 16 S. 2 RL. Die RL selbst spricht allerdings nur von „in der Regel". Insbesondere im Hinblick auf den Gebrauchtwagenkauf stellt sich daher die Frage, ob nicht sowohl im Interesse des Verkäufers als auch des Verbrauchers die Lieferung einer gleichwertigen Sache möglich sein soll. Die Lösung dieser Frage ist darin zu sehen, dass die Richtlinie zwar dem Verkäufer nicht zwingend ein entsprechendes Recht einräumen will, allerdings den Parteien nach Feststellung des Mangels die Möglichkeit einer entsprechenden Vereinbarung überlässt.

[637] So für den zweiten Fall Grundmann/Bianca, in: EU-Kaufrechts-Richtlinie, Art. 3 Rn. 30.

[638] Ablehnend Bradgate/Twigg-Flesner, Consumer Guarantees, S. 92 ff, die anführen, dass dagegen eindeutig die systematische Stellung der Regelung für die Beschränkung auf die erste Stufe spricht. Für die Berücksichtigung aller anderen Gewährleistungsarten Grundmann/Bianca, in: EU-Kaufrechts-Richtlinie, Art. 3 Rn. 32.

eine übermäßige finanzielle Belastung darstellen würde, die den Wert der Sache um ein Vielfaches übertrifft. Zumindest nach deutschem Recht bestände die Möglichkeit, dass es sich um einen Fall der wirtschaftlichen Unmöglichkeit handelt.

(2) Unverhältnismäßigkeit

Wie bereits erwähnt, ist neben der Möglichkeit der gewählten Abhilfe auch deren Verhältnismäßigkeit notwendige Voraussetzung für die Geltendmachung des Anspruchs. Entscheidendes Kriterium ist gem. Art. 3 Abs. 3 Unterabs. 2 RL, ob der vom Verbraucher bevorzugte Rechtsbehelf im Vergleich zur alternativen Abhilfemöglichkeit unzumutbare Kosten verursachen würde. Aus dem Kriterium der Unverhältnismäßigkeit ergibt sich, dass die Kosten des gewählten Abhilfemittels durchaus höher als die der Alternative sein können.[639] Nicht von entscheidender Bedeutung ist das Verhältnis der Kosten zum Umfang der Vertragswidrigkeit. Die Beurteilung der Verhältnismäßigkeit erfolgt gemäß den Erwägungsgründen anhand eines objektiven Maßstabs.[640] Die Richtlinie macht die Unverhältnismäßigkeit abhängig von der Unzumutbarkeit, die ihrerseits durch die in den Art. 3 Abs. 3 Unterabs. 2 RL genannten Faktoren konkretisiert wird. Wie viel höher die Kosten für die gewünschte Art der Nacherfüllung sein dürfen und wie weit die Zumutbarkeit reicht, ist nicht abstrakt festgelegt, sondern hängt vom Wert der Sache in vertragsgemäßem Zustand, der Bedeutung der Vertragswidrigkeit und den Unannehmlichkeiten ab, die sich für den Verbraucher aus der alternativen Abhilfemöglichkeit ergeben würden. Die Faktoren müssen nicht kumulativ angewendet werden, sondern nur, solange der Sachverhalt für deren Berücksichtigung Anhaltspunkte bietet.
Besonderer Aufmerksamkeit bedarf die Frage, ob sich beide Abhilfemöglichkeiten zugleich als unverhältnismäßig darstellen können und inwieweit insofern auf einen Vergleich zu einem Rechtsbehelf der zweiten Stufe abgestellt werden kann.[641] Daneben ist zu beantworten, ob eine Unverhältnismäßigkeit auch vorliegen kann, wenn die andere Abhilfealternative unmöglich ist. Die Beurteilung der Unverhältnismäßigkeit macht zunächst erforderlich, dass verschiedene Möglichkeiten zueinander in Vergleich gesetzt werden.[642] Da sich die Verhältnismäßigkeit der anwendbaren Abhilfemöglichkeit über die nicht anzuwendende Alternative definiert, ist es logisch nicht möglich, dass gleich beide Möglichkeiten unverhältnismäßig sein sollen. Dies gilt auch für den Fall, dass sich eine Abhilfemöglichkeit als unmöglich herausstellt. Ein Vergleich erfordert immer einen Bezugspunkt. Fehlt dieser aufgrund der Unmöglichkeit, kann sich die verblei-

---

[639] Vgl. auch Erwägungsgrund 11 RL.
[640] Erwägungsgrund 11 RL.
[641] Dafür: Tonner, BB 1999, S. 1771.
[642] So auch ausdrücklich Erwägungsgrund 11 RL.

bende Alternative auch nicht außer Verhältnis herausstellen.[643] Dieses Ergebnis gilt, obwohl es aus ökonomischer Perspektive nicht befriedigen kann. Dem Verkäufer werden möglicherweise Kosten auferlegt, die in keiner Relation zum Wert der Ware stehen. Der Verkäufer wird diese potentiellen Kosten in seine Kalkulation miteinbeziehen und damit zum Nachteil des Verbrauchers eine Preissteigerung bewirken.

c) Die Rechte der zweiten Stufe

(1) Die Übergangstatbestände

Der Verbraucher kann die Rechte der zweiten Stufe, und damit die Kaufpreisminderung oder die Vertragsauflösung, nur geltend machen, wenn die Voraussetzungen für den Übergang von der ersten auf die zweite Stufe nach den Regelungen des Art. 3 Abs. 5 RL vorliegen.[644] Die Rechte der zweiten Stufe kommen zunächst nur dann zur Anwendung, wenn der Verbraucher weder einen Anspruch auf Nachbesserung noch auf Ersatzlieferung hat. Dies gilt für den Fall, dass beide Abhilfemöglichkeiten unmöglich sind. Sobald jedoch bereits das Ausführen einer Abhilfemöglichkeit in Betracht kommt, hat der Verbraucher diese zunächst geltend zu machen.[645] Die beiden weiteren Tatbestände, die einen Übergang zu den Rechten der zweiten Stufe ermöglichen, knüpfen an die Regelung des Art. 3 Abs. 3 Unterabs. 3 RL an. Ausschlaggebend ist danach zunächst der Ablauf einer angemessenen Frist. Nicht erforderlich ist, dass der Verbraucher eine Nachfrist gesetzt hat. Mit Ablauf der Frist, die von alleine zu laufen beginnt, hat dieser unmittelbar die Möglichkeit, auf die Rechte der zweiten Stufe zurückzugreifen. Es kann allerdings auch angemessen sein, keine Frist einzuhalten, wenn der Verkäufer die Abhilfe verweigert hat oder diese endgültig fehlgeschlagen ist.[646] Der Verbraucher kann dann unmittelbar sein Minderungs- oder Vertragsauflösungsrecht geltend machen.
Schließlich sollen dem Verbraucher gem. Art. 3 Abs. 5, Spiegelstrich 3 RL auch dann die Rechte der zweiten Stufe zustehen, wenn die Abhilfe für ihn mit erheblichen Unannehmlichkeiten verbunden war. Es stellt sich in diesem Zusammenhang die Frage, ob dies auch für den Fall gelten soll, dass die Abhilfe erfolgreich war.[647] Dagegen spricht, dass mit Vornahme einer erfolgreichen Abhilfehand-

---

[643] AnwKommentar/Pfeiffer, Art. 3, Rn. 12; Für die Berücksichtigung der Rechte der zweiten Stufe wohl Grundmann/Bianca, EU-Kaufrechts-Richtlinie, Art. 3 Rn. 32 („verglichen mit denen der anderen Gewährleistungsarten"); Lehmann, JZ 2000, S. 286.

[644] Daneben ist ausschließlich für die Vertragsauflösung erforderlich, dass die Vertragswidrigkeit nicht geringfügig ist.

[645] Vgl. dazu oben unmittelbar.

[646] AnwKommentar/Pfeiffer, Art. 3 Rn. 23.

[647] In diesem Sinne: AnwKommentar/Pfeiffer, Art. 3 Rn. 16 und 20; Roth, in: Zivilrechtswissenschaft und Schuldrechtsreform, S. 244 f.; Ernst/Gsell, ZIP 2000, S. 1417; dagegen ausführlich: Höffe, Verbrauchsgüterkaufrichtlinie, S. 69 ff.

lung der von Art. 3 RL angestrebte Ausgleich des Äquivalenzverhältnisses erreicht worden ist. Allerdings stellt der Wortlaut des Art. 3 Abs. 5, 3. Spiegelstrich RL ausdrücklich auf die „geschaffene" und damit auch die erfolgreiche Abhilfe ab.[648] Im Übrigen ist zu beachten, dass bei einer restriktiven Auslegung des Art. 3 Abs. 5 Spiegelstrich 3 RL diesem keine dem Verbraucher wesentlich begünstigende Regelung entnommen werden kann: War die Abhilfe sowohl erfolglos als auch mit Unannehmlichkeiten verbunden, liegen regelmäßig bereits die Voraussetzungen des Art. 3 Abs. 5 Spiegelstrich 2 RL vor. Einer zusätzlichen Regelung hätte es daher nicht bedurft. Lediglich der Verzicht auf den Ablauf einer angemessenen Zeit würde einen Vorteil zugunsten des Verbrauchers darstellen. Insgesamt muss somit davon ausgegangen werden, dass Art. 3 Abs. 5 Spiegelstrich 3 RL auch bzw. insbesondere die Fälle der erfolgreichen Abhilfe umfasst. Entgegen dem Wortlaut muss vielmehr bereits die konkrete Gefahr von Unannehmlichkeiten zur Anwendbarkeit führen, da nicht vom Verbraucher erwartet werden kann, absehbare Unannehmlichkeiten zunächst hinzunehmen, um erst im Anschluss die weiteren Rechte geltend zu machen. Der Verbraucher kann somit ohne Umweg über die Abhilfe auf die Rechte der zweiten Stufe zurückgreifen.[649]

(2) Die Rechtsfolgen der Minderung

Art. 3 Abs. 5 RL gewährt dem Verbraucher das Recht, den Kaufpreis angemessen zu mindern. Die Richtlinie regelt allerdings nicht, an welchen Kriterien sich eine angemessene Minderung zu orientieren hat und wie diese zu berechnen ist. Aus dem wiederholten Anknüpfen der Richtlinie an die Vorschriften des CISG ließe sich folgern, dass die Berechnung auf der Grundlage des Art. 50 CISG erfolgen soll. Die Richtlinie trifft diesbezüglich allerdings keine eindeutige Aussage. Entsprechend der allgemeinen Zielsetzung einer Richtlinie, Ziele vorzugeben, die Wahl des Mittels jedoch den Mitgliedsstaaten zu überlassen, muss es als zulässig angesehen werden, dass die Mitgliedsstaaten auf bestehende Berechnungsmethoden zurückgreifen.[650] Der Umfang des Minderungsanspruchs wird dabei nur in geringem Maße unterschiedlich ausfallen.
Besondere Probleme bereitet die Bestimmung der Höhe des Minderungsanspruchs im Fall der erfolgreichen Abhilfe. Ein Rückgriff auf die herkömmlichen Berechnungsmethoden der Minderung ist grundsätzlich nicht möglich, da der Wert des Verbrauchsgut aufgrund der erfolgreichen Abhilfe nicht mehr entscheidend verringert ist. Ebenso ist es problematisch, wenn der Verkäufer einen erfolglosen Abhilfeversuch unternommen hat, dieser aber mit Unannehmlichkei-

---

[648] Zudem wird argumentiert, dass sich ansonsten keine Sanktion für einen Verstoß gegen die Vorschrift des Art. 3 Abs. 3 Unterabs. 3 RL finden würde.
[649] AnwKommentar/Pfeiffer, Art. 3 Rn. 24.
[650] Schwartze, ZEuP 2000, S. 566 f.;AnwKommentar/Pfeiffer, Art. 3 Rn. 19.

ten für den Verbraucher verbunden war. Da der Käufer selbst bei erfolgreicher Abhilfe die erlittenen Unannehmlichkeiten im Rahmen des Minderungsanspruchs berücksichtigen kann, muss dies auch bei einer erfolglosen Abhilfe der Fall sein. Die Minderung muss daher sowohl die Wertminderung als auch die Unannehmlichkeiten, begrenzt auf den Betrag des Kaufpreises, umfassen.

(3) Die Rechtsfolgen der Vertragsauflösung

Die Richtlinie stellt lediglich fest, dass der Verbraucher bei Vorliegen einer nicht nur geringfügigen Vertragswidrigkeit und bei Vorliegen der Voraussetzungen eines Übergangstatbestandes das Recht auf Vertragsauflösung hat. Der Begriff der Vertragsauflösung wurde bewusst neutral gewählt, um die Unabhängigkeit der Richtlinie gegenüber bestehenden Konzeptionen zu verdeutlichen. Die rechtstechnische Ausgestaltung als Gestaltungsrecht oder Anspruch bleibt den Mitgliedsstaaten überlassen.[651] Das Gleiche gilt gem. Erwägungsgrund 15 RL auch für die Rückabwicklung des Vertrages und damit insbesondere für die Fragen, wie sich einerseits die Unmöglichkeit der Rückgabe auf die Vertragsauflösung auswirkt und wie andererseits eine erfolgte Nutzung der Ware durch den Verbraucher zu berücksichtigen ist.[652]

2. Das englische Recht vor der Umsetzung

Der englische Gesetzgeber hat sich im Hinblick auf die Umsetzung des Art. 3 RL unter Berufung auf das bestehende Verbraucherschutzniveau dazu entschlossen, die existierende Systematik beizubehalten und diese lediglich durch die Schaffung eines parallelen, eng an die Richtlinie anknüpfenden Systems zu ergänzen. Die nachfolgende Darstellung hat somit nicht nur „rechtshistorischen" Charakter, sondern stellt auch nach Umsetzung der Richtlinie einen wesentlichen Teil des geltenden Rechts dar.[653]

a) Rechtshistorischer Hintergrund des englischen Rechts

Die dem englischen Vertragsrecht heute zugrunde liegende Systematik und damit auch die Bedeutung und die Funktion der Ansprüche und Rechtsbehelfe des Verbrauchers sind nur verständlich, wenn man sich den historischen Hintergrund des englischen Rechts verdeutlicht.[654] Im Gegensatz zu den kontinentaleuropäischen Rechtsordnungen entwickelte sich das Common Law weitgehend unabhängig vom römischen Recht. Eine umfassende Rezeption fand nicht statt.

[651] AnwKommentar/Pfeiffer, Art. 3 Rn. 17.

[652] Ernst/Gsell, ZIP 2000, S. 1417; Watterson, ERPL 2001, S. 215 f.

[653] Zu beachten ist allerdings die Regelung der s48D, die sich mit dem Verhältnis der zwei Systeme untereinander auseinandersetzt, vgl. dazu Teil C., III., 3. dieser Arbeit.

[654] Siehe dazu die ausführliche Darstellung in Rheinstein, Anglo-Amerikanisches Recht, S. 10 ff.; Nachtigäller, Erfüllungszwang, S. 4 ff.

Stattdessen basiert das englische Vertragsrecht in seiner heutigen Form auf einer kontinuierlichen, weitgehend homogenen Rechtsentwicklung seit dem Mittelalter. Im Vordergrund steht dabei die Tätigkeit der königlichen Gerichte, die nach der Eroberung Englands durch die Normannen in zunehmendem Maße zu einer Verringerung der Bedeutung der örtlichen Gerichte führte und die durch ihre Rechtsprechung zum ersten Mal ein für ganz England geltendes allgemeines Recht schuf. Dies stellt den Beginn des Rechtssystems dar, das heute als „Common Law" bezeichnet wird.[655] Kennzeichnend für das Gerichtswesen der königlichen Gerichte war das Aktionensystem. Die Königsgerichte wurden nur nach vorhergehender Erteilung einer Genehmigung an den Kläger tätig. Durch diesen sog. „writ", der seinerseits die Art des Gerichtsverfahrens („action") vorgab, wurde die gegnerische Partei zur Vornahme der vom Kläger verlangten Leistung aufgefordert, verbunden mit der Anordnung, vor Gericht zu erscheinen, soweit er der Aufforderung nicht nachkommt. Die zunehmende Standardisierung der „writs" führte dazu, dass der Kläger im Hinblick auf die gerichtliche Durchsetzung seines Begehrens weitgehend an die sich herausgebildeten Klageformen gebunden war. Die Durchsetzung vertraglicher Vereinbarung erfolgte dabei zunächst auf Grundlage des „writ of covenant" und des „writ of debt", die beide jedoch nur unzureichende Klagemöglichkeiten darstellten. Gegenstand der „action of covenant" bildete die Durchsetzung eines in einer gesiegelten Urkunde enthaltenen Leistungsversprechens, soweit dieses nicht auf die Zahlung einer bestimmten Geldsumme gerichtet war.[656] Obwohl zunächst unmittelbar auf die Vornahme der versprochenen Leistung und damit auf Naturalerfüllung gerichtet, spielte die „action of covenant" aufgrund des Erfordernisses einer gesiegelten Vereinbarungen in der Praxis nur eine untergeordnete Rolle. Das Gegenstück dieser Klage bildete die „action of debt", die zwar die Durchsetzung formloser Verpflichtungen ermöglichte, deren Anwendungsbereich allerdings auf die Geltendmachung ziffernmäßig bestimmter Geldforderungen beschränkt war. Voraussetzung für ein solches Vorgehen war zudem, dass der Kläger bereits selbst eine Leistung erbracht hatte. Die Schwäche der „action of debt" bestand insbesondere in der ihr zugrunde liegenden Verfahrensordnung. Der Beklagte hatte die Möglichkeit, sich unter Mitwirkung von zwölf Eideshelfern durch Eid von der Schuld zu befreien, ohne seine Verteidigung inhaltlich substantiieren zu müssen. Die damit für den Kläger verbundenen Risiken hinderten die Weiterentwicklung der „action of debt" zu einer allgemeinen Vertragsklage. Zudem bereitete die Durchsetzung von Schadensersatzerforderungen Schwierigkeiten, da der Kläger den geschuldeten Geldbetrag dabei exakt benennen musste. Dennoch ist zu beachten, dass die „action of debt" eine der wenigen Klageformen des englischen Rechts war, die unmittelbar auf Erfüllung der Leistung gerichtet

[655] Rheinstein, Anglo-Amerikanisches Recht, S. 11f.
[656] Rheinstein, Anglo-Amerikanisches Recht, S. 21.

war. Sie findet sich heute, wenn auch in angepasster Form, nicht zuletzt auch in s49 SGA wieder.
Die genannten Beschränkungen und die bestehenden systematischen Lücken im Klagesystem erklären das Bestreben der damaligen Zeit, andere Klageformen zur Durchsetzung vertraglicher Verpflichtungen heranzuziehen. Besondere Bedeutung entfaltete dabei die zunehmende Erweiterung des Anwendungsbereiches der deliktischen „action of trespass", deren Gegenstand ursprünglich in der rechtswidrigen, gewaltsamen und unter Bruch des Königsfriedens erfolgten Schädigung von Körper und Eigentum bestand.[657] Diese auf Schadensersatz gerichtete Klage wurde als „action on the case"[658] zunächst auf solche Fälle ausgedehnt, in denen der Beklagte eine von ihm ausdrücklich übernommene Verpflichtung schlecht erfüllt hatte und dadurch dem Kläger ein Schaden entstanden war. Der deliktische Charakter der Klage, die aufgrund der vom Beklagten übernommenen Verpflichtung („assumpsit") als „action of assumpsit" bezeichnet wurde, wird durch das Abstellen auf die Verletzung des vom Käufer abgegebenen Versprechens und den dadurch entstandenen Schaden deutlich. Während der Anwendungsbereich zunächst auf pflichtwidriges Handeln des Versprechenden beschränkt war, wurde er im 15. Jahrhundert auch auf die Fälle des pflichtwidrigen Unterlassens ausgedehnt. Der Schaden bestand in diesem Fall in einer im Vertrauen auf das Versprechen vorgenommenen Vermögensverfügung, die insbesondere in der Zahlung des Kaufpreises bestehen konnte. Kennzeichnend für die „action of assumpsit" war damit bis zu diesem Zeitpunkt sowohl das Vorliegen einer ausdrücklichen Verpflichtung, die regelmäßig in der vertraglichen Vereinbarung gesehen werden konnte, als auch die vom Käufer bereits erbrachte Leistung.[659] Erst später wurde es als ausreichend angesehen, wenn die Partei statt die Leistung zu erbringen, diese zumindest versprochen hat. Mit der Entscheidung im Slades Case[660] und der damit verbundenen Erweiterung auf Durchsetzung von Geldforderungen wurde die „action of assumpsit" schließlich vollständig zur allgemeinen und umfassenden Vertragsklage.[661] Gegenstand der

[657] Rheinstein, Anglo-Amerikanisches Recht, S. 23. Der Erlass neuer „writs" wurde allerdings zunehmend erschwert. Um den dadurch entstehenden Ungerechtigkeiten Rechnung zu tragen wurde die Erweiterung bestehender Klageformen zugelassen. Notwendig war jedoch, dass es sich um einen ähnlich gelagerten Fall handelte, dessen Umstände die Gewährung eines ähnlichen Schutz des Klägers rechtfertigten (sog. „actions on the case"), siehe Nachtigäller, Erfüllungszwang, S. 13.

[658] Damit ist die Zulässigkeit gemeint, bestimmte Klageformen über die unmittelbar von dieser geregelten Fallkonstellationen hinaus auf vergleichbare Konstellationen anzuwenden.

[659] Christoffel, Garantie, S. 139.

[660] Slade v Morley (1602) 76 E.R. 1072.

[661] Der Kläger konnte verständlicherweise weiterhin auf die „action of covenant" und die „action of debt" zurückgreifen. Mit dem weiten Anwendungsbereich, den Verfahrens- und Beweisvorteilen begann jedoch der Siegeszug der „action of assumpsit".

Klage bildete zudem nunmehr der Ersatz des positiven Interesses.[662] Daneben stellte das Gericht klar, dass die gegenseitig erfüllungsbedürftige Einigung beider Parteien, ohne dass eine Leistung seitens des Klägers vorgenommen worden sein muss, eine hinreichende Grundlage für die Klage aus „assumpsit" darstellt. Aufgrund der Ausrichtung auf den Schadensersatz ist trotz der genommenen Entwicklung der deliktische Hintergrund der „action of assumpsit" stets erkennbar geblieben. Anknüpfungspunkt der Klage bildet auch heute noch nicht das vertragliche Versprechen als solches, sondern dessen Verletzung. Das Wesen des Vertrages wird entsprechend nicht in einem auf Erfüllung gerichteten Leistungsversprechen, sondern in der Garantie der Erfüllung gesehen. Obwohl das Aktionensystem durch die Common Law Procedure Acts 1852, 1854 und 1860 abgeschafft und durch eine einheitliche Zivilprozessordnung ersetzt wurde, hatte sich die durch dieses geprägte Systematik im Hinblick auf die Rechtsfolgen vertraglicher Vereinbarungen bereits so verfestigt, dass die Grundsätze auch für das danach geltende Recht entscheidend blieben.

Während nach der Konzeption des Common Law im engeren Sinne die gerichtliche Durchsetzung einer nicht auf eine Geldleistung gerichteten Verpflichtung regelmäßig auf Ersatz des durch den Vertragsbruch entstandenen Schadens beschränkt war, verblieb dem Versprechensempfänger im Hinblick auf die unmittelbare Durchsetzung der vertraglichen Vereinbarung zunächst nur die Möglichkeit, sich unmittelbar an den König zu wenden. Aufgrund seiner Prärogative konnte dieser von Verfahren und Rechtsprechungspraxis der königlichen Gerichte abweichen und auch die Erfüllung einer nicht auf Geldleistung gerichteten vertraglichen Verpflichtung anordnen. Die Lücken des formalistischen Aktionensystems verbunden mit häufig nur bedingt interessengerechten Rechtsfolgen führten zu einer zunehmenden Anrufung des Königs, was zunächst zu einer Übertragung dieser Aufgabe auf den Kanzler und später zur Schaffung der Kanzlergerichte („Court of Chancery") führte. Gegenstand ihrer Tätigkeit bildete allerdings nicht nur die Durchsetzung der Erfüllung vertraglicher Vereinbarungen, sondern auch die Regelung sonstiger Aspekte, in denen das Common Law nicht zu einer interessengerechten Lösung führte.[663] Die getroffene Entscheidung wurde dabei von der Billigkeit im Einzelfall abhängig gemacht. Durch die steigende Zahl von Entscheidungen und deren zunehmende, rein tatsächliche Bindungswirkung entwickelten sich allgemeine Prinzipien, die überwiegend dem billigkeitsrechtlichen Hintergrund der Equity Rechnung trugen.[664] Von grundlegender Bedeutung war dabei allerdings der Grundsatz, dass Equity dem Common Law nachfolgt.[665] Es sollte kein paralleles Rechtssystem geschaffen, son-

---

662 Rheinstein, Anglo-Amerikanisches Recht, S. 32.

663 Im Vordergrund steht dabei der "trust", dem heute wohl bedeutensten Institut der Equity.

664 Man beachte nur: "Equity will not suffer a wrong to be without a remedy", „He who seeks Equity must do equity" und „He who comes to Equity must come with clean hands".

665 „Equity follows the law".

dern lediglich eine Korrektur des Common Law bei unbilligen Lösungen bewirkt werden. Obwohl der Dualismus des Common Law und der Equity in Form unterschiedlich zuständiger Gerichte durch die Judicature Acts 1873 und 1875 aufgehoben wurde und die Anwendung nunmehr einheitlich durch die Gerichte möglich ist, liegen die früh entwickelten Prinzipien auch heute noch den Instituten der Equity zugrunde.

b) Schadensersatz

(1) Überblick

(a) Schadensersatz allgemein

Der Schadensersatzanspruch bildet im englischen Recht den primären Rechtsbehelf des Käufers bei Lieferung einer vertragswidrigen Sache. Entsprechend soll er, obwohl er als solcher nicht in der Richtlinie geregelt ist, im Folgenden umfassend dargestellt werden.[666] Die rechtssystematische Bedeutung des Schadensersatzanspruchs folgt aus der historischen Entwicklung des englischen Rechts, wie sie soeben dargestellt wurde. Kennzeichnend ist, dass er allgemein bei Vertragsverletzungen den primären und häufig auch einzigen Rechtsbehelf des Käufers darstellt. Er hat lediglich zur Voraussetzung, dass der Verkäufer (irgend-) eine vertragliche Vereinbarung verletzt hat. Ausreichend ist dafür jede dem Käufer nachteilige Abweichung. Weitere Voraussetzungen bestehen nicht, insbesondere ist kein Verschulden erforderlich.[667] Im Gegensatz zum Recht auf Vertragsbeendigung bietet er den Vorteil, dass seine Anwendung nicht von der Einordnung der verletzten Vereinbarung oder den davon ausgehenden Konsequenzen abhängig gemacht werden. Auch in zeitlicher Hinsicht ist der Schadensersatzanspruch vorteilhaft, da er nicht den restriktiven Annahmeregelungen der s35 SGA unterfällt. Von der Erfüllungsanordnung unterscheidet er sich insbesondere dadurch, dass dem Gericht kein Ermessensspielraum bei der Verurteilung eingeräumt wird.[668] Liegen die Voraussetzungen des Schadensersatzanspruchs vor, muss das Gericht entsprechend urteilen und kann dies nicht davon abhängig machen, ob im konkreten Fall die Nacherfüllung für den Verkäufer weniger belastend ist.
Ziel des Schadensersatzes bei Vertragsbruch ist es, den Anspruchssteller für die ihm entstandenen Schäden, d.h. für alle Beeinträchtigungen seiner Person oder

---

666 Allerdings ermöglichte der Schadensersatzanspruch bereits bisher eine der Minderung ähnliche Vorgehensweise. Siehe dazu sogleich.

667 Alderslade v Hendon Laundry [1945] K.B. 189; Minnevitch v Café de Paris [1936] 1 All ER 884.

668 Treitel, Law of Contract, S. 926. Dies gilt selbst für den Fall, dass dem Anspruchssteller überhaupt kein Schaden entstanden ist. In diesem Fall wird der Beklagte zur Zahlung von „nominal damages" verurteilt.

des Eigentums, aber insbesondere auch für alle Vermögensschäden[669] zu kompensieren.[670] Der Anspruch ist auf einen finanziellen Ausgleich des Schadens und nicht auf Naturalrestitution gerichtet.[671] Als kompensationsfähig gilt bei Vertragsbruch sowohl das Erfüllungsinteresse („expectation loss"), sodass der Betroffene, soweit finanziell möglich, so zu stellen ist, wie wenn der Vertrag ordnungsgemäß erfüllt worden wäre[672], als auch der Vertrauensschaden („reliance loss").[673] Für die vorliegende Untersuchung ist im Hinblick auf den Regelungsgegenstand der Richtlinie allein der Ersatz des Erfüllungsinteresses von Bedeutung, da nur dieser dem Verbraucher einen Ausgleich für den durch die Vertragswidrigkeit bestehenden Minderwert der Kaufsache einräumt und damit einen Ausgleich des Äquivalenzverhältnisses anstrebt.[674] Das Gleiche gilt für die weitere Unterscheidung zwischen Schäden an der Sache selbst („direct loss") und Mangelfolgeschäden („consequential loss"). Zwar umfasst der Schadensersatzanspruch, solange nicht die Schäden als zu weit entfernt („not too remote") gelten, grundsätzlich beide Schadensarten, doch steht die Erstattung von Mangelfolgeschäden in keiner Beziehung zum Regelungsgegenstand der Richtlinie. Es verbleibt jedoch festzustellen, dass der Käufer auch für Vertrauensschäden und Mangelfolgeschäden Ersatz verlangen kann.

Der Umfang des Schadensersatzanspruchs wird allerdings durch die Kriterien der Kausalität und Zurechenbarkeit („remoteness") sowie durch die Schadensminderungspflicht des Käufers begrenzt. Nach dem auf das grundlegende Urteil in Hadley v. Baxendale[675] zurückgehenden Gedanken der „remoteness" umfasst der Schadensersatzanspruch nur solche Verluste, die sich entweder direkt und

---

669 Treitel, Law of Contract, S. 932.

670 Sog. Grundsatz der Kompensation („compensation"). Der durch den Anspruchsgegner aufgrund des Vertragsbruchs erlangte Vorteil ist grundsätzlich nicht zu berücksichtigen, entsprechend kann auch nicht das stellvertretende Commodum herausverlangt werden, siehe: Tito v Waddell (no. 2) [1977] Ch. 106, S. 332; The Solholt [1983] 1 Lloyd's Rep. 605, S. 608; zu den Ausnahmen siehe Treitel, Law of Contract, S. 928.

671 Selbst soweit dem Anspruchsteller kein Schaden entstanden ist, kann der Anspruchsgegner auf Zahlung von „nominal damages" in Anspruch genommen werden: Webster v Crammond Iron Co. (1875) 2 R. 752, S. 754.

672 Parke B. in Robinson v Harman (1848) 1 Exch. 850, 855: "The next question is: what damages is the plaintiff entitled to recover? The rule of the common law is, that where a party sustains a loss by reason of a breach of contract, he is, so far as money can do it, to be placed in the same situation with respect to damages, as if the contract had been performed.'; Goode, Commercial Law, S. 120.

673 Grundsätzlich ist auch die Kombination unterschiedlicher Ansprüche möglich, solange der Anspruchssteller nicht mehrfach Ersatz für den gleichen Schaden verlangt, siehe Peninsular & Orient SN Co v Youell [1997] 2 Lloyd's Rep. 136, S. 141.

674 Der Vertrauensschaden kann allerdings dann eine Rolle spielen, wenn der Käufer den Vertrags beendigt hat und zur Rückabwicklung einen Schadensersatzanspruch wegen des gezahlten Kaufpreises geltend macht.

675 (1854) 9 Exch 341.

natürlicherweise nach gewöhnlichem Verlauf der Dinge aus der Vertragsverletzung ergeben oder die der Käufer infolge besonderer Umstände erleidet, von denen der Verkäufer aber zum Zeitpunkt des Vertragsschlusses Kenntnis hatte („reasonable contemplation") und die er somit in seine Preiskalkulation miteinbeziehen konnte. Die Beschränkung des Schadensersatzes durch eine Schadensminderungsverpflichtung des Käufers („duty to mitigate") verpflichtet diesen, angemessene Schritte zur Minimierung seiner Verluste vorzunehmen, gleichzeitig aber auch alles zu vermeiden, was diese erhöhen könnte.[676] Kommt er diesen Vorgaben nicht nach, kann er den über den zwingenden Schaden hinausgehenden Verlust nicht ersetzt verlangen. Unter Umständen kann es die Pflicht zur Schadensminderung erfordern, eine erneute Leistung durch den Verkäufer zu akzeptieren. Allerdings besteht diesbezüglich keine der Richtlinie entsprechende allgemeine Verpflichtung.

(b) Schadensersatz im Warenkaufgesetz

Für den Warenkauf findet sich die gesetzliche Regelung zum Schadensersatzanspruch des Käufers in den ss51ff. SGA. Das Gesetz unterscheidet insbesondere zwischen Schadensersatz wegen Nichterfüllung, s51 SGA, und Schadensersatz wegen Verletzung einer „warranty", s53 SGA. Die Bezeichnung der s53 SGA ist insofern irreführend, als die Vorschrift auch die Verletzung einer wesentlichen Vertragsvereinbarung im Sinne einer „condition" umfasst, solange der Käufer diese entweder freiwillig als Verletzung einer „warranty" auffasst oder sie aufgrund der „Acceptance"-Regelung der s35 SGA von Gesetzes wegen entsprechend behandelt wird.[677] Entsprechendes gilt für s51 SGA. Die Vorschrift umfasst nicht nur die Fälle der Nichtlieferung, sondern auch solche Situationen, in denen der Käufer von seiner Möglichkeit der Vertragsbeendigung Gebrauch gemacht hat, sodass erst durch die Zurückweisung der Ware nachträglich die Situation einer Nichtlieferung entstanden ist.[678] Die vorgenommene Differenzierung zwischen den verschiedenen Arten der Pflichtverletzung dient lediglich der

---

676 Viscount Haldane L.C in British Westinghouse Electric and Manufacturing Co. Ltd. v Underground Electric Railways Co. of London Ltd. [1912] A.C. 673, 688-689,.: 'The quantum of damages is a question of fact, and the only guidance the law can give is to lay down general principles which afford at times but scanty assistance in dealing with particular cases . . . Subject to these observations I think that there are certain broad principles which are quite well settled. The first is that, as far as possible, he who has proved a breach of a bargain to supply what he contracted to get is to be placed, as far as money can do it, in as good a situation as if the contract had been performed. The fundamental basis is thus compensation for pecuniary loss naturally flowing from the breach; but this first principle is qualified by a second, which imposes on a plaintiff the duty of taking all reasonable steps to mitigate the loss consequent on the breach . . .'; Treitel, Law of Contract, S. 977f.

677 Siehe s53 (1) SGA..

678 Auch die erfolgte Eigentumsübertragung schließt die Annahme einer Nichtlieferung im Sinne der s51 SGA nicht aus, siehe Benjamin/Harris, Rn. 17-002.

Konkretisierung der Schadensberechnung und der Ausübung des Schadensersatzanspruchs. Es handelt sich bei den Vorschriften nicht um abschließende Regelungen, da sowohl im Hinblick auf die Voraussetzung als auch im Hinblick auf den Umfang des Schadensersatzes der Rückgriff auf die allgemeinen Grundsätze des Common Law notwendig ist. Das Warenkaufrecht stellt lediglich fest, dass dem Käufer überhaupt Schadensersatzansprüche zustehen und konkretisiert lediglich die Berechnung des Schadens.
Sowohl s51 (2) als auch s53 (2) SGA beschränken die Haftung des Verkäufers auf solche Schäden, die sich direkt und natürlicherweise nach gewöhnlichem Verlauf der Dinge aus der Vertragsverletzung ergeben, die sog. „allgemeinen" Schäden („general damages"). Für sonstige Schäden sind gem. s54 SGA ausschließlich die allgemeinen Grundsätze des Common Law entscheidend, deren Anwendbarkeit durch das Warenkaufsrecht nicht in Frage gestellt wird. Bei dem in der Minderwertigkeit der Lieferung bestehenden Schaden handelt es sich um einen allgemeinen Schaden, so dass eine Berücksichtigung der „special damages" nach s54 SGA im vorliegenden Zusammenhang nicht notwendig ist.

(2) Der Anspruch auf Schadensersatz gem. s53 SGA

Die Anwendung der s53 SGA setzt voraus, dass der Verkäufer entweder eine als „warranty" bezeichnete Vertragsvereinbarung verletzt hat oder, soweit es sich um die Verletzung einer wesentlichen Vertragsvereinbarung handelt, trotz Kenntnis der Vertragswidrigkeit an der gelieferten Ware festhalten wollte bzw. die Sache über einen angemessenen Zeitraum hinaus behalten hat, ohne dem Verkäufer die Ablehnung mitzuteilen. Der Anwendungsbereich ist gem. s53 (2) SGA auf die Geltendmachung von allgemeinen Schäden begrenzt. Die Funktion der Vorschrift besteht dabei in erster Linie darin, die Vorgehensweise bei der Schadensberechnung zu konkretisieren. Gem. s53 (3) SGA bestimmt sich der Schaden prima facie nach dem Wertunterschied zwischen der gelieferten und der mangelfreien Sache zum Zeitpunkt der Lieferung. Obwohl diese Regelung nach ihrem Wortlaut nur auf die Verletzung einer Qualitätsvereinbarung („breach of warranty of quality") Anwendung findet, ist sie darüber hinaus auch auf die weiteren stillschweigenden Vertragsbedingungen der ss13-15 SGA anzuwenden.[679] Der Wert der Ware kann sich entweder aus dem Marktpreis oder einer Schätzung ergeben. Mit der Zahlung von Schadensersatz stehen dem Käufer nach Verkauf der mangelhaften Sache die finanziellen Mittel zur Verfügung, um eine Ersatzsache zu beschaffen. Er hat dabei allerdings selbst den Verkauf der Sache vorzunehmen. Zudem gehen sich ändernde Marktpreise zu seinen Lasten. Eine Erstattung der Reparaturkosten kommt hingegen nur in Betracht, wenn die Reparaturkosten als Maßstab für die Wertdifferenz der Ware genommen werden, was nur dann der Fall ist, wenn der Marktpreis für die Ware auf

[679] Benjamin/Harris, Rn. 17-046.

einem anderen Wege nicht zu ermitteln ist.[680] Besteht keine Wertdifferenz, kann eine solche auch nicht durch etwaige Reparaturkosten begründet werden.[681]
Eine zweite wesentliche Funktion dieser Vorschrift ergibt sich aus s53 (1) (a) SGA, nach der der Käufer, wenn er die Zahlung noch nicht vorgenommen hat, die Kaufpreisforderung gegen die Schadensersatzforderung aufrechnen kann.[682] Dadurch steht dem Käufer unter diesen Umständen ein der Minderung vergleichbarer Rechtsbehelf zur Verfügung. Allerdings regelt das Gesetz nicht den Anspruch auf Zurückzahlung der zuviel gezahlten Summe, sondern gilt nur für den Fall, dass der Käufer noch nicht gezahlt hat. Insofern obliegt es dem Käufer, einen Schadensersatzanspruch geltend zu machen. Dieser unterliegt dann aber den anspruchsbegrenzenden Faktoren, insbesondere der Schadensminderungspflicht. Die Regelung der s53 (1) (a) SGA ist somit nicht unmittelbar mit dem Minderungsrecht der Richtlinie vergleichbar.

(3) Der Schadensersatzanspruch gem. s51 SGA

Die Vorschrift der s51 SGA umfasst neben den Fällen, in denen der Verkäufer die Ware überhaupt nicht geliefert hat, auch diejenigen, in denen der Verbraucher die vertragswidrige Sache rechtmäßig zurückgewiesen hat und nunmehr Ersatz des ihm entstandenen Schadens verlangt. Die Vorschrift macht deutlich, dass Schadensersatz und Zurückweisung der Ware bzw. Vertragsbeendigung im englischen Recht nebeneinander stehen können. Die Berechnung des Schadensersatzes richtet sich gem. s51 (3) SGA in erster Linie nach der Differenz zwischen dem vereinbarten Kaufpreis und dem Marktwert der Ware zum vertraglich vereinbarten Lieferungszeitpunkt. Da mit Vertragsbeendigung kein weiterer Anspruch des Verkäufers auf Kaufpreiszahlung besteht, bedarf es keiner s53 (1) (a) SGA entsprechenden Minderungsregelung.

(4) Der Schadensersatzanspruch gem. s54 SGA

S54 SGA stellt klar, dass durch die Regelungen des SGA im Allgemeinen, insbesondere aber auch durch die Beschränkung der ss51, 53 SGA auf die Geltendmachung von allgemeinem Schadensersatz, dem Käufer nicht die Möglichkeit genommen werden soll, speziellen Schadensersatz zu verlangen.

---

680 Benjamin/Harris, Rn. 17-052; in diesem Sinne wohl auch Bridge, L.Q.R. 2003, S. 174; für die stetige Berücksichtigung der Reparaturkosten bei der Bemessung des Schadensersatzanspruchs: Howells/Twigg-Flesner, in: Verbraucherkauf in Europa, S. 315.

681 Ruxley Electronics and Contruction Co v Forsyth [1996] A.C. 344.

682 Aus s53 (4) SGA ergibt sich, dass der Käufer neben der Aufrechnung - die ja auf die Summe des Kaufpreises beschränkt ist - weitergehende Schäden ebenfalls geltend machen kann.

c) Vertragsbeendigung einschließlich Zurückweisung, Folgen und Recht auf Heilung des Verkäufers

Für den Fall der Vertragswidrigkeit erweist sich als zweite Säule der Rechte des Käufers die Möglichkeit der Vertragsbeendigung. Diese ist zwar als solche nicht explizit im Warenkaufgesetz geregelt, sie ergibt sich aber im Ergebnis aus dem Recht des Käufers, unter bestimmten Voraussetzungen die Ware zurückweisen („right to reject") und das Verhalten des Verkäufers als vertragsbeendend ansehen („right to treat the contract as repudiated") zu können.

(1) Voraussetzungen der Vertragsbeendigung

(a) Entstehung des Rechts auf Vertragsbeendigung

Die Vertragsbeendigung setzt im Gegensatz zum Schadensersatzanspruch primär voraus, dass die Lieferung einer vertragswidrigen Ware zugleich eine wesentliche Vertragsverletzung darstellt.[683] Letzteres kann unter zwei Gesichtspunkten der Fall sein. Gemäß s11 (3) SGA sind zunächst die Situationen umfasst, in denen es sich bei der verletzten Vereinbarung um eine als wesentlich eingestufte Vertragsvereinbarung handelt. Die diesbezügliche Einordnung orientiert sich neben der vertraglichen Abmachung insbesondere an den gesetzlichen Regelungen und an der, zu vergleichbaren Sachverhalten ergangenen, Rechtsprechung.[684] Für die sich aus ss13-15 SGA ergebenden stillschweigenden Verpflichtungen des Verkäufers hat der Gesetzgeber selbst den wesentlichen Charakter angeordnet. Folge der Einordnung als wesentlich ist, dass die aus der konkreten Vertragsverletzung resultierenden Konsequenzen unberücksichtigt bleiben. Der Verbraucher kann sich selbst dann vom Vertrag lösen, wenn die praktischen Auswirkungen der Vertragsverletzung von nur untergeordneter Bedeutung sind.[685] Der auf den Charakter der Bestimmung abstellende Ansatz bewirkt damit zwar ein hohes Maß an Rechtssicherheit, er kann jedoch unter Umständen bei nur geringfügigen Abweichungen zu unbilligen Ergebnissen führen, da das englische Recht regelmäßig kein Nachbesserungsrecht des Verkäufers vorsieht und der Käufer dem Verkäufer keine Frist zur Erfüllung der vertraglichen Vereinbarung setzen muss, bevor er auf die Vertragsbeendigung rekursieren kann. Gerade bei Handelsgeschäften wurde diese Rechtslage dazu genutzt, sich von einem wirtschaftlich nicht (mehr) interessanten Geschäft zu lösen und die Ware von Seiten Dritter günstiger zu erwerben.[686] Aus der zugleich unprob-

[683] Benjamin/Reynolds, Rn.12-018: „where the breach is serious enough".

[684] Benjamin/Reynolds, Rn. 10-037.

[685] Aus diesem Grund hat der Gesetzgeber s15A SGA eingeführt, nach der die nur geringfügige Verletzung einer „condition" als solche einer „warranty" zu behandeln ist. Verbraucher sind vom Anwendungsbereich dieser Vorschrift ausdrücklich ausgenommen.

[686] Zum „Nachbesserungsrecht" des Verkäufers vor Fälligkeit vgl. Teil C, III., 2., c) dieser Arbeit.

lematischen Geltendmachung von Schadensersatz folgt allgemein für die Systematik des englischen Rechts, dass diese nicht primär an der Aufrechterhaltung des bestehenden Vertrages interessiert ist, sondern geradezu herausfordert, dass sich der Käufer von diesem löst und die Leistung von einem Dritten bezieht.[687] Daneben kommt eine Beendigung des Vertrages dann in Betracht, wenn die verletzte Vertragsvereinbarung als „innominate term" einzuordnen ist und die sich aus der Verletzung ergebenden Konsequenzen so gewichtig sind, dass „sie geradezu an die Wurzeln des Vertrages" gehen. Über die „The Hansa Nord"-Rechtsprechung hat die Konzeption der unbenannten Vertragsvereinbarungen auch in das Warenkaufrecht Einzug gehalten, sodass auch hier eine Unterscheidung zwischen den verschiedenen Vertragsvereinbarungen einschließlich der unterschiedlichen Konsequenzen notwendig wird.[688] Aus der Formulierung der s11 (3) SGA darf damit nicht geschlossen werden, dass die Vertragsbeendigung nur bei Verletzung einer „condition" in Betracht kommt. Nach allgemeinen Grundsätzen besteht eine Möglichkeit zur Vertragsbeendigung für den Käufer daher auch dann, wenn die Verletzung einer unbenannten Vereinbarung erhebliche Folgen hat und „an die Wurzel des Vertrages" geht. Ist dies nicht der Fall, verbleibt dem Käufer lediglich die Möglichkeit der Geltendmachung von Schadensersatz. Für den Verbrauchsgüterkauf ist diese zweite Rechtfertigung einer Vertragsbeendigungsmöglichkeit nur von untergeordneter Bedeutung, da die stillschweigenden Vertragsvereinbarungen von Gesetzes wegen stets als „condition" einzuordnen sind. Lediglich für die, diese ergänzenden, „express terms" bedarf es unter Umständen der Berücksichtigung der Konsequenzen des Vertragsbruchs.

Liegt eine wesentliche Vertragsverletzung vor, stellt sich die Frage, inwieweit der Käufer vor Ausübung der Vertragsbeendigung dem Verkäufer zunächst einen Abhilfeversuch zugestehen muss. Das Warenkaufgesetz ist in dieser Frage nicht aufschlussreich.[689] Allerdings hatte sich die Rechtsprechung mit entsprechenden, wenn auch nicht verbraucherspezifischen, Fällen auseinanderzusetzen.[690] In Borrowman Phillips & Co. v. Free & Hollis[691] stellte die Judikative erstmals klar, dass der Verkäufer grundsätzlich nach Zurückweisung der Ware einen weiteren Erfüllungsversuch vornehmen könne. Allerdings muss sich auch dieser aus systematischen Erwägungen an den allgemeinen Anforderungen mes-

---

687 KcKendrick, Sale of Goods, Rn. 10-045.

688 [1976] Q.B. 44, S. 83; Die Ausweitung der Konzeption von „Hong Kong Fir" auf den Sale of Goods Act war lange Zeit umstritten. Es wurde vertreten, dass s 11 (3) SGA zwingend eine Dichotomie von „warranties" und „conditions" vorsieht und folglich für eine dritte Gruppe von Vertragsbedingungen kein Platz sei. Das Urteil in „The Hansa Nord" schafft insoweit Klarheit und erklärte die Dichotomie als nicht abschließend.

689 Was gerade von Goode, Commercial Law, S. 299, ausdrücklich bedauert wird.

690 Vgl. dazu die umfangreichen Nachweise bei Goode, Commercial Law, S. 299, Fn. 27.

691 (1878) 4 Q.B.D. 500.

sen lassen. Der Käufer kann daher die erneute Lieferung ebenfalls zurückweisen, wenn sie nach Ablauf der Fälligkeit erfolgt und die Einhaltung des vereinbarten Lieferungszeitpunkts eine wesentliche Vertragsvereinbarung darstellt. Obwohl letzteres gem. s10 (2) SGA von den Umständen des Einzelfalls abhängt, geht die Tendenz der Rechtsprechung zumindest bei Handelsgeschäften dahin, die Wesentlichkeit zu vermuten.[692] Da das englische Recht daneben keine Nachfristsetzung kennt, sind dem Abhilferecht bereits aus diesem Grund enge Grenzen gesetzt. Gerade bei Verbraucherkäufen ist jedoch ein weiterer Gesichtspunkt zu beachten. Der Verbraucher kann immer dann die Beendigung des Vertrages verlangen, wenn das Verhalten des Verkäufers die Vertrauensgrundlage zerstört hat und die Lieferung einer vertragswidrigen Sache als eine Art der „Erfüllungsverweigerung“ eingeordnet werden kann.[693] Dies wird gerade bei nicht nur unerheblichen Beschaffenheitsdefiziten der Fall sein. Zudem kann auch die erneute Schlechtlieferung im Rahmen der Nachbesserung als „Erfüllungsverweigerung“ angesehen werden.

(b) Verlust des Rechts auf Vertragsbeendigung

(aa) Die Auswirkung der Zerstörung bzw. der Beschädigung der Sache

Fraglich ist zunächst, inwieweit der Käufer das Recht zur Vertragsbeendigung aufgrund der Zerstörung oder der Beschädigung der Sache verliert. Das Warenkaufgesetz enthält diesbezüglich keine Regelung. Keine Auswirkungen auf das Vertragsbeendigungsrecht der Ware kann es jedoch zunächst haben, wenn die Zerstörung oder die Beschädigung der Ware auf die Vertragswidrigkeit der Kaufsache zurückzuführen ist, da dies gerade den Grund für die Vertragsbeendigung darstellt.[694] Größere Schwierigkeiten bereitet hingegen die Einordnung der Fälle, in denen die Sache zufällig, und damit ohne Verschulden einer der Parteien, beschädigt oder zerstört worden ist. Die diesbezüglich im englischen Recht bestehende Rechtslage ist nicht abschließend geklärt. Überwiegend wird hier mit Verweis auf die erfolgte Eigentumsübertragung, den damit verbundenen Gefahrübergang oder den parallelen Grundsatz der „restitutio in integrum“ bei der Vertragsbeendigung wegen „misrepresentation“ argumentiert, ein Recht des Käufers auf Vertragsbeendigung sei abzulehnen.[695] Lediglich für die durch den ordnungsgemäßen Gebrauch der Sache entstandenen Beschädigungen soll der Käufer nicht einstehen müssen. In allen sonstigen Fällen, und damit insbesonde-

---

[692] Hartley v Hymans [1920] 3 K.B. 475, S. 484: "In ordinary commercial contracts for the sale of goods the rule clearly is that time is prima facie of the essence with respect to delivery."

[693] Benjamin/Reynolds, Rn. 12-031; Goode, Commercial Law, S. 300 f.; zweifelnd Bradgate/Twigg-Flesner, Consumer Guarantees, S. 113.

[694] Benjamin/Reynolds, Rn. 12-068.

[695] Siehe dazu umfassend: Benjamin/Reynolds, Rn. 12-057 ff.

re auch, wenn die Beschädigung auf den Käufer zurückzuführen ist, ist hingegen das Vertragsbeendigungsrecht ausgeschlossen.[696]

(bb) Der freiwillige Verzicht auf die Möglichkeit der Vertragsbeendigung

Der Käufer kann an der Ausübung der Vertragsbeendigung daneben auch aufgrund unterschiedlicher anderer Faktoren gehindert sein. Zu unterscheiden ist dabei zwischen einem freiwilligen Verzicht und einem Verlust aufgrund gesetzlicher Bestimmungen. Hinsichtlich der ersten Fallgruppe ist zu differenzieren: Aus dem Grundsatz der Privatautonomie folgt zunächst die Möglichkeit, die Vertragsverletzung insgesamt zu entschuldigen, die Ware als vertragsgemäß anzunehmen und damit auf sämtliche Rechte zu verzichten.[697] Der Gesetzgeber hat diese Konstellation in s11 (2) SGA geregelt. Ihre praktische Relevanz ist allerdings gerade im Hinblick auf die Schlechtleistung gering, da der Käufer neben der Möglichkeit der Vertragsbeendigung auch den Anspruch auf Schadensersatz verliert. Größere Bedeutung entfaltet daher das Recht des Käufers, die Verletzung einer wesentlichen Vertragsbedingung als Verstoß gegen eine „warranty" zu behandeln und damit lediglich auf die Vertragsbeendigung zu verzichten, den Anspruch auf Schadensersatz gem. s53 SGA aber aufrechtzuerhalten. S11 (2) SGA spricht diesbezüglich von der „Wahl" („election") des Käufers, sodass dieser Aspekt im englischen Recht unter eben diesem Begriff erörtert wird. Die Rechtslage stimmt insoweit allerdings mit dem allgemeinen Grundsatz der „affirmation", wie er sich allgemein im Common Law entwickelt hat, überein.[698] Die Entscheidung für das Festhalten am Vertrag setzt daher die Kenntnis der Vertragswidrigkeit voraus. Teilweise wird zudem eine solche in Bezug auf das Recht auf Zurückweisung der Ware gefordert.[699] Die Wertung entspricht somit in den Grundzügen der des Art. 7 Abs. 1 RL, nach dem es den Parteien offen steht, nach Unterrichtung des Verkäufers von der Vertragswidrigkeit Vereinbarungen über die dem Verbraucher zustehenden Rechte zu treffen. Ein vorzeitiger Verlust der Vertragsbeendigungsmöglichkeit ist hierdurch nicht möglich.

---

[696] Regelmäßig werden dabei die Voraussetzungen der Annahme nach s35 (1) (b) SGA vorliegen, nach der eine mit dem Eigentum des Verkäufers im Widerspruch stehende Handlung vorliegt.

[697] Probleme bereitet dabei allerdings die rechtliche Bindungswirkung, da es an einer Gegenleistung („consideration") seitens des Verkäufers für den „waiver" fehlt.

[698] Benjamin/Reynolds, Rn. 12-037.

[699] Farnworth Finance Ltd. v Attryde [1970] 2 All ER 774, S. 778; Peyman v Lanjani [1985] Ch. 457; zu einem Mietkauffall. Ein Unterschied zum „waiver" besteht in der mangelnden Möglichkeit, die Wahl rückgängig zu machen und auf Vertragsbeendigung zu bestehen. Siehe dazu: Benjamin/Reynolds, Rn. 12-034 ff.

(cc) Der Verlust aufgrund der Annahme der Sache gemäß s35 SGA

Im Gegensatz zu den durch den Supply of Goods and Services Act 1982 geregelten Warenlieferungsverträgen, für die die oben genannten Grundsätze mangels Spezialregelungen abschließend sind, ist beim Warenkauf die Verletzung einer wesentlichen Vertragsvereinbarung gem. s11 (4) SGA bei Verträgen, die keine Sukzessivlieferungsverträge darstellen, auch dann als Verstoß gegen eine „warranty" zu behandeln, wenn der Käufer die Ware angenommen („accepted") hat. Folge ist, dass er das Recht auf Zurückweisung und damit auch die Möglichkeit der Vertragsbeendigung verliert. Der wesentliche Unterschied zu den Grundsätzen der „affirmation" liegt in der fehlenden Notwendigkeit der Kenntnis des Käufers von der Vertragswidrigkeit.
Die Voraussetzungen der Annahme werden durch s35 SGA festgelegt, die an drei Tatbestände anknüpft. Gem. s35 (1) SGA ist die Vertragsbeendigung zunächst dann ausgeschlossen, wenn der Käufer die Annahme der Ware dem Verkäufer gegenüber bekannt gegeben hat. Umfasst sind sowohl die ausdrückliche als auch die konkludente Erklärung des Käufers. Der Gefahr, dass der Verbraucher die Möglichkeit der Vertragsbeendigung unmittelbar nach Lieferung der Ware durch Unterzeichnung einer Annahmeerklärung verliert, wurde durch die zwingende Berücksichtigung einer angemessenen Untersuchungsmöglichkeit in s35 (2), (3) SGA Rechnung getragen. Ebenfalls dem Verbraucherschutz dient die Regelung, dass auch ein Reparaturverlangen des Käufers keine Annahme der Sache im Sinne der s35 SGA darstellt.[700] Nach Ablauf einer angemessenen Untersuchungsmöglichkeit ist eine konkludente Annahmeerklärung allerdings zulässig.
Daneben kann sich ein Verlust des Vertragsbeendigungsrechts daraus ergeben, dass der Käufer mit der Ware in einer dem Eigentum des Verkäufers widersprechenden Weise verfährt. Es steht der Anwendung der Vorschrift nicht entgegen, dass im englischen Recht das Eigentum gem. s18 SGA regelmäßig bereits auf den Käufer übergegangen ist. Die Vereinbarung zwischen den Parteien wird dahingehend ausgelegt, dass die Eigentumsübertragung unter der aufschiebenden Bedingung der Annahme durch den Käufer steht.[701] Im Übrigen greifen die gleichen verbraucherschützenden Beschränkungen wie bei s35 (1) (a) SGA. Ergänzt wird dies durch die Feststellung, dass der Weiterverkauf der Ware an einen Dritten keine Annahme der Ware und damit auch keine dem Eigentum des Verkäufers widersprechende Handlung darstellt.
Von größter Bedeutung für die Rechtsposition des Verbrauchers ist allerdings der Verlust der Vertragsbeendigungsmöglichkeit gem. s35 (4) SGA. Danach liegt eine Annahme auch dann vor, wenn der Verbraucher die Sache nach Ablauf einer angemessenen Zeit behalten hat, ohne dem Verkäufer deren Zurück-

---

[700] S35 (6) SGA.
[701] Kwei Tek Chao v British Traders and Shippers Ltd. [1954] 2 Q.B. 459, S. 487.

weisung mitzuteilen. Zweck der Vorschrift ist es, einerseits dem Interesse des Käufers an einer effektiven Vertragsbeendigungsmöglichkeit zu entsprechen, andererseits aber auch die zügige Abwicklung des Vertragsverhältnisses zu gewährleisten.[702] Die praktische Bedeutung des Rechts zur Vertragsbeendigung hängt somit in den meisten Fällen in besonderer Weise von dem Verständnis der „Angemessenheit" im Sinne der s35 (4) SGA ab. Das Warenkaufgesetz regelt gem. s59 SGA diesbezüglich nur, dass auf die Umstände des Einzelfalls („question of fact") abzustellen ist. Gemäß der im Jahr 1994 eingefügten s35 (5) SGA sind bei der Bemessung allerdings das Bestehen einer angemessenen Untersuchungsmöglichkeit für die Kontrolle der Vertragsmäßigkeit zu berücksichtigen. Das Gesetz entspricht damit weitgehend der lange Zeit grundlegenden Entscheidung in Bernstein v Pamsons Motors (Golders Green) Ltd[703]. Das Gericht sah es darin für ausschlaggebend an, ob der Käufer eine angemessene Zeit für das Ausprobieren der Ware hatte, was wiederum insbesondere von der Komplexität und der Natur des Kaufgegenstandes abhängen und somit einer objektiven Beurteilung unterliegen sollte.[704] Keine Berücksichtigung fand hingegen die fehlende Möglichkeit der Entdeckung des konkreten Mangels.[705] Folge war, dass der Verbraucher je nach Art der Kaufsache das Recht auf Vertragsbeendigung bereits innerhalb einer sehr kurzen Zeitspanne verlor. In der konkreten Entscheidung in Bernstein v. Pamsons Motors (Golders Green) Ltd. wurde im Hinblick auf den Kauf eines Fahrzeugs bereits ein Zeitraum von drei Wochen mit einer Fahrleistung von weniger als 140 Meilen als nicht mehr angemessen bezeichnet. Die Entscheidung lässt damit Rückschlüsse über die Bemessung eines angemessenen Zeitraums bei weniger komplexen Verbrauchsgütern zu. Die Effektivität des Vertragsbeendigungsrechts wird durch diese restriktive Auslegung ohne Berücksichtigung der Besonderheiten der konkreten Vertragswidrigkeit erheblich eingeschränkt. An dieser Rechtsprechung wurde auch nach Inkrafttreten der s35 (5) SGA festgehalten. Allerdings ist auch hier gem. s35 (6) SGA eine Reparaturvereinbarung zu berücksichtigen. Dies wurde durch die Rechtsprechung in Clegg v Olle Andersson[706] dahingehend ergänzt, dass auch der Zeitraum, in dem der Käufer mit dem Verkäufer über die Art und Weise der Abhilfe in Verhandlungen steht, nicht bei der Bemessung des angemessenen Zeitraums zu berücksichtigen ist. Obwohl damit die strikte, dem Verbraucher nachteilige Rechtsprechung in Bernstein v. Pamsons Motors (Golders Green) Ltd. abgemildert wird[707], stellt die Möglichkeit des Verlusts des Vertragsbeendigungsrecht

---

[702] Bernstein v Pamsons Motors (Golders Green) [1987] 2 All ER 220.
[703] [1987] 2 All ER 220.
[704] Bradgate/Twigg-Flesner, S. 108; Benjamin/Reynolds, Rn. 12-054; Reynolds, L.Q.R. 2003, S. 544.
[705] Dies gilt sowohl zugunsten als auch zulasten des Käufers.
[706] [2003] 2 Lloyd's Rep. 32.
[707] Reynolds, L.Q.R. 2003, S. 545.

gem. s35 (4) SGA insgesamt eine wesentliche Einschränkung der Effektivität dar, da der Käufer bei latenten Mängeln regelmäßig nicht in hinreichender Zeit Kenntnis des Mangels erlangen wird.

(c) Rechtsfolgen

Das Wesen der Vertragsbeendigung liegt in seiner Befreiungswirkung. Übt der Käufer das Recht auf Vertragsbeendigung aus, wird er von seinen Leistungspflichten befreit. Daneben kann er die Annahme weiterer Leistungen des Gläubigers verweigern. Insgesamt kommt es somit zu einem Erlöschen der Primärleistungspflichten. Der Bestand des Schuldverhältnisses im weiteren Sinne wird durch die Vertragsbeendigung allerdings nicht in Frage gestellt. Es hat sich die Überzeugung durchgesetzt, dass es weiterhin als Grundlage für sonstige Ansprüche existiert.[708] Da sich die unmittelbare Wirkung der Vertragsbeendigung in der Befreiungswirkung erschöpft, bedarf es für alle sonstigen Aspekte, also insbesondere der Rückabwicklung der erbrachten Leistungen, des Rückgriffs auf allgemeine Prinzipien. Gemäß s51 (3) kann der Käufer zunächst Schadensersatz geltend machen, wobei sich dieser primär nach der Differenz zwischen Vertrags- und Marktpreis zum Zeitpunkt der Lieferung bemisst. Hat der Käufer schon gezahlt, kann er mittels der Schadensersatzforderung auch die bereits gezahlte Summe als Vertrauensschaden ersetzt verlangen. Alternativ besteht für den Käufer gemäß s54 SGA die Möglichkeit, den gezahlten Kaufpreis nach Bereicherungsgrundsätzen zurückzuverlangen. Ein entsprechender Anspruch setzt allerdings nach allgemeinen Gundsätzen das Vorliegen einer „total failure of consideration" voraus, d.h. der Käufer darf für seine eigene Leistung keinerlei Gegenleistung erlangt haben. Nach früherer Auffassung war die Rückgewähr des Geldes damit bereits immer dann ausgeschlossen, wenn der Anspruchsteller irgendeinen Vorteil aus der Sache gezogen hatte, den er nicht, wie z.B. die einfache Nutzung der Ware, zurückgewähren konnte. Im Laufe der Zeit relativierten die Gerichte allerdings dieses Erfordernis einer „restitutio in integrum", sodass nunmehr die Möglichkeit der Rückgewähr trotz Nutzung der Ware nicht mehr kategorisch ausgeschlossen sein soll.[709]

(2) Zurückweisung der Ware durch den Verbraucher

Die Möglichkeit, den Vertrag zu beenden, setzt vor allem die Zurückweisung der Ware voraus. Aufgrund der Formulierung des s11 (3) SGA stellt sich jedoch die Frage, ob es dem Käufer auch ausschließlich möglich ist, die Ware zurückzuweisen, ohne jedoch zugleich die Beendigung des Vertrages herbeizuführen. Das Verhältnis der beiden Vorgehensweisen ist jedoch nicht abschließend ge-

[708] Zum Ganzen: Kern, Rescission, S. 87.

[709] Rowland v Divall [1923] 2 K.B. 500; Benjamin/Reynolds, Rn. 12-068; vgl. dazu umfassend Treitel, Law of Contract, S. 1053 ff.

klärt. Zwar wurde in der Rechtsprechung das Recht auf Zurückweisung der Ware als Unterfall des Vertragsbeendigungsrechts bezeichnet[710], jedoch ist eine so pauschale Darstellung in der Literatur auf Kritik gestoßen.[711] Will der Käufer den Vertrag beendigen, muss er, um der Wirkung der s35 (4) SGA zu entgehen, in jedem Fall die Ware in angemessener Zeit zurückweisen. Die Vertragsbeendigung setzt somit die Zurückweisungsmöglichkeit der Ware voraus. Im Gegensatz dazu lässt sich allerdings nicht argumentieren, dass die Zurückweisung der Ware zwingend die Vertragsbeendigung bewirke. Die Vertragsfreiheit des Käufers erfordert die Möglichkeit, zunächst an dem Vertrag festzuhalten, um auf erneute, vertragsgemäße Lieferung des Verkäufers zu vertrauen.[712] Kommt der Verkäufer den Erwartungen des Käufers nicht freiwillig nach, kann der Käufer nach Ablauf einer angemessenen Frist Schadensersatz wegen Nichtlieferung gem. s51 SGA verlangen. Daneben unterscheidet auch das Warenkaufgesetz an verschiedener Stelle zwischen dem Recht auf Vertragsbeendigung und der Möglichkeit der Zurückweisung der Ware. Dies gilt für die Fälle der Lieferung einer Quantitätsabweichung, s30 SGA, wie auch bei Sukzessivlieferungsverträgen.

d) Anordnung der Vertragserfüllung

(1) Überblick

Die gerade aus der Perspektive der Richtlinie bedeutsame Möglichkeit des Verbrauchers, vom Verkäufer die Beseitigung der Vertragswidrigkeit durch Ersatzlieferung oder Nachbesserung, und damit die Wiederherstellung des Äquivalenzverhältnisses zwischen Sach- und Gegenleistung zu verlangen[713], spielte im englischen Recht, soweit überhaupt, nur eine untergeordnete Rolle.[714] Historisch bedingt kommt eine gerichtliche Durchsetzung der vertraglichen Verpflichtung nur in Betracht, soweit strenge, in der Billigkeitsrechtsprechung entwickelte, Voraussetzungen erfüllt sind und das Gericht von dem ihm diesbezüglich eingeräumten Ermessen Gebrauch macht. Das englische Recht unterscheidet sich darin grundlegend von den kontinentalen Rechtsordnungen.[715] Aufgrund der hohen

---

[710] Devlin J. in Kwei Tek Chao v British Trades & Shippers Ltd. [1954] 2 Q.B. 459, S. 480: "A right to reject is, after all, only a particular form of the right to rescind the contract".

[711] Benjamin/Reynolds, Rn. 12-028; Bradgate/Twigg-Flesner, Consumer Guarantees, S. 111.

[712] Bradgate/Twigg-Flesner, Consumer Guarantees, S. 111 sehen daher ein Recht des Verbrauchers, nach Abhilfe *zu fragen*, was gerade vom Recht *auf Abhilfe* zu unterscheiden ist. Siehe dazu sogleich.

[713] Die Möglichkeit der Abhilfe durch den Verbraucher selbst bzw. durch einen von diesem beauftragten Dritten wurde bereits an anderer Stelle erörtert, siehe dazu die Ausführungen zum Schadensersatz, Teil C, III., 2., b) dieser Arbeit.

[714] Harris, Remedies, S. 132: „ ... has always been treated as an exceptional remedy."

[715] Dies hat sich auch im Zusammenhang mit dem CISG gezeigt, das mit der Vorschrift des Art. 28 den speziellen systematischen Gegebenheiten der „Common Law"-Staaten Rechnung trägt. Die verschiedenen Positionen wurden von Beginn an als unvereinbar bezeichnet. Dabei

Anforderungen an eine Erfüllungsanordnung gerade im Hinblick auf den Warenkauf und der damit einhergehenden geringen praktischen Relevanz hat die spezielle Frage der Nacherfüllungsanordnung weder in der Rechtsprechung noch in der wissenschaftlichen Auseinandersetzung viel Aufmerksamkeit gefunden. Das Verständnis des englischen Rechts im Hinblick auf die Nacherfüllung ergibt sich somit weitgehend nur unter Berücksichtigung der zum Erfüllungsanspruch allgemein entwickelten Grundsätze.

(2) Die Systematik der Erfüllungsanordnung

Das englische Recht kennt keinen dem deutschen Recht vergleichbaren Erfüllungsanspruch. Selbst in den Fällen, in denen dem Verbraucher vertraglich ein Recht auf Ersatzlieferung oder Reparatur der Sache eingeräumt wird, besteht nach dem Common Law im engeren Sinne keine Möglichkeit, die Erfüllung einer entsprechenden Verpflichtung gerichtlich durchzusetzen. Das Bestehen einer entsprechenden ausdrücklichen Verpflichtung wirkt sich lediglich auf die Berechnung des Schadensersatzes aus, wobei hier ohnehin eine Kalkulation anhand der dem Käufer entstandenen Reparaturkosten möglich ist. Somit kann der Verbraucher rein tatsächlich vom Verkäufer die Vornahme der vereinbarten Handlung verlangen, doch ist es ihm grundsätzlich nicht möglich, dieses Begehren auch gerichtlich durchzusetzen. Bei Verletzung einer vertraglichen Verpflichtung besteht für ihn nur die Möglichkeit, Schadensersatz zu fordern. Dieser ist ausschließlich auf Geldersatz, nicht hingegen auf Naturalrestitution gerichtet. Auch nach der Systematik des Billigkeitsrechts steht dem Verbraucher kein zwingender Anspruch auf Erfüllung zu, da eine solche Anordnung stets im Ermessen der Gerichte steht. Zwar haben sich im Laufe der Zeit feststehende Regeln hinsichtlich der Ermessensausübung entwickelt, es kann jedoch nicht von einem Anspruch des Verbrauchers auf Anordnung der Erfüllung gesprochen werden.

(a) Anordnung der „specific performance" allgemein

Soweit sich im modernen englischen Recht die Klage einer Partei auf die Erfüllung der vertraglichen Vereinbarung, d.h. auf „specific performance" richtet, ist diese aufgrund der historischen Entwicklung auf die in der Equity entwickelten Rechtsprinzipien zurückzuführen. Gegenstand eines entsprechenden Verfahrens bildet die Anordnung an den Beklagten, die von ihm wirksam versprochene Leistung vorzunehmen.[716] Sie erfolgt nur auf Antrag des Klägers. Die Erfolgsaussichten der Klage werden auch heute noch entscheidend vom subsidiä-

führen die unterschiedlichen Ansätze in der Praxis häufig zu den gleichen Ergebnissen. Siehe dazu Schlechtriem/Schwenzer/Müller-Chen, Art. 28, Rn. 2 ff.

[716] Ist ein Vertrag z.B. wegen Irrtums oder Formverstoßes nichtig oder anfechtbar, so ist auch nach der Equity („Equity follows the law") keine Erfüllungsanordnung möglich.

ren Charakter der Naturalerfüllung und von dem, den Gerichten eingeräumten, Ermessen geprägt.
Die Anwendung hängt zunächst insbesondere davon ab, ob bereits durch die Zahlung von Schadensersatz eine angemessene Kompensation des Käufers erreicht werden kann.[717] Zurückzuführen ist diese Voraussetzung auf den subsidiären Charakter der Equity. Sie greift nur dann ein, wenn durch die Rechtsbehelfe des Common Law und damit insbesondere die Zahlung von Schadensersatz kein angemessener Ausgleich des Klägers bewirkt werden kann. Entscheidend ist damit, ob der Kläger durch die Zahlung von Schadensersatz so gestellt werden kann, wie er bei ordnungsgemäßer Erfüllung gestanden hätte.[718] Dies wird im Regelfall dann möglich sein, wenn die vereinbarte Leistung ebenso von einem Dritten bezogen werden kann.[719] Den Interessen des Käufers wird dann durch die Zahlung von Schadensersatz hinreichend Rechnung getragen. Anders stellt sich die Situation jedoch dar, wenn eine vergleichbare Leistung aufgrund der Einzigartigkeit („uniqueness") des Leistungsgegenstands, wie z.B. beim Grundstückskauf oder bei einer Sache mit besonderem Affektionsinteresse, für den Käufer nicht zu erlangen ist.[720] Das Gleiche gilt zudem für die Fälle, in denen die Höhe des Schadensersatzes schwer zu quantifizieren ist und damit das Risiko einer für den Versprechensempfänger nachteiligen Schadensbemessung besteht.[721]
Ungeachtet der Unangemessenheit des Schadensersatzes ist eine Erfüllungsanordnung nach den Grundsätzen der Equity grundsätzlich auch dann nicht möglich, wenn der Vertrag entweder auf die persönliche Erbringung einer Leistung gerichtet ist[722] oder dessen Umsetzung ständiger gerichtlicher Kontrolle bedarf[723]. In den erstgenannten Fällen ist dies auf die von der Equity angestrebte Vermeidung einer unangemessenen Beeinträchtigung der persönlichen Freiheit des Betroffenen zurückzuführen. Entscheidend für die Einordnung eines Vertrages ist der persönliche Charakter der Leistung. Daneben ist auch in diesem Zusammenhang auf die fehlende Kontrollmöglichkeit im Hinblick auf die Erfüllung der vertraglichen Vereinbarung durch das Gericht abzustellen. Diese Fallgruppe ist jedoch nicht auf Situationen einer persönlichen Leistungserbringung beschränkt.

[717] Co-operative Insuarance Society Ltd v Argyll Stores Ltd [1998] A.C. 1.
[718] Robinson v Harmann (1848) 1 Exch. 850, S. 855.
[719] Treitel, Law of Contract, S. 1020.
[720] Treitel, Law of Contract, S. 1020 f.; Christoffel, Garantie, S. 158 ff.
[721] Ball v Coogs (1710) 1 Bro P.C. 140; Beswick v Beswick, [1968] A.C. 58.
[722] Johnson v Shrewsbury and Birmingham Ry (1853) 3. D.M. & G. 358; The Scaptrade [1983] 2. A.C. 694.
[723] Tyan v Mutual Tontine Association [1893] 1 Ch. 116. Dies gilt nicht für die Zahlung von Geld, vgl. Beswick v Beswick, [1968] A.C. 58.

Von großer Bedeutung im Hinblick auf eine mögliche Erfüllungsanordnung ist schließlich das dem Gericht eingeräumte Ermessen. Das Gericht kann selbst bei einem nur unzureichenden Interessensausgleichs durch Schadensersatz von einer Erfüllungsanordnung absehen, wenn ansonsten beispielsweise eine unverhältnismäßige Härte für den Verpflichteten verursacht würde[724] oder aber das Verhalten des Anordnungsstellers gegen eine solche spricht[725]. Damit steht das Erfüllungsbegehren im Gegensatz zum Schadensersatzanspruch, da das Gericht letzterem bei Vorliegen der entsprechenden Voraussetzungen zu entsprechen hat. Das eingeräumte Ermessen darf jedoch nicht dahingehend verstanden werden, dass das Gericht in seiner Entscheidung vollkommen frei ist.[726] Die Ermessensentscheidung hat sich an den in der Billigkeitsrechtsprechung entwickelten Prinzipien zu orientieren. Das Gericht kann jedoch von früheren Entscheidungen abweichen, soweit es dies für interessengerecht hält. Auch die Verwirkung der Erfüllungsanordnung aufgrund der „doctrine of laches“ ist möglich.
Insgesamt zeigt sich, dass die Klage auf Erfüllung aufgrund der strengen Anforderungen mit vielen Unsicherheiten für den Kläger verbunden ist. Die Ausführungen machen auch deutlich, warum die Klage auf Erfüllung auch rein praktisch nur einen subsidiären Rechtsbehelf darstellt.

(b) Erfüllungsanordnung im Warenkaufgesetz

Für den Warenkauf enthält s52 SGA eine spezielle Ermächtigung des Gerichts zur Anordnung der Naturalerfüllung. Die Vorschrift war in identischer Form bereits im Sale of Goods Act 1893 enthalten, basiert aber ursprünglich auf s2 Mercantile Law Amendment Act 1856. Sie stellt klar, dass das Gericht in einem Verfahren wegen Verletzung der Lieferungsverpflichtung auf Antrag des Klägers die Naturalerfüllung anordnen kann. Voraussetzung dafür ist allerdings, dass es sich um „specific or ascertained goods“ handelt und das Gericht die Maßnahme für angemessen („if it thinks fit“) hält. Auf einen bereits erfolgten Eigentumsübergang kommt es nicht an.[727] Eine Anwendung über die gesetzlichen Voraussetzungen hinaus, wie er aufgrund der s61 (2) SGA grundsätzlich als zulässig erscheint, ist nicht möglich.[728] Begründet wird dies mit der Gefähr-

[724] Denne v Light (1857) 8 D.M. & G. 774.
[725] Lamare v Dixon (1873) L.R. 6 H.L 414.
[726] Treitel, Law of Contract, S. 1026.
[727] James Jones & Sons v Earl of Tankerville [1909] 2 Ch. 440, 445; Goode, Commercial Law, S. 320.
[728] Re Wait [1927] 1 Ch. S. 630: "Speaking generally, Courts of equity did not decree specific performance in contracts for the sale of commodities which could be ordinarily obtained in the market where damages were a sufficient remedy. Possibly the statutory remedy was intended to be available even in those cases. But the Code appears to have this effect, that in contracts for the sale of goods the only remedy by way of specific performance is the statu-

dung der den Rechtsverkehr erleichternden Wirkung des Warenkaufgesetzes. Das Gesetz soll es dem Rechtsanwender ermöglichen, in den geregelten Bereichen umfassend Kenntnis von der Rechtslage zu erlangen.[729] Insofern muss davon ausgegangen werden, dass s52 SGA eine abschließende Regelung darstellt. Ansonsten würde ihre Funktion generell in Frage gestellt werden.[730] Dem steht auch nicht entgegen, dass die Gerichte im Rahmen ihrer Ermessensausübung bei s52 SGA auf Entscheidungen der Equity zurückgreifen. Hierdurch wird gerade kein weiterer Rechtsbehelf des Käufers begründet. Allerdings widerspricht diese Vorgehensweise der Zielsetzung des SGA, die Erfüllungsanordnung beim Warenkauf von den strengen billigkeitsrechtlichen Anforderungen zu lösen und den Vertragsparteien in einem größeren Maße zugänglich zu machen.[731] Schließlich stellt die gesetzliche Regelung klar, dass sich der Beklagte nicht von seiner Leistungspflicht durch Zahlung von Schadensersatz befreien kann.

Die Vorschrift wird im Hinblick auf die Erfüllungsanordnung von zwei Voraussetzungen dominiert. Zunächst muss der Vertrag auf eine bestimmte („specific") bzw. konkretisierte („ascertained") Sache gerichtet sein.[732] Ein Stückkauf liegt gemäß der Legaldefinition der s61 (1) SGA dann vor, wenn die Ware zum Zeitpunkt des Vertragsschlusses identifiziert und Gegenstand der Vereinbarung war. Dem steht nicht entgegen, dass es sich nur um einen prozentual oder anteilsmäßig bestimmten Teil einer ebenso bestimmten Sache handelt.[733] Nicht gesetzlich definiert ist hingegen der Begriff der konkretisierten Waren („ascertained goods"). Das Warenkaufgesetz geht grundsätzlich davon aus, dass jede nicht spezifische Ware „unascertained" ist. Nach der grundlegenden Entscheidung im Fall Re Wait ist eine Sache allerdings auch dann als konkretisiert zu behandeln, soweit sie von den Parteien nach Vertragschluss und damit zumindest zwischenzeitlich identifiziert wurde.[734] Die Begrenzung auf „specific" und „ascertained

---

tory remedy, and it follows that as the goods were neither specific nor ascertained the remedy of specific performance was not open to the creditors."

[729] Umfasst von s52 SGA und damit von deren abschließenden Wirkung sind allerdings nur solche Fälle, die die Nichtlieferung zum Gegenstand haben. Inwieweit auch Fälle der mangelhaften Lieferung umfasst sein können, wurde durch die Rechtsprechung nicht konkretisiert.

[730] Dies steht auch nicht im Widerspruch zu s61 (2) SGA, da dieser gerade auf solche Rechtsinstitute Anwendung findet, die nicht im Warenkaufgesetz selbst geregelt sind.

[731] Treitel, Law of Contract, S. 1022.

[732] Eine Ausnahme stellt die Entscheidung in Sky Petroleum Ltd v VIP Petroleum Ltd [1974] 1 W.L.R. 576 dar, nach der ein Öllieferant zur Lieferung von Öl und damit einer nicht konkretisierten Sache gezwungen wurde. Hintergrund für die Entscheidung war die Ölkrise und damit die fehlende Möglichkeit, Öl von anderer Seite zu erhalten. Auch wenn sie eine flexiblere Haltung der Gerichte zu Tage treten lässt, hatte sie auf die grundlegende zurückhaltende Einstellung gegenüber der Erfüllungsanordnung beim Warenkauf keine weitreichenden Auswirkungen.

[733] So ausdrücklich die Legaldefinition.

[734] [1927] 1 Ch. 606; Lowe/Woodroffe, Consumer Law, Rn. 7.11.

goods“ trägt dem Umstand Rechnung, dass sich der Käufer bei lediglich gattungsmäßig bestimmten Kaufgegenständen regelmäßig Ersatz beschaffen kann und damit seine Interessen durch die Zahlung von Schadensersatz ohne weiteres ausreichend kompensiert werden. Erst nach Konkretisierung des Versprechens auf einen bestimmten Gegenstand ist ein Interesse seinerseits gerechtfertigt, den entsprechenden Gegenstand zu erwerben.
Mit der Einordnung des Kaufgegenstands als „specific“ bzw. „ascertained“ ist allerdings noch keine abschließende Entscheidung dahingehend getroffen, ob dem Antrag des Klägers tatsächlich entsprochen wird. Vielmehr steht die Entscheidung auch nach der gesetzlichen Regelung weiterhin im Ermessen des Gerichts. Dieses fällt nur dann eine für den Kläger positive Entscheidung, wenn es dies für angemessen („... if it thinks fit“) hält. Zur Beurteilung greifen die Gerichte weiterhin auf die in der Equity entwickelten Grundsätze zurück. Entscheidendes Kriterium ist die Frage, ob der Kläger durch die Zahlung von Schadensersatz angemessen entschädigt wird und damit, ob auch nach den allgemeinen Regeln der Equity Naturalerfüllung gewährt worden wäre.[735] Dies wird lediglich für die Fälle bejaht, in denen die Sache einzigartig oder aber für den Käufer von besonderem Wert oder Interesse ist.[736] In allen sonstigen Fällen bleibt der Käufer auf die Geltendmachung von Schadensersatz beschränkt. Daneben bleibt zu beachten, dass auch hier das Gericht im Rahmen seiner Ermessensentscheidung von der Anordnung der Naturalerfüllung absehen kann, soweit dies sonstige Gründe auf Seiten des Käufers oder Verkäufers rechtfertigen. Auch hierbei handelt es sich um Erwägungen, die bereits im Rahmen der allgemeinen billigkeitsrechtlichen Anordnung Berücksichtigung fanden.
Die gemachten Ausführungen zeigen, dass der ursprüngliche Plan, die Anwendung der Erfüllungsanordnung auszuweiten, im Bereich des Warenkaufs nicht erreicht worden ist. Es wird deutlich, dass nicht von einem Rechtsanspruch des Käufers auf Erfüllung gesprochen werden kann. Zwar fühlen sich die Gerichte an frühere Entscheidungen gebunden, doch verbleibt ihnen stets die Möglichkeit, aufgrund der besonderen Umstände des Einzelfalls von diesen abzuweichen.

(c) Das Recht des Käufers, Abhilfe zu verlangen

Die Frage, inwieweit der Käufer Nacherfüllung in Form der Ersatzlieferung oder Nachbesserung verlangen kann, hat im englischen Recht bisher keine Aufmerksamkeit gefunden. Der Grund dafür ist in der zuvor dargestellten restriktiven Haltung des SGA und der englischen Gerichte bereits gegenüber dem originären Erfüllungsverlangen zu sehen. Fest steht, dass die Rechtsprechung auf der

[735] Behnke v Bede Shipping Co. Ltd. [1927] 1 K.B. S. 661.
[736] Christoffel, Garantie, S. 165 ff. Zum Konzept der „commercial uniqueness“ siehe Treitel, J.B.L. 1966, S. 222.

Grundlage des Common Law im engeren Sinne in keinem Fall einen Nacherfüllungsanspruch kennt, da es die vertragliche Vereinbarung als Garantieversprechen wertet und damit den Anspruch des Käufers auf Schadensersatz begrenzt. Inwieweit ein Nacherfüllungsverlangen des Käufers allerdings im Rahmen der Billigkeitsrechtsprechung durchsetzbar ist, ist weitgehend ungeklärt.[737] Die Rechtsprechung hatte sich bisher mit einer entsprechenden Fragestellung nicht auseinander zu setzen.[738] Auch in der wissenschaftlichen Literatur fand diese Frage wenig Berücksichtigung.[739] Lediglich für die Fälle, in denen der Verkäufer die versprochene Leistung überhaupt nicht erbracht hat, wird die Möglichkeit der Anordnung von „specific performance" erörtert.

(aa) Generelle Zulässigkeit einer Nacherfüllungsanordnung

Auf einer ersten Stufe stellt sich die Frage, ob eine Erfüllungsanordnung im Hinblick auf die Nacherfüllung überhaupt systematisch zulässig ist. Diese ist positiv zu beantworten. Liefert der Verkäufer eine nicht vertragsgemäße Ware, hat er seine vertraglichen Pflichten nicht erfüllt. Das Gericht kann daher grundsätzlich deren Erfüllung anordnen. Allerdings orientiert sich der Inhalt der Anordnung daran, wozu sich der Verkäufer vertraglich verpflichtet hat. Gegenstand des Kaufvertrages bildet die Lieferung und Übereignung einer vertragsgemäßen Sache. Eben dies muss Gegenstand der Anordnung sein. Nicht Inhalt des Vertrages ist hingegen die explizite Verpflichtung, die Sache im Bedarfsfall durch Nachbesserung in den vertragsgemäßen Zustand zu versetzen bzw. eine Ersatzsache zu liefern. Entsprechend kann somit auch das Gericht nur die allgemeine Anordnung treffen, den vertragsgemäßen Vertragsgegenstand zu liefern. Daraus folgt zugleich, dass grundsätzlich dem Verkäufer die Wahl der Nacherfüllungsart zusteht. Allerdings kann sich aus den Umständen des Einzelfalls eine Beschränkung ergeben. Dies gilt zunächst in den Fällen, in denen der Käufer die Sache zurückweist und der Verkäufer so behandelt wird, als habe er die Sache noch nicht geliefert. Aus s51 SGA ergibt sich, dass die Fälle der Zurückweisung

---

[737] Nach den allgemeinen Grundsätzen der Equity ist der Inhalt der vertraglichen Verpflichtung die versprochene Leistung selbst und nicht nur das Garantieversprechen, Rheinstein, Anglo-Amerikanisches Recht, S. 233.

[738] Die von Willett/Morgan-Taylor/Naidoo, J.B.L. 2004, S. 112, Fn. 102, 103 zitierten Fälle beziehen sich nur auf die Erfüllungsanordnung allgemein, ohne dass diese die Nachbesserung oder Ersatzlieferung (sondern vielmehr die Erstlieferung) zum Gegenstand hatten.

[739] Willett/Morgan-Taylor/Naidoo, J.B.L. 2004, S. 111 stellen jedoch klar, dass durch die neu eingeräumten Rechte auf Nacherfüllung diesbezüglich zum ersten Mal „ausdrückliche" Rechte ("express rights") eingeräumt werden. Ablehnend Bradgate/Twigg-Flesner, Consumer Guarantees, S. 111. Howells/Twig-Flesner, in: Verbraucherkauf in Europa, S. 316 stellen fest, dass das bestehende Regime keine Nacherfüllungsansprüche kannte. Zugleich sehen sie aber ein Recht des Verbrauchers auf Ersatzlieferung, nachdem er die Ware zurückgewiesen hat. Allerdings fehlt es auch diesbezüglich möglicherweise an der Durchsetzbarkeit.

als solche der Nichtlieferung einzuordnen sind. Systematisch bereitet es damit keine Schwierigkeiten, in den genannten Fällen die Zulässigkeit einer Erfüllungsanordnung zu bejahen.[740] S52 SGA erklärt gerade für den Fall der Nichtlieferung die Erfüllungsanordnung für zulässig. Voraussetzung dafür ist allerdings, dass es sich um eine Stück- bzw. konkretisierte Gattungsschuld handelt. Der Verkäufer kann nur gezwungen werden, eine konkrete, individualisierte Sache an den Käufer zu liefern. Durch die bereits zuvor erfolgte Lieferung beschränkt sich das Vertragsverhältnis im Hinblick auf s52 SGA gerade auf einen solchen Gegenstand.[741] Eine Ersatzlieferung kommt somit in keinem Fall in Betracht.[742] Für den Verkäufer verbleibt somit lediglich die Möglichkeit der Nachbesserung, soweit denn diese möglich ist.

Das Gleiche muss auch in den Fällen gelten, in denen der Käufer die Sache über eine angemessene Zeit hinaus behalten hat und damit nicht mehr zurückweisen kann. Keine Anwendung findet in diesem Fall allerdings s52 SGA, da diese lediglich solche Situationen regelt, in denen überhaupt keine Sache und damit auch keine von nachteilig abweichender Qualität geliefert worden ist.[743] Zumindest eine extensive Auslegung ließe zu, die ursprüngliche Leistungspflicht als noch nicht erfüllt anzusehen, wenn es dem Käufer von Beginn an nicht auf eine konkrete Sache ankam.[744] Die Frage ist durch die Rechtsprechung noch nicht geklärt worden.[745] Selbst soweit man die Anwendbarkeit bejahen würde, bestünde in keinem Fall ein Wahlrecht des Käufers im Hinblick auf die Art der Abhilfe. Zudem ist zu beachten, dass bei einer Stückschuld stets nur Nachbesserung in Betracht kommt.

[740] Schwierigkeiten könnte lediglich bereiten, dass der Käufer sich dann einerseits auf Rechtsbehelfe des Common Law, andererseits auf solche der Equity beruft. Dies muss aber zulässig sein. Den Gerichten wurde durch die Judicature Acts ausdrücklich die Möglichkeit gegeben, beide „Rechtssysteme" nebeneinander anzuwenden.

[741] Es kann nicht angenommen werden, dass die Gerichte durch die Zurückweisung der ursprünglich gelieferten Ware die Konkretisierung als aufgehoben ansehen.

[742] Eine Ausnahme muss für den Fall gelten, dass der Verkäufer ein „aluid" geliefert hat.

[743] So Treitel, Law of Contract, S. 1025; Dies ergibt sich daraus, dass der Wortlaut der s52 SGA nur auf die *Verletzung der Lieferungspflicht* („breach of contract to deliver") abstellt. Die Vorschrift darf hingegen nicht dahingehend verstanden werden, dass sie bei *jeder* Vertragsverletzung zur Anwendung kommt, wenn es sich nur um einen *Vertrag über die Lieferung* bestimmter oder konkretisierter Sachen handelt („breach of contract to deliver specific or ascertained goods"). Grund dafür ist, dass die Konkretisierung erst nach Vertragsschluss stattfindet und damit der Vertrag nicht von Beginn an auf konkretisierte Waren gerichtet sein kann. So im Ergebnis ohne Begründung auch Zerres, RIW 2004 , S. 748, 751.

[744] Zudem ist zu beachten, dass s52 SGA im Hinblick auf die Anordnung bei Nichtlieferung gerade voraussetzt, dass die Sache konkretisiert wurde.

[745] Einer Klärung durch die Rechtsprechung steht entgegen, dass es zu einer Grundsatzentscheidung bzgl. der genannten Fälle nicht kommen wird, da es bei Gattungssachen offensichtlich an der Erforderlichkeit mangelt, statt Schadensersatz die Naturalerfüllung zu verlangen. Siehe dazu sogleich.

(bb) Die Nacherfüllungsanordnung unter Berücksichtigung des gerichtlichen Ermessens

Auf einer zweiten Stufe bedarf es der Erörterung, wie sich die von der Rechtsprechung zur allgemeinen Erfüllungsanordnung entwickelten Grundsätze auf die der Nacherfüllung auswirken. Es ist dabei zwischen Nachbesserung und Ersatzlieferung zu unterscheiden. In beiden Fällen ist primär das Kriterium der hinreichenden Kompensation durch die Zahlung von Schadensersatz zu beachten. Gerade in Bezug auf die Nachbesserung ist festzustellen, dass diese auch von Seiten Dritter her durchgeführt werden kann. Für eine Anordnung in Bezug auf das Tätigwerden des Verkäufers besteht somit keine Notwendigkeit. Die Zahlung von Schadensersatz wird regelmäßig eine hinreichende Kompensation darstellen. Eine Anordnung der Nachbesserung scheidet somit aus. Daneben ist zu beachten, dass „specific performance" nicht gewährt wird, wenn die Durchsetzung der Anordnung die kontinuierliche Überwachung der Erfüllungshandlung voraussetzt. Dies wurde bei Maßnahmen, die sich über eine längere Zeit erstrecken, bejaht. Aber auch bei Reparaturarbeiten, die ebenfalls eine gewisse Zeit in Anspruch nehmen, könnte dieses Kriterium zum Ausschluss führen. Dies ist allerdings bei einer Tätigkeit, die auf einen konkreten Erfolg gerichtet ist - hier die Herbeiführung der Vertragsmäßigkeit - nicht zwingend der Fall.

Daneben bedeutet die Zahlung von Schadensersatz aber auch eine hinreichende Kompensation im Hinblick auf die Ersatzlieferung. Dies stellt geradezu den klassischen Fall dar, bei dem die Billigkeitsrechtsprechung hinter dem Common Law zurücktritt. Bei Gattungssachen bewirkt die Zahlung von Schadensersatz, dass der Käufer die Ware von Seiten Dritter beziehen kann. Bei einer Stückschuld ist die Anordnung der Ersatzlieferung hingegen prinzipiell nicht möglich. Folglich bleibt der Verbraucher auch in dieser Konstellation auf den Schadensersatzanspruch beschränkt.

Insgesamt zeigt sich somit, dass zum einen weitreichende Bedenken gegenüber der generellen Möglichkeit der Nacherfüllungsanordnung bestehen, dass zum anderen aber auch die weiteren, für die Anordnung einer Erfüllung notwendigen Voraussetzungen nicht gegeben sind.[746]

[746] Harris, L.Q.R. 2003, S. 543 beschreibt die Möglichkeit, bei gewöhnlichen Verbrauchsgütern Nacherfüllung ohne Berücksichtigung der Angemessenheit von Schadensersatz anzuordnen, als „revolutionary". Zudem fragt er: „But would a court be prepared to go against more than a century of law and to grant specific performance to replace ordinary goods when the difference in cost between the contract price and the price of available substitutes has always been recoverable as damages?".

3. Das englische Recht nach der Umsetzung

a) Überblick

(1) Formale Gesichtspunkte

Die der Umsetzung des Art. 3 RL dienenden Vorschriften der Sale and Supply of Goods to Consumers Regulations 2002 finden sich in Regulations 5 und 9. Sie entfalten keine selbstständige Wirkung, sondern ergänzen lediglich die bestehenden Vorschriften des SGA und des Supply of Goods and Services Act 1982. Ausschließliche gesetzliche Grundlage für die Verbraucherrechte bildet somit beim Warenkauf der SGA. Durch die gewählte Form der Umsetzung werden nunmehr die bestehenden Warenkaufvorschriften um einen weiteren Regelungsabschnitt ergänzt. Die vorhandene Systematik bleibt somit in den herkömmlichen Bereichen weitestgehend erhalten. Lediglich in Überlappungsbereichen der bestehenden und der neuen Regelungen werden die bisherigen Rechte durch die Umsetzungsmaßnahmen tangiert. Von Bedeutung ist dabei die Beschränkung der neuen Regelungen auf die Situationen, in denen der Käufer als Verbraucher handelt.[747] Die englische Regierung hat davon abgesehen, die der Richtlinie zugrunde liegenden Konzeptionen und mit den Vorschriften des CISG in engem Regelungszusammenhang stehenden Ansätze im Rahmen einer breitgefächerten systematischen Neuausrichtung zu übernehmen. Der gewählte Ansatz zeigt den Konflikt des englischen Rechts zwischen den traditionellen Konzeptionen und modernen Rechtsentwicklungen.

Struktur und Wortlaut der neu eingefügten ss48A ff. SGA orientieren sich stark an den Vorgaben der Richtlinie. S48A SGA beinhaltet in Anlehnung an Art. 3 Abs. 2 RL eine Einführungssektion („Introductory“), die sowohl die einzelnen Rechtsfolgen als auch deren Voraussetzungen im Überblick enthält. Diese werden dann in ss48B/C SGA konkretisiert. Daneben beinhaltet die Umsetzung einige Vorschriften, deren Funktion sich nur aus den Besonderheiten des englischen Rechts bzw. des gewählten Implementierungsansatzes ergibt. Die für die Umsetzung systematisch bedeutendsten Vorschriften finden sich in ss48 D/E SGA. Gegenstand der entsprechenden Regelungen bildet zum einen das Verhältnis des neuen Rechtsfolgenregimes zu den bestehenden Vorschriften, s48D SGA, zum anderen aber auch die Regelung einer speziellen Ermächtigung der Gerichte im Hinblick auf die gerichtliche Durchsetzung der neuen Rechte, s48E SGA.

In der Literatur wurde zu Recht auf verschiedene Unstimmigkeiten bei der systematischen Einordnung in den SGA hingewiesen. Bereits die Bezeichnung wi-

---

[747] Vgl. s48A (1) (a) SGA: „deals as a consumer“; siehe dazu ausführlich Teil B, IV., 2. dieser Arbeit. Ausschlaggebend ist die Definition der s12 UCTA, und nicht die der Regulation 2 Sale and Supply of Goods to Consumers Regulations 2002 (so aber Sobich, RIW 2004). Zudem wird die Beschränkung auch durch die Überschrift des Part 5A: „Additional rights of buyer in consumer cases“ deutlich.

derspricht der üblichen Vorgehensweise im Warenkaufgesetz: Die abschnittsweise Einteilung des Gesetzes ist durchweg durch die Verwendung römischer Ziffern gekennzeichnet.[748] Insofern stellt die Kennzeichnung als „Part 5A“ zumindest formal einen Fremdkörper dar. Zudem scheint auch die Einordnung der neuen Vorschriften im Anschluss an s48 SGA, im Zusammenhang mit „Part V“, von systematisch zweifelhafter Stimmigkeit. Regelungsgegenstand des vorangehenden Abschnitts bilden die warenbezogenen Rechte des Verkäufers, soweit eine Zahlung noch nicht erfolgt ist. Sowohl hinsichtlich des Adressaten als auch hinsichtlich des Gegenstands der Rechte unterscheiden sich damit diese Regelungen von den neuen Vorschriften, die als „Additional Rights of Buyer in Consumer Cases“ bezeichnet werden. Lediglich die Anknüpfung an die „rights“ stellt eine Parallele dar. Stimmiger erschiene eine Einordnung im Zusammenhang mit oder im Anschluss an „Part VI“ des Warenkaufgesetzes, der sich mit den Klagemöglichkeiten bei Vertragsbruch („Actions for Breach of the Contract“) und dabei in einem Unterabschnitt insbesondere mit den Rechtsbehelfen des Käufers („buyer's remedies“) auseinandersetzt. Zwar sind davon unmittelbar nur die gerichtlichen Handlungsmöglichkeiten des Käufers umfasst, dennoch scheint eine Einordnung an dieser Stelle sinnvoller, da auch die neuen Vorschriften Regelungen zum gerichtlichen Vorgehen enthalten. Auch das Department of Trade and Industry sah noch im Verordnungsentwurf eine dortige Einordnung derjenigen Vorschrift vor, die die gerichtliche Durchsetzung der neuen Rechte zum Gegenstand hat.[749] Die weiteren Regelungen sollten, wie letztlich umgesetzt, im Rahmen eines Abschnitts „5A“ hinter s48 SGA eingefügt werden. Eine entsprechende Vorgehensweise wäre systematisch sinnvoll gewesen, da eine bewusste Differenzierung zwischen den Rechten des Verbrauchers im Allgemeinen und den gerichtlichen Handlungsmöglichkeiten („actions“) stattgefunden hätte. Zugleich hätte sie jedoch, und dies ist dem Department of Trade and Industry im Hinblick auf die spätere Änderung zugute zu halten, für eine verstärkte Unübersichtlichkeit des Warenkaufgesetzes geführt, da die nur auf Verbraucher anwendbaren Vorschriften hinsichtlich der Rechtsbehelfe nicht in einem Abschnitt separiert gewesen wären. Daraus folgt jedoch nur, dass die einheitliche Darstellung der Rechte und der gerichtlichen Durchsetzbarkeit sinnvoll gewesen ist. Bestehen bleibt die Kritik, dass die Einordnung insgesamt im Rahmen des „Part VI“ hätte erfolgen sollen, da dies, soweit systematische Gesichtpunkte außer acht bleiben, das geringere Übel dargestellt hätte. Dafür spricht die vom englischen Gesetzgeber wiederholt in den Vordergrund gestellte Ausrichtung an einem hohen Verbraucherschutzniveau: durch eine dortige Einordnung wäre gerade dem nicht rechtskundigen Laien ein Zugang zu der Materie erleichtert worden.

---

[748] Vgl. Part V („Rights of unpaid seller against the goods“).

[749] Nunmehr s48E SGA („Powers of the Court“). Die Einordnung sollte als s53B SGA erfolgen. Vgl. dazu Regulation 3 (7) des Verordnungsvorschlags.

(2) Anwendungsvoraussetzungen der ss48A ff. SGA

Die Anwendbarkeit des neuen Rechtsfolgenregimes hängt davon ab, ob der Käufer ein Verbraucher ist, die Sache nicht vertragsgemäß ist und die Vertragwidrigkeit bereits zum Zeitpunkt der Lieferung[750] bestanden hat.

(a) Verbraucherstellung des Käufers

Zwingende Voraussetzung ist zunächst, dass der Käufer ein Verbraucher ist. Für die Bestimmung der Verbrauchereigenschaft ist gemäß der Verweisung der s61 (5a) SGA die Regelung der s12 UCTA maßgebend.[751] Aus der vorgenommenen Beschränkung ergibt sich unmittelbar, dass die englische Regierung die Richtlinienumsetzung nicht zum Anlass genommen hat, das Rechtsfolgenregime des Warenkaufgesetzes systematisch zu überarbeiten und den Richtlinienvorgaben, und damit mittelbar auch dem CISG, anzupassen. Soweit auf Käuferseite kein Verbraucher handelt, kommen ausschließlich die bereits bestehenden Rechtsbehelfe zur Anwendung.

(b) Vertragswidrigkeit der Kaufsache

Daneben erfordert die Anwendbarkeit der ss48A ff. SGA die Vertragswidrigkeit der Kaufsache („nonconformity with the contract"). Was darunter zu verstehen ist, ergibt sich unmittelbar aus der Legaldefinition der s48F SGA. Diese betrifft nur Teil 5A des SGA, nicht jedoch die gleichlautenden, bereits vor der Umsetzung verwandten Wendungen.[752] Der Legaldefinition zufolge sind Waren - negativ definiert - nicht vertragsgemäß, wenn entweder die Verletzung einer ausdrücklichen Vertragsbestimmung oder aber einer stillschweigenden Vertragsbedingung gem. ss13-15 SGA vorliegt. Noch im Verordnungsentwurf hatte das Department of Trade and Industry gem. s48A (4) SGA der Entwurffassung eine restriktivere Definition vorgesehen: Umfasst sein sollte nur die Verletzung der ss13 und 14 SGA. Dies hätte offensichtlich im Widerspruch zu den Richtlinienvorgaben gestanden, da auch s15 SGA einen elementaren Teil im Hinblick auf die Erfüllung der Umsetzungsverpflichtung darstellt.[753]
Soweit sich s48F SGA auf die ss13 – 15 SGA bezieht, ist bezüglich deren Inhalts auf die obigen Ausführungen zu verweisen.[754] Die Nichtberücksichtigung

---

[750] Bzgl. des Zeitpunkts der Lieferung wird auf die oben gemachten Ausführungen verwiesen, vgl. Teil C, II, 1. dieser Arbeit.

[751] Vgl. dazu ausführlich Teil B., IV. dieser Arbeit.

[752] So knüpften schon ss34, 35 (2) (a) und 35A (3) SGA an die Vertragsmäßigkeit der Ware an, ohne dass dieser Begriff jedoch durch das Gesetz konkretisiert wurde.

[753] Dies scheint umso erstaunlicher, da das DTI selbst in Regulation 6 des Verordnungsvorschlags die Anpassung des Verbraucherbegriffs des UCTA ausdrücklich auch im Hinblick auf s15 SGA vornahm.

[754] Vgl. Teil C., II., 2 dieser Arbeit.

weiterer stillschweigender Vertragsbedingungen, wie sie im englischen Recht weit verbreitet sind, wirkt sich negativ auf die systematische Harmonie des Warenkaufgesetzes aus.[755] Unbestimmt bleibt daneben, inwieweit der Verweis auf die ausdrücklichen Vereinbarungen sämtliche derartigen Abmachungen umfasst oder ob aus dem Regelungszusammenhang der ss48A ff. SGA eine Einschränkung auf solche Vereinbarungen zu erfolgen hat, die mit der Sachbeschaffenheit der Ware in Zusammenhang stehen.[756] Soweit die Vorschrift auf sämtliche Vereinbarungen Anwendung findet, käme den neuen Rechten ein erheblich weiterer Anwendungsspielraum zu, der im Widerspruch zur ansonsten restriktiven Umsetzung der Richtlinie stehen würde. Unstreitig möglich ist in jedem Fall die Anwendung des Part 5A auf die Fälle der Falschlieferung, da diese zumindest auch als Verletzung der s13 SGA zu werten sind. Anders stellt sich die Situation im Hinblick auf Quantitätsmängel und Abweichungen bei der Lieferzeit dar. Beide sind durch das Vorliegen einer ausdrücklichen Vereinbarung gekennzeichnet, betreffen jedoch nicht unmittelbar die Beschaffenheit der Sache als solcher. Gerade bei der Lieferung einer zu geringen Menge ist das neue Rechtsfolgenregime für den Verbraucher vorteilhaft, da er dadurch zu einem Erfüllungsanspruch gelangen würde, wie ihn das englische Recht ansonsten nicht kennt. Die Formulierung erlaubt jedenfalls eine extensive Auslegung.[757] Es ist jedoch zu befürchten, das die englischen Gerichte zu einem restriktiven Verständnis gelangen, da sie so den weitreichenden und teilweise systemfremden Wirkungen des neuen Rechtsfolgenregimes entgehen können. Im Ergebnis muss sich die Auslegung nach der Konkretisierung durch den Europäischen Gerichtshof richten. Sieht dieser die genannten Fälle als von der Richtlinie umfasst an, muss dies auch in England gelten.

b) Die Systematik der ss48A ff. SGA und ihre Position in der Gesamtsystematik des englischen Rechts

Die Umsetzung der Richtlinie ermöglicht dem Verbraucher zumindest formal, vom Verkäufer Nachbesserung, Ersatzlieferung oder Minderung des Kaufpreises zu verlangen bzw. den Vertrag aufzulösen. Aus der Vielzahl der eingeräumten Rechte folgt zwangsläufig die Frage nach deren Verhältnis untereinander. Obwohl dieser Aspekt bereits durch die Richtlinie konkretisiert worden ist, besteht für die Mitgliedsstaaten aufgrund der Mindestschutzklausel des Art. 8 RL die Möglichkeit, von der hierarchischen Struktur der Richtlinie zum Vorteil des Verbrauchers abzuweichen. Weitere Fragen ergeben sich im Hinblick auf das Verhältnis der bestehenden Systematik zum Rechtsfolgeregime der ss48A ff. SGA.

---

755 Twigg-Flesner, GPR 2003, S. 17.
756 Benjamin, Supplement, Rn. 1-187.
757 Twigg-Flesner, GPR 2003, S. 17.

(1) Die Systematik der ss48A ff. SGA

S48A (2) (a) SGA legt fest, dass der Verbraucher vom Verkäufer Nachbesserung oder Ersatzlieferung fordern kann. Nach s48A (2) (b) (i) SGA kann der Verbraucher zudem die Minderung des Kaufpreises verlangen sowie nach (ii) den Vertrag auflösen. Bereits aus der formalen Unterteilung (a)/(b) wird deutlich, dass auch die englische Umsetzung zwischen den Nacherfüllungsansprüchen der ersten Stufe und den Rechten auf Minderung und Vertragsbeendigung der zweiten Stufe unterscheidet. Eine diesbezügliche Differenzierung setzt sich auch in den speziellen Vorschriften der ss48B/C SGA fort, denen ebenfalls eine entsprechende zweigliedrige Einteilung zugrunde liegt.[758] Im Gegensatz zum früheren Recht ist damit die Vertragsbeendigung nur von subsidiärem Charakter.

(a) Wahlrecht des Verbrauchers hinsichtlich der Rechtsbehelfe der ersten Stufe

(aa) Allgemeines

Nach der Konzeption der Richtlinie hat der Käufer die Wahl, ob er vom Verkäufer Nachbesserung oder Ersatzlieferung verlangen möchte.[759] Damit steht die Richtlinie im Gegensatz zum CISG[760], wobei die Abweichung aufgrund des verbraucherschützenden Charakters der Richtlinie gerechtfertigt ist. Die Ausrichtung des englischen Rechts ist in dieser Frage nicht eindeutig.[761] S48A (2) (a) SGA sieht lediglich das Recht des Verbrauchers vor, vom Verkäufer Nachbesserung oder Ersatzlieferung zu verlangen. Aus der Formulierung, er habe das Recht, „ „(a)“ Nachbesserung oder Ersatzlieferung“ zu verlangen, könnte gefolgert werden, dass es sich bei den Rechten der ersten Stufe um ein einheitliches Recht handelt, innerhalb dessen nicht der Verbraucher, sondern der Verkäufer wählen kann.[762] Diese Auslegung unterfährt Unterstützung dadurch, dass bei den Rechten der zweiten Stufe formal zwischen beiden unterschieden wird.[763] Gegen eine entsprechende Interpretation sprechen jedoch gewichtige Gründe.
Soweit bei der Interpretation auf formale Gesichtspunkte abgestellt wird, ist zu beachten, dass in der die Rechtsbehelfe der ersten Stufe konkretisierenden Vorschrift der s48B SGA im Gegensatz zu s48A (2) ausdrücklich zwischen dem Verlangen nach „(a)“ der Reparatur der Sache und „(b)“ der Ersatzlieferung unterschieden wird. Daneben spricht aber auch die formale Unterteilung innerhalb der zweiten Stufe nicht gegen ein Wahlrecht auf der ersten Stufe. Während der

---

[758] S48B SGA: „Repair or replacement of the goods“; s48C SGA: „Reduction of purchase price or rescission of contract“.
[759] Vgl. AnwKommentar/Pfeiffer, Art. 3, Rn. 6 m.w.N.
[760] Schlechtriem/Huber, Art. 48, Rn. 9.
[761] Bridge, L.Q.R. 2003, S. 175.
[762] Bridge, L.Q.R. 2003, S. 175.
[763] S48A (2) (b) (i) to require the seller to reduce the purchase price ...or (ii) to rescind the contract with regard to the goods in question.

Verbraucher bei der Minderung etwas vom Verkäufer verlangt, kann der Verbraucher die Vertragsbeendigung unmittelbar selbst ausüben. Im Gegensatz zu den Rechten der ersten Stufe war es damit lediglich sprachlich nicht möglich, die Rechte der zweiten Stufe durch eine einheitliche Formulierung zusammenzufassen. Die entsprechende Unterscheidung durchzieht den Wortlaut des gesamten „Part 5A".[764] Entsprechend kann aus der Formulierung der s48A (2)(b) SGA nicht geschlossen werden, dass diese im besonderen Maße ein Wahlrecht des Verbrauchers betonen wollte. Damit kann im Umkehrschluss s48A (2) SGA aber auch keine Aussage dahingehend entnommen werden, dass gerade kein Wahlrecht besteht.

Schließlich bleibt noch zu beachten, dass der Verbraucher gem. s48B (3) (b) SGA einen Rechtsbehelf dann nicht verlangen kann, wenn dieser im Vergleich zum anderen der gleichen Stufe unverhältnismäßig ist. Eine solche Vorschrift wäre nicht notwendig, wenn das Wahlrecht ohnehin dem Verkäufer zusteht. Es steht natürlich dennoch dem Verbraucher frei, die Wahl dem Verkäufer zu überlassen, damit dieser von vornherein die Belange der s48B (3) SGA berücksichtigen kann. Es besteht damit aber auch im englischen Recht ein Wahlrecht des Käufers hinsichtlich der Rechtsbehelfe der ersten Stufe. Die Darstellungsweise in s48A (2) SGA dient somit lediglich der überblicksmäßigen Darstellung der Verbraucherrechte, ohne dass davon systematische Wirkungen ausgehen würden.

(bb) Einschränkung des Wahlrechts durch das Kriterium der Unverhältnismäßigkeit

Eine Abweichung zwischen den Regelungen der Richtlinie und den Umsetzungsvorschriften ist bei s48B (3) SGA festzustellen. Gemäß dieser Vorschrift kann der Verbraucher die gewünschte Art der Nacherfüllung nicht verlangen, wenn der entsprechende Rechtsbehelf entweder unmöglich, unverhältnismäßig im Vergleich zum anderen Rechtsbehelf der ersten Stufe oder aber unverhältnismäßig im Vergleich zu einem Rechtsbehelf der zweiten Stufe, d.h. also zur Minderung oder Vertragsbeendigung, ist. Während die ersten beiden Aspekte auch in der Richtlinie berücksichtigt werden, kommt es nach der Konzeption der Richtlinie nach überwiegender Ansicht nicht darauf an, ob die Nacherfüllung außer Verhältnis zu den Rechten der zweiten Stufe steht.[765] Die Vorschrift führt damit zu einer nach der Richtlinie unzulässigen Beschränkung der Verbraucherrechte. Dem Verbraucher kann gerade daran gelegen sein, trotz Unverhältnismäßigkeit gegenüber der Minderung oder Vertragsauflösung das Recht auf Nachbesserung oder Ersatzlieferung auszuüben. Dies gilt insbesondere für die Grundanschauung des englischen Rechts, nach der regelmäßig ohnehin der

---

[764] Vgl. insbesondere s48E (3) (a), (4) (a) SGA.

[765] Vgl. dazu Teil C., III, 1. dieser Arbeit.

Schadensersatz die den Verkäufer am wenigsten belastende Form des Rechtsbehelfs darstellt. Da die Minderung zumindest funktional dem „kleinen" Schadensersatzanspruch nahe steht, besteht die Gefahr, dass die Rechte der ersten Stufe im Vergleich zu dieser regelmäßig als unverhältnismäßig angesehen werden. Eine entsprechende Regelung führt damit zu einer Beschränkung der Verbraucherrechte und stellt eine unzulässige Umsetzung dar.[766]

(b) Wahlrecht hinsichtlich der Rechte der zweiten Stufe

In Übereinstimmung mit der Richtlinie räumen die Umsetzungsvorschriften dem Verbraucher ein Wahlrecht zwischen dem Recht auf Vertragsauflösung und dem auf Kaufpreisminderung ein. Das Bestehen der Wahlmöglichkeit ergibt sich sowohl aus der Systematik der s48A (2) (b) als auch der s48C (1) SGA. Eine Einschränkung könnte sich - den Vorgaben der Richtlinie widersprechend - aus s11 (3)/(4) SGA ergeben, gemäß der es dem Käufer untersagt ist, die Ware zurückzuweisen und den Vertrag zu beenden, wenn er sie im Sinne der s35 SGA angenommen hat. Damit wäre er in diesen Fällen auf eine Kaufpreisminderung beschränkt. Es kann allerdings nicht davon ausgegangen werden, dass s35 SGA auch auf das Vertragsauflösungsrecht nach s48C SGA Anwendung findet. Bereits sprachlich ist zwischen der Vertragsbeendigung („right to treat the contract as repudiated") nach s11 (3) SGA und der Vertragsauflösung („rejection") gem. s48C SGA zu unterscheiden. Daneben rechtfertigt auch die isolierte systematische Stellung der ss48A ff. SGA ein abweichendes Vorgehen. Die Regelungen knüpfen auch gerade nicht an das Vorliegen einer wesentlichen Vertragvereinbarung im Sinne einer „condition" an - selbst wenn eine solche regelmäßig vorliegen wird.[767]

(c) Wahlrecht des Verbrauchers zwischen den beiden Stufen

Gem. s48C SGA kann der Verbraucher entweder vom Verkäufer die Minderung des Kaufpreises in angemessener Höhe verlangen oder aber den Vertrag auflösen. Die Ausübung dieser Rechte setzt gem. s48C (2) SGA voraus, dass der Verbraucher entweder keine Abhilfe aufgrund von Unmöglichkeit oder Unverhältnismäßigkeit im Sinne der s48B (3) SGA fordern darf oder aber der Verkäufer dem Verlangen des Verbrauchers nicht in angemessener Zeit bzw. nicht ohne erhebliche Unannehmlichkeiten nachgekommen ist.[768] Insoweit entspricht die Umsetzung den Vorgaben des Art. 3 Abs. 5 RL. Daneben findet jedoch durch s48B (3) (c) SGA auch die Unverhältnismäßigkeit der Rechte der ersten im Ver-

[766] So auch Mansel, AcP 2004, S. 447 f.; Zerres, RIW 2003, S. 756; Arnold/Unberath, ZEuP 2004, S. 379; Bedenken an der Zulässigkeit: Howells/Twigg-Flesner, in: Verbraucherkauf in Europa, S. 317.

[767] Bridge, L.Q.R. 2003, S. 175; a.A ohne Begründung Zerres, RIW 2003, S. 756.

[768] Vgl. s48B (2) (a) SGA.

gleich zu denen der zweiten Stufe Berücksichtigung. Dadurch wird zwar die Inanspruchnahme der Rechte der zweiten Stufe erleichtert, zugleich jedoch die der ersten erschwert.
Dennoch ist auch das englische Recht von einer partiellen Zweistufigkeit gekennzeichnet. Dem Verbraucher obliegt es grundsätzlich, zunächst vom Verkäufer Ersatzlieferung oder Nachbesserung zu verlangen. Allerdings muss bereits an dieser Stelle festgehalten werden, dass dies nur für das Rechtsfolgenregime der ss48A ff. SGA gilt. Durch die parallele Beibehaltung der herkömmlichen Systematik ist es dem Verbraucher bereits unmittelbar nach Feststellung der Vertragswidrigkeit möglich, Schadensersatz zu verlangen bzw. den Vertrag zu beenden. Da der Anspruch auf Schadensersatz zumindest teilweise die Funktion der Minderung übernehmen kann und auch die Vertragsbeendigung gem. s11 (3) SGA mit der Vertragsaufhebung der s48C SGA zumindest in den Grundzügen übereinstimmt, kann von einer gesamtsystematischen Zweistufigkeit nicht gesprochen werden.[769] Insbesondere wird dem Verkäufer damit kein generelles Recht auf zweite Andienung eingeräumt.

(d) Praktische Einschränkung des Wahlrechts gem. s48E SGA

Eine Einschränkung erfährt das umfassende Wahlrecht des Verbrauchers durch die Regelung der s48E SGA. Gegenstand der Vorschrift ist die gerichtliche Durchsetzung der dem Verbraucher eingeräumten Rechte. Durch die Regelung wird klargestellt, dass das Gericht auf Antrag des Käufers die Erfüllung der Abhilfe gem. s48B SGA anordnen kann. Von Bedeutung, insbesondere im Hinblick auf die Richtlinienkonformität der Umsetzungsvorschriften, zugleich jedoch auch mit Auswirkung auf das Wahlrecht, ist s48E (4) SGA. Soweit das Gericht einen anderen als den vom Verbraucher beabsichtigten Rechtsbehelf als angemessen betrachtet, kann es verfahren, als habe der Verbraucher den vom Gericht als angemessen betrachteten Rechtsbehelf von Anfang an verfolgt. Dies hat zur Folge, dass der Verbraucher bereits bei der ursprünglichen Ausübung des Rechtsbehelfs zu berücksichtigten hat, ob dieser nicht möglicherweise vom Gericht im Vergleich zu anderen Vorgehensweisen als unangemessen gesehen wird. Zumindest darf aus dem originären Wahlrecht nicht geschlossen werden, dass der Verbraucher nach englischem Recht auch einen gerichtlich durchsetzbaren Anspruch hat.

(e) Bindung des Verbrauchers an seine Wahl

Schließlich stellt sich die Frage, inwieweit der Verbraucher nach der Ausübung seines Wahlrechts an seine Entscheidung gebunden ist. Die Umsetzungsvorschriften enthalten diesbezüglich keine umfassende Regelung. Für das Wahlrecht innerhalb der ersten Stufe folgt lediglich aus s48D SGA, dass der Verbrau-

769 Siehe auch Zerres, RIW 2004, S. 756.

cher zumindest nach Ablauf einer angemessenen Zeit das jeweils alternative Recht der ersten Stufe geltend machen kann. Ansonsten wird davon ausgegangen, dass die Wahl im Grundsatz widerruflich ist.[770] Eine Einschränkung soll jedoch für den Fall vorliegen, dass der Verkäufer bereits im Vertrauen auf die Maßnahme Vorkehrungen getroffen hat. Daneben wird auch der Ausübung des Vertragsauflösungsrechts rechtsgestaltende Wirkung im deutschen Sinne zugeschrieben. Eine einmal erklärte Vertragsauflösung kann somit nur mit Zustimmung des Verkäufers rückgängig gemacht werden.[771] Das Gleiche wird für den Fall angenommen, dass sich die Parteien auf die Kaufpreisminderung geeinigt haben.

(2) Das Verhältnis der ss48A ff. SGA zur allgemeinen Systematik

Nach der Konzeption der Umsetzung steht es dem Verbraucher bei Feststellung der Vertragswidrigkeit frei, sich entweder auf die ss48A ff. SGA oder aber auf die ihm bereits bisher zustehenden, allgemeinen Rechtsbehelfe zu berufen. Er hat damit die Wahl zwischen Vertragsbeendigung und/oder Schadensersatz und der Abhilfe durch Ersatzlieferung oder Nachbesserung, verbunden mit der weiteren Möglichkeit der Minderung oder der Vertragsauflösung. Mit Ausübung des Wahlrechts ist er jedoch nicht endgültig auf das von ihm zunächst in Anspruch genommene System festgelegt. Unter bestimmten Voraussetzungen kann er auch später noch auf die Rechte des anderen Strangs zurückgreifen.[772]

(a) Übersicht über die Unterschiede zwischen den beiden Systemen

Aufgrund ihrer unterschiedlichen systematischen Ausrichtung bestehen zwischen den allgemeinen und den speziellen Verbraucherrechten grundsätzliche Unterschiede. Der günstigste Rechtbehelf ist damit vom Einzelfall und den besonderen Interessen des Verbrauchers abhängig. Der Schadensersatzanspruch bietet beispielsweise gegenüber dem Minderungsrecht der s48C SGA den Vorteil, dass durch ihn auch über die bloße Vertragswidrigkeit hinausgehende Schäden verlangt werden können. Allerdings ist es dem Verbraucher auch parallel zu den ss48A ff. SGA möglich, Schadensersatz in Form der „general damages“[773] nach s54 SGA zu verlangen. Gegenüber der Minderung hat der Schadensersatz den Nachteil, dass dem Käufer in diesem Fall eine Schadensminderungspflicht auferlegt wird.

Größere Unterschiede ergeben sich jedoch im Hinblick auf Vertragsbeendigung und das Recht auf Vertragsauflösung gem. s48C SGA. Bereits bei ihrer Stellung innerhalb der jeweiligen Systematik bestehen grundlegende Differenzen: Wäh-

[770] Vgl. Benjamin, Supplement, Rn. 1-165 ff.
[771] Benjamin, Supplement., Rn. 1-169.
[772] Dies geht unmittelbar aus s48D SGA hervor.
[773] Vgl. dazu Teil C, III., 2. dieser Arbeit.

rend die Vertragsbeendigung nur für einen relativ kurzen Zeitraum, dafür jedoch unmittelbar möglich ist, besteht die Möglichkeit der Vertragsauflösung im Regelfall erst nach der vorherigen Inanspruchnahme des Verkäufers auf Nacherfüllung. Liegen hingegen erst einmal die Voraussetzungen für die Vertragsauflösung vor, entfaltet das Recht erst nach Ablauf der allgemeinen Verjährungsvorschriften keine Wirkung mehr.
Ein weiterer Unterschied besteht zudem in der Beschränkung der Beweislastumkehr der s48A (3)(4) SGA auf die neu eingeführten Rechte, wobei allerdings auch bei den allgemeinen Rechten häufig ein Anscheinsbeweis von den Gerichten angenommen wird.[774]

(b) Das abstrakte Verhältnis der beiden Systeme zueinander

Grundsätzlich stehen beide Systeme nebeneinander. Der Verbraucher hat die freie Wahl, ob er auf der Basis der allgemeinen Systematik oder aber auf der Grundlage der ss48A ff. SGA gegen den Verkäufer vorgehen möchte. Insbesondere sieht die Umsetzung keine Verhältnismäßigkeitsprüfung vor, ob das eine oder andere Regiment im Einzelfall zu angemesseneren Lösungen kommt. Gerade die für das englische Recht geradezu klassische Frage, ob nicht die Zahlung von Schadensersatz eine adäquatere Lösung als ein – gerichtlich durchsetzbarer – Anspruch auf Nacherfüllung darstellt, findet keine Berücksichtigung.[775] Umgekehrt gilt, dass es dem Verbraucher selbst dann möglich ist, den Vertrag zu beenden, wenn dies im Vergleich zu einer möglichen Nachbesserung in grobem Maße unverhältnismäßig ist.

(c) Vorgehen auf der Grundlage der allgemeinen Rechte

Für den Verbraucher ergibt sich bei Vertragswidrigkeit der Ware zunächst die Möglichkeit, auf der Grundlage der allgemeinen Rechte Schadensersatz und/oder Vertragsbeendigung zu verlangen. Fraglich ist jedoch, inwieweit der Verbraucher im Rahmen seiner allgemeinen Schadensminderungspflicht nicht zunächst dazu verpflichtet ist, den Verkäufer auf Abhilfe in Anspruch zu nehmen. Von einer allgemeinen Pflicht kann allerdings nicht gesprochen werden, da das Warenkaufgesetz auch bereits vor der Umsetzung keine diesbezügliche Notwendigkeit kannte. Es ist ausreichend, wenn dem Verkäufer lediglich die Möglichkeit der Nachbesserung eingeräumt wird. Macht der Verbraucher damit Schadensersatz geltend, scheidet ein weiteres Vorgehen nach den ss48A ff. SGA im Regelfall aus. Sowohl s51 als auch s53 SGA zielen beide darauf ab, den Erfüllungsschaden des Käufers zu ersetzen. Er wird damit für die Vertragswidrigkeit in vollem Umfang kompensiert. Für einen zusätzlichen Anspruch auf Abhilfe besteht daneben kein diesen rechtfertigendes, rechtliches Interesse. Eine Aus-

[774] Vgl. dazu Teil C, II., 2., g) dieser Arbeit.
[775] Vgl. dazu Teil C, III., 3., d) dieser Arbeit.

nahme gilt allerdings für den Fall, dass der Verbraucher gem. s54 SGA nur Mangelfolgeschäden ersetzt verlangt.
Übt der Verbraucher wegen der Vertragswidrigkeit sein Recht auf Vertragsbeendigung aus, scheitert ebenfalls ein weiteres Vorgehen nach den ss48A ff. SGA. Da die Vertragsbeendigung voraussetzt, dass der Verbraucher die Sache zuvor abgelehnt hat, kommt ein daneben bestehender Anspruch auf Ersatzlieferung oder Nachbesserung nicht in Betracht.

(d) Vorgehen auf der Grundlage der ss48A ff. SGA

Der umgekehrte Fall, dass sich der Verbraucher zunächst auf die ss48A ff. SGA beruft, bereitet größere Schwierigkeiten. Problematisch scheint insbesondere das Verhältnis zur Vertragsbeendigung. Dieses wird grundsätzlich davon abhängig gemacht, dass der Käufer die Ware noch nicht im Sinne der s35 SGA angenommen hat. Es stellt sich damit die Frage, ob die Vertragsbeendigung nicht nach vorheriger Inanspruchnahme des Verkäufers auf Nachbesserung oder Ersatzlieferung aufgrund einer darin zu sehenden Annahme der Sache ausgeschlossen ist. Bereits durch die Gesetzesreform 1994 hat der englische Gesetzgeber allerdings in s35 (6) SGA ausdrücklich klargestellt, dass der Käufer nicht allein wegen eines Reparaturverlangens die Sache angenommen hat. Für das Verlangen einer Ersatzlieferung fehlte es an einer entsprechenden Regelung. Hier kann allerdings argumentiert werden, dass das Verlangen nach einer anderen Sache gerade keine Annahme darstellt, da der Käufer die Sache vielmehr loswerden will. Auch der englische Gesetzgeber hat die Problematik erkannt und ausdrücklich in s48D (1) SGA klargestellt, dass für den Fall, dass der Verbraucher den Verkäufer zunächst auf Ersatzlieferung oder Nachbesserung in Anspruch nimmt, eine Vertragsbeendigung aufgrund der allgemeinen Systematik erst nach Ablauf einer angemessenen Zeit zur Durchführung der Abhilfe in Betracht kommt. Damit ist klargestellt, dass weder Nachbesserungs- noch Ersatzlieferungsverlangen eine Annahme im Sinne der s35 SGA darstellen. Nicht eindeutig geklärt ist jedoch, ob die weiteren Annahmetatbestände der s35 SGA weiterhin zur Anwendung gelangen sollen oder ob auch diese von der allgemeinen Regelung der s48D SGA umfasst sind. Lässt der Verbraucher eine angemessene Zeit verstreichen oder aber bringt er gegenüber dem Verkäufer zum Ausdruck, dass er die Sache behalten möchte, ist eine Vertragbeendigung auch weiterhin ausgeschlossen.

c) Die neuen Rechte des Verbrauchers im Detail

(1) Allgemeines

Die Umsetzung des Art. 3 RL in das englische Recht ist dadurch gekennzeichnet, dass sich die Umsetzungsmaßnahmen auf die mehr oder weniger wortgetreue Umsetzung der Richtlinienvorgaben beschränken. In den Hintergrund ist dabei der Umstand getreten, dass von europäischer Seite her nur eine Grundstruktur vorgegeben wurde, deren Ausgestaltung den Mitgliedsstaaten vorbehalten bleiben sollte.[776] An einer solchen fehlt es jedoch im englischen Recht. Dies ist gerade deswegen von Bedeutung, da die neu eingeführten Rechte teilweise so oder ähnlich noch nicht im englischen Recht vorhanden waren. Soweit es also um Detailprobleme geht, die sich erst aus der Anwendung der neuen Vorschriften ergeben, bestehen weitgehende Unsicherheiten im englischen Recht, die bisher nur rudimentär in der Literatur zur Richtlinienumsetzung erörtert worden sind. Zwar lassen sich aus dem bestehenden Recht teilweise Tendenzen hinsichtlich des zu erwartenden Vorgehens der Rechtsprechung erkennen, doch verbleiben weitreichende offene Fragestellungen.

(2) Das Recht auf Nachbesserung

Gemäß der neu eingefügten Legaldefinition der s61 SGA ist unter Nachbesserung in Anlehnung an Art. 1 Abs. 2 f) RL die Herstellung der Vertragsmäßigkeit („to bring goods into conformity with the contract“) zu verstehen. Entsprechend den Richtlinienvorgaben hat der Verkäufer die Nachbesserung innerhalb einer angemessenen Zeit und ohne erhebliche Unannehmlichkeiten für den Verbraucher herbeizuführen. Was unter einer angemessenen Zeit zu verstehen ist, verbleibt der Auslegung durch die Rechtsprechung. Nicht möglich ist ein Rückgriff auf die parallele Formulierung der s35 (4) SGA, da hier eine angemessene Zeit von der Möglichkeit des Verbrauchers, die Vertragsmäßigkeit der Ware zu überprüfen, abhängt und somit einen anderen Bezugspunkt hat. In Übereinstimmung mit der Richtlinie legt s48B (2) (b) SGA daneben fest, dass der Verkäufer die Kosten der Nachbesserung zu tragen hat. Offen bleibt, ob der Verkäufer die Kosten auch dann zu tragen hat, wenn diese durch auf den Verbraucher zurückzuführende Umstände erhöht sind. Die gesetzliche Regelung kennt keine diesbezügliche Einschränkung. Daraus und dadurch, dass der Verbraucher aufgrund einer Unverhältnismäßigkeit unter Umständen ohnehin nur zur Ersatzlieferung berechtigt ist, ist zu schließen, dass der Verkäufer auch für erhöhte Kosten einzustehen hat.

(3) Das Recht auf Ersatzlieferung

Entsprechend der Richtlinie hat auch der englische Gesetzgeber keine Legaldefinition des Begriffs der Ersatzlieferung („replacement“) im SGA aufgenommen. Das Recht auf Nachbesserung besteht unabhängig von einem Verschulden des Mangels und ist richtlinienkonform nicht davon abhängig, ob der Mangel eine bestimmte Erheblichkeitsschwelle überschreitet.[777] Schwierigkeiten im Zu-

[776] So ausdrücklich für die Vertragsauflösung Erwägungsgrund 15, S. 2. Im Übrigen: Schwartze, in: Verbraucherkauf in Europa, S. 138.
[777] So aber Art. 46 Abs. 2 CISG.

sammenhang mit der Ersatzlieferung ergeben sich jedoch aus anderen Gesichtspunkten. Im Mittelpunkt steht dabei die Frage, ob auch beim Stückkauf ein Recht auf Ersatzlieferung besteht oder aber nur ein solches auf Nachbesserung in Betracht kommt. Das Problem liegt darin begründet, dass sich beim Stückkauf die Leistungsverpflichtung von vornherein nur auf das von den Parteien konkret individualisierte Stück richtet, während die Ersatzlieferung auf Lieferung einer anderen als der zunächst gelieferten, mangelhaften Sache gerichtet ist.[778] Bei der Lösung ist zwischen unterschiedlichen Situationen zu unterscheiden. Soweit es sich bei dem Kaufgegenstand um ein Einzelstück handelt, ist ein Ersatzlieferungsanspruch bereits wegen Unmöglichkeit ausgeschlossen. Handelt es sich hingegen um ein nicht gebrauchtes Massenprodukt, bei dem es dem Verbraucher auf die konkrete Sache gar nicht ankommt und er diese vielmehr zufällig aus einer Gesamtmasse ausgewählt hat, ist die Einräumung eines Ersatzlieferungsrechts sinnvoll und interessengerecht. Probleme bereiten diejenigen Fälle, in denen gleichwertige, wenn auch nicht unmittelbar gleiche Sachen zur Verfügung stehen. Dies führt insbesondere dann zu Schwierigkeiten, wenn man dem Verkäufer das Wahlrecht innerhalb der ersten Stufe einräumt. Gerade beim Gebrauchtwagenkauf kann es dem Interesse des Verkäufers entsprechen, dem Verbraucher statt der Nachbesserung ein anderes gebrauchtes, vergleichbares Modell zu liefern. Hier muss jedoch die Ersatzlieferung aufgrund der Individualisierung des Vertragsgegenstands durch die vertragliche Vereinbarung und den darauf gerichteten Willen der Parteien ausgeschlossen sein. Den Parteien wird allerdings dadurch nicht die Möglichkeit genommen, trotzdem eine Ersatzlieferung zu vereinbaren. Das Gleiche muss aber auch für den Fall gelten, dass dem Verbraucher das Wahlrecht innerhalb der ersten Stufe zusteht. Zwar kann auch hier zwischen den Parteien vereinbart werden, dass der Verkäufer eine Ersatzsache liefert, dem Verbraucher steht jedoch auch diesbezüglich aufgrund der individualisierten Stückschuld kein Anspruch zu.

Des Weiteren stellt sich die Frage, ob die Ersatzlieferung auch dann ausgeschlossen ist, wenn es dem Verbraucher nicht möglich ist, die mangelhafte Ware zurückzugeben. Ein paralleles Problem besteht bei der Vertragsauflösung, die grundsätzlich die Möglichkeit zur Rückgabe der Kaufsache voraussetzt. Soweit die fehlende Rückgabemöglichkeit allerdings auf die Vertragswidrigkeit der Sache oder den vertragsgemäßen Gebrauch zurückzuführen ist, kann diese einem Ersatzlieferungsanspruch nicht entgegenstehen, da die Vertragswidrigkeit und damit auch die davon ausgehenden Folgen gerade in den Verantwortungsbereich des Verkäufers fallen. Problematisch sind lediglich die Fälle, in denen die Unmöglichkeit der Rückgabe bzw. die Verschlechterung der Ware entweder auf

[778] Vgl. dazu zu der Frage zum deutschen Recht: Huber, NJW 2002, S. 1004. Nicht in den Problemkreis fällt die Situation, in der sich die Parteien auf eine bestimmte Sache geeinigt haben, der Verkäufer jedoch eine andere geliefert hat und deswegen der Verbraucher einen Ersatzlieferungsanspruch geltend macht.

das Verhalten des Verbrauchers zurückzuführen oder aber zufällig eingetreten sind. Die Richtlinie selbst macht das Ersatzlieferungsrecht nicht ausdrücklich von der Möglichkeit der Rückgabe abhängig. Es muss jedoch davon ausgegangen werden, dass diese Situation von den Mitgliedstaaten selbst zu regeln ist.[779] Gerechtfertigt scheint es in diesem Fall, eine Abhilfe als unmöglich einzustufen und einen Minderungsanspruch zu gewähren. Die konkrete Rechtslage im englischen Recht ist diesbezüglich jedoch unklar.

(4) Das Recht auf Minderung des Kaufpreises

(a) Allgemeines

Das englische Recht kannte bis zur Umsetzung der Richtlinie keinen der römischen actio quanti minoris entsprechenden Rechtsbehelf.[780] Die dadurch bestehende Lücke wurde durch den verschuldensunabhängigen Schadensersatzanspruch gefüllt, der ein funktionales Äquivalent darstellt. Aufgrund des zumindest dogmatisch innovativen Charakters des Minderungsrechts verwundert es, dass sich der Regelungsgehalt der ss48A ff. SGA fast ausschließlich auf die bloße Feststellung der Existenz dieses Rechts erschöpft. Insbesondere die Frage nach der Methode der Berechnung der Minderung bleibt offen. Es ist daher in der Praxis solange mit Schwierigkeiten zu rechnen, bis durch die Rechtsprechung die entscheidenden Kriterien für die Ermittlung eines „angemessenen Betrages“ entwickelt worden sind.[781] Auch zur Ausübung der Minderung und der Durchführung finden sich keine Ausführungen.

(b) Offene Fragestellungen

Eine wesentliche Schwierigkeit bei der Minderung liegt regelmäßig in der Ermittlung der Höhe des Minderungsbetrages. Ein Vergleich mit anderen Rechtsordnungen zeigt, dass sich im Kern zwei unterschiedliche Ansätze zur Berechnung der Minderung der Gegenleistung gegenüberstehen. Zum einen kann sich der abzuziehende Betrag aus der Wertdifferenz zwischen der Kaufsache im vertragsgemäßen und der im vertragswidrigen Zustand ergeben. Zum anderen besteht jedoch auch die Möglichkeit, bei der Minderung das von den Parteien vereinbarte Äquivalenzverhältnis von Leistung und Gegenleistung zu berücksichtigen, indem bei der Minderung ein entsprechendes Verhältnis von tatsächlicher

[779] So auch Ernst/Gsell, ZIP 2000, S. 1417; Schwartze, ZEuP 2000, S. 569.
[780] McKwendrick, Sale of Goods, S. 519.
[781] Die Erfahrungen haben jedoch gezeigt, dass selbst bei Feststehen des anzuwendenden Berechnungsansatzes aufgrund der Unsicherheit der zugrundezulegenden Daten in der Praxis weiter Schwierigkeiten bestehen.

Leistung und geminderter Gegenleistung erreicht wird.[782] Welche Methode im englischen Recht zur Anwendung gelangen soll, ist der Regelung der ss48A ff. SGA nicht zu entnehmen. Problematisch ist, dass auch die Richtlinie in diesem Zusammenhang keine eindeutigen und insbesondere keine zwingenden Vorgaben macht. Eine richtlinienkonforme Auslegung ist somit nicht nötig bzw. eine Orientierung an der Rechtsprechung des EuGH nicht möglich. Der einzige mögliche Ansatzpunkt für eine Lösung kann insoweit nur der funktional äquivalente Anspruch auf Schadensersatz sein. Bei dessen Berechnung wird vom Wert der mangelfreien Sache zum Zeitpunkt der Lieferung der Wert der vertragswidrigen Sache abgezogen. Es handelt sich dabei um den oben genannten absoluten Ansatz. Durch das Abstellen auf den Zeitpunkt der Lieferung bei der Bestimmung des Werts der mangelfreien Sache wird möglichen Marktpreisschwankungen Rechnung getragen. Kommt es zu einer Verringerung des Marktpreises, profitiert der Verkäufer, im anderen Fall der Käufer. Da es sich bei dem Recht auf Minderung jedoch um ein dogmatisch vom Schadensersatzanspruch zu unterscheidendes Recht handelt, kann aus der bloßen Existenz einer Berechnungsmethode nicht geschlossen werden, dass diese auch bei der Minderung Anwendung finden soll. Es besteht lediglich die Möglichkeit bzw. eine gewisse Wahrscheinlichkeit, dass die Gerichte aufgrund der Ähnlichkeit beider Rechtsbehelfe auf eine parallele Berechnungsmethode zurückgreifen werden. In der englischen Literatur zur Umsetzung der Verbrauchsgüterkaufrichtlinie findet die Frage des anzuwendenden Berechnungsgrundsatzes keine Aufmerksamkeit. Sowohl aufgrund des Art. 50 CISG, der von der relativen Methode ausgeht, als auch aufgrund der allgemeinen Ausstrahlungswirkung des CISG, die sich sowohl auf die Richtlinie als auch häufig auf die sonstigen mitgliedsstaatlichen Rechtsordnungen auswirkt, wäre es für das englische Recht erstrebenswert, einen parallelen Ansatz zu wählen. Er erlaubt es, die sich im konkreten Vertragsschluss widerspiegelnden Positionen der Parteien interessengerecht zum Ausgleich zu bringen.

(c) Ausübung der Minderung

Gem. s48C (1) (a) SGA wird dem Verbraucher das Recht eingeräumt, vom Verkäufer eine angemessene Minderung des Kaufpreises zu verlangen. Der Wortlaut stimmt mit dem der Richtlinie überein, unterscheidet sich von dem der deutschen Regelung allerdings dadurch, dass der Käufer nicht selbst den Kaufpreis mindert[783], sondern nur vom Verkäufer die Minderung verlangen kann. Es stellt

[782] So der Ansatz des Art. 50 CISG. Vgl. dazu Schlechtriem/Huber, Art. 50, Rn. 2, 9. Im Übrigen Sandrock, Vertragswidrigkeit, S. 226; Twigg-Flesner/Bradgate, WJCLI 2000, 6 (b) mit konkreten Rechenbeispielen.

[783] Vgl. § 441 BGB: „Statt zurückzugeben, kann der Käufer den Kaufpreis durch Erklärung gegenüber dem Verkäufer mindern". Im Gegensatz dazu noch § 462 BGB a.F.: „...kann der Käufer ... Herabsetzung des Kaufpreises (Minderung) verlangen.".

sich damit die Frage, ob das Verlangen der Minderung entsprechend einem Gestaltungsrecht automatisch zur Herabsetzung des Kaufpreises führt oder ob der Verkäufer dabei mitzuwirken hat. Nach den Vorgaben der Richtlinie ist trotz der Formulierung davon auszugehen, dass durch das Geltendmachen des Rechts auf Minderung der Kaufpreis unmittelbar gemindert wird. Eine Zustimmung des Verkäufers ist nicht zu fordern. Vielmehr gebietet es der Verbraucherschutz, dem Verbraucher die Möglichkeit einzuräumen, ohne weitere Hürden das Recht auf Minderung auszuüben und damit unmittelbar einen zu viel gezahlten Betrag zurückfordern bzw. unmittelbar nach Geltendmachung der Minderung eine Zahlung verweigern zu können.

(d) Rechtsfolgen der Minderung

Hat der Verbraucher von seinem Recht auf Minderung Gebrauch gemacht, hängen die Rechtsfolgen insbesondere davon ab, ob er selbst bereits die von ihm geschuldete Gegenleistung erbracht hat oder ob diese noch geleistet werden muss. Die Regelung der s48C SGA enthält diesbezüglich keine Ausführungen. Aus der Funktion des Minderungsrechts als Anpassung der Gegenleistung an die vertragswidrige Ware folgt, dass der Anspruch des Verkäufers vom Zeitpunkt der Minderung an auf den geminderten Betrag reduziert ist. Soweit der Verkäufer weiterhin die volle Gegenleistung fordert, kann der Verbraucher, soweit er die ihm obliegende Leistung noch nicht erbracht hat, die ausgeübte Minderung einredeweise entgegen halten. Nicht gerechtfertigt ist es, in diesem Zusammenhang von einer s53 (1) (a) SGA vergleichbaren Aufrechnung zu sprechen.[784] Während bei s53 (1) (a) SGA dem Verbraucher aufgrund der Vertragswidrigkeit tatsächlich ein aufrechenbarer Schadensersatzanspruch zusteht, hat er nach Ausübung des Minderungsrechts, soweit er die eigene Leistung noch nicht erbracht hat, keinen geldwerten Anspruch. Er kann sich lediglich damit verteidigen, das Recht auf Minderung ausgeübt zu haben und daher nicht zur Zahlung der geforderten Summe verpflichtet zu sein.
Hat der Verbraucher hingegen schon geleistet, stellt sich die Frage, auf welchem Weg er den zu viel gezahlten Betrag zurückverlangen kann. Insoweit kann auf die parallele Situation verwiesen werden, in der der Verkäufer nicht die vertraglich geschuldete Menge liefert, der Käufer dies jedoch akzeptiert und gem. s30 (1) SGA nur einen angepassten Kaufpreis zahlen muss. Hat der Käufer in einer entsprechenden Situation bereits gezahlt, so kann er den zu viel gezahlten Betrag zurückfordern.[785]

784 So aber Benjamin, Supplement, Rn. 1-138.
785 Oxendale v Wetherell, (1829) 9 B. & C. 386; Biggerstaff v Rowatt's Wharf Ltd [1896] 2 Ch. 93; Behrend & Co. v Produce Brokers Co. Ltd. [1920] 3 K.B. 530.

(5) Das Recht auf Vertragsauflösung

(a) Terminologie

Alternativ zur Minderung wird dem Verbraucher das Recht eingeräumt, den Vertrag aufzulösen. S48C SGA unterscheidet sich insoweit sowohl terminologisch als auch systematisch von der bis dato möglichen Vertragsbeendigung. Der Begriff der Vertragsauflösung („rescission") wird im englischen Recht allerdings überwiegend mit der Möglichkeit einer Vertragspartei verknüpft, sich wegen einer nicht zutreffenden vorvertraglichen Tatsachenbehauptung („misrepresentation") ab initio vom Vertrag zu lösen. Dennoch hat dieser Begriff bereits durch frühere Gesetzgebungsmaßnahmen auch in anderem Zusammenhang Einlass in das Warenkaufgesetz gefunden.[786] Während damit bisher jedoch lediglich die Möglichkeit beschrieben wurde, den Vertrag zu beenden, soll die Terminologie in Zusammenhang mit s48C SGA die Zurückweisung der Ware, die Beendigung des Vertrages und die Zurückforderung der erbrachten Gegenleistung umfassen.[787] Die Begriffswahl erscheint daher unglücklich, da dem Gesetzgeber die bereits bestehenden terminologischen Schwierigkeiten bekannt waren.

(b) Vertragsauflösung und Geringfügigkeit

Kennzeichnend für die Umsetzung ist zunächst, dass eine Vertragsauflösung auch für den Fall einer nur geringfügigen Vertragswidrigkeit in Betracht kommt. Der englische Gesetzgeber hat nicht von dem ihm in dieser Frage durch Art. 3 Abs. 6 RL eingeräumten Ermessen Gebrauch gemacht. Damit trägt er dem Umstand Rechnung, dass beim Verbrauchsgüterkauf bei Verletzung der ss13-15 SGA auch nach den allgemeinen Rechtsbehelfen nicht hinsichtlich der Bedeutung der Vertragswidrigkeit unterschieden wurde.[788] Es muss allerdings berücksichtigt werden, dass das englische Recht nicht in jedem Fall der Vertragswidrigkeit den Parteien die Möglichkeit der Vertragsbeendigung einräumt. Eine Verletzung der ss13-15 SGA ermöglicht nur deswegen dem Verbraucher stets die Beendigung des Vertrages, da diese stillschweigenden Vereinbarungen von Gesetzes wegen als eine die Vertragsbeendigung rechtfertigende wesentliche Vertragsvereinbarung im Sinne einer „condition" eingeordnet werden. Mangelt es an einer entsprechenden gesetzlichen Einordnung, hängt es entweder vom Willen der Parteien oder aber von der Auslegung des Gerichts ab, ob es sich bei einer Vertragsvereinbarung um eine „condition" handelt. Daneben kommt eine Vertragsbeendigung nach den allgemeinen Regeln nur in Betracht, wenn die

---

[786] S48 SGA.

[787] Benjamin, 1-142.

[788] Lediglich für den Fall des Handelskaufs wurde und wird die Möglichkeit der Vertragsbeendigung davon abhängig gemacht, dass die Verletzung der ss13-15 SGA nicht so geringfügig ist, dass eine hierauf fußende Vertragsbeendigung unangemessen wäre, vgl. s15A SGA.

Vereinbarung als „innominate term“ klassifiziert wird und die Schwere der Vertragsverletzung die Vertragsbeendigung rechtfertigt. Die gemachten Ausführungen sind von Relevanz, da die ss48A ff. SGA nicht nur bei der Verletzung der ss13-15 SGA, sondern nach s48F SGA auch bei der Verletzung von ausdrücklichen Vereinbarungen zur Anwendung gelangen. Dies können nach herkömmlicher Klassifizierung möglicherweise auch nur unbenannte oder gar nur schadensersatzauslösende Vertragsvereinbarungen sein. Damit unterscheidet sich s48C SGA von der sonstigen Systematik des englischen Rechts und führt zu einer erweiterten Möglichkeit der Lösung vom Vertrag.

(c) Rechtsfolgen der Vertragsauflösung

(aa) Rückforderung der Gegenleistung

Die Regelung der s48C SGA beschränkt sich weitestgehend auf die allgemeine Feststellung, dass der Verbraucher unter den genannten Voraussetzungen ein Recht auf Vertragsauflösung hat. Eine Art. 81 CISG vergleichbare Vorschrift über die konkreten Rechtsfolgen findet sich weder in der Richtlinie noch im englischen Warenkaufgesetz. Hinsichtlich der Richtlinie kann dies darauf zurückgeführt werden, dass die konkrete Ausgestaltung der Vertragsauflösung den Mitgliedsstaaten überlassen werden sollte. Dies gilt insbesondere für die Befreiung des Verbrauchers von der Erbringung der Gegenleistung bzw. die Möglichkeit, eine bereits erbrachte Gegenleistung zurückzufordern. Der englische Gesetzgeber hat eine diesbezügliche Regelung nicht vorgenommen. Indes steht auch nach englischem Recht fest, dass der Verbraucher nach Vertragsauflösung nicht weiter zur Leistungserbringung verpflichtet ist. Von entscheidender Bedeutung für den Verbraucher ist jedoch die Frage, inwieweit er eine bereits erbrachte Gegenleistung zurückfordern kann.
Mangels konkreter Regelung sowie der vergleichbaren Interessenlage bietet sich insoweit ein Blick auf die in der Rechtsprechung entwickelten Grundsätze zum Vertragbeendigungsrecht an. Aufgrund der allgemeinen Systematik des englischen Rechts hat der Käufer bei einem vollständigen Fehlschlagen der Gegenleistung („total failure of consideration“) die Möglichkeit, die Herausgabe der von ihm erbrachten Leistung zu verlangen. Es handelt sich dabei um einen bereicherungsrechtlichen Anspruch, dessen Anwendung im Rahmen des Warenkaufes über s54 SGA gewährleistet ist. Im Gegensatz zum Schadensersatzanspruch bedarf es weder des Nachweises eines Schadens noch der Berücksichtigung einer Schadensminderungspflicht.[789] Wesentliche Voraussetzung für diesen Anspruch ist, wie erwähnt, das vollständige Fehlschlagen der Gegenleistung. Dies kann dadurch erreicht werden, dass der Käufer die Sache dem Verkäufer zurückgegeben bzw. zumindest zur Abholung zur Verfügung gestellt hat. Ursprünglich wurde in der Rechtsprechung zusätzlich vorausgesetzt, dass ein voll-

[789] Benjamin, 12-067.

ständiges Fehlschlagen nur dann vorlag, wenn der Empfänger der Leistung keinerlei Vorteil aus dieser gezogen hatte. Ein rechtlich relevanter Vorteil wurde dabei bereits in der bloßen Nutzung der Sache gesehen.[790] Die Rechtsprechung hat sich später selbst von dieser restriktiven Sichtweise distanziert.[791] Die bloße Nutzung der Sache soll demnach einem bereicherungsrechtlichen Anspruch nicht entgegenstehen. Dies gelte zumindest, solange das Vertragsbeendigungsrecht in relativ kurzer Zeit ausgeübt werden muss. Sollen die gemachten Ausführungen auf das Vertragsauflösungsrecht übertragen werden, ist festzustellen, dass dessen Ausübung gerade nicht nach Ablauf eines längeren Zeitraums seit Übergabe ausgeschlossen ist. Es besteht somit die Gefahr, dass die Gerichte aufgrund der erfolgten längeren Nutzung der Sache keinen bereicherungsrechtlichen Anspruch wegen vollständigen Fehlschlagens der Gegenleistung gewähren.[792] Es hängt daher von der Position der Gerichte ab, inwieweit der Verbraucher seine Leistung noch zurückfordern kann. Bereits früher wurde allerdings von Seiten der Wissenschaft vorgeschlagen, bei einem bereichungsrechtlichen Anspruch die Nutzung der Sache lediglich mindernd zu berücksichtigen, nicht jedoch das Bestehen eines Anspruchs als solchen in Frage zu stellen.[793] Inwieweit sich dieser Vorschlag durchsetzen wird, ist zum jetzigen Zeitpunkt noch nicht absehbar. Zwar sieht auch der Gesetzgeber vor, dass die Nutzung beim Ausgleich der Gegenleistung zu berücksichtigen ist, daraus kann im Umkehrschluss jedoch nicht unmittelbar auf das stete Bestehen eines bereicherungsrechtlichen Rückforderungsanspruchs geschlossen werden.
Dem Verbraucher verbleibt jedoch die Möglichkeit, zumindest den Gegenwert der von ihm erbrachten Leistung als Schaden im Rahmen eines Schadensersatzanspruchs geltend zu machen.[794] Diese Möglichkeit ist unabhängig von einer durch den Verbraucher erfolgten Nutzung der Ware.

(bb) Berücksichtigung der Nutzung der Ware

Eine Konkretisierung der Rechtsfolgen der Vertragsauflösung findet im englischen Recht lediglich dadurch statt, dass s48C (3) SGA vorsieht, bei einer Zurückerstattung des Kaufpreises an den Verbraucher die gezogenen Nutzungen seit Lieferung der Kaufsache in Abzug zu bringen. Eine entsprechende Befugnis der Gerichte, die Nutzung zu berücksichtigen, findet sich in s48E (5) SGA.

---

[790] Hunt v Stilk (1804) 5 East 449.
[791] Fibrosa Spolka Akcyjna v Fairbairn Lawsom Combe Barbour Ltd. [1943] A.C. 32, S. 52, 70.
[792] Chitty (Vol. 2), 43-465, geht von einer Anwendbarkeit bei Vertragsauflösung nach s48C SGA aus, ohne jedoch dieses Problem anzusprechen.
[793] Vgl. die Nachweise in Benjamin/Reynolds, 12-068, Fn. 14.
[794] Vgl. dazu Harlin v Eddy [1951] 2 K.B. 739.

(d) Offengebliebene Fragestellungen

Kennzeichnend für die Umsetzung ist, dass sie zwar die allgemeinen Grundsätze umsetzt, eine rechtliche Ausgestaltung der Rechte jedoch fast vollständig unterbleibt. Eine dem deutschen Recht vergleichbare Systematik ist nicht vorhanden. So wurde auch nicht die Frage geregelt, ob die Vertragsauflösung auch dann möglich ist, wenn sich die Kaufsache zwischen Lieferung und Rückgabe zufällig oder aufgrund des Verhaltens des Verbrauchers verschlechtert hat oder sie gar untergegangen ist. Auch die Richtlinie ist in diesem Punkt nicht hilfreich und überlässt die Regelungen den Mitgliedsstaaten.[795]
Mangels ausdrücklicher Regelung lässt sich nicht vorhersagen, wie die Gerichte in einem entsprechenden Fall entscheiden werden. Zumindest soweit die Verschlechterung oder der Untergang auf die Vertragswidrigkeit selbst zurückzuführen ist, wäre eine Versagung der Vertragsbeendigungsmöglichkeit unangemessen.[796] Problematisch sind allerdings die Fälle, in denen die Verschlechterung oder der Untergang entweder durch Zufall oder durch das Verhalten des Käufers selbst herbeigeführt worden sind. Die diesbezügliche Rechtslage ist auch zum Vertragsbeendigungsrecht nicht abschließend geklärt. Es wird jedoch davon ausgegangen, dass in diesen Fällen regelmäßig eine Vertragsbeendigung durch den Verbraucher ausgeschlossen ist.[797] Der gewählte Ansatz ist auf das Vertragsauflösungsrecht zu übertragen. Eine ausdrückliche Regelung durch den Gesetzgeber wäre allerdings wünschenswert gewesen.[798]

d) Die gerichtliche Durchsetzung der Rechte

(1) Hintergrund

Die Regelungen der ss48 B/C SGA legen fest, dass der Verbraucher das Recht hat, vom Verkäufer die Nachbesserung, Ersatzlieferung oder Minderung zu verlangen bzw. den Vertrag aufzulösen. Nicht nur theoretischer Natur ist die sich anschließende Frage, inwieweit es dem Verbraucher möglich ist, die ihm gesetzlich eingeräumten Rechte notfalls auch gerichtlich gegenüber dem Verkäufer durchzusetzen.[799] Zwar wird zum einen der Verbraucher gerade bei Verbrauchs-

---

[795] Teilweise wird unter Verweis auf die ausdrückliche Regelung des Art. 82 Abs. 1 CISG argumentiert, dass den Mitgliedsstaaten diesbezüglich ein Umsetzungsspielraum eingeräumt werden soll. Ernst/Gsell, ZIP 2000. S. 1417 f., die zugleich betonen, dass diese Frage nicht unmittelbar durch die Richtlinie geregelt ist und somit die Entscheidung dem nationalen Gesetzgeber verbleibt. Siehe auch Schwartze, ZEuP 2000, S. 567.

[796] Watterson, ERPL 2001, S. 216.

[797] Vgl. Teil C, III., 2., c), (1), (b), aa) dieser Arbeit.

[798] So bereits vor der Umsetzung Watterson, ERPL 2001, S. 216.

[799] Soweit es überhaupt zu Auseinandersetzungen kommt – dem Verkäufer wird regelmäßig daran gelegen sein, die legitimen Forderungen seines Kunden zu erfüllen – wird das Begehren des Käufers vor Gericht regelmäßig auf die Zahlung von Schadensersatz gerichtet sein. Es

gütern des täglichen Lebens regelmäßig vor einer gerichtlichen Durchsetzung zurückschrecken, zum anderen aber wird auch der Verkäufer ein Interesse daran haben, die legitimen Forderungen seines Kunden zu erfüllen. Dennoch gibt allein die faktische Möglichkeit der gerichtlichen Durchsetzung dem Verbraucher ein Druckmittel in die Hand, das er im Vorfeld einer Auseinandersetzung ausspielen kann und das seinem Begehren zusätzlichen Nachdruck verleiht. Dies gilt insbesondere für den englischen Rechtsraum, nach dessen bisheriger Systematik der Verbraucher - neben der Möglichkeit, den Vertrag zu beenden - grundsätzlich auf die Geltendmachung von Schadensersatz beschränkt war. Das englische Recht kannte grundsätzlich keine gerichtlich durchsetzbare Erfüllungsverpflichtung des Verkäufers. Dies gilt sowohl für die originäre Erfüllung als auch für die Nacherfüllung.

Noch in der Stellungsnahme des House of Lords Komitee zum Richtlinienentwurf[800] wurde von englischer Seite davon ausgegangen, dass die Richtlinie nicht zu einer Verpflichtung der nationalen Gerichte führt, entgegen ihrer Verfahrensvorschriften bzw. ihrer Gerichtspraxis die Erfüllung der Reparatur- bzw. Ersatzlieferungsverpflichtung anzuordnen.[801] Grundlage für diese Auffassung war eine entsprechende Auskunft der Europäischen Kommission. Aufgrund diesbezüg-

---

gibt jedoch Fälle, in den das Interesse des Verbrauchers gerade auf die Nachbesserung bzw. Ersatzlieferung gerichtet ist.

[800] Vgl. 10th Report des Select Committee, Rn. 96 f.:"... The extent of the change caused by the addition of the rights of replacement, repair and price reduction and by enabling the consumer to rescind the contract or demand a replacement for up to a year would, in the Committee's view, depend on two things; the extent to which the Directive would require national courts to order actual repair or replacement of the goods (*ie.* whether the court would order performance *in specie*), and the extent to which the consumer's choice and exercise of remedies was unrestricted.".

97. "As to the first, the Commission told the Committee that the Directive would not require the national court to order specific performance of the repair or replacement of the goods. In short, the judge in the United Kingdom would remain competent to compensate the consumer by way of an order for damages. The intention, it would appear, is not to alter national judicial procedures and practice. We wholeheartedly support this and recommend that in order there can be no room for doubt or argument on this important point the Directive should expressly provide that where a consumer would, pursuant to the Directive, be entitled to require performance of an obligation by the seller (for example, to have the goods repaired) a national court is not required to order specific performance unless that court would do so in respect of contracts of sale not governed by the Directive. There are precedents for such provisions in international legal instruments, including Article 28 of the Vienna Sales Convention.".

[801] Schlechtriem/Huber, Art. 28 Rn. 5, macht deutlich, dass es sich – mit Bezug auf das CISG - hierbei gerade nicht um eine Frage des Verfahrensrechts (so aber der Sekretariatskommentar, Art. 26, Rn. 2), sondern um eine des materiellen Rechts handelt. Dieser Auffassung ist zuzustimmen. Es ist das unterschiedliche Vertragsverständnis, das Abstellen auf das Garantieversprechen, das eine Beschränkung der Ansprüche auf Schadensersatz wegen Nichterfüllung bewirkt, nicht das nationale Verfahrensrecht. Diese Auslegung im Hinblick auf die Richtlinie favorisierend: Watterson, ERPL 2001, S. 212.

lich fehlender Angaben lässt sich deren Seriösität nur schwer abschätzen. Der propagierte Ansatz erinnert jedoch stark an die Regelung des Art. 28 CISG. Der Vorbildcharakter des UN-Kaufrechts für die Richtlinie wurde von Beginn an betont und spiegelt sich auch in den einzelnen Richtlinienregelungen wider. Die Vorschrift legt fest, dass ein Gericht nur dann eine Entscheidung auf Erfüllung in Natur zu fällen braucht, wenn es dies auch nach seinem eigenen Recht bei gleichartigen Kaufverträgen täte, die nicht unter das Übereinkommen fallen. Ziel der Regelung ist es, dem unterschiedlichen Verhältnis von Erfüllungsanspruch und Schadensersatz wegen Nichterfüllung in den verschiedenen Rechtssystemen Rechnung zu tragen. Ein Verzicht auf die jeweiligen Grundprinzipien hätte die tiefsten Wurzeln der Systeme zu stark getroffen, als dass er ernstlich hätte zugemutet werden können.[802] Anwendung findet Art. 28 CISG nicht nur auf die Fälle der Nichtlieferung, sondern auch auf solche, in denen der Käufer aufgrund der Vertragswidrigkeit der Kaufsache sein Recht auf Nachbesserung bzw. Ersatzlieferung geltend macht.[803] Eine zu Art. 28 CISG parallele Vorgehensweise im Hinblick auf die Verbrauchsgüterkaufrichtlinie ist jedoch abzulehnen. Bereits das Komitee des englischen Oberhauses machte deutlich, dass es zwar eine entsprechende Vorgehensweise für sinnvoll halte, deren Zulässigkeit jedoch zur Vermeidung von Streitigkeiten ausdrücklich in der Richtlinie zu erwähnen sei. Eine solche Regelung ist unterblieben. Gerade unter Berücksichtigung des Vorbildcharakters des CISG hätte, sofern es gewollt gewesen wäre, eine diesbezügliche Regelung aufgenommen werden müssen. Insbesondere kann nicht angenommen werden, dass sich der europäische Gesetzgeber der Problematik nicht bewusst gewesen ist. Zudem ist zu beachten, dass die Regelungen der Richtlinie insgesamt nicht so weit wie die des CISG reichen. Zwar ist in der Praxis eine größere Zahl von Verträgen betroffen, der Regelungsbereich bleibt jedoch hinter dem des CISG zurück. Die Richtlinie regelt ausschließlich die Fälle der Lieferung einer vertragswidrigen Leistung, nicht hingegen den Fall der Nichtlieferung. Im letzteren Bereich bleibt ein Festhalten an der herkömmlichen Systematik möglich, so dass dieser elementare Bereich nicht tangiert wird. Schließlich ist die Tatsache von größter Bedeutung, dass eine entsprechende Beschränkung der Regelungsfunktion dem „effet utile“ der Richtlinie widerspräche. Ziel der Richtlinie ist es gerade, einheitliche Rechte des Verbrauchers innerhalb der Mitgliedsstaaten zu schaffen. Die Harmonisierungswirkung würde stark geschwächt, wenn sich der Verbraucher stets in der Unsicherheit über die tatsächlichen Rechtsfolgen der Nichtbefolgung der von der Richtlinie vorgesehenen Rechte befinden würde. Letztlich entscheidet auch nicht die Kommission, sondern der Europäische Gerichtshof über die hinreichende Umsetzung europarechtlicher Vorgaben.

---

[802] Rabel, Warenkauf, S. 377.
[803] Schlechtriem/Huber, Art. 28, Rn. 12.

(2) Die Regelung der s48E SGA

Die Umsetzungsvorschriften der ss48A ff. SGA zeigen, dass sich der englische Gesetzgeber dem Standpunkt des Komitees nicht umfänglich angeschlossen hat. S48E SGA enthält eine ausdrückliche und klarstellende Ermächtigung der Gerichte, auf Antrag des Verbrauchers die Erfüllung der Ersatzlieferungs- bzw. Nachbesserungsverpflichtung des Verkäufers gem. s48B SGA anzuordnen. Die Nacherfüllungsanordnung steht dabei explizit neben den sonstigen Handlungsmöglichkeiten des Gerichts und damit neben der Möglichkeit, den Verkäufer zur Zahlung von Schadensersatz zu verurteilen.[804]

Der aus europarechtlicher Sicht überraschendste Teil dieser Vorschrift findet sich in ss48E (3)/(4) SGA. Danach kann das Gericht, wenn es einen anderen als den vom Verbraucher verfolgten Rechtsbehelf der ss48B/C SGA für angemessen hält, einen entsprechenden, mit der Auffassung des Gerichts in Einklang stehenden, Antrag des Verbrauchers fingieren. Eine entsprechende Regelung kennt die Richtlinie nicht. Es fragt sich daher, inwieweit sie mit dieser vereinbar ist.

Entscheidender Anknüpfungspunkt für die Bestimmung des Regelungsinhalts ist der Begriff der „Angemessenheit". Hiervon hängt es ab, ob das Gericht einen geänderten Antrag des Verbrauchers fingieren kann oder aber an ihn gebunden bleibt. Eine möglicherweise richtlinienkonforme Auslegung der Vorschrift könnte darin bestehen, die Angemessenheit eines anderen Rechtsbehelfs dann zu bejahen, wenn der ursprünglich vom Verbraucher gewählte Rechtsbehelf nicht den materiellen Voraussetzungen der ss48 B/C SGA entspricht und das Gericht gerade aus diesem Grunde einen anderen Rechtsbehelf für angemessen und damit für begründet hält. Geregelt wäre damit die Situation, in der der Verbraucher zu Unrecht davon ausgeht, er könne einen bestimmten Rechtsbehelf geltend machen, der seinerseits jedoch aufgrund der hierarchischen Struktur der ss48A ff. SGA oder aufgrund der in s48B (3) SGA vorausgesetzten Verhältnismäßigkeit unbegründet ist. Die Regelung der s48E (3) SGA würde damit keine Beschränkung des Wahlrechts des Verbrauchers darstellen, sondern vielmehr eine Möglichkeit des Gerichts, trotz des vom Verbraucher gestellten, materiell nach s48B/C SGA unzulässigen Antrags, im Interesse des Verbrauchers eine Entscheidung herbeizuführen und daher einen, auf einen zulässigen Rechtsbehelf gerichteten Antrag zu fingieren. Der Zweck der Vorschrift wäre somit die Heilung unzulässiger Verbraucherbegehren. Selbst soweit sie in diesem Sinne verstanden wird, ist die Vorschrift aus europarechtlicher Perspektive jedoch bedenklich. Denn auch für den Fall, dass der Verbraucher zunächst einen unbegründeten Rechtsbehelf wählt, sieht die Richtlinie kein freies Wahlrecht des Gerichts vor. Wählt der Verbraucher beispielsweise das Recht auf Nachbesserung, obwohl beide Nacherfüllungsrechte materiell unbegründet sind, hat der

[804] Vgl. s48E (1) SGA.

Verbraucher die Wahl zwischen Minderung und Vertragsauflösung. Würde das Gericht sich in diesem Fall für eines dieser Rechte entscheiden, würde es das durch die Richtlinie vorgesehene Wahlrecht des Verbrauchers innerhalb der Rechte der zweiten Stufe verletzen. Zudem würde dem Verbraucher die Möglichkeit genommen, auf die allgemeinen Rechte zurückzugreifen.

Es stellt sich allerdings, nicht zuletzt aufgrund des rechtshistorischen Hintergrundes des englischen Rechts, ohnehin die Frage, ob der Zweck des fingierten Antrags nicht darin zu sehen ist, dem Gericht einen allgemeinen Ermessensspielraum im Hinblick auf den anzuordnenden Rechtsbehelf einzuräumen. In diesem Sinne verstanden, könnte das Gericht von dem in den ss48B/C SGA vorgesehenen Wahlrecht des Verbrauchers abweichen und seine eigenen Erwägungen unter Berücksichtigung von Billigkeitsaspekten an die Stelle derer des Verbrauchers setzen.[805]

Ein entsprechendes Verständnis hätte für die Position des Verbrauchers weitgehende Konsequenzen. Die Vorschrift kann sich sowohl zum Nach- als auch zum Vorteil des Verbrauchers auswirken.[806] Einerseits wäre das Gericht nicht an eine sich aus s48B (3) SGA ergebende Unverhältnismäßigkeit gebunden. Soweit das Interesse des Verbrauchers tatsächlich auf Nachbesserung oder Ersatzlieferung gerichtet ist, er diese aber aufgrund der Verhältnismäßigkeitsregeln nicht geltend machen kann, stünde es dem Gericht frei, eine den Interessen des Verbrauchers entsprechende Entscheidung zu treffen und die gewünschte Rechtsfolge anzuordnen. Andererseits wäre es dem Gericht aber auch möglich, sowohl ein dem Verbraucher aufgrund der Nichtvornahme der Nacherfüllung in angemessener Zeit zustehendes Recht der zweiten Stufe abzulehnen und einen auf ein Recht der ersten Stufe gerichteten Antrag zu fingieren als auch bei einem dem Verbraucher zustehenden Wahlrecht innerhalb der ersten oder zweiten Stufe das jeweils andere Recht für angemessen zu halten.

Die Vorschrift steht nach dieser Auslegung offensichtlich im Widerspruch zu den Richtlinienvorgaben. Die Richtlinie selbst sieht keine Ermächtigung der Gerichte vor, von dem rechtmäßigen, auf den Richtlinienvorgaben selbst basierenden, Begehren des Verbrauchers abzuweichen. Eine Einschränkung im Hinblick auf das freie und für die Gerichte verbindliche Wahlrecht des Verbrauchers erfolgt lediglich auf tatbestandlicher Ebene in genau bestimmten Fällen durch das Kriterium der Verhältnismäßigkeit. Der europäische Gesetzgeber hat zudem weder eine Art. 28 CISG entsprechende noch eine sonstige Ermächtigung der Gerichte vorgesehen. Dies gilt nicht nur für ein Ausweichen auf einen Scha-

---

[805] In diesem Sinne wohl Harris, L.Q.R. 2000, S. 542, der dem Gericht die Entscheidungsfreiheit eingeräumt sieht, den einen Nacherfüllungsanspruch gegenüber dem anderen als „inappropriate" oder „disproportinate" einzuordnen. Bei der Angemessenheit handelt es sich dabei gerade nicht um ein bei s48B SGA gesetzlich vorgesehenes Kriterium. Zur Frage der Richtlinienkonformität nimmt er nicht Stellung.

[806] Lediglich vorteilhafte Regelungen wären gem. Art. 8 RL zulässig.

densersatzanspruch, sondern umfasst auch ein Umstellen auf die sonstigen, von der Richtlinie selbst vorgesehenen Rechte. Schließlich würde auch der harmonisierende Charakter der Richtlinie, aber auch ihre Zwecksetzung, durch die Einräumung einer entsprechenden Befugnis im weiten Maße in Frage gestellt.[807] Aufgrund des nicht näher konkretisierten Wortlauts besteht somit die Gefahr, dass die Gerichte die Formulierung unter Missachtung der Richtlinienvorgaben als Legitimation sehen, auf der Grundlage des Angemessenheitskriteriums an dem ihnen bereits bisher eingeräumten Ermessen im Hinblick auf die Anordnung von Erfüllungshandlungen festzuhalten.[808] Von besonderer Bedeutung ist dabei die Frage, inwieweit die Gerichte parallel zum bisherigen Recht auch weiterhin dazu berechtigt sind, die Anordnung der Nacherfüllung von einer unzureichenden Kompensation durch Schadensersatz abhängig zu machen. Für ein entsprechendes Ermessen könnte sprechen, dass die Formulierung der s48E (2) SGA darauf abstellt, dass das Gericht eine Anordnung vornehmen kann („may"), nicht jedoch ausdrücklich muss. Zudem stellt s48E (1) SGA klar, dass s48E SGA nicht die Möglichkeit des Gerichts eingeschränkt, sonstige Anordnungen zu treffen. Allerdings hat der englische Gesetzgeber in s48E (3)/(4) SGA abschließend aufgezählt, welche Anträge das Gericht fingieren kann. Der Schadensersatzanspruch zählt nicht dazu. Es besteht damit kein Spielraum der Gerichte, von einer Anordnung der Rechte der s48A ff. SGA zugunsten eines Schadensersatzanspruchs abzusehen.[809] Insgesamt bleibt dennoch festzustellen, dass die Regelungen der ss48 E (3)/(4) SGA in jedem Fall zu einer richtlinienwidrigen Einschränkung der Verbraucherrechte führen. Gerade aufgrund der systematischen Ähnlichkeit des Rechts auf Minderung des Kaufpreises und des Rechts auf Schadensersatz ist zu befürchten, dass die Gerichte regelmäßig die Minderung als im Vergleich zur Nacherfüllung angemesseneren Rechtsbehelf einordnen werden und damit faktisch an die frühere Beschränkung des Erfüllungsanspruchs anknüpfen können. Auch die Minderung gibt dem Käufer die finanziellen Mittel, eine vertragsgemäße Leistung von Seiten Dritter zu beziehen. Zudem ist es für das Gericht dann nicht erforderlich, den Verkäufer persönlich auf Leistung in Anspruch zu nehmen. Erstaunlich ist, dass in der wissenschaftlichen Auseinandersetzung in England die Möglichkeit einer richtlinienwidrigen Umsetzung nur vereinzelt gesehen wurde.[810]

---

807 In diesem Sinne auch Mansel, AcP 2004, S. 449.

808 So auch: Harris, L.Q.R. 2003, S. 544: "It is safe to predict that courts will seek ways to take account of the damages remedy when an order of specific performance is sought under Part 5A."; Arnold/Unberath, ZEuP 2004, S. 382.

809 Harris, L.Q.R. 2003, S. 543; Benjamin/Sealy, Supplement., 1-162; Chitty (Vol. 2), 43-124 und 43-469 ("it appears").

810 Howells/Twigg-Flesner, in: Verbraucherkauf in Europa, S. 316 stellen lediglich fest: „It will be interesting to see how this regime works out in practice." Bradgate/Twigg-Flesner, S. 123, hingegen sehen eindeutig die Gefahr einer Richtlinienwidrigkeit und legen daher eine

Als letzten wesentlichen Bestandteil enthält s48E (5) SGA, wie bereits ausgeführt, die Möglichkeit des Gerichts, im Falle einer Vertragsauflösung bei der Rückabwicklung die Nutzung der Ware durch den Verbraucher zu berücksichtigen. Eine entsprechende Regelung kannte das englische Recht bisher nicht, die Rechtslage war weitgehend ungeklärt. Für eine Berücksichtigung der Nutzung durch den Käufer bestand jedoch auch regelmäßig kein Anlass, da die Vertragsbeendigung notwendigerweise in zeitlich engem Zusammenhang zur Lieferung stehen musste.

---

restriktive Auslegung nahe, wie sie oben zunächst dargestellt wurde. Allerdings bestehen auch diesbezüglich Bedenken an einer hinreichenden Umsetzung, vgl. dazu im gleichen Abschnitt dieser Arbeit weiter oben.

IV. Ausübungsmodalitäten der Rechtsbehelfe

1. Fristen

a) Vorgaben durch die Richtlinie

Art. 5 Abs. 1 S. 1 RL gestattet den Mitgliedsstaaten, die Haftung des Verkäufers für die Vertragswidrigkeit der Kaufsache in zeitlicher Hinsicht zu begrenzen.[811] Anknüpfungspunkt der Vorschrift bildet die Haftung des Verkäufers gem. Art. 3 RL für die Vertragsmäßigkeit der Ware zum Zeitpunkt der Lieferung. Die Richtlinie erlaubt eine Haftungsbeschränkung durch den Gesetzgeber dahingehend, dass der Verkäufer nur in den Fällen haftet, in denen die Vertragswidrigkeit innerhalb von zwei Jahren nach der Lieferung der Sache offenbar geworden ist.[812] Damit sind zu einem die Fälle umfasst, in denen der Mangel bereits bei Lieferung offensichtlich war, zum anderen aber auch solche, in denen die Vertragswidrigkeit zum genannten Zeitpunkt lediglich „der Anlage nach" bzw. „im Keim" bestanden hat.[813] Zur Verhinderung des Fristablaufs ist nicht erforderlich, dass der Verbraucher dem Verkäufer das Offenbarwerden mitteilt.[814] Es reicht vielmehr aus, dass er im Prozess den Beweis erbringen kann, dass die Vertragswidrigkeit vor Ablauf der zweijährigen Frist zu Tage getreten ist. Da weiterhin erforderlich ist, dass die Vertragswidrigkeit bereits zum Zeitpunkt der Lieferung bestand[815], begründet Art. 5 Abs. 1 Satz 1 RL auch keine Garantiehaftung im Sinne einer Haltbarkeitshaftung des Verkäufers für Mängel, die erst nach der Lieferung entstehen.[816] Da sich die Vorschrift zu Lasten des Verbrauchers auswirkt, steht es den Mitgliedsstaaten im Rahmen der Mindestschutzklausel des Art. 8 Abs. 2 RL frei, von der Normierung entsprechender Vorschriften abzusehen.

Nicht zu verwechseln ist Art. 5 Abs. 1 S. 1 RL mit einer Verjährungsvorschrift, da die Regelung für den Fall des Zutagetretens der Vertragswidrigkeit vor Ablauf der zweijährigen Frist keine zeitliche Begrenzung der Geltendmachung der Ansprüche des Art. 3 RL vorsieht.[817] Die Vorschrift bewirkt mit Ablauf der Frist vielmehr, dass die in der Richtlinie vorgesehenen Rechte nicht entstehen.[818] Unmittelbar adressiert wird die Frage nach Zulässigkeit und Inhalt innerstaatli-

---

[811] Ausführlich dazu: Gsell, ERPL 1999, S. 151 ff.

[812] Die Fristberechnung richtet sich nach den Maßgaben des nationalen Rechts, siehe dazu: AnwKommentar/Pfeiffer, Art. 5, Rn. 3.

[813] AnwKommentar/Pfeiffer, Art. 5, Rn. 2; Hondius, EU-Kaufrechts-Richtlinie, Art. 5 Rn. 7.

[814] Schwartze, ZEuP 2000, S. 570; AnwKommentar/Pfeiffer, Art. 5 Rn. 4.

[815] Hondius, EU-Kaufrechts-Richtlinie, Art. 5, Rn. 7.

[816] Staudenmayer, ERPL 2000, S. 566. Tritt die Vertragswidrigkeit innerhalb der zweijährigen Frist offen zu Tage, so muss nach nationalem Recht gewährleistet sein, dass sich der Verbraucher auf die in Art. 3 Abs. 2 RL genannten Rechte berufen kann.

[817] Schwartze, ZEuP 2000, S. 570; AnwKommentar/Pfeiffer, Art. 3 Rn. 1 spricht von „Gewährleistungsfrist".

[818] Staudenmayer bezeichnet die Frist als „materielle Frist", NJW 1999, S. 2396.

cher Verjährungsvorschriften durch die Richtlinie hingegen in Art. 5 Abs. 1 S. 2 RL. Der Klarheit wegen wird im Hinblick auf Art. 5 Abs. 1 S. 1 RL festgestellt, dass die nationalen Verjährungsfristen unabhängig vom Beginn ihrer Laufzeit nicht vor Ablauf eines Zeitraums von zwei Jahren nach Lieferung enden dürfen.[819] Dies ist vor allem für die Rechtsordnungen von Bedeutung, deren Systematik bisher eine Verjährung von unter zwei Jahren vorsah. Die Ausgestaltung und daher insbesondere die Fristberechnung der Verjährungsvorschriften verbleibt im Übrigen dem innerstaatlichen Recht.[820] Die Richtlinie gibt lediglich das Ziel vor und fordert, dass die Verjährung nicht vor Ablauf einer zweijährigen Frist ab Lieferung eintritt.[821] Die Verjährungsfrist kann dabei an die Stelle oder neben die Ausschlussfrist des Art. 5 Abs. 1 Satz 1 RL treten.[822] Im Hinblick auf die Einhaltung der Verjährungsfrist wird es nach nationalem Recht regelmäßig nicht ausreichen, dass die Vertragswidrigkeit lediglich zu Tage getreten ist.[823] Die Regelung einer Hemmung oder Unterbrechung obliegt nach der Richtlinie den nationalen Rechtsvorschriften.[824]

b) Das englische Recht vor der Umsetzung

(1) Die Regelungen des Limitation Act 1980

Das englische Recht sieht in weitgehender Übereinstimmung mit den anderen Mitgliedsstaaten für den Fall der Vertragswidrigkeit zeitliche Grenzen der Rechtsausübung des Käufers vor. Im Gegensatz zur Richtlinie macht es die Entstehung der Rechte allerdings nicht vom Offenbarwerden der Vertragswidrigkeit in einer bestimmten Zeit abhängig.[825] Eine gesetzliche Grundlage für die Verjährungsregeln findet sich primär im Limitation Act 1980.[826] Als Generalklausel

---

[819] Wird auf die Kenntnisnahme abgestellt und soll die Verjährungsfrist möglichst kurz gehalten werden, so kommt eine Regelung wie z.B. „sechs Monate ab Kenntnis, mindestens jedoch zwei Jahre ab Lieferung der Sache" in Betracht. Nur so kann den Vorgaben der Richtlinie im Minimum entsprochen werden.

[820] AnwKommentar/Pfeiffer, Art. 5 Rn. 3; aA Hondius, EU-Kaufrechts-Richtlinie, Art. 5 Rn. 5.

[821] Die Beschränkung auf zwei Jahre führt dazu, dass einem Verbraucher, der den Mangel erst kurz vor Ablauf der zweijährigen Frist entdeckt, zeitlich fast keine Möglichkeit mehr bleibt, die Verjährung zu verhindern. Kritisch daher: Gsell, ERPL 1999, S. 154f.; Schwartze, ZEuP 2000, S. 572.

[822] AnwKommentar/Pfeiffer, Art. 5, Rn. 4; Schwartze, ZEuP 2000, S. 571.

[823] Schwartze, ZEuP 2000, S. 571.

[824] Siehe Erwägungsgrund 18 RL; AnwKommentar/Pfeiffer, Art. 5 Rn. 4.

[825] Dieses folgt nur mittelbar aus den Verjährungsvorschriften, da der Verbraucher im Falle der Unkenntnis von der Vertragswidrigkeit gar keine Rechte geltend macht.

[826] Die Law Commission arbeitet zur Zeit an einer Überarbeitung der Verjährungsregeln, unter anderem wird erwägt, die bestehende Verjährungsfrist auf drei Jahre zu verkürzen. Siehe dazu ausführlich: Law Commission Consultation Paper 151, "Limitation of Actions- Making the law on civil limitation periods simpler and fairer".

tritt er allerdings gegenüber spezielleren gesetzlichen Regelungen zurück.[827] Da der SGA keine Verjährungsregeln beinhaltet, ist ein Rückgriff auf die Vorschriften des Limitation Act 1980 zulässig und erforderlich. Dessen Wesen ist dadurch gekennzeichnet, dass er nicht der Geltendmachung des Anspruchs gegenüber dem Vertragspartner, sondern lediglich der prozessualen Durchsetzung zeitliche Schranken setzt.[828] Geregelt wird der Zeitpunkt, bis zu dem die Partei einen Prozess eingeleitet haben muss.[829] Es handelt sich folglich um eine Einrichtung des Prozessrechts, die keine materiellrechtlichen Wirkungen entfaltet und lediglich als prozessuale Einrede wirkt.[830] Es wird nur die gerichtliche Durchsetzung eines Anspruchs verhindert, ohne dass das Recht erlischt.[831] Für Klagen, die auf einem „simple contract", also einem nicht beurkundeten Vertrag, basieren, beträgt die Verjährungsfrist sechs Jahre ab dem Zeitpunkt, an dem die Ursache für die Klage gesetzt worden ist („accrual of the cause of action").[832] Ausschlaggebend dafür ist die Vertragsverletzung als solche und nicht, wann der Partei ein Schaden entstanden ist.[833] Im Hinblick auf den Warenkauf wurde dies durch die Rechtsprechung dahingehend präzisiert, dass bei Verletzung einer stillschweigenden Vertragsvereinbarung der Grund für die Klage als dann entstanden gilt, wenn die Ware geliefert wurde und nicht, wenn die Vertragswidrigkeit festgestellt wurde.[834] Entscheidend ist somit der für die Beurteilung der Vertragswidrigkeit maßgebende Zeitpunkt. Es kommt insbesondere nicht darauf an, ob die klagende Partei Kenntnis von der Vertragsverletzung erlangt hat.

---

[827] S39 Limitation Act 1980; eine Übersicht über die, in speziellen Gesetzen enthaltenen, Verjährungsregelungen beinhaltet der Untersuchungsbericht der Law Commission, No. 151, S. 124-140.

[828] Vgl. s1 (1) Limitation Act 1980: „This Part of this Act gives the ordinary time limits for bringing actions of the various classes in the following provisions of this Part."; Graue, Mangelfreie Leistung, S. 53, Fn. 114; Conrads, Verjährung, S. 2. Der Begriff der „action" umfasst gem. s38 (1) Limitation Act 1980 alle Fälle eines gerichtlichen Verfahrens.

[829] S1 (1) Limitation Act 1980.

[830] Conrads, Verjährung, S. 3; Henrich/Huber, Einführung, S. 80.

[831] See Curwen v Milburn (1889) 42 ChD 424, 434 - 5, Royal Norwegian Government v Constant
& Constant and Calcutta Marine Engineering Co Ltd [1960] 2 Lloyd's Rep 431, 442. Chitty (Vol. 1)/Burrows, Rn. 29-129; Triebel, Rn. 98.

[832] Auf beurkundete Verträge kommt s8 (1) Limitation Act 1980 (actions on a specialty) zur Anwendung, der eine Verjährungsfrist von 12 Jahren vorsieht. Um den Ablauf der Verjährungsfrist zu verhindern, müssen vor Ablauf von sechs Jahren die für den Beginn eines Verfahrens erforderlichen Dokumente bei Gericht eingegangen und förmlich bestätigt worden sein, so Triebel, Wirtschaftsrecht, Rn. 98. Zur Berechnung der Frist siehe Chitty (Vol. 1)/Burrows Rn. 29-063.

[833] Gibbs v Guild (1882) 9 Q.B.D 59.

[834] Lynn v Bamber [1930] 2 K.B. 72, S. 74.

Im Hinblick auf die durch den SGA vorgesehenen Rechtsbehelfe bedarf es jedoch besonderer Erörterung, ob die Vorschriften des Limitation Act 1980 auf alle, von diesem vorgesehenen, Rechte zur Anwendung kommen oder ob sie aufgrund der unterschiedlichen Charaktere der Rechtsbehelfe nur auf einzelne anwendbar sind. Unbestritten anwendbar ist das Gesetz auf die Durchsetzung von Schadensersatzansprüchen des Käufers. Für die aus dem Billigkeitsrecht entspringenden Regelungen und damit auch für den Erfüllungsanspruch des Käufers legt s36 (1) Limitation Act 1980 hingegen fest, dass die auf einem Vertrag oder einer deliktischen Handlung basierenden Ansprüche lediglich einer analogen Anwendung der Vorschriften des Limitation Act zugänglich sind.[835] Daneben bleiben nach s36 (3) Limitation Act 1980 primär die in der Billigkeitsrechtsprechung selbst entwickelten Schranken anwendbar, die ein gerichtliches Verfahren bereits vor Ablauf der sechsjährigen Frist der s5 Limitation Act 1980 verhindern können.[836] Die Grundsätze gelten auch für den Rechtsbehelf der „specific performance" bei Vertragsbruch.[837] In Betracht kommen die Fälle der Verwirkung, wenn der Kläger entweder den Anschein erweckt hat, auf seine Rechte zu verzichten („doctrine of acquiescience"[838]), oder er bei der prozessualen Durchsetzung seines Rechts nicht vernünftige Sorgfalt angewendet hat („doctrine of laches"[839]). Es handelt sich dabei nicht um der Verjährung entsprechende absolute oder relative Fristen, sondern um eine vom Verhalten des Klägers abhängige Wertung, bei der jedoch auch die zeitliche Komponente Berücksichtigung findet und die zugleich der Konzeption des Limitation Act 1980 entsprechend dazu führt, dass eine gerichtliche Geltendmachung ausgeschlossen ist. Allerdings kann das Verhalten des Klägers im Unterschied zum Limitation Act

---

[835] Eine analoge Anwendung der s5 Limitation Act 1980 für die Anordnung der „specific performance" wurde von der Rechtsprechung bejaht, Armstrong v Jackson [1917] 2 K.B. 822. Der Limitation Act 1980 verfügt im Gegensatz zu seinen Vorläufern auch über spezielle Fristenregelungen für Ansprüche des Billigkeitsrechts, siehe ss16, 20, 21, 22 Limitation Act 1980.

[836] So insbesondere zur specific performance ausdrücklich: Chitty (Vol. 1)/Burrows, Rn. 29-138. Allerdings sollen nach Re Pauling's Settlement 1 [1962] 1 WLR 86, S. 115 die Doktrinen nicht zur Anwendung kommen, wenn eine der Regelungen des Limitation Act 1980 angewendet werden kann. Anders Chitty (Vol. 1)/Burrows, Rn. 29-128.

[837] Law Commission No. 151, 9.13.

[838] Leeds v Amherst (1846) 2 Ph 117, 41 ER 886, 888: „If a party, having a right, stands by, and sees another dealing with the property in a manner inconsistent with that right, and makes no objection while the act is in progress, he cannot afterwards complain." In Law Commission No. 151, 9.18: "However, unlike the defence of laches, acquiescence is not dependent on the plaintiff's delay but does require the plaintiff to have given an express or implied representation that he or she will not require performance of the obligation in question or otherwise insist on his or her rights".

[839] Milward v Earl Thanet (1801) 5 Ves 720 n1, 31 ER 824; Lindsay Petroleum Company v Hurd (1874) LR 5 PC 221. Im Vergleich zu den Regeln des Limitation Act 1980 bestehen einige Unterschiede.

1980 nur dann berücksichtigt werden, wenn er von den zur Klage Anlass gebenden Umständen Kenntnis hatte.[840] Die rechtliche Situation im Hinblick auf die „Verjährung“ der „specific performance“ kann sich somit anders als die bei den Rechtsbehelfen des Common Law darstellen und unter Umständen zu einer kürzeren Verjährungsfrist führen.

Schließlich scheint die Einordnung des Rechts des Käufers auf Vertragsbeendigung Schwierigkeiten zu bereiten. Dessen unmittelbare Ausübung ist nicht an die Mitwirkung der Gerichte gebunden. Der Käufer kann die rechtliche Wirkung bereits dadurch hervorrufen, dass er die vertragswidrige Ware zurückweist und sein Interesse an einer Vertragsbeendigung zum Ausdruck bringt. Eine Klageerhebung im Sinne der s5 Limitation Act 1980 ist dafür nicht notwendig, sodass die Vorschriften des Limitation Act 1980 zunächst keine Wirkung entfalten. Ein gerichtliches Verfahren und damit eine zeitliche Beschränkung können jedoch unter Umständen trotzdem relevant werden.[841] Hat der Käufer die ihm obliegende Leistung noch nicht erbracht, bringt er mit der Zurückweisung der Leistung und der Vertragsbeendigung zum Ausdruck, dass er diese auch nicht mehr erbringen wird. Liegen keine dies rechtfertigenden Umstände vor, begeht der Käufer seinerseits einen Vertragsbruch. Um Streitigkeiten zu verhindern, wird es zur Vermeidung von Schadensersatzansprüchen zumindest im Hinblick auf eine nicht eindeutige Rechtslage bezüglich des Rechts auf Vertragsbeendigung notwendig sein, das Vertragsbeendigungsrecht gerichtlich feststellen zu lassen.[842] Daneben wird es der Inanspruchnahme des Gerichts auch dann bedürfen, wenn der Käufer seine Leistung schon erbracht hat und aufgrund der Vertragsbeendigung wieder zurückfordert. Soweit er dabei auf einen Schadensersatzanspruch zurückgreift, handelt es sich um eine herkömmliche Klage aus einem Vertrag, die s5 Limitation Act 1980 unterfällt. Der Rückgriff auf einen Schadensersatzanspruch weist jedoch gegenüber einem bereicherungsrechtlichen Anspruch, auf den sich der Käufer unter strengeren Voraussetzungen ebenfalls berufen kann, Nachteile auf. Die genaue Einordnung des auf bereicherungsrechtlichen Grundsätzen beruhenden Anspruchs ist nicht abschließend geklärt, da sich die Behandlung des Bereicherungsrechts zwischenzeitlich von dem des Vertragsrechts abgekoppelt hat.[843] Aufgrund des zugrundeliegenden Vertrages und

---

840 Lindsay Petroleum Company v Hurd (1874) LR 5 PC 221; Re Howlett [1949] 1 Ch 767, 775.

841 Die praktische Relevanz ist allerdings gering, da das Vertragsbeendigungsrecht ohnehin innerhalb angemessener Zeit ausgeübt werden muss, um den Wirkungen der s35 SGA zu entgehen.

842 In Betracht kommt insofern eine Klage auf „nominal“ damages oder eine „action for declaration“, siehe Treitel, Law of Contract, S. 927.

843 Siehe zu den Schwierigkeiten Law Commission Paper 151, 5.3: „... However, when it comes to the bulk of restitutionary claims the Limitation Act 1980 does not explicitly apply. This means that the central choice facing the courts has been to construe the 1980 Act, albeit artificially, as applying to these claims; or to conclude that no limitation period applies to

der Gesetzgebungsmaterialien wird eine Anwendung der s5 Limitation Act 1980 auf diese Fälle aber auch weiterhin für möglich gehalten und folglich eine sechsjährige Verjährungsfrist einschlägig sein.[844]

(2) Sonstige Beschränkungen in zeitlicher Hinsicht

Neben den bereits erwähnten Konstruktionen im Bereich der Billigkeitsrechtsprechung, die die Ausübung der Rechte des Käufers in zeitlicher Hinsicht einschränken können, besteht eine weitere Schranke außerhalb des Limitation Act 1980 hinsichtlich des Rechts auf Vertragsbeendigung. Dessen Ausübung kommt, wie bereits umfassend dargestellt[845], nur in Betracht, solange der Käufer die Sache nicht angenommen hat, s11 (4) SGA. Die strikten Regelungen der s35 (4) SGA führen dazu, dass die Vertragsbeendigung bereits dann ausgeschlossen ist, wenn der Käufer ohne Kenntnis des Mangels nach Ablauf einer angemessenen Zeit noch nicht von diesem Recht Gebrauch gemacht hat. Zwar kommt eine Annahme der Ware gem. s35 (5) SGA regelmäßig erst nach Ablauf einer angemessenen Zeit für eine Untersuchung der Sache durch den Käufer in Betracht, doch haben die englischen Gerichte das Kriterium der „reasonable time“ der s35 (4) SGA wiederholt äußerst eng ausgelegt. Unter Berücksichtigung der Umstände des Einzelfalls, die sich nicht an der Auffindbarkeit des Mangels orientieren[846], wird das Recht auf Vertragsbeendigung regelmäßig schon nach wenigen Wochen, wenn nicht sogar Tagen, ausgeschlossen sein.[847] Die Möglichkeit einer Vertragsbeendigung im Hinblick auf latente Mängel der Sache spielt damit nur eine untergeordnete Rolle.

c) Das englische Recht nach der Umsetzung

Der englische Gesetzgeber hat keine Änderungen im Hinblick auf die zeitliche Ausübung der Rechte vorgenommen. Für die bereits vor der Umsetzung der

---

common law restitutionary claims and that any equitable restitutionary claims should be left to the doctrine of laches."

[844] Law Commission No. 151, 5.8 unter Verweis auf Kleinwort Benson Ltd v Sandwell Borough Council, [1994] 4 All ER 890, 942 - 3: "Hobhouse J relied on the decision in Pepper v Hart and referred to Hansard (d.h. die Gesetzgebungsmaterialien) to determine that the section was intended by Parliament to cover a claim for money had and received. It therefore seems clear that section 5 applies to restitutionary claims that historically have been grouped under the heading of quasi-contract."

[845] Vgl. Teil C, III., 2., c) dieser Arbeit.

[846] Siehe dazu Bernstein v Pamson Motors [1987] 2 All E.R. 220; Hedly, Steve in: Cambridge Law Journal 2001, S. 39.

[847] Hedly, C.L.J. 2001, S. 38, der gleichzeitig auf Truk (UK) Ltd. v Tokmakidis GmbH [2000] 2 All E.R. (Comm) 594 hinweist, gemäß dem eine zum Weiterverkauf bestimmte Sache nicht unmittelbar untersucht werden muss und folglich auch die „reasonable time“ selbst nach einigen Monaten noch nicht abgelaufen sein muss.

Richtlinie geltenden Rechte des Käufers gelten somit die oben gemachten Ausführungen. Den Anforderungen genügen müssen allerdings auch die zur Erfüllung der Umsetzungsverpflichtung eingeführten Rechte der ss48A ff. SGA. Der neu geschaffene Abschnitt enthält selbst keine Verjährungsregeln. Die Beurteilung der zeitlichen Grenzen erfolgt somit primär anhand der allgemeinen Regelung des s5 Limitation Act 1980.[848] Betroffen von dieser Vorschrift ist lediglich die Möglichkeit der gerichtlichen Durchsetzung. Grundsätzlich bleibt es für den Käufer somit möglich, die in den s48A SGA vorgesehenen Rechte außergerichtlich zeitlich unbegrenzt geltend zu machen.[849] Zu beachten bleibt, dass die der Billigkeitsrechtsprechung nahestehenden Ansprüche auf Ersatzlieferung und Reparatur möglicherweise als unter die Doktrinen der Rechtsprechung fallend angesehen werden könnten, die auch vor dem Ablauf von zwei Jahren eine gerichtliche Geltendmachung ausschließen. Dies ist allerdings nicht zulässig, da es sich gerade nicht um billigkeitsrechtliche Ansprüche handelt.
Schließlich bleibt festzustellen, dass die Acceptance-Regelung der s35 (4) SGA auf das Recht zur Vertragsauflösung gemäß s48C SGA keine Anwendung findet. Der gewählte Ansatz kann insbesondere im Hinblick auf das Recht zur Vertragsbeendigung des Verbrauchers zu Unsicherheiten führen. Zunächst steht dem Käufer ein auf einen kurzen Zeitraum begrenztes Recht nach den Regeln des Common Law zu. Nach Geltendmachung der Rechte der ersten Stufe der Richtlinie entsteht erneut die Möglichkeit, sich vom Vertrag zu lösen. Dieses Recht steht dem Käufer dann in zeitlicher Hinsicht unbegrenzt zu. Es gibt somit ein „long-term right to reject" im englischen Recht, dass noch 1987 in einem Vorschlag der Law Commission abgelehnt worden war.[850] Die Vorgaben der Richtlinie sind jedoch insoweit erfüllt.
Insgesamt gesehen gehen die Regelungen der Richtlinie zum Vorteil des Verbrauchers weit über die Vorgaben der Richtlinie hinaus.

2. Rügeobliegenheit des Art. 5 Abs. 2 RL

Art. 5 Abs. 2 RL sieht vor, dass die Mitgliedsstaaten die Ausübung der von der Richtlinie vorgesehenen Rechte davon abhängig machen können, dass der Verbraucher innerhalb von zwei Monaten nach Feststellung der Vertragswidrigkeit den Verkäufer von dieser zu unterrichten hat. Ziel ist es, eine möglichst schnelle Abwicklung des Mangels herbeizuführen und damit den Verkäufer zu schützen. Bei der Rügepflicht handelt es sich um eine Obliegenheit des

[848] So pauschal Bradgate/Twigg-Flesner, Consumer Guarantees, S. 118.
[849] So Benjamin, Supplement, Rn. 1-218 zum „right to rescind" der s48C SGA, was dann aber auch für die anderen Rechte verallgemeinert werden kann.
[850] Law Commission Paper No. 160.

Verbrauchers.[851] Entscheidend ist nach der Richtlinie, dass der Verbraucher von der Vertragswidrigkeit Kenntnis hatte. Grob fahrlässige Unkenntnis ist nicht ausreichend.[852] Es besteht keine Untersuchungsverpflichtung. Nicht gefordert werden darf, dass der Verbraucher innerhalb dieser Zeit einen bestimmten Rechtsbehelf geltend machen muss.[853] Die Regelung ist vielfach auf Kritik gestoßen.[854] Aufgrund ihrer mangelnden Verbindlichkeit droht eine Zersplitterung der Rechtslagen in den Mitgliedsstaaten in einem zentralen Aspekt, der den Harmonisierungserfolg in Frage stellt.[855] Auch wurde der kurze Zeitraum der Frist als für Verbraucherkäufer unangemessen betrachtet, insbesondere nachdem die Rechtsbehelfe des Verbrauchers hierarchisch strukturiert worden waren.[856]
Die englische Regierung hat von einer Umsetzung der Rügeobliegenheit abgesehen. Inwieweit allerdings bereits vor der Umsetzung der Richtlinie in England eine entsprechende Verpflichtung des Käufers bestand, wird unterschiedlich beurteilt. Zwar besteht Übereinstimmung dahingehend, dass der Schadensersatzanspruch des Käufers nicht an eine entsprechende Mitteilung des Mangels nach Kenntnisnahme gebunden ist, doch wird teilweise aus s35 (1) bzw. (4) SGA im Hinblick auf die Vertragsbeendigung auf eine entsprechende Obliegenheit des Käufers geschlossen.[857] Danach kann der Käufer keine Beendigung des Vertrages verlangen, wenn er die Ware über eine vernünftige Zeit hinaus behält, ohne die Zurückweisung dem Verkäufer gegenüber geltend gemacht zu haben. Im Gegensatz zur Richtlinie ist es nicht erforderlich, dass der Käufer Kenntnis von der Vertragswidrigkeit erlangt hat. Das englische Recht bewirkt vielmehr, dass das Recht auf Vertragsbeendigung generell nach dem Ablauf einer angemessenen Zeit ausgeschlossen ist. Es geht somit über den von der Richtlinie gewählten Ansatz einer Rügepflicht hinaus. Da sich der Ausschluss nur auf das Recht der Vertragsbeendigung bezieht, ist auch eine Anknüpfung an die Zurückweisung der Ware („rejection") und nicht die Rüge einer speziellen Vertragswidrigkeit notwendig. Mittelbar bewirkt somit das englische Recht eine Untersuchungsobliegenheit des Käufers.[858] Entsprechend macht auch der in s35 (4) SGA genann-

[851] Hondius, in EU-Kaufrechts-Richtlinie, Art. 5 Rn. 10.
[852] Watterson ERPL 2001, S. 215.
[853] AnwKommentar/Pfeiffer, Art. 5 Rn. 8.
[854] Staudenmayer, ERPL 2000, S. 556 („This provision is certainly the major weakness of the Directive.").
[855] Diese wurde auch von der Kommission erkannt, die gem. Art. 5 Abs. 2 Satz 2 RL eine Mitteilung der Mitgliedsstaaten über ihre Vorgehensweise verlangt, um die Entwicklung kritisch zu beobachten.
[856] Staudenmayer, ERPL 2000, S. 547, 558.
[857] Watterson, ERPL 2001, S. 218; aA: Schlechtriem/Schwenzer/Schwenzer, CISG, Art. 39 Rn. 4, der eine Mängelrüge nach s35 (1) SGA für das Recht auf Vertragsbeendigung als notwendig ansieht.
[858] Zu beachten ist aber, dass dem Käufer weiterhin ein Schadensersatzanspruch zusteht, vgl. dazu sogleich.

te Zeitraum eine Entscheidung davon abhängig, dass dem Käufer eine angemessene Zeit für die Untersuchung der Sache zur Verfügung stand. Im Gegensatz zur Richtlinie, aber auch zur Konzeption des Art. 39 Abs. 1 CISG ist die „Rügepflicht" des englischen Käufers auch nicht davon abhängig, dass bei Unkenntnis des Mangels dieser zumindest feststellbar gewesen sein muss. Der Käufer verliert das Recht auf Vertragsbeendigung auch durch die mangelnde Rüge solcher Mängel, die für ihn im Rahmen einer gewöhnlichen Untersuchung nicht erkennbar waren. Folglich kennt das englische Recht auch eine Art Rügepflicht für Mängel, von denen der Käufer keine Kenntnis erlangt hat.
Die in England bestehende Rechtslage darf jedoch nicht dahingehend verstanden werden, dass der Käufer, ohne die Vertragswidrigkeit zu rügen, mit Ablauf der angemessenen Zeit schutzlos gestellt würde. Ihm verbleibt die in der Praxis bedeutende Möglichkeit, den entstandenen Schaden ersetzt zu verlangen. Er kann allerdings nicht den Vertrag beenden, so dass er ein sich ihm bietendes besseres Geschäft nicht nutzen kann. Zudem findet die Regelung der s35 SGA nur auf das bereits früher bestehende Vertragsbeendigungsrecht Anwendung. Das neu eingeführte Rechtsfolgenregime ist davon nicht betroffen.[859] Es besteht somit auch keine mittelbare Rügeobliegenheit.

3. Unabdingbarkeit

Die durch die Richtlinie dem Verbraucher eingeräumten Rechte stellen zwangsläufig eine Belastung des Verkäufers dar. In der Praxis des Verbrauchsgüterkaufs wird dieser daher dazu geneigt sein, die Haftung für die Vertragswidrigkeit der Kaufsache mittels ausdrücklicher Vereinbarung oder durch die Einbeziehung allgemeiner Geschäftsbedingung entweder auszuschließen oder zumindest zu begrenzen. Die Regelung des Art. 7 RL trägt der sich daraus ergebenden Gefahr für den verbraucherschutzpolitischen Erfolg der Richtlinie Rechnung. In Übereinstimmung mit früheren Verbraucherschutzrichtlinien beinhaltet sie eine Unabdingbarkeitsklausel, die den Regelungsgehalt der Richtlinie zugunsten des Verbrauchers als zwingend ausgestaltet.[860] Die Wirkung erstreckt sich dabei sowohl auf eine sachrechtlich, Art. 7 Abs. 1 RL, als auch auf eine kollisionsrechtlich zwingende Ausgestaltung, Art. 7 Abs. 2 RL.[861] Zur Umsetzung dieser Vorgaben wurden in England, bis auf die Anpassung des persönlichen Anwendungsbereichs der bestehenden Vorschriften des UCTA, keine rechtlichen Änderungen vorgenommen. Die gegenwärtige Rechtslage entspricht somit der früheren. Deren gesonderte Darstellung ist daher nicht erforderlich.

---

859 Vgl. dazu Teil C, III., 3., c), (5) dieser Arbeit.
860 AnwKommentar/Pfeiffer, Art. 7, Rn. 1.
861 AnwKommentar/Pfeiffer, Art. 7 Rn. 1, 2 und 9.

a) Die sachrechtliche Komponente, Art. 7 Abs. 1 RL

(1) Vorgaben durch die Richtlinie

Art. 7 Abs. 1 RL ordnet an, dass der Verbraucher nicht an Vertragsklauseln bzw. Vereinbarungen gebunden ist, die die sich aus der Richtlinie ergebenden Rechte unmittelbar oder mittelbar außer Kraft setzen oder einschränken. Abdingbar bleibt somit die Haftung des Verkäufers auf Schadensersatz. Die Vorschrift gilt auch für nachträglich getroffene Vereinbarungen, soweit der Verbraucher den Verkäufer über die Vertragswidrigkeit noch nicht unterrichtet hat.[862] Zu beachten ist daher, dass die bloße Kenntnis des Verbrauchers von der Vertragwidrigkeit nicht unmittelbar zur Zulässigkeit einer Haftungsbeschränkung führt. Der Zweck dieser Ausdehnung der Unabdingbarkeitsklausel kann nur darin gesehen werden, dass Haftungsbeschränkungen des Verkäufers (aus dessen Perspektive) „ins Blaue hinein" generell verhindert werden sollen. Entgegen dem Wortlaut kann es aber auch nicht ausreichen, dass nur der Verkäufer, nicht aber der Verbraucher Kenntnis des Mangels hatte. Aufgrund der verbraucherschutzpolitischen Zielsetzung der Richtlinie ist eine Disposition über die Verbraucherrechte der Richtlinie nur dann möglich, wenn der Verbraucher von der Vertragswidrigkeit Kenntnis hatte.[863] Fraglich ist, ob die Unterrichtung des Verkäufers durch den Verbraucher selbst oder auch von dritter Seite her erfolgen kann. Die Richtlinie selbst ist insoweit nicht eindeutig. Soweit man den Schutzzweck in der Verhinderung von „Aussagen ins Blaue hinein" sieht, kann gefolgert werden, dass es ausreichend ist, wenn der Verkäufer auf anderem Wege von der Vertragswidrigkeit Kenntnis erlangt hat, solange sich beide Parteien bei der Vereinbarung der Haftungsbegrenzung der konkreten Vertragswidrigkeit bewusst waren.

Im Hinblick auf Art. 7 RL macht es zunächst keinen Unterschied, ob die Haftungsbegrenzung zu Lasten des Verbrauchers im Rahmen von allgemeinen Geschäftsbedingungen oder aber durch eine frei ausgehandelte Vertragsvereinbarung erfolgt.[864] Der Grund für die, die Privatautonomie einschränkende, Wirkung des Art. 7 Abs. 1 RL besteht nicht ausschließlich in der Vermeidung der Gefahren, die für den Verbraucher von überraschenden Klauseln ausgehen, sondern in grundsätzlichen Erwägungen des Verbraucherschutzes und der Tatsache, dass ein Verbraucher regelmäßig keinen Einfluss auf die vertragliche Ausgestaltung hat. Entsprechend weit ist auch der sonstige Anwendungsbereich des Art. 7 Abs. 1 RL. Umfasst sind sowohl unmittelbare als auch mittelbare Einschränkun-

---

862 Daraus folgt zugleich, dass Einschränkungen der Gewährleistung nach Unterrichtung des Verkäufers zulässig sind. AnwKommentar/Pfeiffer, Art. 7, Rn. 2 bezeichnet diese als „Abreden über die Abwicklung der Gewährleistung". Im Rahmen der Mindestschutzklausel des Art. 8 Abs. 2 RL können die Mitgliedsstaaten jedoch auch darüber hinausgehen.

863 Deards, J.C.P. 1998, S. 561.

864 AnwKommentar/Pfeiffer, Art. 7 Rn. 2.

gen der Rechte des Verbrauchers, wobei die Richtlinie durch die Berücksichtigung mittelbarer Haftungsbegrenzungen über die bisherigen zum Verbraucherschutz erlassenen Richtlinien hinausgeht.[865] Die Vereinbarung muss somit einen wie auch immer gearteten, beschränkenden Effekt auf die durch die Richtlinie gewährten Rechte haben. Die Bandbreite entsprechender Vereinbarungen ist groß. Sie reicht vom unmittelbaren Ausschluss der Rechte des Art. 3 Abs. 2 RL bis zur Änderung von Regelungen, die zwar nicht das Recht als solches, sondern deren Durchsetzung betreffen, sei es durch zeitliche Beschränkung der Ausübung aller oder einzelner Rechte oder aber durch eine Umkehr der von der Richtlinie vorgesehenen Beweislastverteilung[866]. Da die Richtlinie selbst in Art. 3 Abs. 1 RL die Anwendbarkeit der Rechte vom Vorliegen der Vertragswidrigkeit der Sache abhängig macht, sind auch solche Vereinbarungen wirkungslos, die bereits die Vertragswidrigkeit der Sache ausschließen sollen.[867] Als mittelbare Einschränkung gelten dabei insbesondere solche Vereinbarungen, durch die der Verbraucher pauschal seine Kenntnis der Vertragswidrigkeit bestätigt und dadurch die Rechte aufgrund von Art. 2 Abs.3 RL ausgeschlossen sind.[868] Nicht ausgeschlossen ist allerdings nach Art. 7 Abs. 1 RL, dass die Parteien einen insbesondere von Art. 2 Abs. 2 lit. c/d RL abweichenden Standard vereinbaren können. Es handelt sich hierbei häufig um eine Grauzone zwischen verbotenen Klauseln, die gewisse Kriterien ausschließen, und Abreden, die die Merkmale der Sache genau festlegen.[869] Der Verbraucherschutz erfordert jedoch auch hier Grenzen. Unzulässig ist daher der Haftungsausschluss für die gewöhnliche Eignung und die übliche Qualität der Ware in allgemeinen Geschäftsbedingungen, aber auch in sonstigen nicht ausgehandelten Vereinbarungen, insbesondere, soweit der Verkäufer ohne besonderen Anlass die Haftung für die entsprechenden Umstände im Rahmen allgemeiner Geschäftsbedingungen ausschließt oder begrenzt. Lediglich den Standard des Art. 2 Abs. 2 RL konkretisierende Abmachungen bleiben zulässig, soweit sie hinreichend klar und verständlich sind.[870]
Daneben stellt sich die Frage, inwieweit Haftungsbeschränkungen im Hinblick auf die vom Verkäufer oder Hersteller gegebenen kommerziellen Garantien zulässig sind. Im Gegensatz zu den durch Art. 2 - 5 RL gewährten Rechten basiert das Konzept der kommerziellen Garantien uneingeschränkt auch nach der Richt-

865 Staudenmayer, NJW 1999, S. 2397.

866 Für einen genauen Überblick über die von Art. 7 Abs. 1 RL umfassten Rechte, siehe die Darstellung zu Art. 7 RL in Stijns, EU-Kaufrechts-Richtlinie, Rn. 23 ff.

867 Vereinbarungen über die Vertragsmäßigkeit der Sache können nicht zur unmittelbaren Einschränkung der Rechte der Richtlinie führen, siehe AnwKommentar/Pfeiffer, Art. 2 Rn. 10. Es bleibt das Primat der subjektiven Standardbestimmung und damit die Möglichkeit, eine von Art. 2 Abs. 2 RL abweichende Beschaffenheit zu vereinbaren.

868 Siehe Erwägungsgrund 22 RL.

869 Stijns, EU-Kaufrechts-Richtlinie, Art. 7 Rn. 26.

870 AnwKommentar/Pfeiffer, Art. 2, Rn. 10.

linie auf dem Grundsatz der Vertragsfreiheit. Da keine Verpflichtung zur Übernahme einer Garantie besteht, muss es dem Verkäufer auch möglich sein, deren Inhalt nach seinen Vorstellungen auszugestalten. Entsprechend kann er die Bestimmungen zu Voraussetzungen und Ausübung der Garantie einseitig festsetzen, ohne damit die Bindungswirkung der Einschränkung in Frage zu stellen. Unzulässig ist es gem. Art. 6 Abs. 2 RL allerdings, wenn der Garantiegeber in der Garantie nicht auf die bestehenden gesetzlichen Rechte des Verbrauchers hinweist und nicht klarstellt, dass diese von der Garantieerklärung unberührt bleiben. Es handelt sich jedoch bei diesen Transparenzvorgaben um keine Rechte im Sinne des Art. 7 Abs. 1 RL, da sie keine unmittelbaren Rechte des Verbrauchers herleiten.
Die weitreichende, zwingende Wirkung des Art. 7 Abs. 1 RL wird im Hinblick auf den Kauf von gebrauchten Sachen abgemildert, ohne jedoch vom grundsätzlich zwingenden Charakter abzuweichen. Abweichend von Art. 5 Abs. 1 RL ist danach bei gebrauchten Gütern eine Beschränkung der Haftung des Verkäufers in zeitlicher Hinsicht zulässig, soweit die Gewährleistungsfrist mindestens ein Jahr beträgt. Der Anwendungsbereich dieses Ausnahmetatbestandes muss auf den Kauf von gebrauchten Gütern beschränkt bleiben. Die Vorschrift dient dazu, den besonderen Eigenarten des Verbrauchsgüterkaufs Rechnung zu tragen. Es ist daher nicht zulässig, durch Parteivereinbarung eine neue Sache als gebrauchte Ware zu deklarieren.[871] Es handelt sich vielmehr um ein objektives Kriterium.[872] Die Notwendigkeit einer entsprechenden Auslegung ergibt sich auch aus dem für neue Ware zwingenden Charakters der Richtlinie gemäß Art. 7 Abs. 1 Satz 1 RL. Erforderlich ist dann allerdings, dass der Verbraucher von dem vorherigen Gebrauch der Sache Kenntnis hat, da er nur dann mit einer abweichenden Haftung des Verkäufers rechnen muss. Bei Art. 7 Abs. 1 Unterabs. 2 RL handelt es wie bei Art. 5 Abs. 2 RL um eine fakultative Regelung, deren Umsetzung im Ermessen des Mitgliedsstaats liegt.[873] Es muss unter allen Umständen gewährleistet sein, dass die Vereinbarung einer noch kürzeren Frist keine Wirkung entfaltet.[874] Es ist allerdings nicht zulässig, dass der Mitgliedsstaat die Gewährleistungsfrist für gebrauchte Güter generell auf ein Jahr verkürzt. Nach Art. 7 Abs. 1 Satz 2 RL bedarf es dafür einer Vereinbarung der Parteien.[875] Eine weitergehende Einschränkung als die in Art. 7 Abs. 1 Satz 2 RL vorgesehene Möglichkeit bleibt auch im Hinblick auf gebrauchte Güter unzulässig.

---

[871] AnwKommentar/Pfeiffer, Art. 7 Rn. 4.
[872] AnwKommentar/Pfeiffer, Art. 7 Rn. 7.
[873] Ein entsprechendes Ergebnis hätte sich auch aus der Mindestschutzklausel des Art. 8 Abs. 2 RL ergeben.
[874] Aufgrund der Einheit der Rechtsordnung kann eine entsprechende Einschränkung daher auch keine missbräuchliche Klausel darstellen, siehe dazu AnwKommentar/Pfeiffer, Art. 7, Rn. 5.
[875] AnwKommentar/Pfeiffer, Art. 7 Rn. 8.

(2) Die Umsetzung in das englische Recht

(a) Allgemeines

Die von Art. 7 Abs. 1 RL adressierte Problematik wird im englischen Recht unter dem Begriff der „exemption clauses" erörtert. Davon umfasst sind alle Vereinbarungen, durch die eine Vertragspartei ihre Pflichten oder die Rechte und Rechtsbehelfe der anderen Partei ausschließen, qualifizieren oder begrenzen möchte.[876] Die rechtliche Behandlung entsprechender Vereinbarungen bereitete aufgrund des Spannungsfeldes zwischen der Vertragsfreiheit und einem hinreichenden Käuferschutz bereits in der Rechtsprechung des Common Law Schwierigkeiten.[877] Die besondere Wertschätzung der Privatautonomie, die nicht zuletzt auch in der Entwicklung des „Caveat-Emptor"-Prinzips zum Ausdruck kam, veranlasste die englischen Gerichte zunächst, unbillige vertragliche Vereinbarungen zum Nachteil einer Partei nur unter engen Voraussetzungen als unwirksam einzuordnen. Dennoch unbillige Belastungen des Käufers versuchte die Judikative unter Rückgriff auf allgemeine Grundsätze des Vertragsrechts zu umgehen. Abhängig von den Umständen des Einzelfalls wurde versucht, die die Haftung begrenzenden Klauseln als nicht wirksam in den Vertrag miteinbezogen zu betrachten („incorporation"). Die von dieser Vorgehensweise ausgehende Wirkung war jedoch gering, da die Einbeziehung bereits dann wirksam war, wenn entweder der Käufer unabhängig von einer tatsächlichen Kenntnisnahme in einem von ihm unterschriebenen Dokument auf bestehende, wenn auch nicht unmittelbar aufgeführte Haftungsbeschränkungen hingewiesen worden war[878] oder wenn er auf andere Weise vom Verkäufer ausreichend darauf hingewiesen wurde („notice") und die Beschränkung dadurch Vertragsbestandteil wurde.[879] Zudem stellten sich die Parteien zunehmend auf die Anforderungen ein. Daneben stellte die Rechtsprechung im Rahmen allgemeiner Auslegungsgrundsätze aber auch fest, dass Unklarheiten in haftungsbeschränkenden Klauseln zu Lasten des Verwenders gehen („contra proferentem"-Grundsatz).[880] Auch dieser

---

[876] Benjamin/Reynolds, Rn. 13-001.

[877] Zur Vertragsfreiheit Numerical Registering Co. v Sampson (1875) L.R. 19 Eq. 462, S. 465: „If there is one thing more than another which public policy requires, it is that men of full age and competent understanding shall have the utmost liberty of contracting, and that their contracts, when entered into freely and voluntarily shall be held sacred and shall be enforced by the courts of justice."; Benjamin/Reynolds, Rn. 13-002.

[878] L'Estrange v F. Graucob Ltd. [1934] 2 K.B. 394.

[879] Thornton v Shoe Lane Parking Ltd. [1971] 2 Q.B. 163; Benjamin/Reynolds, Rn. 13-012 mit weiteren Fundstellen.

[880] Als dritte Form der Kontrolle haftungsbeschränkender Klauseln im Common Law galten die „fundamental terms". Es handelt sich dabei allerdings nicht wie früher angenommen um eine „Rule of Law", sondern lediglich eine Auslegungsregel, nach der wirksam vertraglich vereinbarte Klauseln dahingehend auszulegen sind, dass sie nicht auf wesentliche Vertragsbestandteile anwendbar sind.

Ansatz hatte den Nachteil, dass der Verwender durch eine hinreichende vertragliche Ausgestaltung den Anforderungen der Rechtsprechung Rechnung tragen konnte, ohne dass dadurch der Käufer vor ihn unbillig belastenden Klauseln per se geschützt wurde. In der Folge entschied sich daher der Gesetzgeber zum Tätigwerden, indem er zum einen im Rahmen spezieller Vertragsverhältnisse besondere Formerfordernisse an die Einbeziehung unbilliger Klauseln knüpfte[881], zum anderen aber auch Vertragsvereinbarungen aufgrund ihres haftungsbeschränkenden Inhalts entweder für unwirksam erklärte[882] oder ihre Zulässigkeit zumindest von Angemessenheitserwägungen abhängig machte („reasonableness").[883]
Die für das Warenkaufrecht zentrale Regelung ist der UCTA. Er stellt die entscheidende Rechtsgrundlage für die Kontrolle haftungsbegrenzender Klauseln in Kaufverträgen dar und überlagert in seiner Bedeutung auch die in Folge der Richtlinie zu den missbräuchlichen Klauseln erlassen Unfair Terms in Consumer Contracts Regulations 1999.[884] Nach Überzeugung der englischen Regierung trägt der UCTA der Umsetzungsverpflichtung im Hinblick auf Art. 7 Abs. 1 RL hinreichend Rechnung. Die Regeln des Common Law bleiben zwar auch in diesem Zusammenhang relevant, können jedoch keine zwingende Wirkung der von der Richtlinie vorgesehenen Rechte garantieren und können somit nur zusätzlich herangezogen werden.

(b) Der UCTA

(aa) Allgemeines

Die Bezeichnung des UCTA verwundert zunächst, da er sich nicht auf sämtliche Arten von missbräuchlichen Klauseln bezieht und damit keine Gesamtkodifikation darstellt, sondern lediglich die Zulässigkeit von vertraglichen Haftungsbeschränkungen, von sog. Freizeichnungsklauseln, regelt.[885] Der Anwendungsbereich ist weitgehend auf solche Vereinbarungen begrenzt, in denen eine Partei für die Verletzung einer geschäftlichen Verpflichtung („business liability", s1 (3) UCTA) haftet und gilt somit auch für die von der Richtlinie umfassten Verträge.[886] Im Hinblick auf die Art der betreffenden Klausel ist es ohne Bedeutung,

---

[881] Besondere Hinweispflicht: Consumer Credit Act 1974; Beurkundung: Housing Act 1961.
[882] Consumer Credit Act 1974.
[883] Railway and Canal Traffic Act 1854.
[884] Es gibt jedoch einige entscheidende Unterschiede im jeweiligen Anwendungs- und Regelungsbereich. Während der UCTA nur auf haftungsbegrenzende Vereinbarungen anwendbar ist, gelten die UCTTR 1999 auch für sonstige missbräuchliche Klauseln.
[885] Tilmann, Klauselrichtlinie, S. 29 f.
[886] Eine Ausnahme gilt gem. s6 (4) UCTA allerdings für Haftungsbeschränkungen im Hinblick auf die stillschweigenden Vertragsbedingungen der ss13-15 SGA. Im Hinblick auf s14 SGA muss jedoch festgestellt werden, dass dieser ohnehin nur Anwendung findet, soweit der Verkäufer im Rahmen seines Gewerbes handelt.

ob die haftungsbeschränkende Klausel in Form von allgemeinen Geschäftsbedingungen oder durch individuell ausgehandelte Vereinbarung in den Vertrag einfließt.[887] Notwendig ist lediglich, dass es sich um eine vertragliche Vereinbarung handelt. Auf einseitige Willenserklärungen findet das Gesetz keine Anwendung.
Der Maßstab, an dem sich die zu beurteilende Klausel zu messen hat, ist unterschiedlich. Das englische Recht differenziert zwischen Haftungsbeschränkungen, die ohne Berücksichtigung der Umstände des Einzelfalls per se unzulässig sind, und solchen, die sich als unangemessen („unreasonable") darstellen müssen.[888] Entscheidend für die Anwendbarkeit des jeweiligen Kriteriums ist neben dem Vertragstyp insbesondere auch der Status der Parteien. Den zentralen Anknüpfungspunkt bildet auch hier, wie schon im SGA, der Begriff des Handelns als Verbraucher („dealing as a consumer").[889] Eine entsprechende Einordnung sorgt dafür, dass gem. s6 (2) UCTA alle, die Haftung des Verkäufers für eine Vertragsverletzung gem. ss13-15 SGA begrenzenden, Klauseln unwirksam sind. Wird die Haftungsbeschränkung hingegen zwischen zwei Unternehmern vorgenommen, ist eine Klausel nur dann unzulässig, wenn sie „unangemessen" ist. Die Einordnung einer Partei als Verbraucher hat somit entscheidende Bedeutung. Um den Vorgaben der Richtlinie im Hinblick auf das Verbraucherverständnis Rechnung zu tragen, war es notwendig, die bestehende Definition der s12 UCTA in einigen Belangen anzupassen. Dabei handelt es sich um die einzigen Änderungen, die zur Umsetzung des Art. 7 RL vorgenommen worden sind. Ob diese ausreichen, ist fragwürdig.[890]
Neben s6 (2) UCTA enthält auch s3 UCTA eine spezielle Ausschlussregelung für Haftungsbeschränkungen in Verbraucherverträgen, die zwar für jegliche Vertragsverletzungen gilt, allerdings ebenso wie s6 (3) UCTA nur an das Kriterium der „Angemessenheit" angeknüpft und damit im Hinblick auf die Richtlinie nicht hinreichend ist.

(bb) Die Vorschriften des UCTA im Hinblick auf die Umsetzungsverpflichtung

Im Hinblick auf die Umsetzung der Richtlinie kommt s6 (2) (a) i.V.m. ss12, 13 UCTA entscheidende Bedeutung zu. Sie legt allgemein fest, dass bei einem Verbrauchsgüterkauf der Verkäufer seine Haftung für eine Verletzung der gem. ss13-15 SGA implizierten Vertragsbedingungen nicht durch Vertragsvereinbarungen ausschließen oder beschränken kann. Was genau nach der Konzeption der s6 UCTA eine unzulässige Haftungsbeschränkung darstellt, wird in s13

[887] Ausschließlich auf allgemeine Geschäftsbedingungen („standard terms") findet s3 (1), 2. Variante UCTA Anwendung.
[888] Tilmann, Klauselrichtlinie, S. 30. Siehe zur Konkretisierung dieses Merkmals die Bestimmungshilfe in ss11, 24 und Schedule 2 des UCTA.
[889] Vgl. dazu ausführlich Teil B., IV. dieser Arbeit.
[890] Vgl. zu dieser Frage Teil B, IV. dieser Arbeit.

UCTA konkretisiert. Umfasst sind gem. s13 (1) (a) UCTA zunächst solche Vereinbarungen, durch die die Haftung oder ihre Durchsetzung einschränkenden oder für den Verbraucher belastenden Bedingungen unterworfen wird. Daneben sieht s13 (1) (b) UCTA die Unwirksamkeit solcher Klauseln vor, durch die die Rechte des Käufers beschnitten werden oder bei denen die Ausübung der Rechte zu einer nachteiligen Behandlung des Verbrauchers führt. Schließlich umfasst s6 gem. s13 (1) (c) UCTA auch solche Vereinbarungen, durch die Beweislast- oder Verfahrensregeln zum Nachteil des Verbrauchers abgeändert werden. Konsequenz der Konkretisierung durch s13 (1) UCTA ist ein weites Verständnis der unzulässigen Haftungsbeschränkungen.
Im Vergleich zur Richtlinie bedeutet dies zunächst, dass es dem Verkäufer nicht möglich ist, die Art. 2 Abs. 2 RL entsprechenden stillschweigenden Vertragsbedingungen der ss13-15 SGA auszuschließen. Dies gilt insbesondere auch für s14 (2) SGA, der die Umsetzung der objektiven Vertragsmäßigkeitskriterien der Richtlinie gem. Art. 2 Abs. 2 lit. c/d RL übernimmt. Zwar kann der Verkäufer durch eine entsprechende Beschreibung der Sache oder durch den Preis auf die vom Verbraucher zu erwartende Qualität Einfluss nehmen. Dies ändert jedoch nichts an der Tatsache, dass die Ware unter Berücksichtigung der Umstände des Einzelfalls eine zufriedenstellende Qualität aus der Perspektive einer vernünftigen Person aufweisen muss.[891] Schwierigkeiten bereitet allerdings die Einordnung von Klauseln, durch die der Verbraucher die Ware „wie gesehen" kauft. Hierin kann eine Einschränkung der Haftung für die Beschreibung der Ware gem. s13 (1) SGA gegeben sein. Entsprechend hat die englische Rechtsprechung festgehalten, dass solche Klauseln einen Verstoß gegen den UCTA darstellen.[892] Unproblematisch aus der Perspektive des englischen Rechts ist die Behandlung der Fälle des mittelbaren Ausschlusses der Rechte, in denen dem Käufer gem. Art. 2 Abs. 3 RL die Kenntnis der Vertragswidrigkeit unterstellt wird. Gem. s14 (2C) SGA ist die Anwendung von s14 (2) SGA nur dann ausgeschlossen, wenn der die Vertragswidrigkeit auslösende Aspekt dem Käufer eindeutig zur Kenntnis gebracht wurde. Der bloß pauschale Vermerk im Kaufvertrag ist dafür jedoch nicht ausreichend. Sobald der Käufer über einen bereits festgestellten Mangel eindeutig informiert wird und somit s14 (2) SGA nicht greift, ist auch nach der Richtlinie ein Haftungsausschluss zulässig.
Gegenüber der Richtlinie stellt sich allerdings als problematisch dar, dass s6 (2) UCTA nur auf die ss13-15 SGA Bezug nimmt. Zwar findet sich für Rechtsmängel eine entsprechende Regelung in s6 (1) UCTA, doch gibt es keine speziellen Vorschriften für die Fälle sonstiger Vertragsverletzungen. Insoweit gelangt nur

891 So auch Willett/Morgan-Taylor/Naidoo, J.B.L. 2004, S. 117; aA Arnold/Unberath, ZEuP 2004, S. 367 f.

892 Hughes v Hall, zu finden unter: http://www.michbar.org/opinions/appeals/2003/070303/19574.pdf (Stand: 25.4.2005); Benjamin/Reynolds, Rn. 13-067.

s3 UCTA zur Anwendung, der lediglich auf die Angemessenheit der Haftungsbeschränkung abstellt.
Die Vermutung der Vertragswidrigkeit der Sache gem. s48A (3) SGA bei Auftreten eines Mangels innerhalb der ersten sechs Monate kann gem. s13 (3) UCTA nicht zum Nachteil des Verbrauchers aufgehoben oder in zeitlicher Hinsicht verkürzt werden. Jede Abweichung von einer Beweislastregel stellt zwingend eine unzulässige Haftungsbeschränkung dar. Ebenfalls unzulässig ist es gem. s13 (2) UCTA, die Rechte des Käufers einzuschränken oder auszuschließen. Dies gilt sowohl für die auf dem Common Law basierenden Rechte als auch für in ss48B/C SGA umgesetzten Rechtsbehelfe. Daneben umfasst s13 (1) UCTA auch solche Vereinbarungen, die die Haftung des Verkäufers in zeitlicher Hinsicht beschränken wollen und somit gegen Art. 5 Abs. 1 RL verstoßen würden. Entgegen Art. 5 Abs. 2 RL schließt der UCTA dabei auch Vertragsvereinbarungen aus, nach denen der Verkäufer innerhalb einer bestimmten Zeit von dem Mangel informiert werden muss.[893]

(cc) Die Beschränkung des Anwendungsbereichs durch s26 UCTA

Eine Besonderheit stellt die Einschränkung des Anwendungsbereichs gem. s26 UCTA dar. Die Kontrolle haftungsbeschränkender Klauseln kommt gem. s26 (1) UCTA nicht zur Anwendung, wenn es sich bei der Vereinbarung um einen internationalen Lieferungsvertrag („international supply contract") handelt.[894] Umfasst sind davon gem. s26 (3) UCTA solche Kauf- und Lieferungsverträge, bei denen der Geschäfts- bzw. Wohnsitz der Parteien in unterschiedlichen Ländern liegt. Zusätzlich muss entweder der Vertragsgegenstand von dem einen in das andere Land geliefert werden, das Angebot und die Annahme in unterschiedlichen Ländern stattfinden oder nach dem Vertrag die Lieferung in ein anderes Land als das des Vertragsschlusses erfolgen.[895] Zu beachten ist, dass der Anwendungsbereich dieser Vorschrift keine Beschränkung bezüglich des Status der Vertragsparteien kennt.[896] Er umfasst nicht nur gewerblich handelnde Personen, sondern auch Verbraucher.
Im Hinblick auf den Regelungsbereich der Verbrauchsgüterkaufrichtlinie findet die Regelung zunächst auf solche Fälle Anwendung, in denen ein englischer Verbraucher die Ware von einem ausländischen Anbieter bezieht. Gem. Art. 4 Abs. 1 des Europäischen Schuldvertragsübereinkommens, das im englischen

[893] Bradgate/Twigg-Flesner, S. 145.
[894] Benjamin, Supplement, Rn. 1-040. Ursprünglicher Zweck der Vorschrift war es, englische Exporteure von der Anwendung restriktiver englischer Klauseln zu schützen, die in anderen Staaten nicht zur Anwendung kommen, siehe Benjamin/Reynolds, Rn. 13-092.
[895] S26 (2) UCTA stellt klar, dass auch das Kriterium der Angemessenheit im Rahmen der ss3 und 4 UCTA nicht zur Anwendung gelangt.
[896] Benjamin, Supplement, Rn. 1-040.

Recht durch den Contracts (Applicable Law) Act 1990[897] mit Gesetzeskraft versehen wurde, kommt auf diesen Vertrag mangels besonderer Vereinbarung der Parteien grundsätzlich das Recht des Staates zur Anwendung, zu dem der Vertrag die engste Verbindung aufweist. Im Hinblick auf den Kaufvertrag ist dies regelmäßig der Staat, in dem die charakteristische Leistung und damit die Leistungshandlung des Verkäufers vorgenommen wird. Auf diese Fälle entfaltet s26 UCTA keine Auswirkung, da ohnehin ein anderes Recht zur Anwendung gelangt. Anders stellt sich allerdings die Situation dar, in denen die besonderen Voraussetzungen des Art. 5 Abs. 2 EVÜ erfüllt sind und gem. Art. 5 Abs. 3 EVÜ mangels Parteiabrede das Recht des Staates zur Anwendung kommt, in denen der Verbraucher seinen gewöhnlichen Aufenthaltsort hat. Soweit gleichzeitig die Voraussetzungen der s26 (4) UCTA vorliegen, kommt es somit zu der Situation, dass zwar der Vertrag dem englischen Recht unterfällt, gleichzeitig jedoch die Vorschriften zur Einschränkung der haftungsbegrenzenden Klauseln des UCTA nicht zur Anwendung gelangen.[898]

Daneben wirkt sich die Richtlinie aber auch auf die umgekehrten Fälle aus, in denen ein ausländischer Verbraucher die Ware von einem englischen Verkäufer bezieht. Soweit die besonderen Voraussetzungen des Art. 5 Abs. 2 i.V.m. Abs. 1 EVÜ nicht vorliegen, unterfällt der Vertrag englischem Recht. Auch für diesen Fall bewirkt s26 UCTA, dass keine Kontrolle haftungsbegrenzender Klauseln nach dem UCTA möglich ist, obwohl sich die Beurteilung des Vertrages nach englischem Recht richtet.

Nicht in den Anwendungsbereich der s26 UCTA fallen solche Verträge, bei denen die Vertragspartner im gleichen Land ansässig sind. Es ist für das englische Recht ohne Bedeutung, ob es sich bei diesem Land um das Vereinigte Königreich handelt. Auch wenn durch die Vorschrift die ganz überwiegende Zahl der Verbrauchsgüterkäufe in England abgedeckt ist, verbleiben wichtige Ausnahmen, die gerade im Hinblick auf die Intention der Richtlinie von besonderer Bedeutung sind. Das englische Recht muss im Hinblick auf die Verwirklichung des Binnenmarkts dafür Sorge tragen, dass auch bzw. gerade der Verbraucher, der nicht unter die Regelung des Art. 5 Abs. 2 i.V.m. Abs. 1 RL fällt, in den Genuss der von der Richtlinie vorgesehenen Rechte kommt. Der UCTA kann dies in seiner gegenwärtigen Fassung aufgrund der Beschränkung des Anwendungsbereichs nicht gewährleisten. Ob den Anforderungen der Richtlinie durch andere Rechtsakte Rechnung getragen wird, bleibt zu untersuchen.[899]

---

[897] 1990, c36.

[898] Anwendbar bleibt allerdings die Regelungen der Unfair Terms in Consumer Contracts Regulations 1999, siehe dazu Teil C, IV., 3., a)., (c) dieser Arbeit.

[899] Siehe zu den sonstigen Kontrollmaßnahmen den nächsten Abschnitt.

(c) Weitere Instrumente der Kontrolle von Haftungsbeschränkungen

Neben dem UCTA kann eine Kontrolle von Haftungsbeschränkungen auf der Basis der Unfair Terms in Consumer Contracts Regulations 1999 erfolgen.[900] Im Gegensatz zum UCTA finden diese jedoch nicht auf individuell ausgehandelte Klauseln, sondern nur auf allgemeine Vertragsbedingungen Anwendung.[901] Sie können somit alleine nicht den Vorgaben der Richtlinie Rechnung tragen. Daneben wird eine Klausel nur dann als nicht für den Verbraucher bindend angesehen, wenn sie gegen den guten Glauben verstößt („... contrary to the requirement of good faith...“). Zwar mag bei einer Beschränkung der Rechte der ss48B/C SGA aufgrund der Vorgaben der Richtlinie ein Verstoß gegen den guten Glauben nahe liegen, doch kann dadurch nicht ausgeschlossen werden, dass nicht im Einzelfall eine andere Entscheidung getroffen wird. Die Richtlinie jedenfalls kennt eine entsprechende Einschränkung nicht.
Eine weitere Regelung, die auch die Möglichkeit einer Haftungsbegrenzung betrifft, findet sich schließlich in den Vorschriften des SGA selbst. Gem. s35 (3) SGA kann der Käufer nicht auf das Recht verzichten, eine vernünftige Untersuchungsmöglichkeit eingeräumt zu bekommen. Betroffen von der Regelung ist allerdings nur die Ausübung des Rechts auf Vertragsbeendigung nach dem Common Law, auf die unmittelbar auf der Richtlinie basierenden Rechte hat sie keine Auswirkung.

b) Die kollisionsrechtliche Komponente

(1) Vorgaben durch die Richtlinie

Die Richtlinie legt in Art. 7 Abs. 2 RL fest, dass die Mitgliedsstaaten zu verhindern haben, dass dem Verbraucher der durch die Richtlinie gewährte Schutz, d.h. der sachrechtliche Schutzstandard, durch die Wahl des Rechts eines Nichtmitgliedsstaats als Vertragsstatut vorenthalten wird.[902] Die Vorschrift entspricht den parallelen Regelungen in der Fernabsatz- und der Klauselrichtlinie.[903] Nach der Systematik des Art. 7 Abs. 2 RL handelt es sich um eine negative Rechtsan-

---

[900] Die Law Commission arbeitet zur Zeit an einen Vorschlag für ein einheitliches Gesetz, dass die Vorschriften des UCTA und des UTCCR 1999 in einheitlichen Regeln verschmelzt. Siehe dazu auch das Konsultationspapier: „Unfair Terms in Contracts - A Joint Consultation Paper ", Law Commission Consultation Paper No 166, August 2002, dass eine umfangreiche Gegenüberstellung der jeweiligen Vorschriften beinhaltet und zugleich die Ziele der Maßnahme darstellt. Zu finden unter: http://www.lawcom.gov.uk/files/cp166.pdf (Stand: 1. Mai 2005). Im Übrigen dazu: Sobich, RIW 2000, S. 675 ff.; Tilmann, Klauselrichtlinie, S. 31 ff.
[901] S5 (1) UTCCR 1999: „A contractual term which has not been individually negotiated shall be regarded as unfair if ..... .“.
[902] AnwKommentar/Pfeiffer, Art. 7 Rn. 12.
[903] Art. 12 Abs. 2 Fernabsatzrichtlinie und Art. 6 Abs. 2 der Klauselrichtlinie.

wendungsregelung, die eine Verdrängung des eigenen durch fremdes Recht ausschließen will.[904] Welches Recht anzuwenden ist, regelt die Richtlinie hingegen nicht. In Betracht kommt die Anwendung des nach dem „Übereinkommen über das auf vertragliche Schuldverhältnisse anzuwendende Recht" (EVÜ) anwendbaren Rechts, das Recht des Forums oder jedes Recht, mit dem der Vertrag eine enge Verbindung aufweist. Im Rahmen eines „Günstigkeitsvergleichs" reicht es aus, dass das mitgliedsstaatliche Recht nur zur Anwendung gelangt, wenn es für den Verbraucher günstigere Rechtsfolgen vorsieht.[905] Es wird nicht verlangt, dass das drittstaatliche Recht von der Anwendung ausgeschlossen wird.
Voraussetzung für die Anwendbarkeit des Art. 7 Abs. 2 RL ist ausweislich des Richtlinienwortlauts, dass der Vertrag einen engen Zusammenhang mit dem Gebiet der Mitgliedsstaaten aufweist. Inwieweit diesem Kriterium eigenständige Bedeutung zukommt, ist umstritten. Nach einer Ansicht muss aufgrund des Wortlauts der Richtlinie, der vom „Vorenthalten" spricht, davon ausgegangen werden, dass mangels Rechtswahl das mitgliedsstaatliche Recht kraft gesetzlicher Anknüpfung anwendbar ist.[906] Daraus folgt zwangsläufig, dass ein enger Zusammenhang bereits aufgrund der gesetzlichen Anknüpfung gegeben und das Erfordernis des engen Zusammenhangs in Art. 7 Abs. 2 RL damit ohne Bedeutung ist. Damit scheiden zwangsläufig auch die Fälle aus dem Anwendungsbereich des Art. 7 Abs. 2 RL aus, in denen das nichtmitgliedsstaatliche Recht mangels Rechtswahl ausschließlich aufgrund einer gesetzlichen Anknüpfung zur Anwendung gelangt.[907] Das Gleiche soll zudem für die Fälle gelten, in denen zwar eine Rechtswahl vorliegt, das nichtmitgliedsstaatliche Recht jedoch auch ansonsten zur Anwendung gelangt wäre. Nach einer anderen Ansicht ist ausschließlich das Kriterium der Rechtswahl entscheidend. Ob das mitgliedsstaatliche Recht aufgrund gesetzlicher Vorschriften anzuwenden gewesen wäre, ist aufgrund des besonderen Richtlinienerfordernisses eines engen Zusammenhangs mit dem Gebiet der Mitgliedsstaaten nicht entscheidend.[908] Für die zweite Ansicht spricht insbesondere der erweiterte Verbraucherschutz.

(2) Die Rechtslage im englischen Recht

Im Gegensatz zur Umsetzung der Richtlinie zu den missbräuchlichen Klauseln und der Fernabsatzrichtlinie hat die englische Regierung keine Maßnahmen zur

[904] AnwKommentar/Pfeiffer, Art. 7 Rn. 9; Stijns, EU-Kaufrechts-Richtlinie, Art. 7 Rn. 63, 71 (in Bezug auf Art. 6 Abs. 2 Klausel-RL).
[905] AnwKommentar/Pfeiffer, Art. 7 Rn. 15; Stijns, EU-Kaufrechts-Richtlinie, Art. 7 Rn. 10, 63.
[906] AnwKommentar/Pfeiffer, Art. 7 Rn. 15. Dieser macht zudem deutlich, dass die Regelung nicht auf solche Fälle Anwendung findet, in denen sich die Anwendung nichtmitgliedsstaatlichen Rechts ohne Rechtswahl aus der gesetzlichen Regelung ergibt, Art. 7 Rn. 13.
[907] Staudenmayer, NJW 1999, S. 2397; AnwKommentar/Pfeiffer, Art. 7 Rn. 13.
[908] Stijns/van Gerven, EU-Kaufrechts-Richtlinie, Art.7 Rn. 64.

Umsetzung der kollisionsrechtlichen Vorschriften der Richtlinie getroffen.[909] Den Vorgaben der Richtlinie muss damit durch die bestehenden Vorschriften Rechnung getragen werden. Im Vordergrund steht nach der Intention des englischen Gesetzgebers dabei die Regelung der s27 (2) UCTA.[910] Diese erzwingt die Anwendung der Vorschriften des UCTA ausdrücklich in den Fällen, in denen entweder die Wahl des Rechts eines anderen Staates als des Vereinigten Königreichs zumindest hauptsächlich dazu diente, die Vorschriften des UCTA zu umgehen, oder in denen es sich um ein Verbrauchergeschäft handelt, soweit der Verbraucher seinen gewöhnlichen Aufenthaltsort im Vereinigten Königreich hat und die wesentlichen zum Vertragsschluss notwendigen Schritte dort vorgenommen worden sind. Den Umsetzungsvorgaben wird damit jedoch nicht hinreichend Rechnung getragen.

(a) Anwendungsbereich der Vorschrift

Bereits aus dem Anwendungsbereich der Vorschrift ergeben sich Beschränkungen, die nicht mit den Vorgaben des europäischen Richtliniengebers vereinbar sind. Gemäß s26 UCTA finden die Vorschriften des UCTA und damit auch die der s27 UCTA keine Anwendung auf internationale Lieferungsverträge. Ein solcher liegt vor, wenn es sich um einen Warenkaufvertrag handelt, bei dem die Geschäftssitze bzw. die gewöhnlichen Aufenthaltsorte der Parteien in unterschiedlichen Staaten liegen. Zusätzlich erfordert s26 (4) UCTA, dass entweder die Ware von einem Land in ein anderes geliefert wird, dass die Willenserklärungen in unterschiedlichen Staaten abgegeben wurden oder dass, falls letzeres nicht der Fall ist, der Vertrag die Lieferung der Ware in ein anderes Land vorsieht. Damit fallen alle Verträge aus dem Anwendungsbereich heraus, in denen der Verbraucher die Ware von einem in einem Mitgliedsstaat operierenden Verkäufer bezieht und die genannten Voraussetzungen vorliegen.[911] Dies steht im Widerspruch zur Richtlinie, die eine entsprechende Beschränkung gerade nicht vorsieht, sondern vielmehr den Verbraucher in eben diesen Verträgen schützen will. Ein anderes Ergebnis ließe sich nur dann erreichen, wenn s27 (2) UCTA dahingehend ausgelegt würde, dass eine generelle Anwendbarkeit des UCTA ohne Berücksichtigung der sonstigen Beschränkungen des Anwendungsbereichs und damit derjenigen der s26 UCTA konstituiert wird. Im Gegensatz zu s26 (1) UCTA verweist s27 (2) UCTA allerdings nicht nur auf die Anwendbarkeit der

---

[909] Zur Umsetzung in der Fernabsatzrichtlinie siehe: Regulation 25 (2) Consumer Protection (Distant Selling) Regulations 2000 (Regierungsverordnung SI 2000/2334); zur Richtlinie zu missbräuchlichen Klauseln, siehe: Regulation 9 Unfair Terms in Consumer Contracts Regulations 1999 (Regierungsverordnung SI 1999/2083). Da die jeweilige Umsetzung in Form von angehängten, den Wortlaut der Richtlinie kopierenden, Verordnungen bestand, bereitete die Berücksichtigung auch keine Probleme.

[910] DTI, Transposition Note on Directive 1999/44/EC, Art. 7.

[911] Benjamin, Supplement, Rn. 1-040.

Vorschriften, die die Möglichkeit der Vereinbarung von haftungsbeschränkenden Klauseln einschränken, sondern erklärt das Gesetz als solches („This act ...“) für anwendbar. Damit sind aber auch die Einschränkungen des Anwendungsbereichs für den Fall eines internationalen Lieferungsvertrages umfasst. Die Regelung der s27 (2) UCTA wirkt sich somit nur auf solche Verbraucherverträge aus, in denen beide Vertragsparteien dem gleichen Land zuzuordnen sind, und bleibt damit hinter den Vorgaben der Richtlinie zurück.

(b) Voraussetzungen der s27 (2) UCTA

Neben der allgemeinen Beschränkung des Anwendungsbereichs durch s26 UCTA beinhaltet s27 (2) UCTA selbst weitere richtlinienwidrige Einschränkungen. Die Norm kommt nur dann zur Anwendung, wenn es sich bei einer der Parteien um einen Verbraucher handelt, der seinen gewöhnlichen Aufenthaltsort im Vereinigten Königreich hat, und wenn die wesentlichen Handlungen im Hinblick auf den Vertragsschluss ebenfalls dort vorgenommen wurden. Aus dem Anwendungsbereich der Vorschrift fallen somit die Fälle, in denen ein Verbraucher aus einem anderen Mitgliedsstaat mit einem in England niedergelassenen Unternehmer Geschäfte tätigt und mangels Rechtswahl aufgrund von Art. 4 EVÜ englisches Recht als Vertragsstatut zur Anwendung gelangt wäre.
Teilweise wird eine Richtlinienwidrigkeit auch in der Anwendung der s27 (2) UCTA bei der Wahl des Rechts eines anderen Mitgliedsstaats als Vertragsstatut („... the law of some country outside the United Kingdom, ...“) gesehen.[912] Dabei handelt es sich jedoch nicht um einen Art. 7 Abs. 2 RL unterfallenden Sachverhalt. Diese Vorschrift erstreckt sich ausschließlich auf die Wahl des Rechts eines Nichtmitgliedsstaats als das anzuwendende Recht. Soweit die Parteien abweichendes mitgliedsstaatliches Recht vereinbaren, enthält die Richtlinie keine Regelung. Es sprechen keine verbraucherschutzpolitischen Gründe gegen die Vorrangstellung des englischen Rechts, da aufgrund der Richtlinie ein Mindestschutz besteht.

(c) Rechtsfolgen der s27 (2) UCTA

Weiter muss in Frage gestellt werden, ob die von s27 (2) UCTA ausgehenden Rechtsfolgen im Hinblick auf die Umsetzungsverpflichtung hinreichend sind. Ausweislich des Wortlauts erklärt s27 (2) UCTA bei Vorliegen der genannten Voraussetzungen die Vorschriften des UCTA trotz vom englischen Recht abweichender Rechtswahl für anwendbar. Die Regelung beschränkt sich damit ausschließlich auf die Anwendung der Vorschriften des Gesetzes zu unbilligen Klauseln, findet jedoch keine Anwendung auf die Vorschriften des SGA oder anderer Regelungen, die der Umsetzung der Richtlinie dienen. Der englische

[912] Benjamin, Supplement, Rn. 1-044.

Gesetzgeber muss dabei davon ausgegangen sein, dass trotz Rechtswahl durch die Beibehaltung des Haftungsbeschränkungsverbots im Rahmen der ss6(2) und 13 UCTA auch die jeweiligen Haftungstatbestände zwingend anwendbar sind. Diese Folgerung ist jedoch nicht zwingend.[913] Während der UCTA ausdrücklich gem. s27 (2) UCTA für anwendbar erklärt wird, fehlt es an einer entsprechenden Regelung für die anderen Gesetze. Die Gerichte könnten dazu tendieren, nur die Haftungsbegrenzungsregeln auf das drittstaatliche Recht anzuwenden. Dieses gewährt jedoch nicht den Standard der Richtlinie. Ein weites Verständnis der s27 (2) UCTA kann nur dann erreicht werden, wenn man sie dahingehend auslegt, dass durch die Beschränkung der Einschränkung der ss13- 15 SGA gleichzeitig auch diese zur Anwendung gelangen sollen. S6 (2) UCTA setzt jedoch voraus, dass diese Verpflichtungen bereits bestehen. Folglich kann die Vorschrift nicht dahingehend verstanden werden, dass die Regelungen des SGA ebenfalls anzuwenden sind.
Zudem umfasst die Richtlinie Regelungen, die nicht ausdrücklich durch den UCTA geschützt werden. Dies gilt unter anderem für die Verbrauchergarantien der Regulation 15 Sale and Supply of Goods to Consumers Regulations 2002. Ihre Anwendung ist ebenfalls nicht durch die Regelung der s27 (2) UCTA gesichert.

(d) Die Berücksichtigung als zwingende Normen im Rahmen der Art. 5 und 7 EVÜ

Die gemachten Ausführungen haben gezeigt, dass der Verweis des englischen Gesetzgebers auf s27 (2) UCTA in keiner Weise den Umsetzungsvorgaben Rechnung trägt. Berücksichtigung können die Regelungen der Richtlinie jedoch auch als zwingende Vorschriften im Rahmen allgemeiner kollisionsrechtlicher Normen finden. Die Vorschriften des EVÜ wurden in England durch den Contracts (Applicable Law) Act 1990[914] umgesetzt. Nicht übernommen wurde parallel zur deutschen Vorgehensweise Art. 7 Abs. 1 EVÜ.[915] Art. 5 EVÜ, der eine spezielle Kollisionsnorm für Verbraucherverträge darstellt, ermöglicht, soweit es sich um einen passiven Verbraucher handelt, trotz Rechtswahl die Berücksichtigung zwingender Bestimmungen des Staates, in dem der gewöhnliche Aufenthaltsort des Verbrauchers liegt. Allerdings ist der Anwendungsbereich in einer nicht mit der Richtlinie übereinstimmenden Weise eingeschränkt. Dies gilt sowohl für die Art der betroffenen Verträge - Garantieverträge sind nicht umfasst - als auch für die Beschränkungen im Hinblick auf den passiven Verbraucher.

---

[913] Bradgate/Twigg-Flesner, Consumer Guarantees, S. 153.
[914] 1990, c36.
[915] S2 (2) Contracts (Applicable Law) Act 1990.

Der Umsetzungsverpflichtung könnte somit lediglich dann Rechnung getragen werden, wenn die Vorschriften der Richtlinie als zwingende Bestimmung im Sinne des Art. 7 Abs. 2 EVÜ gewertet werden. Zum einen stellt sich dabei das Problem der Subsidiarität dieser Regelung neben Art. 5 EVÜ, wie sie im deutschen Recht angenommen wird. Ein Rückgriff auf Art. 7 EVÜ wäre dann nicht mehr zulässig. Daneben bestehen Zweifel am zwingenden Charakter der Bestimmungen: S26 UCTA legt gerade im Hinblick auf internationale Lieferungsverträge fest, dass zumindest die Regelungen des UCTA nicht zur Anwendung gelangen. Entsprechend kann auch nicht von zwingenden Bestimmungen gesprochen werden.[916]
Schließlich wäre mangels ausdrücklicher Regelung im Hinblick auf die Umsetzung auch nicht dem Transparenzgebot Rechnung getragen.

[916] Siehe Benjamin, Supplement, Rn. 1-041.

D. Die Rückgriffsrechte des Verkäufers

I. Vorgaben durch die Richtlinie

1. Allgemeines

Nach der Konzeption der Richtlinie haftet der Verkäufer grundsätzlich für jede Vertragswidrigkeit der Sache zumindest im Sinne des Art. 2 RL, die zum Zeitpunkt der Lieferung besteht. Dies gilt unabhängig davon, ob er für deren Ursache verantwortlich ist.[917] Es ist ohne Bedeutung, ob die zur Vertragswidrigkeit führenden Umstände auf ihn selbst, den Hersteller bzw. eine sonstige Zwischenperson in der Absatzkette oder auf einen außenstehenden Dritten zurückzuführen sind. Eine besondere Belastung des Verkäufers ergibt sich zudem daraus, dass der Verkäufer nach der Richtlinienkonzeption sowohl für öffentliche Äußerungen des Herstellers oder dessen Vertreters im Rahmen der zufriedenstellenden Qualität der Ware als auch mittelbar für das Vorliegen einer korrekten Montageanleitung einzustehen hat.[918] In beiden Konstellationen ist die Vertragswidrigkeit häufig in besonderem Maße auf eine andere Person als den Verkäufer zurückzuführen. Zwar wird der Letztverkäufer in den genannten Fällen regelmäßig nach mitgliedsstaatlichem Recht gegen seinen Lieferanten als unmittelbaren Vertragspartner vorgehen können, doch sind diese Rechte wiederholt Gegenstand besonderer sowohl gesetzlicher als auch privatrechtlicher Vereinbarungen, die hinter den für den Verbrauchsgüterkauf zwingend ausgestalteten Vorschriften zurückbleiben.[919] Für den Letztverkäufer besteht somit die unmittelbare Gefahr einer „Regressfalle", indem er selbst für die von einer anderen Partei innerhalb der Lieferkette verursachte Vertragswidrigkeit haftet, selbst jedoch unter Umständen wegen unterschiedlicher Verjährungsvorschriften oder einer vereinbarten Haftungsbeschränkung nicht Regress nehmen kann. Dadurch kann es zu einer marktwidrigen Kostenabwälzung auf den Letztverkäufer kommen.[920] Der europäische Gesetzgeber hat es daher als erforderlich angesehen, die Frage des Regresses, wenn auch wenig präzise und aussagekräftig, in Art. 4 RL zu regeln. Im Vordergrund stand dabei das Bestreben, den Einzelhändler gegenüber dem Großhändler bzw. dem Hersteller zu schützen.[921]
Die Richtlinie versucht diesen Erwägungen dadurch Rechnung zu tragen, dass Art. 4 RL dem Letztverkäufer bei einer Inanspruchnahme durch den Verbraucher aufgrund einer Vertragswidrigkeit, die auf das Verhalten einer anderen Par-

---

[917] Die Ausnahmen insbesondere des Art. 2 Abs. 3 RL sind zu beachten.
[918] von Sachsen Gessaphe, RIW 2001, S. 726.
[919] Vgl. dazu für das deutsche Recht: von Sachsen Gessaphe, RIW 2001, S. 727f.
[920] KOM 95, 520 endg. S. 15. Inwieweit diese gesetzliche Rechtslage in der Praxis insbesondere im Hinblick auf Markenartikel und hochwertige Produkten tatsächlich zu Benachteiligungen des Letztverkäufers führt, scheint fraglich, siehe zu dieser Frage mit Verweis auf die Praxis: Schmidt, in: Das neue Schuldrecht in der Praxis, S. 429 f.
[921] Von Sachsen Gessaphe, RIW 2001, S. 726.

tei in der Vertragskette zurückzuführen ist[922], die Möglichkeit bietet, eine haftende Person innerhalb der Vertragskette in Regress zu nehmen. Kennzeichnend für die Vorschrift ist zunächst, dass sie über den sonstigen Regelungsbereich der Richtlinie in persönlicher Hinsicht hinausgeht und das vorgelagerte Verhältnis zwischen Letztverkäufer und Lieferant bzw. Hersteller betrifft.[923]
Systematisch ist von Bedeutung, dass sich der Anspruch des Letztverkäufers nicht gegen den Verursacher der Vertragswidrigkeit richten muss.[924] Die Passivlegitimation ergibt sich gem. Art. 4 S. 2 RL vielmehr aus dem innerstaatlichen Recht.[925] Entsprechend spricht die Richtlinie in Art. 4 S. 1 RL lediglich von den „Haftenden". Damit kann sich der Regressanspruch, je nach Interesse des Mitgliedsstaats, sowohl gegen den Verursacher, also insbesondere den Hersteller der Sache[926], als auch gegen den unmittelbaren Vertragspartner des Letztverkäufers richten.[927] Durch die gewählte Regelung wird einerseits dem Interesse des nationalen Gesetzgebers an der Beibehaltung bestehender nationaler Systematiken Rechnung getragen, andererseits aber auch ein Beitrag zum Verbraucher-

---

922 Es ist nicht unumstritten, ob es sich bei den von der Richtlinie umfassten Zwischenpersonen ebenfalls um eine Person innerhalb der Vertragskette handeln muss (siehe Bridge, EU-Kaufrechts-Richtlinie, Art. 4) oder ob es bereits ausreicht, wenn die Person irgendwie mit dem Verbrauchsgüterkauf verbunden ist (siehe AnwKommentar/Pfeiffer, Art. 4 Rn. 6).

923 Gerade im Hinblick auf Art. 4 RL wird die gesetzgeberische Kompetenz der Europäischen Gemeinschaft bezweifelt. Vgl. von Sachsen Gessaphe, RIW 2001, S. 723f., aber auch Bridge, EU-Kaufrechts-Richtlinie, Art. 4, Rn. 7; Roth, in: Zivilrechtswissenschaft und Schuldrechtsreform, S. 250. Den kompetenzrechtlichen Besonderheiten lässt sich entgegnen, dass die Einräumung eines Rückgriffsrechts dem Letztverkäufer die Mittel gibt, die durch die Richtlinie vorgesehenen Ansprüche des Verbrauchers zu erfüllen. Auch wird der Verkäufer schneller gewillt sein, entsprechenden Ansprüchen des Verbrauchers nachzukommen, wenn er weiß, dass er seinerseits die Möglichkeit des Rückgriffs hat. Damit trägt die Regelung zumindest mittelbar den Zielen des Verbraucherschutzes Rechnung.

924 Zwar ließe der Wortlaut des Art. 4 S. 1 RL die Auslegung zu, dass der Verantwortliche in der Vertragskette heranzuziehen ist, doch widerspricht dem die eindeutige Regelung der Art. 4 S. 2 RL.

925 Siehe dazu AnwKommentar/Pfeiffer, Art. 4 Rn. 6 f.

926 Die Möglichkeit einer unmittelbaren Haftung des Verursachers gegenüber dem Letztverkäufer stellt nur noch ein Überbleibsel der ursprünglich von der Kommission im Grünbuch zum Verbrauchsgüterkauf angedachten unmittelbaren Haftung des Herstellers gegenüber dem Verbraucher dar.

927 Zur Umsetzung der Richtlinie reicht es folglich bereits aus, wenn es lediglich zu einer mittelbaren Inanspruchnahme des Verursachers durch verschiedene vertragliche Stationen hindurch kommt; AnwKommentar/Pfeiffer, Art. 4 Rn. 7 spricht von einem Regress „entlang der Lieferkette". Zu beachten ist allerdings, dass sich die Regelungsvorgaben der Richtlinie nur auf das Verhältnis des Letztverkäufers zu dessen Lieferant beziehen. Es ist nicht ausschlaggebend, dass es auch zu einer Inanspruchnahme der verantwortlichen Partei kommt. Folglich besteht nach der Konzeption der Richtlinie die Gefahr, dass zwar eine Regressfalle im Hinblick auf den Letztverkäufer vermieden wird, eine solche jedoch in der folgenden Vertragskette weiter besteht. Für den Verbraucherschutz spielt dies allerdings keine Rolle.

schutz gewährleistet.[928] Den Mitgliedsstaaten steht somit die Möglichkeit zu, unter Beachtung der sonstigen Voraussetzungen den Umsetzungsvorgaben im Rahmen ihrer bestehenden Gewährleistungsvorschriften Rechnung zu tragen.

2. Das Bestehen eines Regressanspruchs

Der Regelungsgehalt der Vorschrift des Art. 4 RL ist in weiten Teilen umstritten. Weitgehende Übereinstimmung herrscht lediglich in Bezug auf die Verpflichtung der Mitgliedsstaaten, nach den innerstaatlichen Vorschriften dem Letztverkäufer, der aufgrund einer von einem anderen Glied in der Vertragskette verursachten Vertragswidrigkeit gegenüber dem Verbraucher einzustehen hat, einen Rückgriffsanspruch zu gewährleisten. Obwohl die deutsche Fassung der Richtlinie in Art. 4 S. 1 RL lediglich davon spricht, dass der Letztverkäufer bei Vorliegen der entsprechenden Voraussetzungen Regress nehmen „kann“, muss sowohl aus der Präzisierung in den Erwägungsgründen („muss ... in Regress nehmen können“[929]) als auch durch einen Verweis auf die verbraucherschützende Intention der Richtlinie geschlossen werden, dass bezüglich der Frage des „Ob“ eines Rückgriffsanspruchs kein Umsetzungsspielraum der Mitgliedsstaaten besteht. Zum gleichen Ergebnis kommt auch ein Verweis auf den Wortlaut der englischen Richtlinie, der mit der Formulierung „shall be entitled to“ den zwingenden Anordnungscharakter der Vorschrift deutlich zum Ausdruck bringt.[930]

3. Die Ausgestaltung des Regressanspruchs

Die eigentlichen Schwierigkeiten bereitet die Norm im Hinblick auf das nicht abschließend geklärte Ausmaß eines Regressanspruchs.[931] Die dazu eingenommenen Positionen sind vielfältig. Sie reichen von der weitgehenden Entbindung einer Umsetzungsverpflichtung[932] bis hin zur verbindlichen Gewährung eines effektiven Rückgriffsanspruchs, der immer dann eingreifen muss, wenn der Letztverkäufer gegenüber dem Verbraucher für eine ihm nicht zurechenbare

---

[928] Für diesen ist nicht das Einstehen des Verursachers, sondern der Regress des Letztverkäufers entscheidend.

[929] Erwägungsgrund 9 S. 2 RL.

[930] Entsprechendes gilt auch für die französische Fassung: „a le droit“.

[931] Die Bedeutung von Art. 4 RL für die Umsetzungsverpflichtung und die mitgliedsstaatlichen Privatrechtsordnungen wird von wissenschaftlicher Seite äußerst unterschiedlich beurteilt, siehe nur die Gegensätze von Staudenmayer, NJW 1999, S. 2396: „eher harmlos“ und Brüggemeier, JZ 2000, S. 534: „der eigentliche Sprengstoff“. Zum Meinungsstand: Ernst/Gsell, ZIP 2000, S. 1422 und Roth, in: Zivilrechtswissenschaft und Schuldrechtsreform, S. 248 f.

[932] Hondius/Jeloschek, ERPL 2001, S. 160: „any realization is completely at the discretion of the national legislator“; ähnlich: Ehmann/Rust, JZ 1999, S. 862 „Regress kann auch ganz oder teilweise ausgeschlossen werden.“.

Vertragswidrigkeit haftet.[933] Zurückführen lassen sich die unterschiedlichen Positionen weitgehend auf die heterogene Beurteilung des Art. 4 S. 2 RL. Diesem zufolge obliegt es den Mitgliedsstaaten nicht nur, den oder die Haftenden, sondern auch das entsprechende Vorgehen und die Modalitäten des Rückgriffsanspruchs festzulegen. Damit wird die Regelung des Art. 4 S. 1 RL relativiert und deren weitreichende Verbindlichkeit in Frage gestellt. Die gewählte Terminologie lässt aber nicht zweifelsfrei erkennen, wie weit der durch Art. 4 S. 2 RL vorgesehene Umsetzungsspielraum reichen soll. Zum einen stellt sich damit die Frage, inwieweit das innerstaatliche Recht das Bestehen eines Rückgriffsanspruchs an zusätzliche, nicht in Art. 4 S. 1 RL vorgesehene Voraussetzungen knüpfen darf. Zum anderen steht nicht fest, ob bzw. in welchem Umfang dem durch Art. 4 S. 2 RL eingeräumte Beurteilungsspielraum unter dem Aspekt einer effektiven Ausübung des Regressrechts Grenzen gesetzt sind. Obwohl der zuletzt genannte Aspekt in der wissenschaftlichen Auseinandersetzung in Deutschland die größere Aufmerksamkeit auf sich gezogen hat[934], ist gerade für diejenigen Mitgliedsstaaten, die bezüglich des Regressrechts auf die bestehenden Regelungen des Gewährleistungsrechts verweisen, auch der erste Punkt von besonderer Bedeutung.[935]

a) Die Anspruchsvoraussetzungen

Die einfachste Vorgehensweise wird auf Seiten der Mitgliedsstaaten darin bestehen, den Regressanspruch durch die allgemeinen Gewährleistungsansprüche abzudecken. Dies setzt jedoch voraus, dass der vom Verbraucher geltend gemachte Mangel zugleich auch eine Vertragswidrigkeit im Verhältnis des Letztverkäufers zu seinem Lieferanten darstellt. Die Richtlinie kennt nach ihrem Wortlaut keine entsprechende Einschränkung und begrenzt den Regressanspruch lediglich dahingehend, dass der Letztverkäufer für einen von einem anderen Glied in der Vertragskette verursachten Mangel in Anspruch genommen wird.[936] Auf eine Vertragswidrigkeit im Verhältnis zwischen Letztverkäufer und Lieferant kommt es gerade nicht an.[937] Soweit die Vertragswidrigkeit auf den Herstellungsprozess zurückzuführen ist, hat die Einschränkung durch das innerstaatliche Recht regelmäßig keine Auswirkungen, solange für die Bestimmung der Vertragsmäßigkeit zwischen Letztverkäufer und Verkäufer die gleichen Maßstäbe wie zwischen Verbraucher und Letztverkäufer herangezogen werden. Probleme entstehen allerdings dann, wenn der Mangel zwar auf den Hersteller

[933] Lehmann, JZ 2000, S. 290

[934] Im Vordergrund stand die Frage der Anpassung der Verjährungsvorschriften.

[935] Ein entsprechendes Vorgehen wird auch in England festzustellen sein, siehe dazu sogleich.

[936] AnwKommentar/Pfeiffer, Art. 4, Rn. 3: die Rückgriffshaftung des Art. 4 S. 1 RL ist gerade nicht mit der von der Richtlinie vorgesehenen Mängelhaftung gleichzusetzen; Lehmann, JZ 2000, S. 290.

[937] AnwKommentar/Pfeiffer, Art. 4 Rn. 3.

zurückzuführen ist, er jedoch erst nach Vertragsschluss zwischen Lieferant und Letztverkäufer zur Entstehung gelangte oder aber die Haftung des Lieferanten weniger weitreichend ist. Dies gilt insbesondere für die Fälle öffentlicher Werbeäußerungen des Herstellers, die zum einen erst nach Verkauf an den Letztverkäufer erfolgen können oder aber zum anderen bei der Ermittlung der Vertragswidrigkeit bei einem Handelskauf nicht berücksichtigt werden.[938] Soweit das nationale Recht keine weiteren Regressregelungen vorsieht, gleichzeitig aber auch die Gewährleistungsansprüche nicht ausweitet, besteht die konkrete Gefahr, dass dem Verkäufer kein Regress möglich ist. Richtlinienkonform wäre eine entsprechende Rechtslage nur dann, wenn sich die fehlende Regelung dieser Fälle als vom Mitgliedsstaat zu regelnde Modalität im Sinne des Art. 4 S. 2 RL darstellt. Während teilweise vertreten wird, Art. 4 RL verlange lediglich die Existenz irgendeines Rückgriffsanspruchs, ohne den Mitgliedsstaaten Vorgaben jeglicher inhaltlicher Art zu machen[939], geht die überwiegende Auffassung dahin, dass dem Letztverkäufer bei Vorliegen der in Art. 4 S. 1 RL abschließend aufgezählten Voraussetzungen eine Regressmöglichkeit zustehen muss.[940] Der Begriff der Modalitäten bezieht sich nur auf die Art und Weise der Geltendmachung des Anspruchs, nicht auf dessen inhaltlichen Umfang.[941] Eine entgegenstehende Auslegung verkennt die von der Richtlinie vorgenommene Unterscheidung zwischen den zwei Regelungsgehalten des Art. 4 RL. Art. 4 S. 1 RL ordnet zunächst generell an, dass der Letztverkäufer bei Vorliegen der von der Richtlinie genannten Voraussetzungen[942] Regress nehmen können muss[943]. Damit wird

---

[938] Keine Besonderheiten stellen öffentliche Äußerungen in Form der Etikettierung dar, da, soweit diese vom Verkäufer angebracht werden, auf diesen zurückzuführen sind, bzw., soweit sie bereits vom Hersteller oder vom Lieferanten angebracht worden sind, unmittelbar die gesetzlichen Gewährleistungsrechte hervorrufen.

[939] Ehmann/Rust, JZ 1999, S. 862

[940] Lehmann, JZ 2000, S. 290: „Da Art. 4 S. 1 RL keine weiteren Einschränkungen enthält, ist dies so zu verstehen, dass der Letztverkäufer immer dann, wenn er dem Verbraucher aus den genannten Gründen haftet, Rückgriff nehmen können muss... Weitere Haftungsvoraussetzungen sind unzulässig."; Roth, in Zivilrechtswissenschaft und Schuldrechtsreform, S. 249: „Die Richtlinie enthält eine *verpflichtende* Aussage dahingehend, dass der Letztverkäufer *immer* dann, wenn er dem Endverbraucher gegenüber haftet, einen – wenn auch dispositiven - Regressanspruch haben soll" mit Verweis auf die französische und englische Fassung der Richtlinie. Eine Einschränkung im Einzelfall erfolgt nur im Hinblick auf die Ausgestaltung der Verjährungsregeln, S. 250. Weitere Vertreter finden sich in den Fußnoten des nächsten Abschnitts.

[941] AnwKommentar/Pfeiffer, Art. 4 Rn. 8.

[942] Art. 4 S. 1 RL: Letztverkäufer muss aufgrund einer Vertragswidrigkeit haften, die auf ein Handeln oder Unterlassen des Herstellers, eines früheren Verkäufers innerhalb derselben Vertragskette oder einer anderen Zwischenperson zurückzuführen ist.

[943] Deutlicher als die deutsche Fassung der Richtlinie, die lediglich davon spricht, dass der Letztverkäufer Regress nehmen kann, ist insoweit die englische („shall be entitled") sowie französische („a le droit") Formulierung.

die Frage des „Ob“ des Bestehens eines Rückgriffsanspruchs von der Richtlinie für die Mitgliedsstaaten verbindlich entschieden.[944] Art. 4 S. 2 RL betrifft lediglich das Ermessen der Mitgliedsstaaten im Hinblick auf die Art und Weise und damit das „Wie“ eines Verkäuferregresses.[945] Durch dieses Verständnis, das sich auch in den Erwägungsgründen der Richtlinie widerspiegelt[946], ist gewährleistet, dass Art. 4 RL eine eigenständige Bedeutung im Rahmen der Richtlinie zukommt. Eine Auslegung als bloß deklaratorische Feststellung, dass der Letztverkäufer unter Umständen nach den Vorschriften des innerstaatlichen Rechts einen Regressanspruch hat, rechtfertigt keine ausdrückliche Normierung in der Richtlinie. Daneben erfordert auch der Verbraucherschutz als Zielsetzung der Richtlinie eine entsprechende Auslegung des Art. 4 RL. Nur eine solche Auslegung stimmt auch mit dem Schutzzweck der Richtlinie überein. Der Verbraucher soll dadurch geschützt werden, dass der Letztverkäufer durch einen eigenen Regressanspruch mit den Mitteln ausgestattet wird, die von der Richtlinie vorgesehenen Ansprüche zu erfüllen. Die verbraucherschützende Wirkung würde in großem Maße reduziert, könnten die Mitgliedsstaaten den Regressanspruch an weitere, nicht von der Richtlinie vorgesehene, Voraussetzungen knüpfen. Dies gilt insbesondere für die Fälle der öffentlichen Werbeäußerungen des Herstellers, die gerade darauf gerichtet sind, eine breite Öffentlichkeit zu erreichen und ein entsprechend großes Risiko für den Letztverkäufer darstellen. Folglich können durch das nationale Recht keine weiteren Voraussetzungen an den Regressanspruch geknüpft werden.[947]

b) Die Ausgestaltung der Ausübung

Von praktisch größerer Bedeutung ist die Frage, inwieweit der von Art. 4 S. 2 RL gewährte Umsetzungsspielraum durch das gemeinschaftsrechtliche Effektivitätsgebot eingeschränkt wird. An der Möglichkeit einer effektiven Durchsetzung des Rückgriffsrechts kann es fehlen, wenn durch das mitgliedsstaatliche Recht Regelungen vorgesehen sind, die entweder den Verbraucher gegenüber dem Letztverkäufer begünstigen, ohne dass dieser seinerseits in den Genuss des Vorteils kommt[948], und/oder die den Letztverkäufer belasten, ohne dass dieser

---

[944] Lehmann, JZ 2000, S. 289.

[945] Staudenmayer, NJW 1999, S. 2396: „bestehen muss“; Micklitz, EuZW 1999, S. 490; Bridge, EU-Kaufrechts-Richtlinie, Art. 4, Rn. 28.

[946] Erwägungsgrund 9 S. 3 RL. „Der Verkäufer muss allerdings ... in Regress nehmen können“ bzw. S. 5: „Die einzelstaatlichen Rechtsvorschriften bestimmen, gegen wen und wie der Verkäufer Regress nehmen kann“.

[947] Siehe Jorden, Verbrauchergarantien, S. 450 ff.

[948] Beispielsweise die Beweislastumkehr des Art. 5 Abs. 3 RL.

die Belastung an den Verbraucher weiterleiten könnte.[949] Vertreten wird zum Teil die Auffassung, dass die Richtlinie lediglich die Existenz irgendeines Rückgriffsrechts des Letztverkäufers gegenüber dem Hersteller oder einem anderen Glied in der Kette erfordert, ohne dass es darauf ankäme, dass der Letztverkäufer im Falle einer Inanspruchnahme durch den Verbraucher auch effektiv vom Lieferanten oder Hersteller Regress fordern kann.[950] Als Begründung wird dabei sowohl auf die Vorschrift des Art. 4 S. 2 RL als auch auf die Erwägungsgründe verwiesen, die besagen, dass der Verkäufer nur nach Maßgabe des innerstaatlichen Rechts Regress nehmen können muss.[951] Dem gegenüber steht die Auffassung, dass das in Art. 10 bzw. 249 EGV enthaltene gemeinschaftsrechtliche Effektivitätsgebot auch auf die Vorschrift des Art. 4 RL Anwendung findet und somit eine Verpflichtung der Mitgliedsstaaten besteht, die Wirksamkeit der Richtlinie zu gewährleisten.[952] Zwar überlässt diese Regelung im Gegensatz zu den sonstigen Vorschriften der Richtlinie den Mitgliedsstaaten explizit einen Umsetzungsspielraum, doch ändert dies nichts daran, dass die Schaffung einer hinreichenden Regressmöglichkeit so in das nationale Recht umzusetzen ist, dass der Letztverkäufer effektiv davon Gebrauch machen kann. Die Grundlage für eine entsprechende Auslegung wird von den Vertretern in Art. 4 S. 1 RL, aber auch in den Erwägungsgründen gesehen. Unterschiedliche Auslegungsmöglichkeiten bestehen allerdings im Hinblick auf die Frage, welche Anforderungen an eine effektive Ausgestaltung zu stellen sind. Während einerseits angenommen werden könnte, dass die Mitgliedsstaaten stets bei Inanspruchnahme des Verkäufers dessen Rückgriffsanspruch gewährleisten müssen[953], gestattet ein weites Verständnis die Abweichung von der strikten Rückgriffsmöglichkeit in Ausnahmefällen.[954] Letztere Auffassung entspricht der Intention der Kommission, die keine vollständige Vermeidung von Regressfallen plante.[955] Auch lässt sich eine entsprechende Auslegung mit dem Verweis auf die Verjährungsregeln des CISG begründen, das eine Ausschlussfrist von zwei Jahren vorsieht.[956] Da die Richtlinie die Rechte des Verbrauchers ebenfalls für einen Zeitraum von

[949] So z.B. eine verkürzte Verjährungsfrist oder die Rügepflicht des Verkäufers nach der früheren Vorschriften des HGB. Zur Frage des Regressausschluss nicht durch Gesetz, sondern durch Vereinbarung der Parteien siehe sogleich unter d).

[950] Staudenmayer, NJW 1999, S. 2396: „... ein irgendwie gearteter Rückgriff ...“; Tonner, BB 1999, S. 1772: „... grundsätzlich ein Anspruch ...“.

[951] Erwägungsgrund 9, S. 3 RL.

[952] siehe Reich, NJW 1999, S. 2400; Jorden, Verbrauchergarantien, S. 448; Von Sachsen Gessaphe, RIW 2001, S. 726; Ernst/Gsell, ZIP 2000, S. 1422.

[953] Siehe Gsell, JZ 2001, S. 73; Ernst/Gsell, ZIP 2000, S. 1422; Lehmann, JZ 2000, S. 290; Roth, in: Europäisches Kaufgewährleistungsrecht, S. 120.

[954] AnwKommentar/Pfeiffer, Art. 4, Rn. 9; von Sachsen Gessaphe, RIW 2000, S. 726.

[955] So zumindest nach Schmidt-Räntsch, der sich auf eine Rückfrage bei der Kommission beruft: Zivilrechtswissenschaft und Schuldrechtsreform, S. 257.

[956] Roth, in: Zivilrechtswissenschaft und Schuldrechtsreform, S. 251.

zwei Jahren gewährleistet, besteht die Möglichkeit, dass ein Rückgriff des Letztverkäufers ausscheidet. Da der europäische Gesetzgeber sich dieses Problems bewusst gewesen sein muss, gleichzeitig aber nicht von den Mitgliedsstaaten erwarten kann, dem Abkommen zuwider zu handeln, muss er die zweijährige Frist als ausreichend angesehen haben.[957]

c) Insbesondere: Beweislastumkehr

Ebenfalls dem Aspekt einer effektiven Durchsetzbarkeit zuzuordnen ist die Frage, inwieweit die durch die Richtlinie vorgesehene Beweislastumkehr auch zugunsten des Letztverkäufers ausgestaltet werden muss. In der Praxis stellt die Verteilung der Beweislast einen wesentlichen Faktor im Hinblick auf den Erfolg einer gerichtlichen Inanspruchnahme dar. Soweit der Letztverkäufer bezüglich seines Rückgriffsrecht auf das gesetzliche Gewährleistungsrecht verwiesen wird, wird ihm nach den herkömmlichen innerstaatlichen Vorschriften regelmäßig der Beweis obliegen, dass die Sache bereits zum entscheidenden Zeitpunkt mangelhaft war. Damit wird die Effektivität des Rückgriffsrechts in Frage gestellt. Im Hinblick auf die Beachtung des gemeinschaftsrechtlichen Effektivitätsgebots scheint somit eine Ausdehnung der Beweislastumkehr auf Handelsgeschäfte im Regelungszusammenhang des Art. 4 RL geboten.[958] Allerdings ist zu beachten, dass es sich in diesem Zusammenhang ausdrücklich um eine Modalität des Anspruchs handelt, dessen Regelung dem nationalen Gesetzgeber obliegt. Die grundsätzliche Existenz eines Regressanspruchs wird durch die fehlende Beweislastumkehr nicht in Frage gestellt.

d) Insbesondere: Haftungsbegrenzung

Umstritten ist auch die Frage, inwieweit die Regressmöglichkeit des Letztverkäufers entweder durch individualvertragliche Vereinbarung oder durch allgemeine Geschäftsbedingungen eingeschränkt werden kann. Es ließe sich vertreten, dass die Richtlinie für eine Haftungsbegrenzung keinen Raum lässt, da nur so eine effektive Regressmöglichkeit und damit eine Verhinderung einseitiger Belastungen des Letztverkäufers vermieden werden kann. Dieser Auslegung steht jedoch entgegen, dass die Richtlinie in Erwägungsgrund 9 ausdrücklich klarstellt, dass einerseits der Grundsatz der Vertragsfreiheit zwischen Letztverkäufer und Lieferant bzw. Hersteller nicht tangiert werden soll, dass andererseits der Letztverkäufer aber auch auf das Regressrecht wirksam verzichten kann. Auch die Entstehungsgeschichte der Richtlinie spricht für eine entsprechende Auslegung, da ein Vorschlag des Europäischen Parlaments, die Regressmöglichkeit insoweit zwingend zu gestalten, als sich der Letztverkäufer gegenüber

---

[957] Roth, in: Zivilrechtswissenschaft und Schuldrechtsreform, S. 251.

[958] Bridge, EU-Kaufrechts-Richtlinie, Art. 4, Rn. 35; Roth, in: Zivilrechtswissenschaft und Schuldrechtsreform, S. 254.

dem Verbraucher nicht von seiner Haftung befreien kann, nicht in die Richtlinie übernommen wurde.[959] Schließlich wird angeführt, dass sich diejenige Vorschrift der Richtlinie, die die Abdingbarkeit der Richtlinienregelungen zum Gegenstand hat, ausschließlich auf Verbraucher, nicht jedoch auf die Regressmöglichkeit bezieht.[960] Die Möglichkeit der Haftungsbegrenzung gegenüber dem Letztverkäufer ist damit als Modalität im Sinne des Art. 4 S. 2 RL zu sehen, bei deren Regelung den Mitgliedsstaaten ein weitreichender Spielraum eingeräumt wird.[961] Offen bleibt allerdings die Frage, ob die Vereinbarung einer Haftungsbeschränkung im Rahmen allgemeiner Geschäftsbedingungen zulässig sein soll. Die Position der Richtlinie ist insoweit nicht eindeutig. Aus der Formulierung der Erwägungsgründe, dass der Verkäufer auf den Regress verzichten kann, wird teilweise gefolgert, dass ausschließlich individualvertragliche Haftungsbegrenzungen zulässig sind.[962] Aufgrund der Regelung des Art. 4 S. 2 RL, nach der die Mitgliedsstaaten die Modalitäten der Rechtsausübung zu regeln haben, muss jedoch geschlossen werden, dass auch die Entscheidung über die Frage der Zulässigkeit von Haftungsbegrenzung durch allgemeine Geschäftsbedingungen dem innerstaatlichen Recht obliegt. Ausweislich der Erwägungsgründe bleibt der Grundsatz der Vertragsfreiheit unberührt. Zu eben diesem zählt auch die Möglichkeit, im Wege von allgemeinen Geschäftsbedingungen einen Haftungsausschluss zu vereinbaren.[963]

e) Insbesondere: Rechtsbehelfe

Schließlich stellt sich die Frage, welcher Umsetzungsspielraum bezüglich der Art und des Umfangs des Regressanspruchs besteht. Die Vorschrift des Art. 4 S. 2 RL spricht dafür, den Mitgliedsstaaten einen weitgehenden Spielraum einzuräumen. Gem. Art. 4 S. 1 RL soll dem Verkäufer kein Gewährleistungsanspruch, sondern eine Regressmöglichkeit eingeräumt werden. Es besteht keine Notwendigkeit, auch im Hinblick auf die Zielsetzung der Richtlinie, dem Verkäufer die von Art. 3 Abs. 2 RL vorgesehenen Rechte einzuräumen.[964] Für eine richtlinienkonforme Umsetzung reicht es daher aus, wenn der Verkäufer einen Schadens-

959 Art. 3 Abs. 5 S. 2 der Legislativen Entschließung mit der Stellungnahme des Europäischen Parlaments zu dem Vorschlag für eine Richtlinie des Europäischen Parlaments und des Rates über den Verbrauchsgüterkauf und -garantien.

960 AnwKommentar/Pfeiffer, Art. 4, Rn. 10.

961 Siehe dazu: AnwKommentar/Pfeiffer, Art. 4, Rn. 10; von Sachsen Gessaphe, RIW 2001, S. 727; Roth, in: Europäisches Kaufgewährleistungsrecht, S. 121, Fn. 39.

962 Siehe Bradgate/Twigg-Flesner, Consumer Guarantees, S. 228, die letztlich aber eine Entscheidung des EuGH für notwendig halten; Micklitz, EuZW 1999, S. 487, von Sachsen Gessaphe, RIW 2001, S. 727.

963 Zu diesem Ergebnis auch Grundmann, in: Europäisches Kaufgewährleistungsrecht, S. 310; Bridge, EU-Kaufrechts-Richtlinie, Art. 4, Rn. 33.

964 Bridge, EU-Kaufrechts-Richtlinie, Art. 4, Rn. 32.

ersatzanspruch geltend machen kann. Im Hinblick auf den Umfang des Rückgriffsanspruchs muss das nationale Recht gewährleisten, dass der Verkäufer die ihm insbesondere durch die Nacherfüllung entstehenden Kosten auf den Lieferanten oder den Hersteller abwälzen kann.

4. Zusammenfassung

Der Überblick über den Regelungscharakter des Art. 4 RL hat gezeigt, wie unterschiedlich die Auffassungen zu der ihm entspringenden Umsetzungsverpflichtung sind. Die Interessenkollision zwischen einer umfassenden Verbraucherschutzregelung und dem auch von den Gemeinschaftsorganen den Mitgliedsstaaten eingeräumten Umsetzungsspielraum lässt in vielen Fällen keine eindeutige Aussage über den Umfang der Umsetzungsverpflichtung zu. Im Ergebnis wird es somit dem Europäischen Gerichtshof obliegen, für ein einheitliches Verständnis zu sorgen.

II. Die Rechtslage in England

Das für die Umsetzung zuständige Department of Trade and Industry ging bei der Ausarbeitung der Umsetzungsmaßnahmen davon aus, dass die bestehende Systematik des englischen Rechts den Vorgaben der Richtlinie im Hinblick auf eine Regressmöglichkeit des Letztverkäufers hinreichend Rechnung trägt.[965] Entsprechend unterblieb eine Berücksichtigung dieser Problematik in den Sale and Supply of Goods to Consumers Regulations 2002. Weder das Department of Trade and Industry noch der englische Gesetzgeber haben allerdings ausdrücklich konkretisiert, welche Rechtsvorschriften der Umsetzung des Art. 4 S. 1 RL dienen sollen. Nach der Richtlinie ist es nicht erforderlich, dass es sich um vertragliche Regressansprüche handelt. Ausreichend ist vielmehr, dass sich die Ansprüche gegen eine Partei innerhalb der Vertragskette richten, unabhängig davon, ob sie vertraglicher oder deliktischer Natur sind.

1. Vertragliche Regressmöglichkeiten des Letztverkäufers

Im Vordergrund der Regressmöglichkeiten steht die Möglichkeit des Letztverkäufers, sich parallel zum Verbraucher auf eine durch seinen unmittelbaren Vertragspartner begangene Vertragsverletzung zu berufen. Die Effektivität der bestehenden Regressansprüche hängt insbesondere davon ab, inwieweit sich die Rechte des Letztverkäufers aufgrund seiner Stellung als gewerblicher Käufer von denen des Verbrauchers unterscheiden und ob dadurch die Gefahr einer Regressfalle entsteht. Obwohl das englische Recht weitgehend ohne Differenzierung zwischen Handels- und Verbraucherkäufen auskommt, gab es bereits vor

[965] 2. Konsultation des DTI, S. 11; Transposition Note des DTI, zu Art. 4: „No change to UK law is required to implement Article 4".

Inkrafttreten der Sale and Supply of Goods to Consumers Regulations 2002 gerade in Bezug auf die Rechte des Käufers Vorschriften im Warenkaufgesetz, deren Anwendungsbereich entweder auf Verbraucher beschränkt war oder gerade diese von der Anwendung ausschloss.[966] Durch die Umsetzung der Verbrauchsgüterkaufrichtlinie hat sich die Zahl der im Hinblick auf den Status der Vertragsparteien differenzierenden Vorschriften weiter erhöht. Die Gefahr für den Verkäufer, aufgrund gesetzlicher, für den Verbraucher zwingender Vorschriften nicht die Möglichkeit des Regresses zu haben, ist somit weiter gestiegen.

a) Voraussetzungen des Regressanspruchs

Der Anspruch des Letztverkäufers entspricht systematisch dem des Verbrauchers und setzt somit das Vorliegen einer Vertragsverletzung („breach of contract") voraus. Dabei ergeben sich die Pflichten des Lieferanten in dem für die Umsetzung von Art. 4 S. 1 RL relevanten Bereich entsprechend denen des Letztverkäufers insbesondere aus den in ss13-15 SGA normierten stillschweigenden Vertragsbedingungen.[967] Die in s14 (2A)/(2B) SGA vorgenommene Differenzierung im Hinblick auf den Status der Vertragsparteien hat keine Auswirkungen auf die Regressmöglichkeit des Letztverkäufers, da sie lediglich das Handeln des Verkäufers im Rahmen seiner Geschäftstätigkeit voraussetzt, nicht jedoch die Käuferseite betrifft.[968]
Der vom Lieferanten zu gewährleistende Standard entspricht weitgehend dem des Letztverkäufers. Insbesondere muss auch der Lieferant die zufriedenstellende Qualität der Sache gem. s14 (2B) SGA gewährleisten. Da bei der Festsetzung des notwendigen Qualitätsmaßstabs auch die Beschreibung der Ware durch den Verkäufer zu berücksichtigen ist, ist es durchaus möglich, dass sich Diskrepanzen im Hinblick auf den geforderten Qualitätsstandard ergeben. Eine nicht zutreffende Beschreibung der Ware ist allerdings dem Letztverkäufer zuzurechnen, sodass auch die Richtlinie in einer entsprechenden Situation keinen Regress vorsieht. Soweit sich die Beschreibung des Letztverkäufers lediglich auf die gewöhnliche Qualität und Eigenschaften bezieht, wird sich ein Regressanspruch aber aus s14 (2) SGA ergeben. Daneben ist zu beachten, dass die Normierung der in s14 (2B) SGA genannten Kriterien zur Beurteilung der Qualität der Sache gerade im Hinblick auf Verbrauchergeschäfte erfolgte und damit die Gerichte im

966 Siehe dazu insbesondere s15A und s35 (3) SGA. Bei s15A SGA ist zu beachten, dass dieser bei Geringfügigkeit des Mangels nur das Recht auf Vertragsbeendigung ausschließt, nicht jedoch den Schadensersatzanspruch. Damit bleibt zumindest eine Regressmöglichkeit, soweit denn die sonstigen Voraussetzungen vorliegen, bestehen.

967 Im Hinblick auf den gegenseitigen Handelskauf spielen auch „implied terms by custom" eine gesteigerte Rolle.

968 Auch die Richtlinie sieht nur einen Regressanspruch gegen eine gewerblich handelnde Partei vor.

Rahmen des ihnen durch s14 (2B) eingeräumten Beurteilungsspielraums bei Handelsgeschäften andere Maßstäbe anwenden könnten.
Eine Besonderheit ergibt sich nach der Umsetzung schließlich für die Einbeziehung öffentlicher Äußerungen des Herstellers oder des Verkäufers zur Bestimmung der zufriedenstellenden Qualität der Sache. Diese erfolgt gem. s14 (2D) SGA nur für den Fall, dass es sich bei dem Käufer um einen Verbraucher handelt. An anderer Stelle wurde jedoch bereits darauf hingewiesen, dass auch vor Konkretisierung der s14 (2B) SGA durch s14 (2D) SGA teilweise die Berücksichtigung entsprechender Äußerungen möglich war, zumindest soweit sich der Verkäufer diese in irgendeiner Art zu Eigen gemacht hat.[969] Dies wird nicht zuletzt durch s14 (2F) klargestellt. Dennoch ist es möglich, dass der Letztverkäufer für die öffentlichen Äußerungen des Herstellers haftet, ohne dass er diesbezüglich Regress bei seinem Lieferanten nehmen kann.[970] Problematisch erscheinen zudem insbesondere die Fälle, in denen die öffentlichen Äußerungen erst nach Abschluss des Kaufvertrages zwischen Lieferant und Letztverkäufer getätigt werden und somit keine unmittelbare Berücksichtigung in diesem Vertragsverhältnis finden können. Das Effektivitätsgebot der Richtlinie setzt aber voraus, dass für die entsprechenden Fälle ein Rücktrittsrecht besteht.

b) Rechtsfolgen des vertraglichen Regressanspruchs

Die Rechtsfolgen, die vom Verbraucher gegenüber dem Letztverkäufer geltend gemacht werden können, unterscheiden sich nach Umsetzung der Verbrauchsgüterkaufrichtlinie in Teilbereichen erheblich von denen des Letztverkäufers. Dies ist insbesondere darauf zurückzuführen, dass die von der Richtlinie vorgesehenen Rechte gem. s48A SGA auf die Fälle beschränkt bleiben, in denen ein Verbraucher auf der Käuferseite tätig wird. Bei einer Inanspruchnahme durch den Verbraucher ist daher zu unterscheiden, ob sich dieser auf die herkömmlichen Rechte des Common Law oder das in s48A ff. SGA neu geschaffene Rechtsfolgensystem beruft.
Die vor der Umsetzung bestehenden Rechte kommen weitgehend ohne Unterscheidung im Hinblick auf den Status der Vertragsparteien aus. Für den Fall einer Vertragsverletzung steht dem Käufer primär das Recht auf Schadensersatz, daneben aber auch unter Umständen das Recht zur Vertragsbeendigung zu.[971] In zweifacher Hinsicht bestand allerdings schon vor der Umsetzung der Richtlinie für den Letztverkäufer die Gefahr, dass dieser trotz paralleler Vertragspflichten die Vertragsbeendigung durch den Verbraucher hinnehmen musste, ohne seinerseits die gleiche Möglichkeit gegenüber seinem Lieferanten zu haben. Dies gilt zum einen für die Fälle, in denen gem. s15A SGA die Vertragsverletzung der

[969] Teil C, II., 2., d) dieser Arbeit.
[970] Willett/Morgan-Taylor/Naidoo, J.B.L. 2004, S. 97.
[971] Eine Anordnung von Specific Performance wird im Regelfall nicht möglich sein.

ss13-15 SGA durch den Lieferanten so geringfügig ist, dass eine Vertragsaufhebung unangemessen wäre. Diese Vorschrift findet bei Verbrauchern als Käufer keine Anwendung. Zum anderen sind auch die Situationen umfasst, in denen im Verhältnis zum Lieferanten eine Annahme der Ware im Sinne der s35 SGA festzustellen ist, und die Verletzung einer „condition" damit als die einer „warranty" behandelt wird.[972] Rechtsfolge ist allerdings nicht die vollkommene Schutzlosstellung des Letztverkäufers, sondern lediglich die Beschränkung seiner Rechte auf die Geltendmachung von Schadensersatz. Entsprechend stellt sich auch die Situation im Hinblick auf die in ss48A ff. SGA umgesetzten Verbraucherrechte des Art. 3 Abs. 2 RL dar. Deren Anwendung bleibt auf Verbraucher beschränkt, doch kann der Letztverkäufer stets auf die herkömmlichen Rechte im englischen Recht und daher insbesondere auf den Schadensersatzanspruch zurückgreifen.
Die Beschränkung der Rechte des Letztverkäufers auf die Geltendmachung von Schadensersatz stellt, wie bereits dargestellt, keinen Verstoß gegen Art. 4 S. 1 RL dar, da der durch Art. 4 S. 2 RL eingeräumte Spielraum gerade die Beibehaltung der herkömmlichen Systematik ermöglichen soll. Durch das verschuldensunabhängige Entstehen des Anspruchs wird dieser zudem von keinen richtlinienfremden Voraussetzungen abhängig gemacht. Fraglich scheint allein, ob auch der Umfang des Schadensersatzanspruchs den Vorgaben der Richtlinie und damit den Anforderungen an ein effektives Rückgriffsrecht gerecht wird. Gem. s53 (3) SGA richtet sich die Höhe des Anspruchs, soweit es sich um die Verletzung der stillschweigenden Vertragsbedingung der s14 (2) SGA handelt, primär nach der Wertdifferenz zwischen der gelieferten und der vertragsmäßigen Ware. Die dem Verkäufer durch einen Weiterverkauf entstehenden Schäden bleiben bei der Bemessung regelmäßig unberücksichtigt. Die Berücksichtigung entsprechender Schadensposten kann allerdings im Rahmen der s54 SGA unter dem Gesichtspunkt der „special damages" erfolgen. Soweit der Lieferant Kenntnis von der wahrscheinlichen Weiterveräußerung hatte, ist eine Berücksichtigung

[972] Ein Käufer verliert danach insbesondere das Recht auf Vertragsbeendigung, wenn er die Ware nach Ablauf einer angemessenen Zeit behält, ohne dem Verkäufer deren Zurückweisung mitgeteilt zu haben. Da sich die Bemessung eines entsprechenden Zeitraums an der angemessenen Möglichkeit einer Untersuchung der Sache orientiert, besteht die Gefahr, dass die Annahme der Sache und damit der Verlust des Rechts auf Vertragsbeendigung bereits vor dem Weiterverkauf an den Verbraucher erfolgen. Allerdings hat die Rechtsprechung in jüngerer Zeit bei der Beurteilung des Zeitraums berücksichtigt, dass die Sache zum Weiterverkauf bestimmt war und somit keine unmittelbare Untersuchung erfolgen musste (siehe: Truk (UK) Ltd. v Tokmakidis GmbH [2000] 1 Lloyds Rep. 53). Entsprechende Probleme entstehen, wenn der Verkäufer in einer Weise mit der Sache verfährt, die im Widerspruch zum Eigentum des Lieferanten steht. Darunter fällt allerdings nicht der Weiterverkauf der Sache, wie sich aus s35 (6)(b) SGA ergibt. Schließlich besteht ein Unterschied dahingehend, dass ein Verbraucher auf die Möglichkeit einer Untersuchung der Ware nicht vertraglich verzichten kann, während dies gegenüber einem kommerziellen Käufer durchaus möglich ist.

möglich.[973] Ein wesentlicher Nachteil in Bezug auf die Rechte des Letztverkäufers liegt darin, dass ihn eine Schadensminderungspflicht trifft. Da dieser Aspekt lediglich die Modalitäten der Ausübung betrifft, besteht jedoch ein entsprechendes Ermessen der Mitgliedsstaaten.

c) Die Ausübung des Regressanspruchs

(1) Die Möglichkeit des Haftungsausschlusses

Von wesentlicher Bedeutung für die Möglichkeit des Regresses des Letztverkäufers ist die Zulässigkeit von vertraglichen Haftungsbeschränkungen oder Haftungsausschlüssen. Die Richtlinie hat sich für die grundsätzliche Zulässigkeit entsprechender Vereinbarungen ausgesprochen. Umstritten ist lediglich, ob eine Haftungsbegrenzung nur durch Individualabrede oder auch durch allgemeine Geschäftsbedingungen wirksam vereinbart werden kann.[974] Nach englischem Recht erfolgt die Kontrolle haftungsbegrenzender Klauseln im Wesentlichen durch die Vorschriften des UCTA.[975] Im Gegensatz zu Verbraucherverträgen, bei denen s6 (2) UCTA die entsprechenden Vereinbarungen in Bezug auf die Verletzung der ss13-15 SGA stets für unzulässig erklärt, erfolgt die Kontrolle sowohl von Individualabreden als auch von klauselmäßigen Haftungsbeschränkungen in gegenseitigen Handelsgeschäften ausschließlich unter dem Gesichtspunkt der Angemessenheit („reasonableness"). Während das englische Recht somit im Hinblick auf Individualabreden strengere Voraussetzungen als die Richtlinie vertritt, besteht bei allgemeinen Geschäftsbedingungen die Gefahr, dass der Letztverkäufer eine im Verhältnis zum Lieferanten angemessene und damit zulässige Haftungsbeschränkung nicht an den Verbraucher weiterleiten kann. Je nach Verständnis der Richtlinie kann dies eine unzulässige Einschränkung seines Regressrechts darstellen. Entscheidend ist somit, ob die entsprechenden Haftungsbeschränkungen aus der Perspektive des UCTA als unangemessen einzuordnen sind. Dies richtet sich grundsätzlich danach, ob sich die Vereinbarung unter Berücksichtigung der Umstände des Einzelfalls und der Vorstellung der Parteien als gerecht und vernünftig darstellt.[976] Konkretisiert wird diese allgemeine Aussage in Schedule 2 UCTA speziell im Hinblick auf s6 UCTA, der unterschiedliche Aspekte beinhaltet, ohne dass diesen eine einheitliche Systematik zugrunde liegt. Eine Auswertung der Rechtsprechung zeigt, dass zumindest umfassende Haftungsausschlüsse regelmäßig als unvernünftig einzuordnen sind.[977] Dennoch besteht die Gefahr, dass ein formularmäßiger Haf-

[973] Atiyah, Sale of Goods, S. 552.
[974] Siehe dazu Teil D., I., 1., d) dieser Arbeit.
[975] Zu den Kontrollmechanismen nach den Regeln des Common Law („incorporation" und „construction") siehe Teil C, IV., 3., a), (2), (a) dieser Arbeit.
[976] S11 (1) UCTA.
[977] Siehe Bradgate/Twigg-Flesner, Consumer Guarantees, S. 237 ff.

tungsausschluss den Regress des Letztverkäufers behindert. Ob dies einen Verstoß gegen die Richtlinie darstellt, hängt letztlich von der Interpretation des Art. 4 RL durch den Europäischen Gerichtshof ab. Die englische Rechtsprechung kann den geäußerten Bedenken durch eine enge Interpretation des „reasonableness"-Begriffs Rechnung tragen.

(2) Verjährung

Die aufgrund von Verjährungsregeln drohenden Regressfallen sind im englischen Recht von nur untergeordneter Bedeutung. Sowohl die Ansprüche des Verbrauchers als auch die des Letztverkäufers verjähren gem. s5 Limitation Act 1980 erst nach Ablauf von sechs Jahren. Eine besondere Rüge- oder Untersuchungsobliegenheit besteht auch für den gewerblichen Käufer nicht. Der zeitliche Rahmen geht somit weit über die Vorgaben der Richtlinie in Art. 7 Abs. 1 RL hinaus. Dennoch ist das Bestehen einer Regressfalle möglich, wenn die Vertragsverletzung vor Ablauf der sechsjährigen Frist gegenüber dem Letztverkäufer auftritt, durch die Lagerzeit beim Letztverkäufer allerdings dessen Ansprüche gegen seinen Lieferanten bereits verjährt sind. Das englische Recht kennt keine Regelung, die den Anspruch des Letztverkäufers über diesen Zeitpunkt hinaus gewährleistet. Soweit die Richtlinie dahingehend verstanden wird, dass ein Regressanspruch stets möglich sein muss, stellt diese Einschränkung eine nicht hinreichende Umsetzung dar. In der Praxis wird dies allerdings ohne weitgehende Konsequenzen bleiben. Durch die Festsetzung einer sechsjährigen Frist auch gegenüber dem Lieferanten wird der Regress des Letztverkäufers für die (ganz) überwiegende Zahl der Mängel, die sich innerhalb kurzer Zeit des Gebrauchs durch den Verbraucher zeigen, gewährleistet. Auch hier bedarf es letztlich einer Entscheidung des Europäischen Gerichtshofs, inwieweit die lückenlose Ausübung in verjährungsrechtlicher Hinsicht gewährleistet sein muss. Dennoch besteht die Gefahr einer nicht hinreichenden Umsetzung.

(3) Beweislastumkehr

Eine weitere Regressfalle des Letztverkäufers droht im Hinblick auf die in Art. 5 Abs. 3 RL vorgesehene Beweislastumkehr, deren Wirkung nach s48A (3) SGA auf Verbraucher beschränkt bleibt. Der Letztverkäufer muss somit die Vertragswidrigkeit der Ware zum Zeitpunkt der Lieferung gegenüber seinem Lieferanten beweisen, obwohl er selbst auch gegenüber dem Verbraucher die Beweislast der Vertragsmäßigkeit trägt. Auch hier hängt die Beurteilung einer hinreichenden Umsetzung davon ab, ob der Europäische Gerichtshof die fehlende Beweislastumkehr als Verstoß gegen das Effektivitätsgebot erachtet. Im Hinblick auf Art. 4 S. 2 RL muss jedoch davon ausgegangen werden, dass es sich hierbei um eine Modalität handelt, die von den Mitgliedsstaaten autonom geregelt werden darf.

2. Sonstige Regressmöglichkeiten des Letztverkäufer

Die Möglichkeit des Letztverkäufers, im Rahmen einer Vertragsverletzung der ss13-15 SGA Regress zu nehmen, stellt die Rückgriffsmöglichkeiten nicht abschließend dar. Zum einen können weitere Ansprüche gegen den Verursacher innerhalb der Vertragskette, zum anderen aber auch nicht vertragliche Ansprüche gegen den unmittelbaren Vertragspartner bestehen.

a) Weitere vertragliche Regressmöglichkeiten

Die sich aus dem englischen Warenkaufrecht ergebenden vertraglichen Ansprüche gegen den Lieferanten wurden bereits dargestellt. Daneben stellt sich die Frage, ob dem Letztverkäufer vertragliche Ansprüche auch unmittelbar gegenüber dem Verursacher zustehen, soweit dieser nicht zugleich Lieferant ist. Das englische Recht steht entsprechenden Konstruktionen, soweit sie ihren Ausgangspunkt im vertraglichen Verhältnis zwischen Verursacher und Lieferant haben, aufgrund der besonderen Bedeutung des Grundsatzes der „privity of contract" zurückhaltend gegenüber.[978] Ein Vertrag kann danach grundsätzlich keine Verpflichtungen, aber auch keine Rechte von Personen außerhalb des Vertrages bewirken.[979] Die in Teilbereichen als ungerecht empfundenen Konsequenzen dieses Grundsatzes wurden teils durch Schaffung von Ausnahmeregelungen, teils durch die Konstruierung selbstständiger vertraglicher Verbindungen zwischen dem Dritten und der Vertragspartei abgemildert. Zu der zweiten Gruppe zählt die Annahme eines sog. Nebenvertrages („collateral contract"), bei dem losgelöst vom Kaufvertrag zwischen Hersteller und Lieferant ein unmittelbares Vertragsverhältnis zwischen Hersteller und Letztverkäufer konstruiert wird.[980] Soweit überhaupt die Voraussetzungen für einen Vertrag vorliegen, richtet sich dessen Inhalt mangels Kaufvertrags allerdings nicht nach den Vorschriften des SGA, sondern einzig nach den ausdrücklichen Vereinbarungen der Parteien und sonstigen „implied terms". Der Vertragsinhalt bleibt somit unter Umständen hinter den sich aus ss13-15 SGA ergebenden Verpflichtungen zurück und kann somit keine hinreichende Regressmöglichkeit des Letztverkäufers gewährleisten. Ohnehin werden aber bereits an das Zustandekommen eines

---

[978] Daneben ergeben sich bei der Einbeziehung Dritter in das Vertragsverhältnis Schwierigkeiten dadurch, dass nach der für einen Vertragsschluss notwendigen "consideration" (Gegenleistung) diese gerade vom Vertragspartner ausgegangen sein muss („must move from the promisee").

[979] Tweddle v Atkison [1861-1873] All ER Rep 369; Dunlop v Selfridge [1915] A.C. 847; Treitel, Law of Contract, S. 580; von Bernstorff, Einführung, S. 72.

[980] Die Bejahung eines Nebenvertrages wird sehr restriktiv gehandhabt. Siehe Heilbut, Symons & Co. v Buckleton [1913] A.C. 30, S. 47: „Collateral contracts … must be proved strictly. Not only the terms of such contracts but the existence of an animus contrahendi on the part of all the parties to them must be clearly shown." Ausführlich Bradgate/Twigg-Flesner, S. 214 ff.

rechtsgeschäftlichen Verhältnisses durch die Rechtsprechung hohe Anforderungen gestellt. Zunächst bedarf es der Feststellung, dass der Hersteller dem Letztverkäufer gegenüber überhaupt in Erscheinung getreten ist und damit ein Anknüpfungspunktstatbestand für den Vertrag geschaffen wurde. Dafür kann sowohl auf ein persönliches Gegenübertreten als auch auf öffentliche Äußerungen des Herstellers abgestellt werden. Ein persönlicher Kontakt zwischen Hersteller und Letztverkäufer ist zwar durchaus möglich, stellt aber nicht den Regelfall dar und bietet somit keine abschließende Regressmöglichkeit. Soweit der Vertrag auf öffentliche Äußerungen des Herstellers zurückzuführen sein soll, bereitet bereits die Feststellung der allgemeinen Vertragsvoraussetzungen Schwierigkeiten. Insbesondere wird es häufig an einem Kontrahierungswillen („animus contrahendi") bzw. an einer hinreichend konkreten Erklärung des Herstellers fehlen.[981] Die Rechtsprechung hat diesen zwar auch teilweise bei öffentlichen Werbeäußerungen angenommen, es handelt sich dabei aber um Fälle, in denen die vertraglichen Ansprüche vom Verbraucher geltend gemacht wurden und dieser von der Werbung unmittelbar adressiert wurde.[982] Folglich stellt die Konstruktion des Nebenvertrages für sich allein gesehen keine hinreichende Umsetzung des Art. 4 RL dar. Sie kann auch nicht die von der vertraglichen Haftung des Lieferanten nicht umfassten öffentlichen Äußerungen nach Vertragsschluss umfassen, da es für diesen Fall an einer Gegenleistung mangelt. Zwar könnte die Eingehung des Vertrages mit dem Lieferanten als „consideration" gegenüber dem Hersteller gewertet werden, doch führt dies nicht weiter, wenn die öffentliche Äußerung erst nach Vertragsschluss erfolgte.

Vertragliche Ansprüche des Letztverkäufers gegen den Hersteller können sich aber auch daraus ergeben, dass der zwischen Hersteller und Lieferant geschlossene Vertrag dem Letztverkäufer unmittelbar Rechte einräumt. Eine entsprechende Konstruktion von Verträgen zugunsten Dritter widerspricht zwar grundsätzlich dem Prinzip der „privity of contract", ist jedoch durch die Verabschiedung des Contract (Rights of Third Parties) Act 1999 auf eine gesetzliche Grundlage gestellt worden.[983] Nach geltendem Recht kann eine Person, die nicht Vertragspartei ist, aus eigenem Recht einen Vertrag durchsetzen, soweit dies im Vertrag entweder ausdrücklich vorgesehen ist oder sie Nutznießer des Vertrages ist und aus dem Vertrag nicht hervorgeht, dass ihr kein entsprechendes Recht eingeräumt werden sollte, s1(1), (2) Contract (Rights of Third Parties) Act 1999. Voraussetzung ist allerdings, dass der Dritte, sei es namentlich oder durch Zuordnung zu einer bestimmten Gruppe, ausdrücklich in dem Vertrag identifiziert

[981] Die Hingabe der „consideration" kann im Vertragsschluss mit dem Lieferanten gesehen werden.

[982] Siehe dazu den bekannten Fall von Carlill v Carbolic Smoke Ball Company [1893] 1 Q.B. 256.

[983] Siehe zur Vorgeschichte des Gesetzes: Lorenz, JZ 1997, S. 105 ff.

wird.[984] Daran wird es in den hier relevanten Kaufverträgen regelmäßig mangeln. Zwar hat der Hersteller bei einem Verkauf an einen Großhändler regelmäßig Kenntnis davon, dass die Sache zum Weiterverkauf dient. Dies kann jedoch nicht als ausreichende Identifikation angesehen werden. Auch aus der gesetzlichen Regelung der s13-15 SGA selbst kann keine Begünstigung eines Dritten geschlossen werden, da diese lediglich gesetzliche Pflichten des Verkäufers darstellen und mangels sonstiger Anhaltspunkte insoweit keine vertragliche Vereinbarung vorliegt.[985]

b) Deliktische Ansprüche

Weitere Ansprüche des Letztverkäufers können sich unter Umständen aus den Regelungen des Deliktsrechts („tort law“) ergeben. Sie bestehen nach einer Entscheidung des House of Lords grundsätzlich neben den vertraglichen Anspruchsgrundlagen.[986] Die Bedeutung des Deliktsrechts für die von der Richtlinie umfassten Fälle besteht gerade darin, dass sich die Ansprüche im Gegensatz zu den Regeln des Vertragsrechts auch gegen außerhalb eines Vertragsverhältnisses stehende Personen richten können. Daneben bietet eine deliktische Klage gegenüber dem Vertragspartner den Vorteil, dass die Verjährungsfrist erst dann zu laufen beginnt, wenn der Kläger vernünftigerweise von der Verletzung der ihm gegenüber bestehenden Sorgfaltspflichtverletzung Kenntnis haben musste. Da für eine auf den vertraglichen Ansprüchen basierende Klage hingegen der Zeitpunkt der Vertragsverletzung ausschlaggebend ist, kann dies in der Praxis zu einer verlängerten Regressmöglichkeit des Letztverkäufers führen, was aufgrund der ohnehin langen Verjährungsfrist allerdings nur von geringer Bedeutung ist.
Das englische Recht kennt traditionell sehr unterschiedliche (Spezial-) Tatbestände, die die Grundlage der deliktischen Haftung darstellen.[987] Von größter praktischer Bedeutung ist heute das Delikt der „negligence“.[988] Es handelt sich dabei um ein sog. unbenanntes Delikt („innominate tort“) und kann im Vergleich zu anderen deliktischen Tatbeständen als Generalklausel verstanden wer-

[984] s1(3) Contract (Rights of Third Parties) Act 1999.
[985] Bridge, EU-Kaufrechts-Richtlinie, Art. 4 Rn. 42.
[986] Henderson v Merrett Syndicates Ltd. [1995] 2 A.C. 145: "... the common law is not antipathetic to concurrent liability, and there is no sound basis for a rule which automatically restricts the plaintiff to either a tortuous or contractual remedy. ... subject only to ascertaining whether the tortuous duty is so inconsistent with the applicable contract that, in accordance with ordinary principle the parties must be taken to have agreed that the tortious remedy is to be limited or excluded.".
[987] Siehe dazu z.B. "Street on Torts".
[988] Hewitt, S. 90; der Tatbestand des "deceit" hat im Hinblick auf die allgemeine Regressmöglichkeit des Letztverkäufers keine größere Bedeutung.

den.[989] Es greift ein, wenn eine Person die ihr gegenüber einer anderen obliegende Sorgfaltspflicht („duty of care") verletzt hat („breach of duty") und dadurch ein zurechenbarer Schaden („damage") entstanden ist. Eine nähere Untersuchung zeigt jedoch, dass die deliktischen Ansprüche keine effektive Möglichkeit des Letztverkäuferregresses darstellen. Zum einen ist der Anwendungsbereich des „tort of negligence", wie sich bereits aus seiner Bezeichnung ergibt, auf solche Fälle beschränkt, in denen dem Verursacher ein Sorgfaltspflichtverstoß vorzuwerfen ist. Dessen Haftung ist somit von dem Unterlassen abhängig, so zu handeln, wie es ein vernünftiger Mensch in der Position des Beklagten getan hätte.[990] Damit wird der Anspruch an eine zusätzliche Voraussetzung geknüpft, die die Richtlinie aufgrund der verschuldensunabhängigen Haftung des Letztverkäufers gegenüber dem Verbraucher für die Vertragsmäßigkeit der Ware nicht vorsieht.
Zum anderen aber stellt sich die Frage, inwieweit die Haftung nach deliktischen Grundsätzen auch solche Schäden umfasst, die lediglich in der sich aus der qualitativen Minderwertigkeit der Ware ergebenden Vermögensschädigung („pure economic loss") bestehen.[991] Grundsätzlich kann der Kläger im englischen Recht nur für solche Schäden Ersatz verlangen, die sich aus der Beschädigung sonstiger Güter oder Personen, nicht aber der Sache selbst ergeben.[992] Liegen

[989] Hewitt, S. 92 weist darauf hin, dass „negligence" nicht allgemein für Fahrlässigkeit, sondern für die Verletzung einer rechtlichen Pflicht, Sorgfalt auszuüben, steht.
[990] Nettleship v Weston [1971] 2 Q.B. 691; Bridge, Sale of Goods, Rn. 7-082: „The defendant breaches his duty of care to the claimant if he fails to act in the way that a reasonable man in the defendant's position would act."
[991] Im englischen Recht wird diese Frage typischerweise unter dem Gesichtspunkt erörtert, ob dem Verursacher eine Sorgfaltspflicht gegenüber dem Geschädigten oblag.
[992] Die Rechtslage wird im Hinblick auf die Lieferung von Waren nicht zufriedenstellender Qualität durch Lord Bridge of Harwich in Murphy v Brentwood District Council [1991] 1 A.C. 398, S. 475 zusammengefasst: "If a manufacturer negligently puts into circulation a chattel containing a latent defect which renders it dangerous to persons or property, the manufacturer, on the well known principles established by Donoghue v Stevenson [1932] A.C. 562, will be liable in tort for injury to persons or damage to property which the chattel causes. But if a manufacturer produces and sells a chattel which is merely defective in quality, even to the extent that it is valueless for the purpose for which it is intended, the manufacturer's liability at common law arises only under and by reference to the terms of any contract to which he is a party in relation to the chattel; the common law does not impose on him any liability in tort to persons to whom he owes no duty in contract but who, having acquired the chattel, suffer economic loss because the chattel is defective in quality. If a dangerous defect in a chattel is discovered before it causes any personal injury or damage to property, because the danger is now known and the chattel cannot safely be used unless the defect is repaired, the defect becomes merely a defect in quality. The chattel is either capable of repair at economic cost or it is worthless and must be scrapped. In either case the loss sustained by the owner or hirer of the chattel is purely economic. It is recoverable against any party who owes the loser a relevant contractual duty. But it is not recoverable in tort in the absence of a special relationship

diese Voraussetzungen vor, ist allerdings auch ein sich aus der Beschädigung ergebender Vermögensschaden zu ersetzen. Für alle sonstigen, reinen Vermögensschäden, die nicht an eine anderweitige Beschädigung anknüpfen, steht dem Kläger grundsätzlich kein Schadensersatz zu. Die von der Rechtsprechung vorgesehene Ausnahme, dass bereits die konkrete Gefährdung sonstiger Sachen oder Personen zum Ersatz der für die Schadensverhinderung entstehenden Kosten berechtigen soll[993], wurde zwischenzeitlich aufgehoben.[994] Auch von der Konstruktion als Beschädigung einer anderen Sache, sobald sich der Qualitätsmangel auf einen anderen Teil derselben Sache schädigend auswirkt (sog. „complex structure theory"[995]), ist die Rechtsprechung mittlerweile wieder abgewichen[996]. Es verbleiben somit die Fälle, in denen zwischen Verursacher und Geschädigtem ein besonderes Näheverhältnis („special relationship of proximity") festzustellen ist, das die Haftung auch für reine Vermögensschäden rechtfertigt.[997] Anknüpfungspunkt bildet dabei die Rechtsprechung in Hedley Byrnes & Co. Ltd. v. Heller & Partner Ltd.[998], die sich allerdings auf die Haftung für unrichtige Tatsachenbehauptungen bezieht. In einer späteren Entscheidung wurde die Rechtsprechung auch auf die Qualität von Werkleistungen erstreckt, ohne dass es auf eine konkrete Gefährdung sonstiger Sachen oder Personen angekommen wäre.[999] Das entsprechende Urteil gilt jedoch heute aufgrund seiner besonderen Umstände als Ausreißer.[1000] Nach der gegenwärtigen Rechtslage werden hohe Anforderungen an die Annahme eines bestehenden Näheverhältnisses gestellt, so dass die Beziehung zwischen dem Hersteller als Verursacher und dem Letztverkäufer als nicht ausreichend angesehen werden kann.[1001] Damit soll gerade

---

of proximity imposing on the tortfeasor a duty of care to safeguard the plaintiff from economic loss. There is no such special relationship between the manufacturer of a chattel and a remote owner or hirer."

993 Siehe insbesondere Anns v Merton London Borough Council [1978] A.C. 728.

994 Murphy v Brentwood DC [1990] 2 All ER 908; siehe auch Street on Torts, S. 213.

995 Siehe Lord Bridge of Harwich in D. & F. Estates [1989] A.C. 177, 206: "...that in complex structures or complex chattels one part of a structure or chattel might, when it caused damage to another part of the same structure or chattel, be regarded in the law of tort as having caused damage to "other property" for the purpose of the application of Donoghue v Stevenson principles.".

996 Murphy v Brentwood DC [1990] 2 All ER 908.

997 Ziel dieser Rechtsprechung ist es, eine ausufernde Haftung des Schädigenden für reine Vermögensschäden zu vermeiden.

998 [1964] A.C. 465; siehe dazu ausführlich Bridge, Sale of Goods, 7-071 ff., 8-090.

999 Junior Books v Veitchi [1990] 2 All ER 908.

1000 Bridge, Sale of Goods, Rn. 8-090 ff.

1001 Murphy v Brentwood District Council [1991] 1 A.C. 398, S. 475: "There is no such special relationship between the manufacturer of a chattel and a remote owner or hirer."; Street on Torts, S. 226: „Manufacturers owe no duty in tort to ensure products are value for money." und S. 227: "Neither manufacturers ... are subject to a duty of care in relation to the quality of

eine den Grundsätzen des Vertragsrechts widersprechende, übertragbare und allgemeine Qualitätshaftung des Herstellers verhindert werden.[1002] Somit ist der Regressmöglichkeit des Letztverkäufers, die nach der Richtlinie gerade für die Fälle gewährleistet sein soll, in denen dieser dem Verbraucher gegenüber für die das Äquivalenzverhältnis betreffende reine Vermögensschäden haftet, in der überwiegenden Zahl der Fälle die Grundlage entzogen. Die deliktische Haftung spielt daher im Hinblick auf die Rückgriffsmöglichkeiten keine gesteigerte Rolle.[1003]

Insgesamt stellt sich somit die gegenwärtige Rechtslage als nicht hinreichend im Hinblick auf die Umsetzung des Art. 4 RL dar.

their work"; Bridge, Sale of Goods, 8-090, schließt aus der Rechtsprechung, dass keine Haftung eines anderen als dem unmittelbaren Lieferanten in Betracht kommt.

[1002] D & F Estates Ltd v Church Comrs for England[1987] A.C. 177.

[1003] Vgl. auch Clark, J.B.L. 1993, S. 384: "In the United Kingdom however, the position seemed clear: a consumer (such as one who gets water rather than ginger beer) would not be able to recover for this loss in a negligence claim, there being no physical damage to person or property. By extension of this idea, it is plain that, for example, the purchaser of a motor car which doesn't work (but which has not harmed person or other property) has no remedy in tort against the manufacturer and indeed must rely on his warranty, if there is one and if it covers the defect. In the absence of a warranty (or misrepresentation or some such other basis for liability) even the most obvious defect would not be actionable in the tort of negligence without physical harm to person or property."

E. Die Rechtslage im Hinblick auf sonstige von der Richtlinienumsetzung betroffene Vertragstypen

I. Vertragstypen, die dem Supply of Goods and Services Act 1982 unterfallen

1. Allgemeines

Regelungsgegenstand der Richtlinie bilden - neben den Garantieverträgen - ausschließlich Kaufverträge von Verbrauchsgütern. Dem Begriff des Kaufvertrages liegt dabei ein weites, vom nationalen Recht losgelöstes, Verständnis zugrunde.[1004] Gemäß Art. 1 Abs. 4 RL sind auch solche Verträge umfasst, die auf die Lieferung herzustellender oder zu erzeugender Verbrauchsgüter gerichtet sind. Zudem wird es nach Art. 2 Abs. 5 S. 1 RL der Vertragsmäßigkeit der Sache gleichgestellt, wenn sich der Mangel aus der unsachgemäßen Montage des Verbrauchsguts durch den Verkäufer ergibt und die Montage Bestandteil des Kaufvertrages ist. Es ist nicht abschließend geklärt, in welchem Umfang damit das Kaufvertragsverständnis der Richtlinie von dem des englischen Rechts abweicht. Allerdings hat die Untersuchung der diesbezüglichen Regelungen gezeigt, dass eine Ausdehnung auf die Regelungen des Supply of Goods and Services Act 1982 in jedem Fall erforderlich war. [1005] Die gleiche Notwendigkeit hat bereits im Konsultationsverfahren auch der englische Gesetzgeber zum Ausdruck gebracht.[1006] Dass diese nicht nur aus Gründen der Harmonisierung erfolgte, ergibt sich zudem daraus, dass sich die Anpassung sowohl auf die Kriterien zur Bestimmung der Vertragsmäßigkeit als auch auf die Rechtsfolgen richtet, während Änderungen in Bezug auf andere Vertragstypen nur eingeschränkt umgesetzt worden sind.[1007]
Der Supply of Goods and Services Act 1982 hat alle solche Verträge zum Gegenstand, die entweder auf die Eigentumsübertragung an einer Sache, d.h. „transfer of property" (ss1-5A), und/oder die Erbringung einer Arbeitsleistung, d.h. einen „service" (ss12-16), gerichtet sind.[1008] Es ist auch möglich, dass ein Vertrag sowohl den Regelungen des ersten als auch des zweiten Teils des

[1004] Vgl. Teil B., III. dieser Arbeit.
[1005] Siehe dazu ausführlich Teil B dieser Arbeit.
[1006] 2. Konsultation 2001, S. 10, Rn. 13.
[1007] Wiederholt wurde behauptet, der englische Gesetzgeber sei davon ausgegangen, bereits mit den Ergänzungen des SGA den Richtlinienvorgaben hinreichend Rechnung tragen zu können, vgl. Benjamin, Supplement, Rn. 1-010; Bradgate/Twigg-Flesner, Consumer Guarantees, S. 35. Es ist zu beachten, dass die Änderungen, insbesonderer der Vorschriften zum Mietvertrag, teilweise nur aus Gründen der Harmonisierung, und nicht zur Richtlinienumsetzung erfolgten.
[1008] Daneben enthält das Gesetz Spezialregelungen zur Miete, dessen Regelungen parallel zu denen der ss1-5A Supply of Goods and Services Act 1982 ausgestaltet sind.

Supply of Goods and Services Act 1982 unterfällt.[1009] Außer dieser Grobeinteilung wird nicht zwischen unterschiedlichen Vertragstypen differenziert. Der sehr weite Anwendungsbereich wird dadurch begrenzt, dass bestimmte Vertragstypen explizit von diesem ausgeschlossen sind. Dies gilt vor allem für Verträge über den Kauf und den Mietkauf.[1010] Typische, vom Supply of Goods and Services Act 1982 umfasste Verträge, sind hingegen der „contract for work and materials" und der „contract for work and labour".

Kennzeichen der Vorschriften des Supply of Goods and Services Act 1982 vor Umsetzung war der stark begrenzte Regelungsumfang, der sich in der Normierung gesetzlich vorgesehener stillschweigender Vertragsbedingungen erschöpfte. Für die vom ersten Teil umfassten Verträge waren diese identisch mit denen des Warenkaufgesetzes. Hinsichtlich der des zweiten Teils sahen diese gemäß s13 Supply of Goods and Services Act 1982 eine stillschweigende Vereinbarung dahingehend vor, dass der Unternehmer bei der Herstellung angemessene Sorgfalt und Geschick („reasonable care and skill") walten lassen musste. Über die Regelung gesetzlich implizierter Vertragsbedingungen hinaus enthielt der Supply of Goods and Services Act 1982 vor der Richtlinienumsetzung keine Vorschriften. Vielmehr blieben die in der Rechtsprechung entwickelten allgemeinen Grundsätze anwendbar. Da auch das Warenkaufgesetz weitgehend auf diese zurückzuführen ist, bestehen diesbezüglich nur marginale Unterschiede. Allerdings können diese gerade im Hinblick auf die von einer Vertragswidrigkeit ausgehenden Rechtsfolgen Bedeutung entfalten. Eine Besonderheit gilt insbesondere in Bezug auf die Möglichkeit des Käufers, den Vertrag zu beenden. Während der SGA dessen Ausübung davon abhängig macht, dass keine Annahme der Ware im Sinne der s35 SGA vorliegt, kennt der Supply of Goods and Services Act 1982 keine entsprechende Einschränkung.[1011] Dennoch ist auch hier die Ausübung nicht unbegrenzt möglich. Die Befugnis ist davon abhängig, dass der Empfänger der Leistung den Vertrag trotz der Vertragswidrigkeit noch nicht bestätigt („affirmed") hat. Die Bestätigung unterscheidet dadurch grundlegend von der Annahme der Ware, dass diese die Kenntnis des Empfängers von der Vertragswidrigkeit voraussetzt und damit ein Verlust des Beendigungsrechts

---

[1009] Vgl. die ausdrückliche Regelung in ss1(3), 12 (3) Supply of Goods and Services Act 1982.

[1010] S1(2) (a) Supply of Goods and Services Act 1982.

[1011] Unklar jedoch Thomas LJ in Jones and another v Gallagher and another (t/a Gallery Kitchens and Bathrooms, Court of Appeal, [2004] EWCA Civ 10, der zunächst den Supply of Goods and Services Act 1982 für anwendbar erklärt (obwohl es sich angeblich um einen Kauf handelt, der gem. s1 (2) Supply of Goods and Services Act 1982 ausdrücklich von dessen Anwendungsbereich ausgenommen ist) ("it was a sale by description within section 3(2) of the Supply of Goods and Services Act 1982") und dann die Vertragsbeendigung vom Fehlen einer Annahme der Ware im Sinne der s35 SGA abhängig macht ("The terms upon which a consumer is entitled to reject in circumstances such as this are set out in section 35 of the Sale of Goods Act 1979 as amended").

durch bloßen Zeitablauf nicht möglich ist.[1012] Dass der Zeitablauf nicht ohne weiteres zum Verlust des Vertragsbeendigungsrechts führen kann, gilt auch für den Fall, dass der Empfänger Kenntnis von der Vertragswidrigkeit hat. Allerdings muss dann unter Umständen eine konkludente Bestätigung angenommen werden.[1013]

2. Die Richtlinienumsetzung

Die für die Umsetzung der Richtlinie in Bezug auf den Supply of Goods and Services Act 1982 entscheidenden Regelungen finden sich in den Regulations 7 - 12 der Sale and Supply of Goods to Consumers Regulations 2002, wobei die Regulations 8 und 11 ausschließlich die Transformation in das schottische Recht betreffen. Die Änderungen wirken sich sowohl auf den ersten als auch mittelbar auf den zweiten Teil des Supply of Goods and Services Act 1982 aus. Zu beachten ist, dass die Umsetzungsvorschriften auch die Regelungen zum Mietvertrag betreffen. Zwar waren aufgrund der Richtlinienvorgaben diesbezüglich keine Maßnahmen erforderlich, doch hat sich der englische Gesetzgeber aufgrund der bestehenden parallelen Struktur der Miete und der sonstigen Vorschriften zu gleichgerichteten Maßnahmen entschieden.
Der Umsetzungsansatz entspricht sowohl in inhaltlicher als auch systematischer Hinsicht dem des Warenkaufgesetzes. Es findet lediglich eine Ergänzung des bestehenden Rechts statt. Es werden weder der Wortlaut bestehender Vorschriften geändert noch solche aufgehoben. Wegen des Inhalts der vorgenommenen Ergänzungen kann unmittelbar auf die Umsetzungsvorschriften beim Warenkaufgesetz verwiesen werden. Insoweit bestehen nur terminologische Unterschiede, die auf den Regelungscharakter keinen Einfluss haben. Im Hinblick auf die Bestimmung der Vertragsmäßigkeit der Ware erschöpft sich die Regelung parallel zu s14 (2D-F) SGA in der Integration des Art. 2 Abs. 2 lit. d-f RL. Damit findet auch bei sonstigen Lieferungsverträgen eine Berücksichtigung öffentlicher Aussagen bei der Beurteilung einer zufriedenstellenden Qualität statt. Die Umsetzung des Art. 3 RL erfolgt durch die ss11M ff. Supply of Goods and Services Act 1982. Identisch mit den ss48A ff. SGA wird als „Part 1B" das Rechtsfolgenregime der Richtlinie transformiert, das allerdings grundsätzlich nur auf die im ersten Teil des Supply of Goods and Services Act 1982 genannten Verträge Anwendung findet.[1014] Eine Ausnahme gilt für eine durch den Verkäufer erfolgte Montage, soweit diese Teil des Kaufvertrages bildet und unter Verlet-

---

[1012] Farnworth Finance Facilities Ltd v Attryde [1970] 1 W.L.R. 1053, S. 1059.

[1013] Benjamin, Supplement, Rn. 1-240.

[1014] Benjamin, Supplement, Rn. 1-237. Zu beachten ist, dass sich die ss11M ff. Supply of Goods and Services Act 1982 auch auf die Regelungen des zweiten Abschnitts auswirken, wenn es sich zwar um einen Liefervertrag handelt, der Unternehmer bei der Montage der Sache jedoch gegen seine Pflichten aus s13 Supply of Goods and Services Act in Bezug auf das Serviceelement verstößt.

zung der s13 Supply of Goods and Services Act 1982, also einer Regelung des zweiten Teils, erfolgte. Nicht betroffen von den ss11M ff. Supply of Goods and Services Act 1982 ist der Mietvertrag, obwohl er im ersten Teil des Gesetzes geregelt ist. Der persönliche Anwendungsbereich der neuen Vorschriften ist auf Verbraucher beschränkt. Im Übrigen kann auf die zum Warenkaufgesetz gemachten Ausführungen verwiesen werden.

3. Die Umsetzung unter Berücksichtigung einzelner Vertragstypen

Die Umsetzungsvorschriften stimmen in Systematik und Inhalt weitgehend mit denen des Warenkaufgesetzes überein. Während damit im Hinblick auf den Tauschvertrag eine dem Kaufvertrag entsprechende Rechtslage besteht, ergeben sich für andere Vertragstypen aufgrund der Besonderheiten des Supply of Goods and Services Act 1982 einige Abweichungen. Diese bedürfen sowohl aus systematischer als auch europarechtlicher Sicht der besonderen Erörterung. Die rechtliche Behandlung richtet sich bei Verträgen, die auf die Herstellung einer Sache gerichtet sind, vor allem danach, ob und in welchem Ausmaß der Unternehmer eigene Materialien verwendet hat. Daneben bedürfen solche Verträge der rechtlichen Erörterung, bei denen sich der Unternehmer neben der Übereignung der Ware zugleich zu deren Montage verpflichtet.

a) Verträge über die Lieferung einer Sache einschließlich deren Montage

Es ist nicht abschließend geklärt, ob im englischen Rechtssystem ein Vertrag, bei dem der Unternehmer zusätzlich zur Lieferung eine Montageverpflichtung übernimmt, als Kaufvertrag oder als ein dem Supply of Goods and Services Act 1982 unterfallender „contract for work and materials" einzuordnen ist.[1015] Allerdings hat auch der englische Gesetzgeber ausdrücklich die Möglichkeit gesehen, dass entsprechende Vereinbarungen als „contract for work and materials" zu werten sind.[1016] Dies ergibt sich nach der Umsetzung auch nicht zuletzt aus der expliziten Berücksichtigung dieser Fälle in s11M Supply of Goods and Services Act 1982. Anknüpfungspunkt für eine Haftung des Unternehmers für die vertragswidrige Montage bilden jedoch primär die stillschweigenden Vertragsvereinbarungen der ss3-5 Supply of Goods and Services Act 1982. Von entscheidender Bedeutung für eine diesbezügliche Haftung ist jedoch, zu welchem Zeitpunkt sich die Ware an den genannten Kriterien messen lassen muss. Gemäß s11M (1)(b) Supply of Goods and Services Act 1982 ist der Zeitpunkt der Lieferung entscheidend. Eine extensive Auslegung des Lieferungsbegriffes würde es

---

[1015] In Betracht kommt auch die Möglichkeit, dass eine Montageverpflichtung, die nach der Richtlinie noch als Teil des Kaufvertrages anzusehen ist, nach englischem Recht als separate Verpflichtung zu behandeln ist. In diesem Fall käme auf die Montageleistung ausschließlich der zweite Teil des Supply of Goods and Services Act 1982 zur Anwendung.

[1016] 2. Konsultation, S. 13. Vgl. dazu Teil B, III., 1., b) dieser Arbeit.

ermöglichen, auf den Zeitpunkt abzustellen, zu dem die Ware montiert ist. Für diese Lösung spricht, dass sich der Vertrag gerade aus zwei Komponenten zusammensetzt und eine umfassende Beurteilung der Vertragsmäßigkeit erst mit Abschluss aller Verpflichtungen erfolgen kann. Auch aus dem Blickwinkel des Verbrauchers scheint eine solche Betrachtungsweise angebracht, da er bei einem Kaufvertrag mit Montageverpflichtung die Verpflichtung des Verkäufers erst mit Abschluss der Montage als erfüllt ansieht und die Vertragsmäßigkeit zu diesem Zeitpunkt gegeben sein sollte. Gegen ein solches Verständnis spricht jedoch, dass der englische Gesetzgeber in s11S (1)(b) Supply of Goods and Services Act 1982 ausdrücklich den Fall regelt, dass die Montage der Ware Teil eines Lieferungsvertrages bildet und unter Verletzung der stillschweigenden Vertragsvereinbarung gem. s13 Supply of Goods and Services Act 1982 erfolgt. Daraus muss geschlossen werden, dass eine Haftung gem. den ss3-5 Supply of Goods and Services Act 1982 nur für Mängel in Betracht kommt, die der Sache auch ohne Montage unmittelbar anhaften. Folglich ist unter der Lieferung nur der Zeitpunkt vor Montage zu verstehen. Eine erweiterte Haftung könnte sich lediglich dann ergeben, wenn der Unternehmer die Sache in seinen eigenen Räumlichkeiten zusammenbaut und bereits montiert liefert. Im Übringen haftet der Unternehmer gem. s13 Supply of Goods and Services Act 1982 nur für eine Ausführung der Montage mit vernünftigem Geschick und entsprechender Sorgfalt („reasonable care and skill").

Gemäß Art.2 Abs. 5 Satz 1 RL werden nur solche Fälle der Vertragswidrigkeit gleichgestellt, in denen die Montage „unsachgemäß" erfolgte. Wie an anderer Stelle bereits gezeigt, ist diese Beschränkung objektiv im Sinne von „unsachgemäß" zu verstehen.[1017] Da s13 Supply of Goods and Services Act 1982 lediglich eine Haftung des Unternehmers für die Ausführung der Montage mit vernünftigem Geschick und entsprechender Sorgfalt vorsieht, ist die Richtlinie nicht hinreichend in das englische Recht umgesetzt.[1018] Dem steht auch nicht s16 Supply of Goods and Services Act 1982 entgegen. Gem. s16 (3) Supply of Goods and Services Act 1982 schließt s13 Supply of Goods and Services Act 1982 nicht die Möglichkeit eines strengeren Haftungsmaßstabs aus, soweit sich dieser aus einem anderen Rechtsgrund ergibt. Solche sind allerdings für die konkrete Situation der Montage durch den Unternehmer nicht gegeben. S11S (b) Supply of Goods and Services Act 1982 verweist ausdrücklich auf s13 Supply of Goods and Services Act 1982. Da dieser unmittelbar der Umsetzung des Art. 2 Abs. 5 Satz 1 RL dient, kann auch die Richtlinienvorschrift als solche nicht als „rule of law" im Sinne der s16 (3) Supply of Goods and Services Act 1982 angesehen werden.[1019] Um den Umsetzungsvorgaben der Richtlinie dennoch Rechnung zu tragen, bestünde ein anderer Ansatz in der Möglichkeit, die Montageverpflich-

---

[1017] Vgl. Teil C., II., 2., f), (1), (a) dieser Arbeit.
[1018] Zweifelnd auch Benjamin, Supplement, Rn. 1-013.
[1019] So auch Benjamin, Supplement, Rn. 1-013.

tung als ausdrückliche Vereinbarung im Sinne der s11S (a) Supply of Goods and Services Act 1982 zu verstehen und damit dennoch die von der Richtlinie vorgesehenen Rechtsbehelfe zur Anwendung zu bringen. Eine objektive Auslegung der Erklärung wird jedoch regelmäßig ergeben, dass der Verkäufer auch nach der ausdrücklichen Vereinbarung nur für die Ausführung mit vernünftigem Geschick und Sorgfalt haften möchte. Nur eine solche Auslegung stimmt mit der traditionellen Einordnung der Verpflichtung bei Ausführung einer Serviceleistung überein. Wenn die Parteien von dieser Haftung abweichen wollen, bedarf es einer expliziten Haftungserweiterung.
Ebenfalls Schwierigkeiten bestehen bei Montagevereinbarungen im Hinblick auf die Möglichkeit der Kontrolle von Haftungsbegrenzungen. S16 (1) Supply of Goods and Services Act 1982 verweist insofern auf die Vorschriften des UCTA. Zwingend unzulässig bei einem Verbrauchsgüterkauf sind danach nur solche Vereinbarungen, durch die die Haftung des Lieferanten im Hinblick auf Beschreibung, Qualität, Zweckeignung und Muster ausgeschlossen wird, s7 (2) UCTA. Im Übrigen, und somit auch in Bezug auf die Haftungsbeschränkung bei Montage der Sache, erfolgt eine Beurteilung danach, ob die Vereinbarung dem Kriterium der Vernünftigkeit („reasonableness“) genügt, s3 (2) (a) UCTA. Dies trägt den Anforderungen des Art. 7 Abs. 1 RL nicht hinreichend Rechnung.

b) Lieferungsverträge, bei denen der Unternehmer die Herstellung der Ware aus den Materialien des Verbrauchers übernommen hat

Die rechtliche Behandlung von ebenfalls als „contracts for work and labour“ eingeordneten Vereinbarungen, in denen der Unternehmer die Herstellung einer Sache aus den Materialien des Verbrauchers übernommen hat, bereitet ähnliche Schwierigkeiten. Da der Vertrag gerade keine Eigentumsübertragung zum Gegenstand hat, finden die Vorschriften des ersten Teils des Supply of Goods and Services Act 1982 keine Anwendung. Die rechtliche Behandlung erfolgt ausschließlich anhand der Regelungen des zweiten Teils des Supply of Goods and Services Act 1982. Die Haftung des Unternehmers beschränkt sich damit gem. s13 Supply of Goods and Services Act 1982 auf die Anwendung angemessener Sorgfalt und Geschick. Eine Berücksichtigung der Vorgaben des Art. 2 Abs. 2 RL erfolgt nicht, da die ss3-5 Supply of Goods and Services Act 1982 nicht zur Anwendung kommen. Zudem ist zu beachten, dass selbst bei einem Verstoß gegen s13 Supply of Goods and Services Act 1982 Bedenken gegen die Anwendbarkeit des neuen Rechtsfolgenregimes bestehen, da eine dafür notwendige Vertragswidrigkeit nur dann vorliegt, wenn die Montage („installation“) Teil eines Lieferungsvertrages darstellt. Letzteres setzt jedoch gerade voraus, dass der Vertrag auf die Eigentumsübertragung an einer Sache gerichtet ist. Daran fehlt es in der Konstellation der „contracts for work and labour“, die ausschließlich eine Arbeitsleistung zum Gegenstand haben. Zudem scheint ohnehin zweifelhaft, ob unter den Begriff der Montage überhaupt deren Herstellung subsumiert werden kann, da die Vorschrift unmittelbar der Richtlinienumsetzung dient und somit das Montageverständnis der Richtlinie zugrunde zu legen ist. Auch unter diesem Gesichtspunkt stellt sich damit die Richtlinienumsetzung als nicht hinreichend dar. Daneben scheidet mangels Eigentumsübertragung auch eine Einordnung als Kaufvertrag aus.

c) Lieferungsverträge, bei denen der Unternehmer die Herstellung der Ware übernommen hat und dafür zumindest auch eigene Materialien verwendet

(1) Die für die Bestimmung der Vertragsmäßigkeit relevanten Kriterien

Soweit die genannten Vertragskonstellationen als „contracts for work and materials" eingeordnet werden[1020], ergibt sich die folgende Rechtslage.[1021] Die ss3-5 Supply of Goods and Services Act 1982 sehen für diesen Fall stillschweigende Vertragsbedingungen vor, die in ihrem Regelungsgehalt mit denen des Warenkaufgesetzes identisch sind. Bezugspunkt der „implied terms" bilden die Sachen („goods"), an denen der Unternehmer das Eigentum überträgt. Soweit davon der fertig hergestellte Gegenstand umfasst ist, wird den Richtlinienvorgaben im gleichen Maße Rechnung getragen, wie dies beim SGA der Fall ist. Anders würde sich die Rechtslage hingegen darstellen, wenn sich die stillschweigenden Vertragsbedingungen ausschließlich auf die vom Unternehmer gestellten Materialien auswirken.[1022] Die stillschweigenden Vertragsbedingungen des ersten Teils des Supply of Goods and Services Act 1982 könnten dann nicht zur Beurteilung der Vertragsmäßigkeit des Endprodukts herangezogen werden. Da die Fehlerhaftigkeit eines Endprodukts jedoch nicht nur aus der Verwendung mangelhafter Materialien, sondern insbesondere und vor allem auch aus einem fehlerhaften Herstellungsverfahren resultieren kann, bestünde dann, weil wiederum ausschließlich auf s13 Supply of Goods and Services Act 1982 abzustellen ist, keine richtlinienkonforme Rechtslage.[1023] Die rechtliche Situation ist zu dieser

---

[1020] Vgl. dazu Teil B dieser Arbeit.

[1021] Unklar ist die Rechtslage im Hinblick auf Verträge, bei denen der Verbraucher das Eigentum an der Ware dadurch erwirbt, dass er die zur Herstellung wesentlichen Materialien gestellt hat. Der Anwendung des ersten Abschnitts des Supply of Goods and Services Act 1982 könnte entgegenstehen, dass der Vertrag als solcher gar nicht auf eine Eigentumsübertragung gerichtet ist, weil das Eigentum ja bereits durch die Verbindung übergeht. In diesem Fall würde es sich nur um einen „contract for work and labour" handeln, der ausschließlich den Regelungen des zweiten Abschnitts des Supply of Goods and Services Act 1982 unterfällt und auf dem damit ohnehin nur s13 Supply of Goods and Services Act 1982 Anwendung findet. In einem solchen Sinne lässt sich Benjamin, Rn. 1-044 in Bezug auf Dixon v London Small Arms Co. verstehen.

[1022] Bradgate/Twigg-Flesner, Consumer Guarantees, S. 32.

[1023] Eine richtlinienkonforme Rechtslage käme nur dann in Betracht, wenn die Kriterien des Art. 2 Abs. 2 RL auf anderem Wege Berücksichtigung finden können. Letzteres könnte dadurch geschehen, dass die von der Richtlinie für das Endprodukt geforderten Qualitäts- und

Frage jedoch nicht abschließend geklärt.[1024] In jedem Fall gebietet es die Richtlinie, die ss3-5 Supply of Goods and Services Act 1982 dahingehend auszulegen, dass sie auch auf das fertig hergestellte Endprodukt Anwendung finden.

(2) Rechtsfolgen

(a) Anwendbarkeit der ss11M ff. Supply of Goods and Services Act 1982

Eine der Richtlinie entsprechende Anwendung der ss11M ff. Supply of Goods and Services Act 1982 ist nur dann gewährleistet, wenn sich die ss3-5 Supply of Goods and Services Act 1982 am Endprodukt orientieren. Selbst dann bestehen jedoch die gleichen, bereits beim Kaufvertrag geäußerten Umsetzungsbedenken, die sich insbesondere auf die Nacherfüllung beziehen.[1025]
Soweit sich die ss3-5 Supply of Goods and Services Act 1982 in ihrer Regelungswirkung nur auf verwendete Materialien des Unternehmers erstrecken, kommt eine Anwendung des neuen Rechtsfolgenregimes lediglich unter dem Gesichtspunkt einer Verletzung der s13 Supply of Goods and Services Act 1982 in Betracht. Gem. s11S (2) Supply of Goods and Services Act 1982 führt eine Verletzung der s13 Supply of Goods and Services Act 1982 aber nur dann zur Anwendbarkeit der ss11M ff. Supply of Goods and Services Act 1982, wenn die Arbeitsleistung in der Montage der Sache besteht. Die Herstellung des Endprodukts selbst ist nicht umfasst, sodass der Verbraucher in keinem Fall auf die

---

Beschaffenheitsmerkmale zwar nicht durch das Gesetz, jedoch auf sonstige Weise als stillschweigend vereinbart angesehen werden. In Betracht kommt insoweit die faktische Einbeziehung („implied term by fact") oder aber eine solche aufgrund eines Handelsbrauchs („implied term by customs"). Letztere Möglichkeit muss jedoch ausscheiden, da diesbezüglich keine Handelsbräuche bestehen. Auch eine faktische Einbeziehung könnte nur bei einer großzügigen Auslegung der Parteierklärungen erreicht werden, da eine entsprechende Einbeziehung davon abhängig gemacht wird, dass entweder die nicht aufgenommene Vertragsvereinbarung für die Vollständigkeit des Vertrages so grundlegend ist, dass ihre ausdrückliche Benennung nicht notwendig war, der sog. „officious bystander test", oder dass die Vereinbarung selbstverständlich ist, um dem Vertrag geschäftliche Wirksamkeit („business efficacy") zu verleihen. Folglich bestehen gegen die Einbeziehung auf sonstigem als gesetzlichem Wege grundlegende Bedenken. Einzig eine richtlinienkonforme Auslegung böte die Möglichkeit, Bedenken gegenüber der hinreichenden Umsetzung zu zerstreuen.

1024 Zwar hat Du Parcq J in G.H.Meyers and Company v Brent Cross Service Company, [1934] 1 K.B. 46, S. 55, festgestellt, dass bei einem "contract for work and materials" die Auslegung des Vertrages dahin gehen muss, dass der Unternehmer gewährleistet, dass die verwendeten Materialien von guter Qualität und zweckgeeignet sind („the true view is that a person contracting to do work and supply materials warrants that the materials which he uses will be of good quality and reasonably fit for the purpose for which he is using them, ..."), doch ist der konkrete Fall dadurch zu unterscheiden, dass es lediglich um die Reparatur einer Sache und nicht um deren Herstellung ging. Keine Erwähnung findet diese Problemstellung bei Benjamin, Supplement.

1025 Vgl. dazu Teil C, III., 3., d) dieser Arbeit.

neuen Rechte zurückgreifen kann, wenn sich die Vertragswidrigkeit erst aus seiner Arbeitsleistung ergeben.

(b) Haftungsausschluss

Die Kontrolle haftungsbeschränkender Klauseln in Bezug auf Verträge, die die Besitz- oder Eigentumsübertragung an einer Sache zum Gegenstand haben, richtet sich nicht wie bei Kauf- und Mietkaufverträgen nach s6 (2) SGA[1026], sondern nach der Generalklausel der s7 UCTA. Dieser erklärt gem. s7 (2) UCTA parallel zu s6 (2) (a) UCTA Haftungsbeschränkungen gegenüber einem Verbraucher im Hinblick auf Beschreibung, Muster, zufriedenstellende Qualität und Eignung der Sache für einen vom Verbraucher genannten Zweck für unzulässig. Nicht zur Anwendung gelangt die Vorschrift, wenn der Unternehmer lediglich gem. s13 Supply of Goods and Services Act 1982 haftet. In diesem Fall erfolgt eine Kontrolle haftungsbegrenzender Klauseln ausschließlich anhand des Kriteriums der Vernünftigkeit gem. s3 (2) UCTA.[1027] Eine Haftung für das Endprodukt kann ansonsten nur aus den sich aus dem Common Law ergebenden stillschweigenden Vertragsbedingungen erwachsen. Auch in Bezug auf diese findet lediglich die allgemeine, den Umsetzungsvorgaben nicht hinreichend Rechnung tragende Regelung der s3 (2) UCTA Anwendung.

4. Ergebnis

Die Darstellung zeigt, dass das englische Recht im Hinblick auf die nicht dem Warenkaufgesetz unterfallenden Verträge in vielfacher Weise als nicht richtlinienkonform angesehen werden muss. Dies gilt insbesondere im Hinblick auf s13 Supply of Goods and Services Act 1982, da diese keine verschuldensunabhängige Haftung des Unternehmers gewährleistet. Zudem finden die Regelungen der ss11M ff. Supply of Goods and Services Act 1982 nur auf Arbeitsleistungen Anwendung, wenn diese in der Montage der Sache bestehen. Um eine richtlinienkonforme Rechtslage zu gewährleisten, bedarf es somit einer äußerst weiten Auslegung des Kaufvertragsverständnisses, da nur durch die Vorschriften des SGA die Umsetzung der Richtlinie (zumindest weitgehend) gewährleistet ist. Inwieweit dies allerdings überhaupt systematisch zulässig ist und den Anforderungen des europäischen Gesetzgebers an Transparenz und Klarheit einer Richtlinienumsetzung Rechnung trägt, bleibt abzuwarten und ist eher negativ zu beurteilen.

[1026] Siehe s6 (2) (b) UCTA.

[1027] Gem. s2 (2) UCTA ist eine haftungsbeschränkende Vereinbarung im Hinblick auf eine durch Fahrlässigkeit verursachte Beschädigung einer Sache ebenfalls nur zulässig, wenn sie „vernünftig“ ist. Folglich kann nicht von einer Art. 7 Abs. 1 RL entsprechenden zwingenden Haftung des Verkäufers gesprochen werden.

II. Der Mietkauf

Neben den genannten Vertragstypen ist von den Umsetzungsmaßnahmen auch der Mietkauf, der sog. „Hire-Purchase", betroffen, der durch den Supply of Goods (Implied Terms) Act 1973 geregelt ist. Da ein entsprechender Vertrag keinen Kaufvertrag im Sinne der Richtlinie darstellt, war eine Gesetzesänderung nicht auf Grund europarechtlicher Vorgaben notwendig.[1028] Der englische Gesetzgeber hat sich dennoch dazu entschlossen, die im Supply of Goods (Implied Terms) Act 1973 geregelten stillschweigenden Vertragsbedingungen zu ändern. Dem lag das Bestreben zugrunde, die bereits bestehenden Parallelitäten in der Gesetzgebung aufrecht zu erhalten. Entsprechend den Änderungen zum Mietvertrag erfolgt jedoch keine Ausweitung des von der Richtlinie vorgesehenen Rechtsfolgenregimes. Die Änderungen durch Regulation 13 der Sale and Supply of Goods to Consumers Regulations 2002 beschränken sich auf die Einbeziehung öffentlicher Äußerungen zur Bestimmung der zufriedenstellenden Qualität des Mietkaufobjekts und haben somit auch keine Auswirkungen auf die systematische Ausrichtung des englischen Rechts.

1028 Vgl. Teil B dieser Arbeit.

F. Garantien im Sinne des Art. 6 RL

Art. 6 RL unterscheidet sich in seinem Regelungsgegenstand von den sonstigen Vorschriften der Richtlinie, da er nicht an die gesetzliche Sachmängelhaftung des Verkäufers, sondern an die, durch ein Glied in der Absatzkette oder den Hersteller übernommenen, „kommerziellen“ Garantien anknüpft. Umfasst sind ausschließlich unentgeltliche Garantien, die vom Garantiegeber freiwillig angeboten werden. Die Richtlinie enthält keine Verpflichtung des Herstellers oder einer anderen Person in der Absatzkette, entsprechende Garantien anzubieten. Auch der Umfang der Garantie wird in das Ermessen des jeweiligen Anbieters gestellt und nicht durch die Richtlinie bestimmt. Der Regelungsschwerpunkt des Art. 6 RL liegt vielmehr in der Festsetzung spezieller Informations- und Transparenzgebote zugunsten der Verbraucher.[1029] Daneben ordnet Art. 6 Abs. 1 RL die Bindung des Garantiegebers an die in der Garantieerklärung und in der einschlägigen Werbung genannten Bedingungen an. Durch die Richtlinie soll einerseits die Bedeutung der Garantie als Wettbewerbsinstrument gesichert, andererseits aber der Verbraucher vor Irreführung geschützt werden.[1030]

I. Vorgaben durch die Richtlinie

Hintergrund des Art. 6 RL sind die Ausführungen zu den „kommerziellen“ Garantien im Grünbuch über Verbrauchsgütergarantien und Kundendienst und damit zur „Gewährleistungszusage des ordnungsgemäßen Funktionierens des betreffenden Erzeugnisses für einen bestimmten Zeitraum“.[1031] Aufgrund der großen praktischen Relevanz, aber auch wegen der Bedeutung als wettbewerbsbestimmendes Element, sah die Kommission im Hinblick auf die Funktionsfähigkeit des Binnenmarkts eine einheitliche Regelung als notwendig an.[1032] Diese Erwägungen liegen auch der endgültigen Fassung der Richtlinie zugrunde.[1033] Allerdings bleibt der Regelungsgehalt des Art. 6 RL in vielen Belangen hinter den Ansätzen im Grünbuch zurück.[1034]

Die durch Art. 6 RL geregelte Garantie steht selbstständig neben der gesetzlichen Mängelhaftung des Verkäufers, selbst soweit diese nicht durch den Hersteller, sondern den Verkäufer selbst übernommen worden ist. Im Vordergrund der Richtlinie stehen Informations- und Transparenzgebote. Inwieweit sie

---

[1029] Art. 6 Abs. 2-4 RL.

[1030] Siehe Erwägungsgrund 21 RL.

[1031] Grünbuch, S. 20.

[1032] Grünbuch, S. 20.

[1033] Erwägungsgrund 21 RL. In verschiedener Hinsicht bleibt Art. 6 RL allerdings hinter den Ansätzen des Grünbuchs zurück, so unterblieb insbesondere die Schaffung einer „europäischen Garantie“.

[1034] Siehe dazu Micklitz, EuZW 1999, S. 488.

daneben auch die rechtliche Verbindlichkeit von Garantien vorschreibt oder aber diese voraussetzt ist unklar. Ausgangspunkt der Regelungen zu den kommerziellen Garantien ist Art. 6 Abs. 1 RL, der die Bindung einer Garantie an die in der Garantieerklärung und der einschlägigen Werbung angegebenen Bedingungen festschreibt. Präzisiert wird der Anwendungsbereich durch die Legaldefinition der Garantie in Art. 1 Abs. 2 lit. e RL. Umfasst ist jede von einem Hersteller oder einem sonstigen Glied in der Absatzkette ohne Aufpreis übernommene Verpflichtung, Abhilfe zu schaffen, soweit das Verbrauchsgut nicht den in der Garantieerklärung oder in der einschlägigen Werbung genannten Eigenschaften entspricht.[1035] Den für das Verständnis des Art. 6 Abs. 1 RL entscheidenden Bestandteil der Definition bildet der Verweis auf die vom Garantiegeber „übernommene Verpflichtung". Teilweise wird dieser Formulierung die Forderung entnommen, dass eine Garantie im Sinne des Art. 6 Abs. 1 RL nur dann vorliegt, wenn sich der Hersteller oder Verkäufer rechtsgeschäftlich zur Abhilfe unter den in der Garantieerklärung genannten Voraussetzungen verpflichtet hat.[1036] Ausschlaggebend für den rechtsgeschäftlichen Charakter sollen die Rechtsvorschriften im nationalen Recht sein. Für das Vorliegen einer Garantie im Sinne des Art. 1 Abs. 2 lit. e RL und damit im Sinne des Art. 6 Abs. 1 RL reicht es nach diesem Verständnis nicht aus, dass der Hersteller oder der Verkäufer lediglich eine Garantieerklärung abgegeben hat, ohne dass diese nach den Vorschriften des nationalen Rechts zu einer rechtlich verbindlichen Verpflichtung führt. Wird dieses Verständnis Art. 6 Abs. 1 RL zugrunde gelegt, erschöpft sich dessen Regelungsgehalt in der Aussage, dass sich die Garantiebedingungen, selbst soweit diese nicht Teil der Garantieverpflichtung geworden sind, auch aus der Werbung ergeben können. Der Verweis auf die Berücksichtigung der in der Garantieerklärung genannten Bedingungen stellt sich hingegen nach allen mitgliedsstaatlichen Rechtslagen als bedeutungslos dar, da die auf einer Garantieerklärung basierende rechtsgeschäftliche Verpflichtung stets deren Beachtung erfordert.[1037] Mit diesem Verständnis widerspricht diese Ansicht der insbesondere in England vorzufindenden Auffassung, dass Art. 6 Abs. 1 RL gerade die rechtliche Verbindlichkeit von Garantie anordne und nicht nur lediglich voraussetze.[1038] Ein

[1035] Der Anwendung des Art. 6 RL steht es nicht entgegen, dass die Garantie von einem Zwischenhändler übernommen worden ist. Dieser unterfällt der weiten „Verkäufer"-Definition des Art. 1 Abs. 2 lit. c RL, die keine Einschränkung dahingehend vornimmt, dass es sich um den Letztverkäufer handeln muss. Auch die Definition des Verbrauchsguts kennt keine entsprechende Beschränkung. Im Gegensatz dazu schadet es allerdings, wenn die Übernahme der Garantie nur gegen eine, insbesondere entgeltliche, Gegenleistung erfolgt. Obwohl die Richtlinie von „Aufpreis" spricht, ist es zum Ausschluss nicht erforderlich, dass der Verbraucher eine andere, nicht die Garantie betreffende Leistung gegenüber dem Garantiegeber erbringt.

[1036] AnwKommentar/Pfeiffer, Art. 1, Rn. 33; Jorden, Verbrauchergarantien, S. 495 f.

[1037] AnwKommentar/Pfeiffer, Art. 6, Rn.1,3.

[1038] Williams/Hamilton, ICCLR 2001, S. 35; Bradgate/Twigg-Flesner, Consumer Guarantees, S. 174. In der deutschen Literatur: Tonner, BB 1999, S. 1772; Höffe, Verbrauchsgüterkauf-

solches Verständnis lässt sich allerdings nur rechtfertigen, wenn der Verweis in Art. 1 Abs. 2 lit. e RL auf die vom Hersteller oder Verkäufer übernommene Verpflichtung nicht als Regelung verstanden wird, dass die Garantieerklärung eine rechtsgeschäftliche Verbindlichkeit darstellen muss, da die Voraussetzung einer Rechtsnorm nicht zugleich deren Rechtsfolge darstellen kann.[1039] Eine Garantie im Sinne des Art. 1 Abs. 2 lit. e RL soll danach bereits dann vorliegen, wenn der Hersteller oder Verkäufer eine als Garantie bezeichnete Erklärung abgibt.[1040] Die Frage der rechtlichen Verbindlichkeit findet keine Berücksichtigung.
Die Bedeutung des unterschiedlichen Garantieverständnisses ergibt sich unter Berücksichtigung der in England bestehenden Rechtsunsicherheiten. Fehlt es dort an einer Gegenleistung des Verbrauchers für das Garantieversprechen, mangelt es bereits an einer rechtsgeschäftlichen Garantieverpflichtung. Der Garantiegeber hat dann gerade keine rechtsgeschäftliche Garantieverpflichtung „übernommen", sondern steht nur auf freiwilliger Basis für die von ihm abgegebene Garantieerklärung ein. Wird aber Art. 6 Abs. 1 RL dahingehend verstanden, dass nur rechtsgeschäftliche Garantieversprechen umfasst sind, wird nicht nur keine generelle Bindungswirkung von Garantieerklärungen angeordnet, sondern es finden auch die in den weiteren Vorschriften des Art. 6 RL enthaltenen Transparenzgebote keine Anwendung. Dabei haben die aufgrund der Besonderheiten im englischen Recht unverbindlichen Garantien eine ebenso große Wettbewerbswirkung wie die verbindlichen Verpflichtungen. Einerseits wird sich der Verbraucher häufig der fehlenden Verbindlichkeit nicht bewusst sein, andererseits wird er sich durch die in entsprechenden Garantieerklärungen vorgenommene Beschränkung der gesetzlichen Rechte gebunden fühlen. Gerade dies will die Richtlinie vermeiden. Wenn dies sogar für den Fall gilt, dass dem Verbraucher weitere Rechte eingeräumt werden, so muss dies erst recht gelten, wenn die Garantie lediglich den Anschein weiterer, ihm zustehender Recht erweckt. Auch aus dem englischen Wortlaut der Richtlinie („undertaking") kann nicht zwingend auf einen notwendigen rechtsgeschäftlichen Charakter der Verpflichtung geschlossen werden.[1041] Da sich die englische Regierung dazu entschlossen hat, die Verbindlichkeit von Garantien anzuordnen, bleiben die unterschiedlichen Auffassungen im Hinblick auf das englische Recht letztlich ohne Auswirkungen.

---

richtlinie, S. 80; Micklitz, EuZW 1999, S. 488 („einseitige Bindung des Garantiegebers an seine Garantieerklärung").

1039 Junker, DZWir 1997, S. 274 im Hinblick auf eine ähnliche Problematik in Art. 5 Abs.1 des Richtlinienvorschlags. Diese Problematik auch sehend: Jorden, Verbrauchergarantien, S. 524 ff.

1040 Twigg-Flesner, CPR 2000, S. 102.

1041 Benjamin, Supplement, 1-261, sieht den Zweck der Vorschrift darin, „... to make an undertaking ... legally binding" und setzt damit voraus, dass eine Verpflichtung nach englischem Sprachverständnis nicht zwingend rechtsverbindlich sein muss.

Neben der Frage der generellen rechtlichen Verbindlichkeit stellt die Berücksichtigung der „einschlägigen Werbung“ ein wesentliches Kennzeichen sowohl der Garantiedefinition als auch der Regelung des Art. 6 RL dar. Zwei Regelungswirkungen sind zu unterscheiden. Zunächst bezieht sich der Verweis auf die Werbung in Art. 1 Abs.2 lit. e RL ausschließlich auf die Berücksichtigung der in der Werbung genannten Eigenschaften des Verbrauchsguts im Rahmen der Garantieerklärung. Dies darf nicht dahingehend verstanden werden, dass der Garantiegeber zwingend für alle in der Werbung gemachten Aussagen einstehen muss. Die Richtlinie sieht die Gewährung einer Garantie sowohl im Hinblick auf das „ob“ als auch auf das „wie“ in das Ermessen des Garantiegebers gestellt. Eine zwingende Haftung für alle in der Werbung gemachten Aussagen würde dem widersprechen und zugleich den Anreiz zum Anbieten einer Garantie senken.[1042] Gleichzeitig verpflichtet Art. 1 Abs. 2 lit. e RL die Mitgliedsstaaten nicht, die Werbung für die Sache als eine Garantieerklärung anzusehen.[1043] Zum einen wird es in den meisten Fällen gerade an den für die Garantie notwendigen sonstigen Voraussetzungen des Art. 1 Abs. 2 lit. e RL mangeln. Zum anderen muss es dem mitgliedsstaatlichen Recht überlassen bleiben, inwieweit in der Werbung gemachte Aussagen zu einer rechtsgeschäftlichen Verbindlichkeit führen.

Der Verweis auf die Werbung in Art. 6 Abs. 1 RL ist auf die Werbung mit der Garantie einzuschränken. Soweit der Garantiegeber in der Garantiewerbung besondere Voraussetzungen bzw. Bedingungen genannt hat, ist er an diese gebunden. Bei abweichenden Regelungen in Garantieerklärung und Werbung gilt das für den Verbraucher Günstigere. Dies muss allerdings in Parallele zu Art. 2 Abs. 4 RL unter der Einschränkung erfolgen, dass der Verbraucher in der Garantieerklärung über die Abweichung von der Werbung aufgeklärt worden ist.

Die durch die Richtlinie vorgegebenen Inhalts- und Transparenzgebote finden sich in Art. 6 Abs. 2 – 5 RL. Von besonderer Bedeutung für den Verbraucher erscheint die Verpflichtung des Garantiegebers, auf die gesetzlichen Gewährleistungsansprüche in der Garantieerklärung hinzuweisen und zugleich klarzustellen, dass deren Geltung nicht durch die Garantie berührt wird.[1044] Die weiteren Inhaltsgebote sollen die Durchsetzbarkeit der Garantie gewährleisten. Kombiniert werden diese Anordnungen mit dem Art. 5 Abs. 1 der Klauselrichtlinie entsprechenden Transparenzgeboten. Die Garantie muss danach in einfacher und verständlicher Formulierung und auf Wunsch des Verbrauchers auch in Text-

---

[1042] Siehe dazu auch Medicus, ZIP 1996, S. 1929.

[1043] Art. 1 Abs. 2 lit. e RL: „... in der Garantiererklärung oder in der einschlägigen Werbung genannten Eigenschaften....“. Es bleibt den Mitgliedsstaaten selbstverständlich überlassen, die zwingende Verbindlichkeit der Werbung des Herstellers vorzuschreiben. Ansonsten erfolgt die Berücksichtigung der Werbung gegenüber dem Verkäufer im Rahmen des Art. 2 Abs. 2 lit. d RL.

[1044] Art. 6 Abs. 2 RL.

oder Datenform den Inhalt und die zur Geltendmachung wesentlichen Angaben nennen.[1045]

Die Effektivität der dem Garantiegeber auferlegten Inhalts- und Transparenzgebote muss allerdings in Frage gestellt werden. Art. 6 RL enthält keine Vorgaben, wie die Beachtung dieser Erfordernisse durchzusetzen ist. Ihm ist lediglich die Regelung zu entnehmen, dass die Nichtbeachtung nicht zu Lasten des Verbrauchers zur Unwirksamkeit der Garantie führt.[1046] Für alle sonstigen Maßnahmen verbleibt lediglich ein Rückgriff auf Art. 10 RL, der seinerseits auf die Richtlinie 98/27/EG über Unterlassungsklagen zum Schutz von Verbraucherinteressen verweist.[1047] Durch die Begrenzung auf grenzüberschreitende Verletzung des Transparenzgebots besteht allerdings eine Schutzlücke.[1048] Die Verpflichtung der Mitgliedsstaaten, eine effektive Durchsetzung der Inhalts- und Transparenzgebote zu gewährleisten, ergibt sich aus der Rechtsprechung des Europäischen Gerichtshofs im Hinblick auf Art. 10 EGV.[1049]

II. Das englische Recht vor der Umsetzung

Im Vordergrund der rechtlichen Problematik unentgeltlicher Garantien standen seit jeher die Unsicherheiten bzgl. der rechtlichen Verbindlichkeit und der Durchsetzbarkeit entsprechender Erklärungen.[1050] Dies betrifft insbesondere die durch den Hersteller übernommenen Garantien, wenn dieser nicht zugleich unmittelbarer Verkäufer bzw. Lieferant des Verbrauchers ist. Da das englische Recht grundsätzlich keine Bindung einseitiger Verpflichtungserklärungen kennt, bedarf es zur Annahme rechtlicher Verbindlichkeit einer vertraglichen Verbindung zwischen Garantiegeber und Verbraucher. Soweit der Garantiegeber in einem solchen Fall den in der Garantieerklärung gemachten Versprechen nicht nachkommt, kann der Verbraucher eine Vertragsverletzung geltend machen und den ihm dadurch entstehenden Schaden nach allgemeinen Grundsätzen ersetzt verlangen.[1051] Soweit die Garantie allerdings vom Hersteller der Ware abgegeben wird, der nicht zugleich Endverkäufer ist, wird die Begründung eines

---

[1045] Daneben beinhaltet Art. 6 Abs. 4 RL auch noch eine Regelung zur Sprache der Garantie.

[1046] Art. 6 Abs. 5 RL.

[1047] RL 98/27/EG des Europäischen Parlaments und des Rates vom 19.5.1998 über Unterlassungsklagen zum Schutz von Verbraucherinteressen, ABlEG L 166/51 v. 11.6.1998.

[1048] Micklitz, EuZW 1999, S. 489.

[1049] Staudenmayer, ERPL 2000, S.560 unter Verweis auf Kommission v. Griechenland, C-68/88.

[1050] Siehe dazu bereits die Stellungnahme des Select Committee on European Communities (Tenth Report), Rn. 57 „In English law some theoretical uncertainty surrounds the enforceability of commercial guarantees."; Twigg-Flesner, CPR 2002, S. 90; 100; Howells, in: Europäisches Kaufgewährleistungsrecht, S. 173; Howells/Twigg-Flesner, in: Verbraucherkauf in Europa, S. 319; letzterer relativierend in: CPR 2000 S. 100.

[1051] Dies geht nicht zuletzt aus s5 UCTA hervor, der die vom Hersteller abgegebenen Garantien betrifft, der ausschließlich auf vertragliche Vereinbarungen Anwendung findet.

rechtsgeschäftlichen Verhältnisses mangels unmittelbaren Kontakts zum Verbraucher vor Schwierigkeiten gestellt. Die Möglichkeit einer Einbeziehung des Verbrauchers in den zwischen Hersteller und Verkäufer geschlossenen Garantievertrag bietet aufgrund des im englischen Recht geltenden Grundsatzes der unmittelbaren Vertragsbeziehungen keine umfassende Gewährleistung der rechtlichen Verbindlichkeit von Garantien für den Verbraucher. Es verbleibt somit die Möglichkeit des Bestehens eines unmittelbaren Vertragsverhältnisses zwischen Hersteller und Verbraucher. Der Ansatz, den Verkäufer im Hinblick auf den Garantievertrag mit dem Verbraucher als Stellvertreter („agent") des Herstellers anzusehen, hat im englischen Recht bisher keine Berücksichtigung gefunden. Im Vordergrund steht vielmehr die Annahme einer vertraglichen Verpflichtung durch einen unmittelbar zwischen Garantiegeber und Verbraucher geschlossenen Garantievertrag. Aufgrund der Anwendung der allgemeinen Vertragsgrundsätze des Common Law[1052], die die Existenz eines rechtlich verbindlichen Vertrages von der Einhaltung unterschiedlicher Voraussetzungen abhängig machen[1053], ergeben sich jedoch Unsicherheiten im Hinblick auf das grundsätzliche Bestehen einer vertraglichen Verpflichtung des Garantiegebers. Die Feststellung der Vertragsvoraussetzung bereitet hier größere Probleme. Das Angebot zum Abschluss eines Garantievertrages kann sowohl in der Beifügung einer Garantiekarte, in einer Beschriftung der Verpackung oder in den vom Hersteller gemachten Werbeäußerungen liegen. Soweit allerdings das Angebot zum Abschluss eines Garantievertrages der Werbung entnommen wird, bedarf es der Feststellung, dass es sich überhaupt um eine rechtlich verbindliche Erklärung und nicht lediglich um reklamehafte Anpreisungen („mere puffs") handelt.[1054] Dem widerspricht nicht, dass sich das in der Werbung gemachte Angebot an ei-

[1052] Sowohl s5 UCTA als auch die Consumer Transactions (Restrictions on Statements) Order 1976 haben auf das Entstehen einer vertraglichen Garantieverpflichtung keinen Einfluss, sondern betreffen lediglich den Inhalt solcher Garantien. Dazu sogleich.

[1053] Howells, in: Europäisches Kaufgewährleistungsrecht, S. 173, sieht allerdings die eigentliche Ursache der mangelnden rechtlichen Verbindlichkeit von Herstellergarantien in der Lehre der „privity of contract", die verhindert, dass der Verkäufer keine Garantie zu Lasten des Herstellers abgegeben kann, gleichzeitig der Verbraucher aber auch keine Rechte aus der Garantie des Herstellers gegenüber seinem Vertragspartner geltend machen kann. Erst auf einer zweiten Stufe stellt sie dann auf die näherliegende Möglichkeit einer unmittelbaren (Garantie-)Vertragsbeziehung zwischen Verbraucher und Hersteller ab und kommt ebenfalls zu den im Folgenden erörterten Schwierigkeiten.

[1054] Nach der Rechtsprechung besteht ein Angebot in der "expression of willingness to contract on specified terms, made with the intention that it is to become binding as soon as it is accepted by the person to whom it is addressed", Storer v Manchester CC [1974] 1 WLR 1403. Es handelt sich dabei um einen objektiven Test. Soweit aus dem Charakter der Aussage deren Ernstlichkeit geschlossen werden kann, ist eine verbindliche Wirkung anzunehmen, siehe Carlill v Carbolic Smoke Ball Company [1893] 1 Q.B. 256.

nen nicht näher bestimmten Adressatenkreis richtet.[1055] Ausschlaggebend ist, dass sich der Erklärende rechtlich binden will.[1056]
Auf der anderen Seite bedarf es zur Annahme eines entsprechenden Angebots nach den Regeln des Common Law einer endgültigen und unbedingten Zustimmung zu den Bedingungen des Angebots, die ihrerseits dem Versprechensgeber mitgeteilt wird.[1057] Zwar ist es zulässig, dass die Annahmeerklärung konkludent durch die Vornahme einer bestimmten Handlung erfolgt, doch kann es in diesem Fall an der Annahmemitteilung gegenüber dem Garantiegeber mangeln, wenn die Handlung gegenüber dem Verkäufer erfolgt und kein unmittelbarer Kontakt zwischen Garantiegeber und Verbraucher besteht. Ein Ausweg besteht darin, dass die Garantie als einseitig verpflichtender Vertrag („unilateral contract") verstanden wird, bei dem nach englischem Recht der Hersteller auf das Erfordernis einer Mitteilung verzichtet.[1058] Die Annahme des Vertrages wird dann im Kauf der Ware gesehen.
Die größten Schwierigkeiten bereitet die Überwindung des Erfordernisses einer vom Versprechensempfänger zu erbringenden Gegenleistung (sog. „consideration"). Nur wenn diese vorliegt, entfaltet die zwischen den Parteien getroffene Vereinbarung nach englischem Recht Bindungswirkung und kann gerichtlich durchgesetzt werden.[1059] Die von Art. 6 RL geregelte Garantie bereitet dadurch Schwierigkeiten, dass nur bzw. gerade unentgeltlich vom Garantiegeber übernommene Garantien von dieser Norm umfasst sind.[1060] Es ist somit nicht möglich, die Gegenleistung in der Zahlung eines Entgelts des Verbrauchers an den

---

1055 Carlill v Carbolic Smoke Ball Company [1893] 1 Q.B. 256.

1056 Kritisch im Hinblick auf die Großzügigkeit der Gerichte bezüglich dieses Kriteriums, soweit es sich um Werbeaussagen handelt: Howells, in: Europäisches Kaufgewährleistungsrecht, S. 174.

1057 Treitel, The Law of Contract, S. 16.

1058 Carlill v Carbolic Smoke Ball Company [1893] 1 Q.B. 256; dafür: Benjamin/Miller, Rn. 14-063; Watterson, ERPL 2001, S. 218. Die Annahme eines "unilateral contract" in der vorliegenden Konstellation entspricht allerdings nicht dessen klassischem Anwendungsbereich. Dieser beinhaltet ein Leistungsversprechen, wenn eine andere Partei eine genannte Leistung vornimmt bzw. gerade unterlässt, ohne dazu verpflichtet zu sein. Im Fall der Garantie erfolgt das Leistungsversprechen nicht im Hinblick auf eine vom Verbraucher zu erbringende Leistung, sondern für den Fall der Mangelhaftigkeit der Ware. In den gewöhnlichen Fällen kommt der Vertrag durch die Vornahme der vom Versprechenden geforderten Handlung zustande, so dass es keiner Annahme bedarf. Bei Garantien muss die Leistung des Verbrauchers damit im Abschluss des Kaufvertrages gesehen werden.

1059 Eine Ausnahme gilt für den Fall, dass es sich um einen Vertrag „under deed" handelt. Dies wird allerdings im Hinblick auf den Verbrauchsgüterkauf regelmäßig nicht der Fall sein. Liegt keine „consideration" vor, so handelt es sich nur um ein rechtlich unverbindliches „agreement".

1060 Die in England häufig anzutreffenden "extended guarantees", bei denen der Hersteller gegen Entgelt eine Garantie für die Sache übernimmt, bereiten diesbezüglich keine Probleme, siehe auch Atiyah, Sale of Goods, S. 288.

Garantiegeber zu sehen, wie es beispielsweise bei den in England weit verbreiteten „extended guarantees“ der Fall ist. Die Erbringung einer Geldleistung stellt jedoch nicht die einzige Möglichkeit dar, wie dem Gegenleistungskriterium Rechnung getragen werden kann, da es nicht Ziel dieses Erfordernisses ist, eine angemessene Gegenleistung für den Versprechensgeber zu gewährleisten. Es gilt der Grundsatz, dass lediglich irgendetwas gegeben werden muss, das aus dem Blickwinkel des Rechts überhaupt einen Wert hat.[1061] Soweit der Verbraucher dazu verpflichtet ist, einen ausgefüllten Garantieschein an den Hersteller zurückzuschicken, kann dies bereits als hinreichende Gegenleistung verstanden werden. Dies ist nicht zuletzt auf den Grundsatz zurückzuführen, dass die Gegenleistung entweder zum Nachteil des Begünstigten oder zum Vorteil des Versprechensgebers wirken kann.[1062] Nicht immer enthalten aber Verbrauchsgüter einen vom Verbraucher auszufüllenden Garantieschein. In diesem Fall bereitet die Konstruktion einer Gegenleistung im Verhältnis zum Garantiegeber Schwierigkeiten. Im Hinblick auf das Erfordernis der „consideration“ ist es allerdings nicht erforderlich, dass die Gegenleistung unmittelbar an den Versprechenden erbracht wird.[1063] So reicht es aus, dass die Leistung an den unter Umständen vom Garantiegeber zu unterscheidenden Verkäufer erfolgt. So kann auch der mit dem Verkäufer geschlossene Kaufvertrag eine hinreichende „consideration“ für den Garantievertrag darstellen.[1064] Dies ist allerdings nur dann möglich, wenn der Verbraucher zum Zeitpunkt des Vertragsschlusses Kenntnis von der vom Hersteller angebotenen Garantie hatte.[1065] Daran wird es regelmäßig mangeln, wenn sich die Garantie erst nach Abschluss des Kaufvertrages aus einer der Ware beigefügten Garantieerklärung ergibt. Gemäß dem Grundsatz der Nichtberücksichtigung früherer Leistungen kann der Vertragsschluss keine hinreichende „consideration“ darstellen.[1066] Probleme bereitet daher die Durchsetzung jener Garantien, bei denen der Verbraucher erst nach Abschluss des Kaufvertrages

---

1061 Es gilt der Grundsatz „Consideration must be sufficient, but need not to be adequate“, siehe dazu: Chappel & Co. Ltd. v Nestlé Co. Ltd. [1960] A.C. 87; Treitel, Law of Contract, S. 83 ff.

1062 Ein Vorteil des Garantiegebers kann ansonsten darin gesehen werden, dass dieser durch die ausgefüllte Garantieurkunde Informationen erhält, die einer zu Marktforschungszwecken gebrauchen kann, siehe Bradgate/Twigg-Flessner, Consumer Guarantees, S. 169 f.

1063 In der Rechtsprechung wurde die Lehre von der „consideration“ allerdings dahingehend konkretisiert, dass zwar die Gegenleistung vom Versprechensempfänger stammt, diese nicht aber gegenüber dem Versprechendem erfolgen muss („Consideration must move from the promisee, it need not to move to the promisor“); Jones v Robinson (1847) 1 Ex. 454, Fleming v Bank of New Zealand [1900] A.C. 577; Treitel, Law of Contract, S. 81 ff.

1064 Carlill v Carbolic Smoke Ball Company [1893] 1 Q.B. 256.

1065 Nach Benjamin/Miller, Rn. 14-063 soll es bereits reichen, wenn der Verbraucher aufgrund der Art der Ware mit einer Herstellergarantie rechnen durfte.

1066 So der Grundsatz „past consideration is no consideration“, in: Roscorla v Thomas (1842) 3 Q.B. 234.

von deren Existenz erfährt, aber keine Leistung gegenüber dem Hersteller erbringt. Nach englischem Recht ist die Garantieerklärung des Herstellers dann als rechtlich unverbindlich einzuordnen.
Zu betonen ist, dass aufgrund der Systematik des englischen Rechts für den Verbraucher selbst für den Fall der rechtlichen Verbindlichkeit der Garantie kein Erfüllungsanspruch hinsichtlich der Garantieverpflichtung besteht. Vielmehr besteht auch in diesem Zusammenhang aufgrund des Vertragsbruchskonzepts lediglich ein Schadensersatzanspruch des Verbrauchers. Die Voraussetzungen für die Anordnung der Naturalerfüllung werden insbesondere im Hinblick auf den Vertragsgegenstand nicht vorliegen, da die Zahlung von Schadensersatz eine ausreichende Kompensation des Verbrauchers bewirkt.
Neben der Frage der rechtlichen Verbindlichkeit von Garantieerklärungen und der Art der Durchsetzung besteht ein weiterer Schwerpunkt der Richtlinie in der Gewährleistung hinreichender Transparenz und Information des Verbrauchers. Das englische Recht enthält diesbezüglich nur wenige speziell auf die Garantie zugeschnittene Regeln. Von besonderer Bedeutung ist allerdings die Consumer Transactions (Restrictions on Statements) Order 1976[1067], die dem Garantiegeber für den Fall einer Garantieübernahme unabhängig von deren rechtlicher Verbindlichkeit die Verpflichtung auferlegt, im Zusammenhang mit der Garantieerklärung klar und verständlich darauf hinzuweisen, dass die dem Verbraucher gesetzlich eingeräumten Rechte nicht durch diese beschränkt werden.[1068] Die Regelung gilt sowohl für die durch den Verkäufer als auch durch einen Her-

[1067] Consumer Transactions (Restrictions on Statements) Order 1976/1813; Statutory Instrument 1976/1813.
[1068] " ... unless there is in close proximity to any such statement another statement which is clear and conspicuous and to the effect that the first mentioned statement does not or will not affect the statutory rights of a consumer." Dass entsprechende Klauseln keine Wirkung zu Lasten des Verbrauchers entfalten, ergibt sich aus der Anwendung der Vorschriften des UCTA auf die vertragliche Garantieverpflichtung. Für den Fall der nicht vom Verkäufer abgegebenen Garantien beinhaltet s5 UCTA eine Spezialregelung, die allerdings auf nicht vom Verkäufer abgegebene Garantien beschränkt ist. Ergänzt wird dies durch die Generalklauseln der s2 UCTA. Es ist dem Garantiegeber daher nicht möglich, im Rahmen einer Garantie seine insbesondere deliktische Haftung für Personen- als auch Sachschäden bei Verletzung einer Sorgfaltspflicht auszuschließen. Soweit die Garantie durch den Verkäufer gegeben wird, finden unmittelbar die Vorschrift der s6 UCTA Anwendung, aus der sich ergibt, dass eine Garantie nicht zu einer Beschränkung der Haftung für die stillschweigenden Vertragsbedingungen der ss13-15 SGA führen darf. Das gleiche gilt im Hinblick auf Lieferungsverträge nach s7 UCTA. Gem. s10 UCTA ist es weder von Bedeutung, ob die Garantie Teil des Kaufvertrages oder als selbstständiger Zusatzvertrag einzuordnen ist, noch, ob der Nebenvertrag mit dem Verkäufer oder einem Dritten, insbesondere dem Hersteller, abgeschlossen wurde. Siehe dazu Bradgate/Twigg-Flesner, Consumer Guarantees, S. 184.

steller oder Zwischenhändler übernommenen Garantien.[1069] Ein Verstoß gegen diese Vorschrift kann strafrechtlich verfolgt werden.

III. Das englische Recht nach der Umsetzung

Die Umsetzung des Art. 6 RL ins englische Recht erfolgt durch Regulation 15 der Sale and Supply of Goods to Consumers Regulations 2002. Im Gegensatz zu den sonstigen Umsetzungsmaßnahmen werden keine Änderungen bzw. Ergänzungen bestehender Vorschriften vorgenommen. Es handelt sich bei dieser Maßnahme vielmehr um die einzige Regelung der Sale and Supply of Goods to Consumers Regulations 2002, die bereits als solche unmittelbare Rechtswirkung entfaltet. Entsprechend ist sie alleiniger Gegenstand der in Regulation 2 Sale and Supply of Goods to Consumers Regulations 2002 enthaltenen Definitionssektion.[1070]

Nachweislich der Überschrift bilden die sog. Verbrauchergarantien („consumer guarantees") den Regelungsgegenstand der Vorschrift. Die entsprechende Definition orientiert sich stark an den Vorgaben der Richtlinie, erweitert den persönlichen Anwendungsbereich aber bezüglich des Garantiegebers auf alle Personen, die im Rahmen ihres Geschäftsbetriebes handeln. Unstreitig sind nach englischem Recht somit auch solche Garantien umfasst, die weder vom Hersteller noch von einem sonstigen Glied in der Absatzkette übernommen worden sind. Unklar bleibt allerdings, wie die Begrenzung auf „seinen", d.h. des Garantiegebers, Geschäftsbetrieb auszulegen ist. Durch die gewählte Formulierung unterscheidet sich Regulation 2 des Sale and Supply of Goods to Consumers Regulations 2002 sowohl von dem Wortlaut der s14 (2) SGA als auch dem der s12 (1) UCTA. Die Formulierung lässt den Schluss zu, dass insbesondere das s14 SGA zugrundeliegende weite Verständnis der Rechtsprechung in Stevenson v. Rogers nicht zur Anwendung gelangen soll und somit eher auf die einschränkende Auslegung in R & B Customs Brokers zurückzugreifen ist.[1071] Die Meinungen im Schrifttum gehen dazu allerdings auseinander.[1072] Für ein weites Verständnis spricht, dass die Rechtsprechung bei der Auslegung in den genannten Fällen auf einen möglichst weitreichenden Anwendungsbereich der Normen geachtet hat. Auch im Hinblick auf die Verbrauchergarantien scheint ein möglichst weitgehender Anwendungsbereich gerechtfertigt. Die dadurch bewirkten Belastungen

---

[1069] Siehe Art. 4 für den Fall des Verkäufers bzw. Art. 5 für einen Lieferanten der Ware, die noch zum Weiterverkauf an einen Verbraucher bestimmt ist.

[1070] Die Begriffsbestimmungen der sonstigen Regulations sind dem jeweiligen Gesetz zu entnehmen, das sie ändern bzw. ergänzen.

[1071] Bradgate/Twigg-Flesner, Consumer Guarantees, S. 193:"… it seems that the stricter R&B test would be appropriate here".

[1072] Benjamin/Sealy, Rn. 1-058: "It is substantially certain that the words … will be construed in the same sense as in s14 SGA…"; dagegen: Bradgate/Twigg-Flesner, Consumer Guarantees, S. 193.

des Garantiegebers werden dadurch abgemildert, dass dieser ohnehin nicht zur Garantieübernahme verpflichtet ist und die Garantie in den Garantiebedingungen auf solche Geschäfte beschränken kann, die in engem Zusammenhang mit seinem Geschäftsbetrieb stehen. Übernimmt er allerdings eine Garantie, ohne eine entsprechende Einschränkung vorzunehmen, gibt es keine Gründe, diese Garantie vom Anwendungsbereich der Regulation 15 Sale and Supply of Goods to Consumers Regulations 2002 auszuschließen. Darüber hinaus wird eine unzumutbare Belastung des Garantiegebers verhindert, da die Garantie gem. Regulation 15 (1) Sale and Supply of Goods to Consumers Regulations 2002 stets in Zusammenhang mit dem Kauf oder der Lieferung von Sachen stehen muss. Letztlich wird es Aufgabe der Rechtsprechung sein, unter Berücksichtigung europäischer Vorgaben das zugrundezulegende Verständnis zu konkretisieren. In jedem Fall genügt die Vorschrift der Richtlinie, da sie sich unmittelbar an deren Wortlaut orientiert.

Beschränkt wird der Anwendungsbereich der Richtlinie entsprechend auf Verbraucher. Die in Regulation 2 Sale and Supply of Goods to Consumers Regulations 2002 beinhaltete Definition unterscheidet sich sowohl von der in Art. 1 Abs. 2 lit. a RL genannten Begriffsbestimmung als auch von dem Verbraucherbegriff der s12 UCTA. Sie entspricht aber der Bestimmung der tendenziell eher weiteren Definition der s3 (1) Unfair Terms in Consumer Contracts Act 1999. Da diese wiederum identisch mit den Vorgaben früherer Richtlinien ist[1073], deren deutsche Fassungen sich vom Wortlaut der Verbrauchsgüterkaufrichtlinie nicht unterscheiden, muss davon ausgegangen werden, dass es sich hierbei um eine richtlinienkonforme Verbraucherdefinition handelt. Unabhängig von der Frage der Richtlinienkonformität wäre im Hinblick auf die Kongruenz des englischen Rechts allerdings die Schaffung eines einheitlichen Verbraucherverständnisses erstrebenswert.

Der bedeutendste Regelungsgehalt der Regulation 15 findet sich in deren erstem Absatz. Danach sind die im Zusammenhang mit einem Kauf oder der Lieferung einer Ware übernommenen Verbrauchergarantien von Gesetzes wegen als vertragliche Verpflichtung des Garantiegebers einzuordnen. Für das Vorliegen einer vertraglichen Verbindlichkeit ist es im Hinblick auf Garantien somit nicht mehr entscheidend, ob die nach dem Common Law für die Entstehung eines Vertrages erforderlichen Voraussetzungen eingehalten worden sind. Insbesondere die Einhaltung des nach dem bestehenden Recht für Unsicherheit sorgenden Gegenleistungserfordernisses ist somit obsolet geworden. Ausschlaggebend ist lediglich, dass der Garantiegeber eine den Voraussetzungen der Regulation 2 entsprechende Garantieerklärung abgegeben hat. Daneben wird allerdings zu

---

[1073] Siehe die Fernabsatzrichtlinie, Art. 2 Abs. 2: „ 'consumer' means any natural person who, in contracts covered by this Directive, is acting for purposes which are outside his trade, business or profession"; ebenso: Haustürwiderrufsrichtlinie, Art. 2; Verbraucherkreditrichtlinie, Art. 1 Abs. 2 a).

fordern sein, dass sich aus der Garantie die Absicht des Garantiegebers folgern lässt, sich rechtlich binden zu wollen.[1074] Bestandteile dieser Verpflichtung sind entsprechend Art. 6 Abs. 1 RL sowohl die in der Garantieerklärung als auch in der einschlägigen Werbung genannten Bedingungen.
Der gewählte Ansatz ist dadurch gekennzeichnet, dass er den bestehenden Unsicherheiten im englischen Recht Rechnung trägt, ohne die systematische Einordnung als vertragliche Verpflichtung aufzugeben. Damit wird ermöglicht, dass auch weiterhin die Vorschriften des UCTA, aber auch des UTCCR 1999 Anwendung finden können. Da schon im Vorfeld der Umsetzung die ganz überwiegende Anzahl von Verbrauchergarantien unproblematisch als vertragliche Verpflichtung eingeordnet werden konnten, hat die Rechtsänderung keine gravierenden Auswirkungen auf deren Handhabung. Bedeutung entfaltet die Vorschrift allerdings unter Berücksichtigung der allgemeinen Vertragsrechtssystematik. Das ohnehin umstrittene Gegenleistungserfordernis wird dadurch weiter in seinem Anwendungsbereich eingeschränkt. Die Beschränkung der Rechtsänderung auf den Bereich der Verbrauchergarantien entspricht dabei der allgemeinen Vorgehensweise im englischen Recht, nur punktuell in das bestehende Recht einzugreifen und keine systematisch einheitliche Lösung anzustreben.
Im Hinblick auf die Rechtsfolgen kann auf die allgemeinen Grundsätze des Common Law zurückgegriffen werden. Primär steht dem Verbraucher bei Verletzung der in der Garantie übernommenen Verpflichtungen ein Schadensersatzanspruch zu. Die Durchsetzung der im Garantievertrag übernommenen Verpflichtung, Abhilfe in Form konkreter Handlungen zu verschaffen, wird hingegen nach englischer Systematik regelmäßig nicht durchsetzbar sein. Teilweise wird darin die Möglichkeit eines Verstoßes gegen Art. 6 Abs. 1 RL gesehen, da der Garantiegeber an die Garantie und damit auch an die genannte Abhilfemaßnahme gebunden sein soll.[1075] Im Vergleich zu Art. 3 RL, dessen Effektivität und rechtsvereinheitlichende Wirkung gerade davon abhängen, dass die durch die Richtlinie vorgesehenen Rechte tatsächlich zur Anwendung gelangen, rechtfertigt die Zielsetzung von Art. 6 Abs. 1 RL jedoch keinen derart weiten Eingriff in nationale Privatrechtssystematik. Entscheidend ist lediglich, dass der Garantiegeber an seine Garantie gebunden und für die Verletzung der bestehenden Pflichten zum Ausgleich verpflichtet wird. Für den Fall allerdings, dass der Garantiegeber in der genannten Form, und damit insbesondere durch Reparatur oder Ersatzlieferung, Abhilfe schafft, haftet er nach den in den Vorschriften des Supply of Goods and Services Act 1982 vorgesehenen stillschweigenden Vertragsbedingungen. Damit richtet sich seine Haftung im Hinblick auf den durch Reparatur abgeholfenen Mangel nicht mehr nach dem in der Garantie genannten Zeitraum, sondern nach der sechsjährigen Frist des Limitation Act 1982. Nimmt

[1074] Bradgate/Twigg-Flesner, Consumer Guarantees, S. 194.
[1075] Bradgate/Twigg-Flesner, Consumer Guarantees, S. 197.

der Garantiegeber eine Ersatzlieferung vor, so haftet er für die Qualität der ganzen Sache über den verlängerten Zeitraum.
Der die Transparenz- und Inhaltsgebote betreffende Teil der Regulation 15 Sale and Supply of Goods to Consumers Regulations stimmt weitgehend mit denjenigen in Art. 6 Abs. 2 – 4 RL überein. Unsicherheiten bei der Begriffsbestimmung sind zumeist auf die Übernahme des Wortlauts der Richtlinie zurückzuführen. Der Umsetzung des Art. 6 Abs. 2 Unterabs. 1 RL sollen die bereits bestehenden Vorschriften der Consumer Transactions (Restrictions on Statements) Order 1976 dienen. Die Norm gelangt allerdings nur zur Anwendung, wenn der Vertragsgegenstand gewöhnlicherweise zum privaten Verbrauch gekauft wird.[1076] Die Richtlinie kennt eine solche Einschränkung nicht. Eine entsprechende Regelung im Rahmen der Verbraucherdefinition der s12 (1) UCTA hat die britische Regierung im Zuge der Umsetzung für natürliche Personen als unanwendbar erklärt. Einer solchen Anordnung mangelt es allerdings im Hinblick auf die Consumer Transactions (Restrictions on Statements) Order 1976, sodass keine hinreichende Umsetzung gewährleistet ist. Weitere Probleme ergeben sich aus dem beschränkten Regelungsumfang der Consumer Transactions (Restrictions on Statements) Order 1976. Sie beinhaltet lediglich eine Klarstellungsverpflichtung des Garantiegebers, dass die gesetzlichen Rechte durch die Garantie nicht beeinträchtigt werden. Damit erfolgt nur mittelbar ein Hinweis des Garantiegebers auf das Bestehen gesetzlicher Rechte, ohne dass eine Aufklärung des Verbrauchers über den konkreten Inhalt vorzunehmen ist. Auch die Richtlinie verlangt jedoch nur, dass zumindest das „ob“ des Bestehens hinreichend deutlich werden muss. Eine Darstellung, wie die Rechte des Verbrauchers konkret aussehen, ist nicht erforderlich.
Unterlassen wurde die explizite Umsetzung des Art. 6 Abs. 5 RL, der die Wirksamkeit der Garantie unabhängig von der Einhaltung der Informations- und Transparenzgebote anordnet. Aus dem Wortlaut der Regulation 15 („the guarantor shall ensure...“) ist allerdings zu folgern, dass es lediglich eine Verpflichtung des Garantiegebers und kein allgemeines Formerfordernis darstellt, dass die an die Garantie gestellten Anforderungen erfüllt werden. Folglich kann ein entsprechendes Unterlassen nicht zum Nachteil des Verbrauchers herangezogen werden. Ganz im Gegenteil ist der Verstoß gegen die Informations- und Transparenzgebote als Vertragsverletzung einzustufen, die den Verbraucher zu Schadensersatz berechtigt.[1077] Neben der Zahlung von Schadensersatz droht dem Garantiegeber nach Regulation 15 (6) die Erhebung einer Unterlassungsklage durch die in Regulation 2 genannten Durchsetzungsbehörden. Besondere Anfor-

1076 "Consumer transaction" means (a) a consumer sale, that is a sale of goods (other than an excepted sale) by a seller where the goods, (i) are of a type ordinarily bought for private use or consumption, and (ii) are sold to a person who does not buy or hold himself out as buying them in the course of a business.
1077 So auch Benjamin/Sealy, Rn. 1-268.

derungen an den Verstoß werden nicht gestellt.[1078] Kommt der Garantiegeber dem Urteil nicht nach, muss er wegen Missachtung des Gerichts mit einer Geld- oder Gefängnisstrafe rechnen.[1079] Daneben tritt die Möglichkeit einer Unterlassungsklage nach den die „Richtlinie 98/27/EG über Unterlassungsklagen zum Schutz von Verbraucherinteressen" umsetzenden Vorschriften des Enterprise Act 2002.[1080] Voraussetzung ist dafür allerdings, dass eine Verletzung der Kollektivinteressen der Verbraucher vorliegt.[1081]

[1078] Siehe Regulation 15 (7) Sale and Supply of Goods to Consumers Regulations 2002.
[1079] Benjamin/Sealy, Rn. 1-267.
[1080] Enterprise Act 2002, Part 8: Enforcement of certain Consumer Legislation, ss210 ff.
[1081] Ss211, 212 Enterprise Act 2002.

G. Ergebnis

Gegenstand der vorliegenden Arbeit war die Untersuchung des englischen Rechts im Anwendungsbereich der Richtlinie zu bestimmten Aspekten des Verbrauchsgüterkaufs und der Garantien für Verbrauchsgüter nach Inkrafttreten der Sale and Supply of Goods to Consumers Regulations 2002. In Übereinstimmung mit den meisten europäischen Mitgliedsstaaten, jedoch anders als Deutschland, hat der englische Gesetzgeber die Richtlinienumsetzung nicht zum Anlass genommen, das bestehende Recht systematisch neu auszurichten und die Umsetzungsvorschriften über den persönlichen und sachlichen Anwendungsbereich der Richtlinie hinaus auszudehnen. Die zur Richtlinienumsetzung erlassenen Sale and Supply of Goods to Consumers Regulations 2002 beschränken sich vielmehr, ohne bestehende Regelungen aufzuheben, auf die punktuelle Ergänzung existierender Vorschriften und die weitestgehende Beibehaltung bestehender Konzeptionen. Dennoch weicht die gewählte Form der Umsetzung der Verbrauchsgüterkaufrichtlinie von der Vorgehensweise bei früheren Verbraucherschutzrichtlinien in England ab, deren Transformation ausschließlich im Rahmen isolierter Sondergesetze erfolgte. Die dabei insbesondere in Bezug auf die Klauselrichtlinie gemachten negativen Erfahrungen im Hinblick auf die Abstimmung unterschiedlicher Regelungsregime sowie der weitreichende Regelungsbereich der Verbrauchsgüterkaufrichtlinie haben den englischen Gesetzgeber die mit einer partiellen Integration verbundenen Umsetzungsschwierigkeiten in Kauf nehmen lassen. Ob der letztlich gewählte Umsetzungsansatz jedoch zu geringeren Abstimmungsschwierigkeiten geführt hat, muss allerdings nach den Ergebnissen der vorliegenden Untersuchung zumindest in Teilbereichen bezweifelt werden.

I. Die gegenwärtige Rechtslage im Anwendungsbereich der Richtlinie

Das englische Recht stellt sich nach der Umsetzung im Überblick wie folgt dar: Ausschlaggebend für die Bestimmung der Vertragsmäßigkeit der Ware sind bei einem Kaufvertrag nach dem Verständnis des Warenkaufgesetzes neben den ausdrücklichen Vereinbarungen primär weiterhin die ss13-15 SGA. Die Umsetzungsvorschriften haben insoweit keine Änderungen vorgenommen. Die einschlägigen Vorschriften des Warenkaufgesetzes sehen in grundsätzlicher Übereinstimmung mit Art. 2 Abs. 2 RL gesetzlich implizierte Vertragsbedingungen vor, für deren Vorliegen der Verkäufer bei Lieferung einzustehen hat. Im Gegensatz zur Richtlinie sind die Vorschriften nicht als Vermutungstatbestände formuliert und kommen stets, d.h. soweit im Einzelfall möglich, zur Anwendung. Die einzige durch die Sale and Supply of Goods to Consumers Regulations 2002 vorgenommene Änderung im unmittelbaren Anwendungsbereich der Richtlinie beschränkt sich auf die Klarstellung, dass bei der Beurteilung der zu-

friedenstellenden Qualität auch öffentliche Äußerungen des Verkäufers, aber auch solche des Herstellers oder dessen Vertreters, zu berücksichtigen sind. Im Übrigen sollen die bestehenden Regelungen den Richtlinienvorgaben umfassend Rechnung tragen. Während eine solche, die bestehenden Vorschriften weitgehend unberührt lassende, Vorgehensweise aus Gründen der Rechtssicherheit und der Informationskosten für den Verbraucher interessengerecht erscheint, bereiteten die von der Richtlinie nicht nur in ihrem unmittelbaren Wortlaut abweichenden Vorschriften im Hinblick auf die Erfüllung der Umsetzungsverpflichtung im Detail Schwierigkeiten.[1082]
Größere Auswirkungen auf die Systematik des Warenkaufgesetzes haben die Sale and Supply of Goods to Consumers Regulations 2002 hinsichtlich der von der Vertragswidrigkeit ausgehenden Rechtsfolgen. Zwar hat sich der englische Gesetzgeber auch in diesem Zusammenhang gegen eine generelle systematische Neuausrichtung entschieden, die vom früheren englischen Recht abweichende Konzeption der Richtlinie machte es jedoch erforderlich, das bestehende Recht umfangreich zu ergänzen. Dies erfolgte durch das Einfügen eines neuen Abschnitts des Warenkaufgesetzes, der ausschließlich die von der Vertragswidrigkeit ausgehenden Rechtsfolgen bei Verbraucherverträgen zum Gegenstand hat. Das neu geschaffene Rechtsfolgenregime tritt neben die bereits früher bestehenden Rechte des Verbrauchers. Die sich daraus ergebenden Abgrenzungsschwierigkeiten werden durch s48D SGA allerdings nur ansatzweise geregelt. Zudem unterbleibt eine umfassende inhaltliche Ausgestaltung der Rechtsbehelfe, was die Anwendung in der Praxis aufgrund der damit einhergehenden Rechtsunsicherheit erschweren wird. Systematisch von großer Bedeutung ist, dass entgegen der bisherigen Rechtslage dem Verbraucher ein Recht auf Nacherfüllung eingeräumt wird. Richtlinienwidrig ist allerdings die Regelung, dass die Gerichte, soweit sie das vom Verbraucher verfolgte Begehren für unangemessen halten, ein von diesem abweichendes Begehren fingieren und den Verkäufer dementsprechend verurteilen können. Zu beachten ist schließlich, dass die von der Richtlinie vorgeschriebene Beweislastumkehr ausschließlich auf die neuen Rechte des Verbrauchers zur Anwendung gelangt.
Viele Regelungen des englischen Rechts im Anwendungsbereich der Richtlinie bleiben jedoch von den Umsetzungsvorschriften unangetastet. Dies gilt zunächst für die Verjährungsvorschriften, die weiterhin eine sechsjährige Frist vorsehen. Auch die Möglichkeit des Letztverkäufers, gegenüber einem Lieferanten bzw. Hersteller für eine von diesem zu verantwortende Vertragswidrigkeit Regress zu nehmen, wurde nicht neu geregelt, sondern den bestehenden Vorschriften überlassen. Nur geringfügige Änderungen wurden im Hinblick auf die Vermeidung von Haftungsbegrenzungen vorgenommen. Die durch Art. 7 Abs. 1 RL geforderte Unabdingbarkeit der Richtlinienvorschriften soll durch die Regelungen des

[1082] Siehe dazu weiter unten.

UCTA erreicht werden. Die diesbezüglichen Änderungen sind lediglich von untergeordneter Bedeutung und erweitern das für den Anwendungsbereich des Gesetzes ausschlaggebende Verbraucherverständnis nur insoweit, als dass der Kaufvertrag nicht mehr auf eine Sache gerichtet sein muss, die dem Letztverbrauch dient. Im Übrigen bleiben die Vorschriften unangetastet. Über die Erfüllung der unmittelbaren Umsetzungsverpflichtung hinaus geht hingegen die Änderung der Gefahrtragungsregeln. In Abweichung von der allgemeinen Regelung der s20 (1) SGA, gem. der der Gefahrübergang vom Zeitpunkt der Eigentumsübertragung abhängt, soll beim Verbrauchsgüterkauf ausschließlich der Zeitpunkt der Lieferung ausschlaggebend sein. Dies wird durch s32 SGA für den Versendungskauf dahingehend konkretisiert, dass die Lieferung nicht schon mit der Übergabe an den Transporteur, sondern erst mit der unmittelbar an den Verbraucher vorliegt. Dies stellt eine entscheidende Verbesserung dar. Soweit früher auf den Zeitpunkt der Eigentumsübertragung abgestellt wurde, konnte diese bereits mit Vertragsschluss vorliegen, selbst wenn der Verbraucher noch nicht die unmittelbare Herrschaftsgewalt über die Sache erlangt hatte.
Neben den Vorschriften des Warenkaufgesetzes sind von der Umsetzung auch die Regelungen des Supply of Goods and Services Act 1982 und die des Supply of Goods (Implied Terms) Act 1973 betroffen. Die Gründe für die Änderungen liegen zum einen im unterschiedlichen Kaufvertragsverständnis der Richtlinie und des englischen Rechts und zum anderen in der bereits vor der Richtlinienumsetzung bestehenden parallelen Struktur der genannten Vorschriften. Allerdings beschränken sich die Ergänzungen der Regelungen zum Mietkauf und zur Miete, die somit über die unmittelbare Umsetzungsverpflichtung hinausgehen, auf die Berücksichtigung öffentlicher Äußerungen bei der Ermittlung der zufriedenstellenden Qualität, während für sonstige Lieferverträge nach s1 Supply of Goods and Services Act 1982 auch die Rechtsbehelfe der Richtlinie umgesetzt wurden.
Den einzigen selbstständig operativen Teil der Vorschriften des Sale and Supply of Goods to Consumers Regulations 2002 stellen die Vorschriften zu den Garantien dar. Regulation 15 legt fest, dass vom Hersteller oder Verkäufer gegebene Garantien diesen vertraglich binden.

II. Die systematischen Auswirkungen der Richtlinienumsetzung

Der kurze Überblick über die gegenwärtige Rechtslage hat bereits gezeigt, dass die Umsetzung der Verbrauchsgüterkaufrichtlinie nur teilweise Rechtsänderungen im Anwendungsbereich der Richtlinie erforderlich gemacht hat. Aus der zurückhaltenden Einstellung des englischen Gesetzgebers folgt jedoch zugleich, dass in denjenigen Bereichen, in denen Ergänzungen des bestehenden Rechts vorgenommen wurden, diese für das englische Recht eine gewisse Bedeutung haben müssen. Zunächst ist jedoch festzustellen, dass durch die Richtlinienumsetzung keine systematische Neuausrichtung des englischen Rechts erfolgt ist.

Dem steht bereits die Beschränkung sämtlicher Umsetzungsvorschriften in persönlicher Hinsicht entgegen. Alle Änderungen des bestehenden Rechts beziehen sich ausschließlich auf Verträge, bei denen auf Käuferseite ein Verbraucher und auf Verkäuferseite ein Unternehmer tätig wird. Damit wurde ein weitergehender genereller Einfluss auf das englische Recht verhindert.
Zugleich kommt den Umsetzungsvorschriften jedoch in den von ihnen betroffenen Bereichen ein innovativer, teilweise auch systemfremder Charakter zu. Dies gilt insbesondere für die Gewährung eines Nacherfüllungsanspruchs, wie er von der Richtlinie vorgeschrieben und jetzt in den ss48A ff. SGA normiert ist. Ein solcher Anspruch war dem englischen Recht bisher fremd. Aufgrund der historischen Entwicklung des englischen Rechts bestand der primäre Rechtsbehelf des Käufers in der Geltendmachung von Schadensersatz, während die Erfüllung der vertraglichen Vereinbarung nur nach den billigkeitsrechtlichen Vorschriften der Equity verlangt werden konnte. Aufgrund deren subsidiären Charakters war die Bewirkung einer gerichtlichen Erfüllungsanordnung nur unter engen Voraussetzungen möglich, die im Regelfall nicht vorlagen. Dies hat sich durch die Umsetzung der Verbrauchsgüterkaufrichtlinie nunmehr geändert. Nach den Umsetzungsvorschriften steht dem Verbraucher grundsätzlich ein Anspruch auf Nacherfüllung zu. Zwar wird dieser in richtlinienwidriger Weise eingeschränkt, doch ist es dem Gericht nicht möglich, bei der Beurteilung der Angemessenheit eines Nacherfüllungsbegehrens die Geltendmachung von Schadensersatz zu berücksichtigen. Auch wenn der Anwendungsbereich der ss48A ff. SGA auf Verbraucherkäufe beschränkt ist, stellt die Einräumung eines Nacherfüllungsanspruchs, wie er jetzt gesetzlich normiert ist, eine Innovation für das englische Recht dar, die möglicherweise Anstoß für eine weiterführende, sich ohnehin im Gange befindliche, Auseinandersetzung mit der restriktiven Position ist.
Weitere systematische Besonderheiten im Zusammenhang mit den Rechtsbehelfen betrifft das Vertragsaufhebungsrecht nach der Richtlinie. Diese widerspricht in Systematik und Funktion dem bereits früher im englischen Recht vorhandenen Recht auf Vertragsbeendigung. Während das Vertragsbeendigungsrecht unmittelbar, d.h. ohne vorherige Einräumung einer Abhilfemöglichkeit, zur Anwendung kam, zugleich aber nur für eine angemessene und damit im Regelfall kurze Zeit geltend gemacht werden konnte, kommt die Vertragsaufhebung nach den ss48A ff. SGA erst als Recht der zweiten Stufe, dann jedoch ohne enge zeitliche Grenzen, in Betracht. Da beide Rechtsbehelfe nebeneinander existieren, sind aufgrund des ähnlichen Charakters Rechtsunsicherheiten auf Seiten des Verbrauchers zu befürchten.
Ebenfalls aus systematischer Sicht von Bedeutung ist die Regelung der Regulation 15 Sale and Supply of Goods to Consumers Regulations 2002. Eine vertraglich verbindliche Garantie liegt nunmehr auch dann vor, wenn eine nach dem englischen Recht erforderliche Gegenleistung des Garantieempfängers nicht festgestellt werden kann. Das Erfordernis der „consideration“ stellte eines der

wesentlichen Besonderheiten des englischen Vertragsrechts dar, ist jedoch nach der Umsetzung im Bereich der Garantien nicht mehr von Bedeutung. Auch insoweit scheint es möglich, dass die Richtlinie Anlass für eine weitergehende Lockerung der diesbezüglichen Voraussetzungen sein wird.
Weniger innovativ als in den anderen Mitgliedsstaaten stellt sich hingegen die Einbeziehung öffentlicher Äußerungen des Herstellers oder dessen Vertreters dar. Bereits vor der Umsetzung war es möglich, entsprechende Äußerungen, zumindest soweit auf sie vom Verkäufer Bezug genommen wurde, bei der Ermittlung der erforderlichen zufriedenstellenden Qualität zu berücksichtigen. Allerdings kannte auch das englische Recht bisher nicht die umfassende Möglichkeit, Äußerungen nicht am Vertrag beteiligter Personen zu berücksichtigen. Insoweit kann somit auch diesbezüglich von einem innovativen Charakter der Umsetzungsvorschriften gesprochen werden.

III. Die Auswirkungen der Richtlinienumsetzung auf das Verbraucherschutzniveau in England

Im Hinblick auf die Regelungen der Verbrauchsgüterkaufrichtlinie ging der englische Gesetzgeber im Vorfeld der Umsetzung davon aus, dass die bestehenden gesetzlichen Vorschriften den Richtlinienvorgaben weitgehend Rechnung trugen bzw. aber zumindest ein entsprechend hohes Verbraucherschutzniveau erreicht wurde. In der Tat unterstützt die vorliegende Untersuchung die Existenz eines vergleichsweise weitgehenden Verbraucherschutzes. Die zur Beurteilung der Vertragsmäßigkeit heranzuziehenden Faktoren stimmten weitgehend mit denen des Art. 2 Abs. 2 RL überein. Darüber hinaus berücksichtigte das englische Recht ausdrücklich spezielle, verbraucherorientierte Kriterien wie Sicherheit, Haltbarkeit und das Fehlen von kleinen Mängeln bei der Bestimmung der zufriedenstellenden Qualität. Folglich kann in diesem Bereich von einem zumindest der Richtlinie vergleichbaren Verbraucherschutzniveau gesprochen werden. Das Gleiche gilt im Übrigen auch für die Verjährungsvorschriften, die mit einer sechsjährigen Verjährungsfrist weit über die Anforderungen der Richtlinie hinausgingen.
Anders stellte sich aus rechtlicher Perspektive die Situation im Hinblick auf die Rechtsbehelfe dar. Aufgrund des historischen Hintergrundes des englischen Rechts stand der Schadensersatz im Vordergrund. Daneben kannte das englische Recht ausschließlich die Möglichkeit des Käufers, die vertragswidrige Ware zurückzuweisen und den Vertrag zu beenden. Einen Nacherfüllungsanspruch, sei es durch Ersatzlieferung oder Nachbesserung, kannte es nicht. Damit blieben die Rechtsbehelfe hinter denen der Richtlinie zurück. Lediglich in der Praxis konnte sich der Verbraucher auf die Vertragsbeendigungsmöglichkeit als Druckmittel berufen und damit die Nacherfüllung durch den Verkäufer bewirken. Das ausdrücklich eingeräumte Recht des Verbrauchers, Nacherfüllung zu verlangen,

stellt rechtlich gesehen jedoch eine entscheidende Verbesserung der Verbraucherrechte dar.
Wenig praktische Relevanz hat die von Gesetz wegen vorgesehene Verbindlichkeit von Garantien des Herstellers. Trotz rechtlicher Bedenken war bereits früher nur in seltenen Fällen denkbar, dass sich der Garantiegeber seiner Garantieerklärung zu entziehen versucht, zumal er diese freiwillig übernommen hat. Auch verlangte das englische Recht bereits vorher die Klarstellung, dass die Garantie nicht die gesetzlichen Rechte des Verkäufers außer Kraft setzt. Dennoch ist auch hier zu begrüßen, dass die Verbindlichkeit von Garantien auf eine rechtliche Grundlage gestellt wurde.

IV. Die Umsetzungsdefizite

Die vorliegende Untersuchung hat gezeigt, dass der Hauptkritikpunkt an der Umsetzungsvorgehensweise in der zumindest im Detail häufig nicht hinreichenden Erfüllung der Richtlinienvorgaben zu sehen ist. In nahezu jedem Bereich der Richtlinie sind Umsetzungsmängel zu verzeichnen. Grund dafür kann nur der vom englischen Gesetzgeber falsch eingestufte Umfang des Umsetzungsermessens sein. Ansonsten ist die großzügige Heranziehung bestehender, jedoch systematisch wie terminologisch abweichender Vorschriften zur Umsetzung nicht nachvollziehbar. Im Folgenden soll daher ein kurzer Überblick über die wesentlichen festgestellten Mängel gegeben werden.

1. Die Beurteilung der Vertragsmäßigkeit

Zunächst ist festzustellen, dass die Vertragsmäßigkeitskriterien der ss13-15 SGA zwar grundsätzlich mit den Richtlinienvorgaben übereinstimmen, aufgrund der Beibehaltung existierender Formulierungen aber dem Verbraucher nachteilige Abweichungen von den Richtlinienvorgaben bestehen. Dies gilt zunächst für die gem. Art. 2 Abs. 2 lit. a RL zu berücksichtigende Beschreibung der Ware durch den Verkäufer. Gem. s13 SGA sind nach englischem Recht nur solche Beschreibungen relevant, die die Sache identifizieren, also wesentliche Charakteristika betreffen. Eine entsprechende Beschränkung kennt die Richtlinie nicht. Auch an das Vorliegen eines Kaufs nach Muster bzw. Probe werden im englischen Recht hohe Anforderungen gestellt. Die Parteien müssen ausdrücklich vereinbart haben, dass die zu liefernde Ware mit dem Muster bzw. der Probe übereinstimmen soll. Ein solches Verständnis ist der Richtlinie nicht zu entnehmen. Daneben zeigt sich diesbezüglich ein weiteres Problem darin, dass bei einem Kauf nach Muster bzw. Probe die Haftung für die zufriedenstellende Qualität auf solche Mängel beschränkt ist, die bei einer vernünftigen Untersuchung nicht offenkundig geworden wären. Damit wird eine Untersuchungsverpflichtung des Verbrauchers begründet. Die Richtlinie kennt eine solche Beschränkung der Verbraucherrechte nicht.

Bei der Eignung für einen speziellen Zweck kommt es nach der RL darauf an, dass der Verkäufer diesem zugestimmt hat. S14 (3) SGA wird hingegen dadurch eingeschränkt, dass die Haftung ausgeschlossen ist, wenn der Verbraucher entweder nicht auf die Fähigkeiten oder das Urteilsvermögen des Verkäufers vertraut hat bzw. nicht vertrauen durfte. Während das englische Recht insoweit darüber hinaus geht, dass es eine Zustimmung nicht erfordert, sind durchaus Fälle denkbar, in denen der Verkäufer zwar zustimmt, der Verbraucher selbst jedoch nicht darauf vertraut hätte oder aber nicht vertrauen durfte. Damit bleibt das englische Recht hinter den Vorgaben der Richtlinie zurück.
In Bezug auf die Berücksichtigung der Eignung für einen gewöhnlichen Zweck bereitet die von der Richtlinie abweichende Formulierung ebenfalls Schwierigkeiten. Während die Richtlinie bei der gewöhnlichen Qualität auf die Eignung für solche Zwecke abstellt, zu denen die Ware gewöhnlicherweise gebraucht wird, stellt das englische Recht auf die Zwecke ab, zu denen die Ware üblicherweise verkauft wird. Zwar wird diese Unterscheidung nur in Ausnahmefällen zu unterschiedlichen Ergebnissen führen, doch ist durchaus denkbar, dass sich Abweichungen zum Nachteil des Verbrauchers ergeben.

2. Die von der Vertragswidrigkeit ausgehenden Rechtsfolgen

Hinsichtlich der Rechtsfolgen bestehen Umsetzungsbedenken im Hinblick auf den neu eingeführten Part 5A des SGA, der das Rechtsfolgenregime des Art. 3 RL umsetzt. Zum einen wird die Wahl eines Rechts der ersten Stufe davon abhängig gemacht, dass dieses nicht unverhältnismäßig zu einem Recht der zweiten Stufe, d. h. der Minderung bzw. Vertragsaufhebung, ist. Die Position der Richtlinie ist insofern nicht eindeutig, es muss jedoch davon ausgegangen werden, dass diese nur einen Vergleich innerhalb der Rechte der ersten Stufe vorsieht. Damit ist die Umsetzung richtlinienwidrig. Zum anderen räumt s48E SGA dem Gericht das Ermessen ein, von dem vom Verbraucher verfolgten Rechtsbehelf abzuweichen, wenn es diesen als unverhältnismäßig ansieht. Zwar steht insofern fest, dass nicht - wie früher im englischen Recht - ein Vergleich zum Schadensersatz gezogen werden kann, doch kennt auch die Richtlinie kein entsprechendes Ermessen des Gerichts innerhalb der verschiedenen Rechte des Art. 3 RL.

3. Die Umsetzung der kollisionsrechtlichen Vorgaben

Nach der Umsetzungsmitteilung des englischen Gesetzgebers soll Art. 7 Abs. 2 RL durch die bestehende Regelung der s27 (2) UCTA Rechnung getragen werden. Danach können die Vorschriften des UCTA trotz Rechtswahlvereinbarung nicht ausgeschlossen werden, wenn der Verbraucher seinen regelmäßigen Aufenthalt im Vereinigten Königreich hat und die für den Vertrag wesentlichen Schritte ebendort vorgenommen wurden. Dies ist jedoch völlig unzureichend.

Zum einen garantiert die Anwendung des UCTA nicht die Anwendbarkeit aller Regelungen der Richtlinie. Daneben scheint aber bereits die Anwendung der s27 UCTA selbst nicht in jedem Fall gewährleistet. Gem. s26 UCTA findet der UCTA allgemein und damit auch s27 UCTA nur dann Anwendung, wenn es sich nicht um einen internationalen Lieferungsvertrag im Sinne der s26 UCTA handelt. Als letzterer zählen jedoch auch solche Verträge, die in den Anwendungsbereich der Richtlinie fallen.
Auch der Anwendungsbereich der s27 (2) UCTA ist in mehrfacher Weise beschränkt. Die Richtlinie will alle solchen Fälle umfassen, in denen nach den gesetzlichen Regelungen ohne Rechtswahl das Recht eines Mitgliedsstaates zur Anwendung gelangt wäre. In diesem Fall hat das mitgliedsstaatliche Recht dafür Sorge zu tragen, dass dem Verbraucher dieser Schutz zugute kommt. Eine Beschränkung auf den nationalen Verbraucher, wie ihn s27 (2) UCTA vorsieht, kennt die RL nicht. Auch für den Fall, dass der Verbraucher aus einem anderen Mitgliedsstaat kommt, hat die Regelung zu greifen.

4. Der Regress des Letztverkäufers

Auch ein Regress des Letztverkäufers ist nicht grundsätzlich gewährleistet. Die Gefahr einer Regressfalle ergibt sich insbesondere durch die Umsetzungsvorschriften selbst, da der englische Gesetzgeber die Einbeziehung öffentlicher Äußerungen des Lieferanten oder des Herstellers auf Verbraucherkäufe beschränkt hat. Der Letztverkäufer kann sich damit nicht auf eine Abweichung von der öffentlichen Äußerung des Herstellers gegenüber seinem Lieferanten berufen. Dies stellt einen Verstoß gegen die Richtlinie dar.

5. Die rechtliche Behandlung von Werkverträgen und Verträgen mit Montageverpflichtung

Gem. Art. 2 Abs. 5 RL hat der Verkäufer auch für solche Mängel einzustehen, die sich aus einer mangelhaften Montage der Ware durch den Verkäufer ergeben. Geregelt werden diese Verträge im englischen Recht durch den Supply of Goods and Services Act 1982, der im zweiten Teil solche Verträge bzw. Bestandteile von Verträgen zum Gegenstand hat, in denen der Verkäufer eine Werkleistung erbringt. Das Gesetz sieht lediglich vor, dass der Verkäufer bei der Herstellung des Werkes angemessene Vorsicht und Fähigkeiten anzuwenden hat. Damit besteht keine Garantiehaftung für die Mangelfreiheit des montierten Produkts. Dies steht im Widerspruch zur Richtlinie. Ein weiteres Problem in diesem Bereich ergibt sich daraus, dass ein Haftungsausschluss des Verkäufers nur auf seine Angemessenheit überprüft wird. Einen vollumfänglichen Haftungsausschluss, wie ihn s6 UCTA für die ss13-15 SGA vorsieht, kennt das Gesetz nicht.

Bei Werklieferungsverträgen besteht zudem die Gefahr, dass die die Beschaffenheit der Ware betreffenden stillschweigenden Vertragsbedingungen nur auf diejenigen Sachen Anwendung finden, die im Eigentum des Verkäufers standen und die dieser dann für die Erstellung des Werks verwendet hat. Der Verkäufer haftet unter Umständen weder für die Sachen des Verbrauchers - dies ist richtlinienkonform - noch für das Endprodukt als solches. Zu einem anderen Ergebnis käme man insbesondere dann, wenn der Werkvertrag als Kaufvertrag im Sinne des SGA behandelt würde. Dies ist jedoch nicht abschließend geklärt. Zwar umfasst der SGA gem. s5 (1) SGA auch solche Waren, die noch vom Verkäufer herzustellen sind. Allerdings kommt die Rechtsprechung regelmäßig dazu, Fälle, in denen der Verkäufer die Sache erst selbst herzustellen hat und bei denen die Werkleistung im Vordergrund steht, nicht als Kaufverträge, sondern als „contracts for work and materials" einzuordnen. Damit unterfallen diese dem Supply of Goods and Services Act 1982, bei dem die gemachten Einschränkungen hinsichtlich der stillschweigenden Vertragsbedingungen bestehen.

V. Die Richtlinienumsetzung in England als Teil des Harmonisierungsprozesses auf europäischer Ebene

Festzustellen ist zunächst, dass der restriktive englische Umsetzungsansatz, in persönlicher Hinsicht sämtliche Vorschriften auf Verbraucherkäufer zu beschränken, unabhängig von der Vorgehensweise anderer Mitgliedsstaaten, keine über den unmittelbaren Regelungsbereich der Richtlinie hinausgehende Harmonisierung zugelassen hat. Die Umsetzung der Richtlinie kann lediglich als erster Schritt in die Richtung eines harmonisierten europäischen Vertragsrechts gesehen werden, da bislang unbekannte Konzeptionen in das englische Recht eingefügt worden sind und damit der Übergang zu weitergehenden Maßnahmen erleichtert wird. Aber auch im unmittelbaren Regelungsbereich sind dem Harmonisierungserfolg der Richtlinie außerhalb ihrer zwingenden Vorschriften enge Grenzen gesetzt. Während England im Grundsatz seiner Umsetzungsverpflichtung nachgekommen ist und sich die entsprechenden Vorschriften der Richtlinie im englischen Recht wiederfinden, bestehen im Hinblick auf den tatsächlichen Harmonisierungserfolg, unabhängig von den zahlreichen Umsetzungsdefiziten, Bedenken.

Dieser wird insbesondere dadurch geschmälert, dass in dem Bereich, in dem die Richtlinie am intensivsten in das nationale Privatrecht eingreift, nämlich bei den Rechtsfolgen, selbst im unmittelbaren Anwendungsbereich der Richtlinie nicht die bestehende Systematik aufgehoben, sondern eine parallele Systematik geschaffen wurde. Diese Vorgehensweise erweist sich aufgrund der Mindestschutzklausel des Art. 8 Abs. 2 RL als zulässig, setzt jedoch aufgrund der für den nationalen wie mitgliedsstaatlichen Verbraucher ausgehenden Rechtsunsicherheit der harmonisierenden Wirkung enge Grenzen. Im gleichen Zusammenhang ist zu erwähnen, dass durch die parallele Beibehaltung der bestehenden

Systematik der Verbraucher wählen kann, ob er entweder Schadensersatz oder Vertragsbeendigung nach bestehendem Recht oder aber Nacherfüllung, Minderung oder Vertragsauflösung nach neuem Recht möchte. Damit wird die durch den europäischen Gesetzgeber vorgesehene hierarchische Struktur des Art. 3 RL praktisch aufgehoben. Der Verbraucher kann vielmehr nach bereits bestehendem Recht vom Vertrag Abstand nehmen. Damit entfällt insbesondere auch ein Recht des Verkäufers auf zweites Andienen. Dies stellt eine Benachteiligung englischer Unternehmen im Vergleich zu denen des sonstigen europäischen Auslands dar. Zudem müssen sich ausländische, aber in England agierende Unternehmen dieser Besonderheit bewusst sein. Daneben schadet die Beibehaltung dem „Harmonisierungsempfinden" des englischen Verbrauchers: Aufgrund des hohen Schutzniveaus in England wird für diesen nur eine geringe Harmonisierung im europäischen Ausland wahrzunehmen sein.
Schließlich hat der englische Gesetzgeber in zahlreichen weiteren Aspekten von der Mindestschutzklausel Gebrauch gemacht. Dies gilt zum einen für die Verjährungsvorschriften, die weiterhin eine Verjährungsfrist von sechs Jahren vorsehen. Zum anderen besteht die Möglichkeit der Vertragsaufhebung unabhängig davon, ob der Mangel geringfügig ist. Auch eine Rügepflicht eines Mangels innerhalb von zwei Monaten nach dessen Feststellung hat der englische Gesetzgeber nicht normiert.

VI. Schlussbeurteilung

Die Beurteilung der nach der Umsetzung der Verbrauchsgüterkaufrichtlinie bestehenden Rechtslage ist davon abhängig, ob sie aus der Perspektive des englischen oder des europäischen Rechts erfolgt. Durch die gewählte Form der Umsetzung hat der englische Gesetzgeber den von ihm im Vorfeld postulierten Erwartungen hinreichend Rechnung getragen. Durch die weitgehende Beibehaltung der bestehenden Vorschriften ist das Verbraucherschutzniveau an keiner Stelle gemindert, sondern lediglich durch die Einführung neuer Vorschriften erweitert worden. Dies bietet für den englischen Verbraucher den Vorteil, sich nicht auf eine weitgehend geänderte Rechtslage einstellen zu müssen. Zugleich ist die gewählte Form der Umsetzung, insbesondere durch die Schaffung einer parallelen Rechtsfolgensystematik, mit Abgrenzungsschwierigkeiten verbunden, die das System unübersichtlich machen. Auch die Ausgestaltung der einzelnen neuen Ansprüche bleibt weitgehend ungeklärt. Insgesamt erweist sich die gewählte Form der Umsetzung gegenüber der bisherigen Schaffung isolierter Sondergesetze jedoch als vorzugswürdig, da sie die Verschachtelung der existierenden Vorschriften in Grenzen hält.
Aus europarechtlicher Perspektive ist die englische Umsetzung eher als enttäuschend zu werten. Sie weist zum einen zu viele Umsetzungsschwächen auf, als dass sie als gesetzgeberischer Erfolg gewertet werden könnte. Zum anderen stehen die Umsetzungsvorschriften aufgrund der wiederholten Anwendung der

Mindestschutzklausel sowie der Beschränkung in persönlicher Hinsicht einer weitreichenden Harmonisierung des Rechts der Mitgliedsstaaten entgegen.

STUDIEN ZUM VERGLEICHENDEN UND INTERNATIONALEN RECHT

Herausgeber: Bernd von Hoffmann, Erik Jayme und Heinz-Peter Mansel

Band 1 Ferdinand Henke: Die Datenschutzkonvention des Europarates. 1986.

Band 2 Peter Czermak: Der express trust im internationalen Privatrecht. 1986.

Band 3 Peter Kindler: Der Ausgleichsanspruch des Handelsvertreters im deutsch-italienischen Warenverkehr. Eine rechtsvergleichende und kollisionsrechtliche Untersuchung. 1987.

Band 4 Wilhelm Denzer: Stellung und Bedeutung des Engineers in den FIDIC-Bauvertragsbedingungen. 1988.

Band 5 Marijan-Maximilian Lederer: Die internationale Enteignung von Mitgliedschaftsrechten unter besonderer Berücksichtigung der französischen Enteignungen 1982. 1989.

Band 6 Rainer Esser: Klagen gegen ausländische Staaten. 1990.

Band 7 Chang Jae-Ok: Auf dem Weg zu einer Materialisierung des Immateriellen? Personen-, Persönlichkeitsschutz und Geldersatz des immateriellen Schadens in rechtsvergleichender Hinsicht am Beispiel des koreanischen und japanischen Zivilrechts unter besonderer Berücksichtigung des deutschen Rechts. 1990.

Band 8 Paul-Frank Weise: Lex mercatoria. Materielles Recht vor der internationalen Handelsschiedsgerichtbarkeit.1990.

Band 9 Werner Born: Der Auftrittsvertrag für Musikgruppen im Bereich der Rock- und Popmusik. 1990.

Band 10 Ralf Erich Jürgens: IPR und Verfassung in Italien und in der Bundesrepublik Deutschland. 1990.

Band 11 Rainer Gildeggen: Internationale Schieds- und Schiedsverfahrensvereinbarungen in Allgemeinen Geschäftsbedingungen vor deutschen Gerichten. 1991.

Band 12 Klaus Grabinski: Die kollisionsrechtliche Behandlung des Durchgriffs bei rechtlich verselbständigten Unternehmen in privater oder öffentlicher Hand. 1991.

Band 13 Dieter Stummel: Konkurs und Integration. Konventionsrechtliche Wege zur Bewältigung grenzüberschreitender Insolvenzverfahren. 1991.

Band 14 Joachim Güntzer: Die Rechtsstellung des Geschäftsführers im spanischen Aktienrecht. Die Neuregelung des spanischen Aktienrechts nach dem Beitritt Spaniens zur EG. 1991.

Band 15 Sabine Isenburg-Epple: Die Berücksichtigung ausländischer Rechtshängigkeit nach dem Europäischen Gerichtsstands- und Vollstreckungsübereinkommen vom 27.9.1968. Untersuchungen zum Anwendungsbereich von Art. 21 EuGVÜ unter schwerpunktmäßiger Behandlung der Frage nach der Bestimmung eines europäischen Streitgegenstandsbegriffs. 1992.

Band 16 Ulrich Nickl: Die Qualifikation der culpa in contrahendo im Internationalen Privatrecht. 1992.

Band 17 Theo Rauh: Leistungserschwerungen im Schuldvertrag. Eine rechtsvergleichende Untersuchung des englischen, US-amerikanischen, französischen und deutschen Rechts unter besonderer Berücksichtigung der gerichtlichen Praxis. 1992.

Band 18 Bernadette Chaussade-Klein: Vorvertragliche "obligation de renseignements" im französichen Recht. 1992.

Band 19 Josef Sievers: Verbraucherschutz gegen unlautere Vertragsbedingungen im französischen Recht. Vom Code civil zum "Code de la consommation" – die Entstehung eines Sonderprivatrechts für Verbraucher. 1993.

Band 20 Achim Schäfer: Grenzüberschreitende Kreditsicherung an Grundstücken, unter besonderer Berücksichtigung des deutschen und italienischen Rechts. 1993.

Band 21 Eugenio Hernández-Breton: Internationale Gerichtsstandsklauseln in Allgemeinen Geschäftsbedingungen. Unter besonderer Berücksichtigung des deutsch-südamerikanischen Rechtsverkehrs (dargestellt am Beispiel Argentinien, Brasilien und Venezuela). 1993.

Band 22 Ingo Reng: Unterhaltsansprüche aufgrund nichtehelicher Lebensgemeinschaft – Internationales Privatrecht und ausländisches materielles Recht. 1994.

Band 23 Stefanie Roloff: Die Geltendmachung ausländischer öffentlicher Ansprüche im Inland. 1994.

Band 24 Katharina Ludwig: Der Vertragsschluß nach UN-Kaufrecht im Spannungsverhältnis von Common Law und Civil Law. Dargestellt auf der Grundlage der Rechtsordnungen Englands und Deutschlands. 1994.

Band 25 Malte Diesselhorst: Mehrparteienschiedsverfahren. Internationale Schiedsverfahren unter Beteiligung von mehr als zwei Parteien. 1994.

Band 26 Manfred Kost: Konsensprobleme im internationalen Schuldvertragsrecht. 1995.

Band 27 Wolff-Heinrich Fleischer: Das italienische Wettbewerbsrecht und die Probleme des selektiven Parfümvertriebs unter Berücksichtigung der Rechtslage in Frankreich und Deutschland. 1995.

Band 28 Angelika Fuchs: Lateinamerikanische Devisenkontrollen in der internationalen Schuldenkrise und Art. VIII Abschn. 2 b) IWF-Abkommen. 1995.

Band 29 Jacques Matthias Aull: Der Geltungsanspruch des EuGVÜ: "Binnensachverhalte" und Internationales Zivilverfahrensrecht in der Europäischen Union. Zur Auslegung von Art. 17 Abs. 1 S. 1 EuGVÜ. 1996.

Band 30 Hartmut Ost: EVÜ und fact doctrine. Konflikte zwischen europäischer IPR-Vereinheitlichung und der Stellung ausländischen Rechts im angelsächsischen Zivilprozeß. 1996.

Band 31 Stefan Wagner: Die Testierfähigkeit im Internationalen Privatrecht. 1996.

Band 32 Wolfgang Jakob Hau: Positive Kompetenzkonflikte im Internationalen Zivilprozeßrecht. Überlegungen zur Bewältigung von *multi-fora disputes*. 1996.

Band 33 Markus Schütz: UN-Kaufrecht und *Culpa in contrahendo*. 1996.

Band 34 Volker Geyrhalter: Das Lösungsrecht des gutgläubigen Erwerbers. Ein "vergessener" Kompromiß und die Auswirkungen auf das heutige deutsche Recht unter besonderer Berücksichtigung des internationalen Sachenrechts. 1996.

Band 35 Andreas Kramer: Abwicklungsstörungen bei Kaufverträgen. Die Lieferung vertragswidriger Sachen im deutschen und italienischen Recht. 1996.

Band 36 Petra Krings: Erfüllungsmodalitäten im internationalen Schuldvertragsrecht. 1997.

Band 37 Tonja Gaibler: Der rechtsgeschäftliche Irrtum im französischen Recht. 1997.

Band 38 Dirk Otto: Rechtsspaltung im indischen Erbrecht. Bedeutung und Auswirkungen auf deutsch-indische Nachlaßfälle. 1997.

Band 39 Gregor W. Decku: Zwischen Vertrag und Delikt. Grenzfälle vertraglicher und deliktischer Haftung dargestellt am Beispiel der Berufs- und Expertenhaftung zum Schutze des Vermögens Dritter im deutschen und englischen Recht. 1997.

Band 40 Ulrike Höpping: Auswirkungen der Warenverkehrsfreiheit auf das IPR unter besonderer Berücksichtigung des Internationalen Produkthaftungsrechts und des Internationalen Vertragsrechts. 1997.

Band 41 Andreas Bartosch: Die vermögensrechtlichen Beziehungen der Ehegatten bei bestehender Ehe im englischen Recht – Eigentum, Besitz, Schuldvertrag. 1997.

Band 42 Helene Boriths Müller: Die Umsetzung der europäischen Übereinkommen von Rom und Brüssel in das Recht der Mitgliedstaaten. Dargestellt am Beispiel Deutschlands und Dänemarks. 1997.

Band 43 Bernd von Hoffmann / Myong-Chang Hwang (eds.): The Public Concept of Land Ownership. Reports and Discussions of a German-Korean Symposium held in Seoul on October 7-9, 1996. 1997.

Band 44 Oliver Heeder: Fraus legis. Eine rechtsvergleichende Untersuchung über den Vorbehalt der Gesetzesumgehung in Deutschland, Österreich, der Schweiz, Frankreich und Belgien unter besonderer Berücksichtigung des Internationalen Privatrechts. 1998.

Band 45 Heinrich Schütt: Deliktstyp und Internationales Privatrecht. Dargestellt an grenzüberschreitenden Problemen der Arzthaftung. 1998.

Band 46 Axel Steiner: Die stillschweigende Rechtswahl im Prozeß im System der subjektiven Anknüpfungen im deutschen Internationalen Privatrecht. 1998.

Band 47 Martina Schulz: Der Eigentumsvorbehalt in europäischen Rechtsordnungen. Rechtsvergleichende Untersuchung des deutschen, englischen und französischen Rechts unter besonderer Berücksichtigung von Erweiterungen und Verlängerungen. 1998.

Band 48 Karin Dreher: Die Rechtswahl im internationalen Erbrecht. Unter besonderer Berücksichtigung des italienischen IPR-Reformgesetzes N. 218 vom 31. Mai 1995. 1999.

Band 49 Giuliano Gabrielli: Das Verhältnis zwischen der Anfechtung wegen Eigenschaftsirrtums und den Gewährleistungsansprüchen im deutschen, österreichischen und italienischen Recht. 1999.

Band 50 Bernd von Hoffmann / Myong-Chan Hwang (eds.): Developments in Land Law. Reports and Discussions of a German-Korean Symposium held in Berlin and Trier on July 21-24, 1997. 1999.

Band 51 Volker Heidbüchel: Das UNCITRAL-Übereinkommen über unabhängige Garantien und Standby Letters of Credit. Vergleiche mit den Richtlinien der Internationalen Handelskammer, dem deutschen, englischen und US-amerikanischen Recht. 1999.

Band 52 Jan Christoph Nordmeyer: Pflichtteilsansprüche und Wiedervereinigung. Eine systematische Analyse der Ausgleichsansprüche nach BGB-Pflichtteilsrecht unter besonderer Berücksichtigung der durch den Wiedervereinigungsprozeß eingetretenen Wertveränderungen. 1999.

Band 53 Bettina Linder: Vertragsabschluß beim grenzüberschreitenden Verbraucherleasing. 1999.

Band 54 Almontasser Fetih: Die zivilrechtliche Haftung bei Vertragsverhandlungen. Eine rechtsvergleichende Studie zum deutschen, französischen, ägyptischen und islamischen Recht. 2000.

Band 55 Sona Rajani: Die Geltung und Anwendung des Gemeinschaftsrechts im Vereinigten Königreich von Großbritannien und Nordirland. Der Grundsatz der Parlamentssouveränität im Wandel. 2000.

Band 56 Joachim Kayser: Gegenmaßnahmen im Außenwirtschaftsrecht und das System des europäischen Kollisionsrechts. Eine Analyse der EU-Abwehrverordnung gegen die Auswirkungen extraterritorialer Rechtserstreckung eines Drittlandes. 2001.

Band 57 Albrecht Conrad: Qualifikationsfragen des Trust im Europäischen Zivilprozeßrecht. 2001.

Band 58 Bernd Borgmann: Die Entsendung von Arbeitnehmern in der Europäischen Gemeinschaft. Wechselwirkungen zwischen Kollisionsrecht, Grundfreiheiten und Spezialgesetzen. 2001.

Band 59 Aleksandar Jaksic: Arbitration and Human Rights. 2002.

Band 60 Islamisches und arabisches Recht als Problem der Rechtsanwendung. Symposium zu Ehren von Professor Emeritus Dr. iur. Omaia Elwan. Veranstaltet vom Institut für ausländisches und internationales Privat- und Wirtschaftsrecht der Universität Heidelberg und der Gesellschaft für Arabisches und Islamisches Recht e.V. Herausgegeben von Herbert Kronke, Gert Reinhart und Nika Witteborg. 2001.

Band 61 Patrick Fiedler: Stabilisierungsklauseln und materielle Verweisung im internationalen Vertragsrecht. 2001.

Band 62 Werner Mangold: Die Abtretung im Europäischen Kollisionsrecht. Unter besonderer Berücksichtigung des spanischen Rechts. 2001.

Band 63 Eike Dirk Eschenfelder: Beweiserhebung im Ausland und ihre Verwertung im inländischen Zivilprozess. Zur Bedeutung des US-amerikanischen discovery-Verfahrens für das deutsche Erkenntnisverfahren. 2002.

Band 64 Bernd Ehle: Wege zu einer Kohärenz der Rechtsquellen im Europäischen Kollisionsrecht der Verbraucherverträge. 2002.

Band 65 Heiko Lehmkuhl: Das Nacherfüllungsrecht des Verkäufers im UN-Kaufrecht. 2002.

Band 66 Jochen Nikolaus Schlotter: Erbrechtliche Probleme in der Société Privée Européenne. IPR-Harmonisierung im einheitlichen Europäischen Rechtsraum. 2002.

Band 67 Konrad Ost: Doppelrelevante Tatsachen im Internationalen Zivilverfahrensrecht. Zur Prüfung der internationalen Zuständigkeit bei den Gerichtsständen des Erfüllungsortes und der unerlaubten Handlung. 2002.

Band 68 Tobias Bosch: Die Durchbrechungen des Gesamtstatuts im internationalen Ehegüterrecht. Unter besonderer Berücksichtigung deutsch-französischer Rechtsfälle. 2002.

Band 69 Ursula Philipp: Form im amerikanischen Erbrecht. Zwischen Formalismus und harmless error. 2002.

Band 70 Christian Stefan Wolf: Der Begriff der wesentlich engeren Verbindung im Internationalen Sachenrecht. 2002.

Band 71 André Fomferek: Der Schutz des Vermögens Minderjähriger. Ein Vergleich des deutschen und des englischen Rechts unter Berücksichtigung des schottischen und irischen Rechts. 2002.

Band 72 nicht erschienen

Band 73 Markus Dreißigacker: Sprachenfreiheit im Verbrauchervertragsrecht. Der Verbraucher im Spannungsfeld zwischen kultureller Identität und Privatautonomie. 2002.

Band 74 Vassiliki Myller-Igknay: Auskunftsansprüche im griechischen Zivilrecht. Auswirkungen im deutsch-griechischen Rechtsverkehr sowie im deutschen internationalen Privat- und Verfahrensrecht. 2003

Band 75 Stefan Bruinier: Der Einfluss der Grundfreiheiten auf das Internationale Privatrecht. 2003.

Band 76 Nika Witteborg: Das gemeinsame Sorgerecht nichtverheirateter Eltern. Eine Untersuchung im soziologischen, rechtsgeschichtlichen, verfassungsrechtlichen, rechtsvergleichenden und internationalen Kontext. 2003.

Band 77 Peter Stankewitsch: Entscheidungsnormen im IPR als Wirksamkeitsvoraussetzungen der Rechtswahl. 2003.

Band 78 Jan Wilhelm Ritter: Euro-Einführung und IPR unter besonderer Berücksichtigung nachehelicher Unterhaltsverträge. Eine Untersuchung mit Blick auf das deutsche, französische und schweizerische Recht. 2003.

Band 79 Wolf Richard Herkner: Die Grenzen der Rechtswahl im internationalen Deliktsrecht. 2003.

Band 80 Ira Ditandy: Internationale Zuständigkeit. Neuregelung durch die LOPJ 1985. Vergleich mit dem europäischen Vorbild und Auswirkungen auf das spanische internationale Zivilverfahrensrecht. 2003.

Band 81 Andrea Verena Schefold: Werbung im Internet und das deutsche Internationale Privatrecht. 2004.

Band 82 Klaus Herkenrath: Die Umsetzung der Richtlinie 93/13/EWG über missbräuliche Klauseln in Verbraucherverträgen in Deutschland, dem Vereinigten Königreich, Frankreich und Italien. Auswirkungen nationaler Umsetzungstechniken auf dem Harmonisierungserfolg. 2003.

Band 83 Alexander Thünken: Das kollisionsrechtliche Herkunftslandprinzip. 2003.

Band 84 Barbara v. Daumiller: Die Rechtswahl im italienischen internationalen Erbrecht: und ihre Auswirkungen im deutsch-italienischen Rechtsverkehr. 2003.

Band 85 Robert Mödl: Macht, Verantwortlichkeit und Zurechnung im Konzern. Eine rechtsvergleichende Untersuchung auf der Grundlage des deutschen, spanischen und US-amerikanischen Rechts. 2003.

Band 86 Ursula Kerpen: Das Internationale Privatrecht der Persönlichkeitsrechtsverletzungen. Eine Untersuchung auf rechtsvergleichender Grundlage. 2003.

Band 87 Barbara Ploeckl: Umgangsrechtsstreitigkeiten im deutsch-französischen Rechtsverkehr. Bestehende internationale und nationale Regelungen und der geplante *europäische Besuchstitel*. 2003.

Band 88 Katrin Wannemacher: Die Außenkompetenzen der EG im Bereich des Internationalen Zivilverfahrensrechts. Der räumliche Anwendungsbereich des Art. 65 EGV am Beispiel der EuGVO und der EheVO. 2003.

Band 89 Maren B. Eilinghoff: Das Kollisionsrecht der ungerechtfertigten Bereicherung nach dem IPR-Reformgesetz von 1999. 2004.

Band 90 Patrick Niehr: Die zivilprozessuale Dokumentenvorlegung im deutsch-englischen Rechtshilfeverkehr nach der deutschen und der englischen Prozessrechtsreform. 2004.

Band 91 Anna Christina Gördes: Internationale Zuständigkeit, Anerkennung und Vollstreckung von Entscheidungen über die elterliche Verantwortung. Die VO(EG) Nr. 1347/2000, ihre geplanten Änderungen und das Verhältnis beider zum Minderjährigen- und Kinderschutzabkommen. 2004.

Band 92 Martin Rädler: Rechtsbehelfe des Käufers eines Unternehmens oder einer unternehmerischen Beteiligung gegen den Verkäufer im deutschen und französischen Recht. 2004.

Band 93 Marc-Yngve Dietrich: Rechtsstellung und Beteiligung der Gläubiger im französischen Insolvenzverfahren. 2004.

Band 94 Katia Niemann: Die rechtsgeschäftliche und organschaftliche Stellvertretung und deren kollisionsrechtliche Einordnung. Deutschland und England im Vergleich. 2004.

Band 95 Daniel Ludwig: Neuregelungen des deutschen Internationalen Insolvenzverfahrensrechts. Eine Untersuchung unter vergleichender Heranziehung der Europäischen Insolvenzverordnung. 2004.

Band 96 Cordelia Faulenbach: Der gemeinschaftsrechtliche Vorbehalt im europäischen Wettbewerbsrecht. Die Herkunftslandanknüpfung der E-Commerce-Richtlinie unter dem Einfluss der Grundfreiheiten. 2004.

Band 97 Ulf Dörner: Der Vertragsgerichtsstand nach dem Protokoll von Buenos Aires. 2004.

Band 98 Martin Schmidhuber: Verhaltenskodizes im nationalen und grenzüberschreitenden elektronischen Geschäftsverkehr. Zur Frage der Integration der Selbstregulierung durch Private in die staatliche Rechtsordnung. 2004.

Band 99 Florian Kienle: Die fehlerhafte Banküberweisung im internationalen Rechtsverkehr. Unter besonderer Berücksichtigung des Artikels 4A US Uniform Commercial Code. 2004.

Band 100 Thomas Alexander Brandt: Die Adoption durch eingetragene Lebenspartner im internationalen Privat- und Verfahrensrecht. 2004.

Band 101 Florian Pulkowski: Subunternehmer und Internationales Privatrecht. Der Subunternehmer als Quasi-Verbraucher im Europäischen Kollisionsrecht. 2004.

Band 102 Ulrich Becker: Grundrechtsschutz bei der Anerkennung und Vollstreckbarerklärung im europäischen Zivilverfahrensrecht. Bestimmung der Grenzen für die Einführung eines europäischen Vollstreckungstitels. 2004.

Band 103 Thomas Badelt: Aufrechnung und internationale Zuständigkeit unter besonderer Berücksichtigung des deutsch-spanischen Rechtsverkehrs. 2005.

Band 104 Florian D. Wagner: Vorvertragliche Aufklärungspflichten im internationalen Franchising. Zur Harmonisierung von Delikts- und Vertragsstatut im internationalen Privatrecht unter besonderer Berücksichtigung der Franchise-Gesetzgebung des US-Bundesstaates Kalifornien. 2005.

Band 105 Vera Heine: Die Umsetzung der *EG-Richtlinie über missbräuchliche Klauseln in Verbraucherverträgen* im englischen und deutschen Recht. 2005.

Band 106 Alexander Franz: Überregionale Effektentransaktionen und anwendbares Recht. Eine kollisionsrechtliche Untersuchung unter besonderer Berücksichtigung der Vorschrift des § 17 a DepotG. 2005.

Band 107 Hanna-Maria Uhlenbrock: Gesetzliche Regelungen für nichteheliche Lebensgemeinschaften in Deutschland und Frankreich. Ein Vergleich des Unterhaltsrechts bei der eingetragenen Lebenspartnerschaft und beim Pacte civil de Solidarité. 2005.

Band 108 Katrin Stieß: Anknüpfungen im internationalen Urheberrecht unter Berücksichtigung der neuen Informationstechnologien. 2005.

Band 109 Hendrik Otto: Der gesetzliche Abschlussprüfer im italienischen Recht. Eine rechtsvergleichende Untersuchung unter besonderer Berücksichtigung der zivilrechtlichen Haftung. 2005.

Band 110 Frauke Stuphorn: Bankhaftung für Kreditauskünfte im deutschen und französischen Recht. 2005.

Band 111 Nina Fürer: Die zivilrechtliche Haftung für Raucherschäden. 2005.

Band 112 Giovanni B. Barillà: *Contratto autonomo di garanzia* e *Garantievertrag*. Categorie civilistiche e prassi del commercio. 2005.

Band 113 Timo Torz: Gerichtsstände im Internationalen Insolvenzrecht zur Eröffnung von Partikularinsolvenzverfahren. 2005.

Band 114 Martina Schmid: Die Grenzen der Auslegungskompetenz des EuGH im Vorabentscheidungsverfahren nach Art. 234 EG. Dargestellt am Beispiel der überschießenden Richtlinienumsetzung. 2005.

Band 115 Stephan Lesage-Mathieu: Dispositives Kollisionsrecht im prozessualen Kontext. 2005.

Band 116 Jürgen Görtz: Die subjektiven Grenzen der Rechtskraft US-amerikanischer Urteile. 2005.

Band 117 Vera Hoppe: Die Einbeziehung ausländischer Beteiligter in US-amerikanische class actions. Unter Berücksichtigung des Class Action Fairness Act 2005. 2005.

Band 118 Silke Pütz: Parteiautonomie im internationalen Urhebervertragsrecht – Eine rechtsdogmatische und rechtspolitische Betrachtung der Grenzen freier Rechtswahl im internationalen Urhebervertragsrecht unter besonderer Berücksichtigung des neuen deutschen Urhebervertragsrechts. 2005.

Band 119 Alice Nieroba: Die europäische Rechtshängigkeit nach der EuGVVO (Verordnung (EG) Nr. 44/2001) an der Schnittstelle zum nationalen Zivilprozessrecht. 2006.

Band 120 Jan Kayser: Alternative Formen gerichtlicher und außergerichtlicher Streitbeilegung im deutschen und französischen Zivilprozess. Les modes alternatifs judiciaires et extrajudiciaires de résolution des conflits en procédure civile allemande et française. 2006

Band 121 Mirko Ehrich: Der internationale Anwendungsbereich des deutschen und französischen Rechts gegen irreführende Werbung. Freie Wahl von Form und Mittel, Rom II und Herkunftslandprinzip. 2006.

Band 122 Daniel Thelen: Die Haftung des Sekundärschädigers für Gewalttaten anderer im US-amerikanischen Deliktsrecht ausgehend von dem Problem rechtsextremistisch motivierter Gewalttaten. 2006.

Band 123 Anne Winterling: Die Entscheidungszuständigkeit in Arbeitssachen im europäischen Zivilverfahrensrecht. 2006.

Band 124 Sarah Gerling: Die Gleichstellung ausländischer mit inländischen Vollstreckungstiteln durch die Verordnung zur Einführung eines Europäischen Vollstreckungstitels für unbestrittene Forderungen. Im Vergleich zum bisherigen Recht und zur Rechtslage in den USA. 2006.

Band 125 Christian Bank: Präventivmaßnahmen börsennotierter Gesellschaften zur Abwehr feindlicher Übernahmeversuche in Deutschland und Großbritannien. Eine rechtsvergleichende Untersuchung des deutschen und britischen Rechts unter Berücksichtigung der Europäischen Übernahmerichtlinie. 2006.

Band 126 Christian Weis: Kaufrechtliche Gewährleistung und Garantievergabe in Deutschland und Spanien. Unter besonderer Berücksichtigung des Unternehmenskaufs. 2006.

Band 127 Emilio Maus Ratz: Der Nacherfüllungsanspruch nach UN-Kaufrecht. Im Lichte der deutschen, spanisch-mexikanischen und US-amerikanischen Rechtswissenschaft. 2006.

Band 128 Constanze Jacobs: Die Sachmängelgewähr im deutschen und belgischen Kaufrecht nach Umsetzung der Verbrauchsgüterkauf-Richtlinie. 2006.

Band 129 Ulrike Teichert: Lückenfüllung im CISG mittels UNIDROIT-Prinzipien – Zugleich ein Beitrag zur Wählbarkeit nichtstaatlichen Rechts. 2007.

Band 130 Sascha Reichardt: Internationale Zuständigkeit im Gerichtsstand der unerlaubten Handlung bei Verletzung europäischer Patente. 2006.

Band 131 Bilgehan Cetiner: Die Sachmängelhaftung des Verkäufers im UN-Kaufrecht und im neuen deutschen Schuldrecht. Eine rechtsvergleichende Studie. 2006.

Band 132 Jan Streer: Die Umsetzung der Verbrauchsgüterkaufrichtlinie im englischen Recht durch die Sale and Supply of Goods to Consumer Regulations 2002. 2007.

Band 133 Kathrin Wannenmacher: Einstweilige Maßnahmen im Anwendungsbereich von Art. 31 EuGVVO in Frankreich und Deutschland: Eine Betrachtung ausgesuchter Verfahren des einstweiligen Rechtsschutzes im internationalen Zivilverfahrensrecht – gerichtliche Zuständigkeit, Anerkennung und Vollstreckung. 2007.

Band 134 Wim Kreytenberg: Die individuelle Schwerpunktbestimmung internationaler Schuldverträge nach der Ausweichklausel des Artikel 4 Absatz 5 Satz 2 EVÜ. Ein Beitrag zur Förderung von Rechtssicherheit und Einzelfallgerechtigkeit im europäischen Kollisionsrecht der Schuldverträge. 2007.

Peter Lang · Europäischer Verlag der Wissenschaften

Bilgehan Cetiner

Die Sachmängelhaftung des Verkäufers im UN-Kaufrecht und im neuen deutschen Schuldrecht

Eine rechtsvergleichende Studie

Frankfurt am Main, Berlin, Bern, Bruxelles, New York, Oxford, Wien, 2006.
277 S.
Studien zum vergleichenden und internationalen Recht.
Herausgegeben von Bernd von Hoffmann, Erik Jayme und Heinz-Peter Mansel.
Bd. 131
ISBN-10: 3-631-55760-4 / ISBN-13: 978-3-631-55760-0 · br. € 51.50*

Das UN-Kaufrecht hat zunächst bei der Verbrauchsgüterkauf-Richtlinie und dann bei der deutschen Schuldrechtsreform eine wesentliche Rolle gespielt. Deshalb sind die in Lehre und Rechtsprechung zum UN-Kaufrecht entwickelten Grundsätze und Lösungen bei der Anwendung des neuen Schuldrechts im Rahmen der teleologisch-geschichtlichen Auslegung immer zu berücksichtigen. Trotz bestimmter Unterschiede stimmen die Regelungen über die Sachmängelhaftung des Verkäufers im BGB und CISG zum größten Teil überein.

Aus dem Inhalt: Sachmangel · Sachmängelhaftung · UN-Kaufrecht · Schuldrechtsreform · Das neue Schuldrecht

Frankfurt am Main · Berlin · Bern · Bruxelles · New York · Oxford · Wien
Auslieferung: Verlag Peter Lang AG
Moosstr. 1, CH-2542 Pieterlen
Telefax 0041 (0) 32 / 376 17 27

*inklusive der in Deutschland gültigen Mehrwertsteuer
Preisänderungen vorbehalten

Homepage http://www.peterlang.de

FSC
www.fsc.org
MIX
Papier | Fördert gute Waldnutzung
FSC® C083411

Kolibri 360 GmbH
Ferdinand-Jühlke-Straße 7
99095 Erfurt, Deutschland
produktsicherheit@kolibri360.de

Druck:
CPI Druckdienstleistungen GmbH
im Auftrag der
Kolibri 360 GmbH
Ferdinand-Jühlke-Str. 7
99095 Erfurt